Sous la direction de Danielle Bousquet

Co-écrit par Margaux Collet • Claire Guiraud
Mine Günbay • Romain Sabathier

Le Féminisme pour les nul·le·s

FIRST
ÉDITIONS

Le Féminisme pour les Nul·le·s, 2e édition

ISBN : 978-2-412-10013-4
Code éditeur : S10013/01
Imprimé en Italie par Grafica Veneta
Dépôt légal : février 2025

Correction : Isabelle Chave et Céline Dutt
Maquette : KN Conception et Fabrice Del Rio Ruiz
Illustrations : Cécile Dormeau

Éditions First, un département d'Édi8
92, avenue de France
75013 Paris – France
Tél. : 01-44-16-09-00
Fax : 01-44-16-09-01
E-mail : firstinfo@efirst.com
Site internet : www.lisez.com

Préface de Corinne Masiero

Do you think que you are not féministe? Ah, ah, ah ! Fais couler ton rimmel, je t'en supplice, ma chair rit !
Il y a des coins de porte, des coins d'escalier, des coins d'évier.
Il y a : 50 nuances de bleus (de rouge, de noir, de vert, du jaune électrique, des gaines électriques anesthésiques).

Tuées avec : 1 lampe bleu ciel, 1 coussin brodé, 1 lime à ongles.
À coups de rallonge, à coups de casserole, à coups de bouteille.
À coups de sourdine, à coups de ceinture, à coups d'assiettes.
(Si je te cogne : c'est pour ton bien, ma puce.) Rage against ze machiste! Rage!
T'es pas féministe ?! Je suis sincère, je te demande d'être logique.

Brûlée vive, tuée, devant ses enfants. Étranglée enceinte de 6 mois.
Tuée à coups de hache, de marteau, de couteau.
Elle le quitte : il la tue.
47 fois il l'a frappée, et puis il l'a étranglée.
Les lavabos ont encore tué 146 femmes cette année ! Oh, qu'il est beau ! Qu'il est beau le lavabo !
T'es pas féministe ?!

Il bénit sans oui-oui mon con-sceptre. Ta vieille odeur de rassis, de moisi : je l'ai dans le nez.
Je trouve pas ça très sexy (ça me fout envie de gerber). C'est comme un Tupperware qu'a fait 10 ans de placard : ça fouette !
On ne révolutionne pas en lui demandant sa spermission.

Sommes-nous des filles de putes ?
Sommes-nous toutes soumises ?
Sommes-nous des Brigitte femmes fontaines trop connes ?
Sommes-nous donc des symboles pétainistes (« *kinder, kirche, küche* » : enfant-Église-cuisine) ? Bonne fête, maman !
Sommes-nous donc des fémi-nazies ?!
Ne sommes-nous pas des Marianne ?
C'est l'hymne à la vulve ! Cot cot cot quota !
Spéciale dédicace à toutes les gonzesses de Kaboul et d'ailleurs :

Les moches, les vieilles.
Les butchs, les tarées.
Imbaisables, frigides, hystériques, mal-baisées.
Les despentesques vierginiesques,
Les Louise, les Michel,
Les Chollet, les Olympe,
Les Ovidie, les Goulue,
Les Martha Desrumaux,
Les Pankhurst, les Parks :
Vierges rouges et Rosa Luxemburg,
Toutes Pussy Riots, guerilla girls !
Des anges veillent sur nous. Notre ange est là, Davis !
Notre père, qui êtes odieux : délivrez-nous des mâles !
Feminism is not dead!

À propos des auteur·rice·s

Danielle Bousquet a été la première présidente du Haut Conseil à l'égalité entre les femmes et les hommes. À la tête de cette instance nationale indépendante, entre 2013 et 2019, elle a permis des avancées, notamment sur le harcèlement dans les transports, l'éducation à l'égalité, le viol, l'avortement, la parité en politique, l'égalité dans les territoires ou encore la santé des femmes précaires. Cette fonction est venue reconnaître un engagement féministe et politique de longue date au service des droits des femmes et de l'égalité entre les sexes.

Diplômée d'HEC, elle devient directrice commerciale à Paris, puis retourne vivre en Bretagne, où elle exerce les métiers de professeure, puis de cheffe d'établissement secondaire.

En parallèle, elle préside le Mouvement pour le planning familial des Côtes-d'Armor jusqu'en 1980, puis le Centre d'information des droits des femmes (CIDF) du même département. Nommée chargée de mission départementale aux droits des femmes en 1982, elle crée et préside l'association L'Écloserie d'Armor, dont l'objet social est de favoriser la mise en place de projets de jeunes créateurs et créatrices d'entreprises. Plus récemment, elle a présidé l'Assemblée des femmes, association féministe fondée par Yvette Roudy en 1992 et née du combat pour la parité. Elle est aujourd'hui présidente de la Fédération nationale des Centres d'information sur les droits des femmes et des familles et membre du comité exécutif de la Fondation des femmes.

Sur le terrain politique, Danielle Bousquet a été adjointe au maire à Saint-Brieuc, députée des Côtes-d'Armor et vice-présidente de l'Assemblée nationale. Son travail parlementaire, notamment au sein de la Délégation aux droits des femmes et à l'égalité femmes-hommes, l'a conduite à être rapportrice de la loi du 13 décembre 2000 sur la contraception d'urgence (dite « pilule du lendemain »), rapportrice de la loi du 4 juillet 2001 sur l'IVG et la contraception, co-autrice de la loi du 9 juillet 2010 contre les violences faites aux femmes, autrice d'une proposition de loi de modernisation des congés parentaux examinée en 2010, ou, enfin, présidente de la mission d'information sur la prostitution en France en 2011. À l'international, elle s'est battue pour une meilleure prise en compte de la dimension du genre dans la diplomatie et l'aide au développement, notamment en co-organisant en 2011 à Paris le Sommet mondial des parlementaires du G8/G20 « Jeunes filles et enjeux de population, les leviers oubliés du développement ».

Margaux Collet est diplômée du master « Genre, égalité et politiques sociales » de l'université Toulouse – Jean-Jaurès. Experte de l'égalité femmes-hommes, elle a travaillé en collectivité territoriale puis en tant que responsable des études et de la communication au sein du Haut Conseil à l'égalité entre les femmes et les hommes. Elle est aujourd'hui directrice associée du cabinet Coop-Egal, entreprise dédiée au conseil et à la formation autour de l'égalité entre les femmes et les hommes et de la prévention du sexisme et des violences sexuelles.

Son militantisme se traduit également par un engagement associatif : pendant 8 ans au sein d'Osez le Féminisme !, dont elle a été porte-parole puis administratrice ; et au sein de l'association bordelaise Toutes à l'Abri, qui vient en aide aux femmes en situation de précarité.

Elle est co-autrice de *Beyoncé est-elle féministe ? et autres questions pour comprendre le féminisme* (Éditions First, 2018) et a par ailleurs publié *L'Essentiel de l'égalité femmes-hommes* (Studyrama, 2024).

Claire Guiraud est titulaire d'un master en management de l'École supérieure de commerce de Paris (ESCP Europe) et diplômée en anthropologie et ethnologie. Active depuis près de 15 ans pour la promotion des droits des femmes, elle a été secrétaire générale du Haut Conseil à l'égalité entre les femmes et les hommes, conseillère au sein de cabinets de ministres chargées des droits des femmes, et plus récemment, elle est intervenue auprès d'organisations internationales, de gouvernements et d'associations en tant que consultante indépendante. Elle a par ailleurs été membre de l'Observatoire européen contre les violences faites aux femmes, du Lobby européen des femmes, du conseil d'administration d'Osez le féminisme !, et a contribué à l'ouvrage collectif *Prostitution : 10 bonnes raisons d'être abolitionniste* (Éditions iXe, 2013). Elle travaille aujourd'hui au sein d'un cabinet de recrutement de dirigeant·e·s spécialisé dans les enjeux de genre et de mixité, en Suisse.

Mine Günbay est militante associative et politique, engagée sur la question des droits humains, des droits des étranger·e·s et des droits des femmes en particulier. Elle a mis son engagement féministe au service de la ville de Strasbourg durant 8 ans en tant qu'adjointe au maire en charge des questions des droits des femmes, d'égalité de genre (2008-2016).

Elle a voyagé 2 ans en Amérique du Sud à la rencontre des mouvements féministes afin d'observer leur mode d'organisation institutionnel et militant.

Aujourd'hui directrice générale de la Fédération nationale Solidarité Femmes, elle poursuit son engagement en faveur de la lutte contre les violences faites aux femmes au sein de cette Fédération qui a créée il y a plus de 30 ans la ligne nationale d'écoute, d'information et d'orientation, le 3919.

Romain Sabathier est originaire du Gers où, très tôt, il s'engage sur le terrain associatif, syndical et politique. Il est diplômé en sciences politiques et en études sur le genre. Il a contribué à la fabrique des politiques d'égalité femmes-hommes : à l'Assemblée nationale (2009-2013) en tant que collaborateur parlementaire de Danielle Bousquet, puis en tant que secrétaire général du Haut Conseil à l'égalité (2013-2016). Il est le co-auteur de plusieurs rapports, dont *Combattre maintenant les inégalités sexuées, sociales et territoriales dans les quartiers de la politique de la ville et les territoires ruraux fragilisés* (HCE, 2014) ou le Rapport EVA, *Ensemble, vaincre l'inceste et s'en affranchir* (CHA, 2021). Aujourd'hui, Romain Sabathier est directeur associé et formateur chez Coop-Egal pour accompagner les professionnel·le·s dans la transition égalitaire. Il a vécu à Bergen en Norvège, à New York et à Madrid.

Aux féministes qui se sont battu·e·s et se battent partout sur la planète pour que naître femme ne soit plus synonyme d'inégalités et de violences sexistes, et pour que chaque personne puisse être libre de choisir sa vie.

Remerciements

Pour leurs contributions à cet ouvrage, tous nos remerciements vont :

À Sandra Monroy, notre éditrice et fidèle lectrice qui nous a fait confiance dès le début, ainsi qu'à Elvire Tandjaoui qui a pris son relais avec engagement et maints encouragements !

À Corinne Masiero pour sa préface. Une voix engagée, détonnante, qui ancre l'ouvrage dans la brutale réalité des féminicides.

À Cécile Dormeau, pour son trait de crayon juste et enjoué.

Aux dix personnalités féministes qui ont accepté de s'adresser à nous (chapitre 20), pour leurs paroles fortes et leur engagement au quotidien.

Aux expert·e·s qui nous ont fait l'honneur de leurs relectures : Marylin Baldeck, Chahla Chafiq, Gaël Pasquier, Françoise Picq, Françoise Vouillot.

Aux militant·e·s qui nous entourent pour leurs relectures exigeantes et bienveillantes : Cédric Balech, Alice Gayraud, Sarah Jégou, Lynda-May Azibi, Marion Muracciole, Cécile Sportis et Éléna Suzat.

Merci aussi à nos proches qui nous ont accompagné·e·s dans cette aventure.

Merci à toutes les militantes, chercheuses, représentantes d'associations qui ont forgé notre esprit critique et nous ont transmis des décennies de luttes et de réflexions. Sans elles, écrire ce livre n'aurait pas été possible.

Merci enfin aux lectrices et lecteurs pour leur intérêt, qui donnent vie à ce livre et en rendent la réédition possible.

Sommaire

Introduction

Partie 1 Les ABCD du féminisme

Partie 4 Le féminisme en actes : lutter contre les inégalités et les débusquer partout

Partie 5 La partie des Dix

Introduction

Vous avez dit « féminisme » ?

Écrire un livre sur le féminisme, qui soit à la fois complet, objectif, documenté, et pourtant accessible à tou·te·s, une utopie ?

Il est vrai que le défi est immense ! Le féminisme est aujourd'hui multiple, pluriel, controversé, parfois caricaturé, voire instrumentalisé. Comment comprendre et analyser les différents courants de pensée, les conquêtes et les ressacs, les confusions et les idées reçues, de cette matière politique qu'est le féminisme ?

Il est un long chemin, excitant, bouillonnant, à la fois inconfortable et terriblement réconfortant, mais toujours extrêmement exigeant. C'est pourquoi il faut des outils pour accompagner le cheminement à travers l'histoire du féminisme, aider à décrypter les controverses, gagner du temps et mettre sur la piste de quelques raccourcis. C'est l'ambition de ce livre qui s'adresse aux adolescent·e·s – curieux·ses de tout et notamment du féminisme –, tout autant qu'aux nouveaux ou nouvelles retraité·e·s qui regarderaient leur vie écoulée se demandant s'ils ou si elles ne sont pas passé·e·s à côté de quelque chose. Ce livre pourra aussi être utile aux féministes de toujours, qui veulent mieux comprendre la genèse et les termes des nouveaux débats.

Nous avons fait le pari de réaliser un ouvrage qui soit à la fois sérieux et riche d'anecdotes, à la fois savant et pourtant susceptible d'être mis entre toutes les mains, qui convienne aussi bien aux néophytes qu'aux plus averti·e·s, à la mesure du bouillonnement actuel des idées féministes. Décrypter les idées neuves, certes, nous avons voulu le faire, mais aussi nous inscrire dans la longue lignée de toutes celles et de tous ceux qui nous ont précédé·e·s et à qui nous rendons « femmage » : rien n'aurait été possible sans leur travail, leur constance, leur engagement pour faire avancer les droits des femmes.

Sur tous les continents en effet, toutes les sociétés ont connu cette réalité des inégalités de toutes sortes entre les femmes et les hommes. Mais si le patriarcat structure effectivement toutes les organisations sociales, les grandes voix féministes ont souvent pris des formes différentes et se sont exprimées selon des temporalités différentes elles aussi. Aujourd'hui, le féminisme est bien vivant, partout présent dans le débat public, retrouvant une légitimité institutionnelle et militante qui lui a longtemps été contestée.

Pourquoi ce livre ?

Des luttes des femmes pour le droit de vote à #MeToo, nous avons voulu faire connaître l'histoire et les enjeux du féminisme en nous concentrant sur la France, sans rien renier de la solidarité internationale qui le caractérise.

Débats du passé, débats actuels : du *Deuxième Sexe* à l'intersectionnalité, nous abordons les influences du féminisme, les grandes figures qui l'ont illustré et celles qui, aujourd'hui, l'influencent encore, et nous évoquons les grandes femmes – et les quelques hommes – qui ont pensé l'égalité, l'ont écrite, l'ont défendue et l'ont fait avancer. Nous avons voulu, avec humilité et tout au long de l'ouvrage, avoir une approche inclusive du féminisme permettant de croiser, au-delà du sexe, les différents facteurs de discriminations et, notamment, la classe sociale, la sexualité ou l'origine.

On le voit, les mots du féminisme évoluent, les débats sont vifs : c'est ce qui fait sa richesse et sa force. Après avoir lu cet ouvrage, vous aurez compris comment « parler féministe ».

Les conventions utilisées dans ce livre

Nous sommes fièr·e·s de présenter le premier opus de la collection « Pour les nuls » entièrement rédigé en écriture égalitaire, également souvent appelée « inclusive ». Comment aurait-il pu en être autrement ? Le féminisme traque le sexisme, partout, et propose un modèle de société positif et inclusif. Cette ambition vise aussi l'usage de la langue. Pour s'adresser aussi bien aux hommes qu'aux femmes et remettre en cause l'illusion d'un masculin qui serait neutre, nous utilisons, alternativement :

» la double flexion : « les militantes et les militants » plutôt que « les militants » ;

» le point médian : « les Français·e·s » plutôt que « les Français » ;

» les termes englobants : le personnel soignant plutôt que « les soignants ».

À qui s'adresse ce livre ?

Aux personnes – jeunes et moins jeunes – désireuses de découvrir le féminisme, comme aux féministes de toujours ayant soif d'alimenter et de renouveler leurs savoirs.

Comment ce livre est organisé

Ce livre est divisé en cinq parties : d'abord les bases, pour ensuite explorer les luttes qui ont jalonné l'histoire du féminisme et les réflexions qui le structurent, avant de dénicher – secteur par secteur – où se cache le sexisme.

Première partie – Les ABCD du féminisme : dates, chiffres et concepts clés

Pour commencer, reprenons les bases ! D'où vient le féminisme ? Connaissez-vous les principaux chiffres des inégalités femmes-hommes à travers le monde ? Saurez-vous décrypter les idées reçues et les caricatures les plus fréquentes concernant le féminisme ? Cette première partie vous teste et vous outille pour parler féministe.

Deuxième partie – Le féminisme en mouvements : des vagues de conquêtes

Des grèves de la faim des suffragistes aux pétitions en ligne, de la mobilisation pour accéder à l'école, à l'usine ou à la citoyenneté à #BalanceTonPorc, les luttes féministes ont de tout temps été d'une richesse infinie. Cette partie retrace l'histoire de ce mouvement, fruit de voix individuelles et collectives, qui ont combattu les inégalités contre vents et marées. Une histoire faite également de vagues de progrès : une première qui mène au droit de vote en 1944, une deuxième pour disposer de son corps qui aboutit à la loi Veil en 1975, une troisième qui fait entrer le féminisme dans les politiques de l'État. Autant de vagues qui nous éclairent sur le mouvement que nous connaissons aujourd'hui.

Troisième partie – Le féminisme en idées : les grands courants de pensée

Après avoir passé en revue le b.a.-ba du féminisme et traversé des siècles de mobilisations, intéressons-nous aux écrits qui ont fait et font aujourd'hui le féminisme. Du *Deuxième Sexe* de Simone de Beauvoir au féminisme décolonial, quelles sont les réflexions – parfois sous tension – qui s'attachent à décortiquer le patriarcat ? Les courants de pensée féministes sont riches et multiples et s'invitent désormais à l'Université, dans les amphis et la recherche.

Quatrième partie – Le féminisme en actes : partout, débusquer les inégalités

Concrètement, on en est où ? Famille, école, politique, sports, travail, etc. : dans tous les espaces de notre quotidien, le féminisme interroge les inégalités entre les femmes et les hommes. Lesquelles sont-elles ? Comment les comprendre ? Quelles solutions pour en venir à bout ? Attention, changement en vue, vous ne verrez plus le monde comme avant !

Cinquième partie – La partie des Dix

À vous de jouer ! Des ressources pour aller plus loin, prendre les bons réflexes au quotidien, pratiquer le féminisme en chantant ou en (re) regardant de grands films féministes !

Sixième partie – Annexes

Une chronologie et une bibliographie pour poursuivre la découverte.

Les icônes utilisées dans ce livre

Parole de féministe

Distillés tout au long de l'ouvrage, retrouvez les citations, slogans, et extraits de grands discours féministes.

Le saviez-vous ?

Cette icône mettra en lumière les chiffres ou les dates clés, et les anecdotes drôles ou marquantes qui ont fait le féminisme.

Portrait de féministe

Portraits de féministes, célèbres ou injustement ignorées : cette icône rend femmage à celles qui ont marqué le mouvement.

Événement marquant

Cette icône attire votre attention sur les petits et grands événements, parfois méconnus, de la grande épopée féministe.

Pour aller plus loin

Cette icône mentionne des ouvrages, podcasts et autres ressources clés pour prolonger le plaisir.

Et maintenant, par où commencer ?

L'organisation de l'ouvrage invite les lecteurs et les lectrices à se plonger d'abord dans la première partie abordant le b.a.-ba du féminisme. Notions clés, idées reçues, chiffres-clés : autant de bases pour celles et ceux qui font leurs premiers pas dans le féminisme ou de révisions utiles pour les autres ! Pour le reste, chaque partie peut être abordée directement, un résumé introductif faisant le lien avec celle qui la précède. Chacune et chacun peut donc choisir de commencer par l'état des inégalités aujourd'hui, les courants de pensée ou l'histoire du mouvement. Si vous êtes intéressé·e par un évènement précis, un concept ou une inégalité en particulier, le sommaire et l'index peuvent vous permettre de les retrouver rapidement. En résumé, l'ouvrage invite à se promener librement, car avant tout, le féminisme c'est la liberté… pour tou·te·s !

Une réédition, pourquoi ?

Cinq ans après la première édition de *Le Féminisme pour les nul·le·s*, l'actualité féministe semble avoir connu une véritable accélération. De l'émergence mondiale du mouvement #MeToo aux débats sur les droits reproductifs, en passant par une prise de conscience accrue des enjeux liés aux violences masculines contre les femmes et aux inégalités structurelles, ces dernières années ont été marquées par des mobilisations sans précédent. Pourtant, si ces évolutions témoignent d'un élan prometteur, le recul nécessaire pour en évaluer pleinement les impacts fait encore défaut. Cette réédition actualisée vise donc à offrir un éclairage renouvelé sur ces transformations, tout en réaffirmant des repères clairs dans un contexte en perpétuelle mutation.

Partie 1
Les ABCD du féminisme

Dans cette partie...

Pourquoi les ABCD ? Pour commencer par le b.a.-ba du féminisme : histoire, chiffres des inégalités de sexe, notions clés et idées reçues. Mais cette partie aurait tout aussi bien pu s'appeler : « Le féminisme, ou la fin des illusions ». Une illusion est une perception fausse, une apparence trompeuse, en dehors de la réalité. Or vous verrez que le féminisme dévoile les illusions de toutes sortes.

À commencer par l'illusion d'une Histoire au masculin. Ce sera l'objet du premier chapitre. Au fil de votre découverte des femmes et des féministes qui ont construit notre histoire commune mais en ont pourtant été effacées, votre regard sur le monde va commencer à changer. Par exemple, vous mettrez aux oubliettes l'illusion de la nouveauté. Le féminisme n'est pas une mode. Il a au contraire des racines aussi anciennes sans doute que les inégalités contre lesquelles il s'élève.

L'illusion de l'égalité ensuite. Les grandes conquêtes pour le droit de vote des femmes ou le droit à l'avortement ont trop vite laissé croire que l'égalité des sexes était acquise en France et dans les pays occidentaux. Le deuxième chapitre mettra en relief les fossés qui persistent encore entre les femmes et les hommes dans la répartition des salaires, du pouvoir de décider, de prendre la parole… ou de celui d'étendre le linge ou de préparer les repas du quotidien !

Égalité, parité, genre, intersectionnalité, charge mentale…
Dans le troisième chapitre, il s'agira d'être au clair avec les notions – les classiques comme les dernières nées – que mobilise ce mouvement d'idées.

Enfin, les ABCD nous conduiront, dans un quatrième chapitre à identifier les impostures cherchant à récupérer et dévoyer le féminisme à toutes les sauces. Nous débusquerons les idées reçues qui ont la vie dure sur ce mouvement et sur les personnes qui le composent. Bas les masques ! Excellente plongée dans la réalité.

DANS CE CHAPITRE

Les racines du féminisme

•

Des féministes qui s'ignoraient

•

La naissance progressive d'un mouvement

•

Des résistances et retours en arrière possibles

Chapitre 1

Des millénaires de domination masculine, de rébellions et de soif d'égalité

Notre ancêtre Lucy était-elle féministe ? La question peut paraître farfelue compte tenu des trois millions d'années qui nous séparent : l'idée d'égalité entre les femmes et les hommes et le terme même de « féministe » n'existaient pas. Et pourtant, l'anthropologie nous éclaire aujourd'hui : nous savons désormais que les schémas mentaux qui hiérarchisent les femmes et les hommes, au détriment des premières, ont des racines préhistoriques. Les inégalités entre les sexes remontent à la nuit des temps et sont universelles : on en retrouve trace aux quatre coins du monde.

Le saviez-vous ?

L'exemple des inégalités d'accès à la nourriture est intéressant : depuis la préhistoire, les hommes auraient un accès prioritaire aux protéines (*via* la viande en particulier), nutriments les plus cruciaux pour la croissance. Cette inégalité a pu favoriser des hommes devenus en moyenne de plus grande taille que les femmes, comme l'indique la thèse de l'anthropologue Priscille Touraille. Et si Lucy s'était rebellée pour avoir sa part de viande comme les hommes de sa tribu ? Bien qu'en ces temps anciens nos ancêtres fussent plus végétarien·ne·s que carnivores, elle aurait alors peut-être été la première féministe de l'humanité !

Quelles femmes… et quels hommes ont pu dès l'Antiquité et le Moyen Âge se rebeller contre l'état des choses et devenir des pionnier·e·s du féminisme ? À quand date-t-on le début d'un mouvement féministe conscient de lui-même ? Quand le terme « féminisme » est-il apparu ? Quelles avancées sur le chemin de l'égalité entre les femmes et les hommes l'histoire nous laisse-t-elle ? La conquête de l'égalité entre les sexes est-elle un long et linéaire fleuve tranquille ?

Aux racines du féminisme (Antiquité, Moyen Âge et Renaissance)

Aussi loin qu'il y a des injustices, il y a des femmes et des hommes pour les questionner, les contester et ne pas s'y plier. Ces dernières décennies, et grâce à des historien·ne·s d'avant-garde, l'histoire est peu à peu revisitée grâce à un travail minutieux, déterminé et non sans obstacle.

Événement marquant

Le parcours et les travaux de l'historienne Michelle Perrot en France en sont une belle illustration. Ceux-ci ont permis de sortir de l'ombre les femmes et leur rôle jusqu'alors passé sous silence. Ainsi, les stéréotypes cantonnant les femmes à leurs devoirs d'épouses ou de mères sont battus en brèche. La réhabilitation de figures exemplaires atteste que des femmes puissantes ont toujours existé. De tous temps, des femmes ont fait la guerre. De tous temps, des personnes essentiellement issues, à l'époque, de l'élite sociale et intellectuelle, ont adhéré par leurs actes ou leurs paroles à l'idée d'égalité sans distinction de sexe. *A contrario*, on observe aussi dès l'Antiquité des personnes défendant l'idée que les femmes sont inférieures aux hommes.

Femmes puissantes, pionnières, guerrières

De la reine de Saba à la pharaonne Cléopâtre, plusieurs exemples de femmes de pouvoir existent dans l'Antiquité. Elles sont plus nombreuses qu'on ne le croit, même si elles restent fondamentalement des exceptions. Ces femmes bousculent déjà les codes. Elles doivent souvent, pour s'imposer, faire preuve d'un grand sens tactique, de ruses et de tours de passe-passe, malgré des règles et des traditions défavorables à leur sexe.

Les femmes de l'Antiquité sortent de l'ombre

Portrait de féministe

Il y a fort longtemps, en Égypte ancienne, des reines ont ainsi réussi à devenir pharaonnes. **Hatchepsout** en est l'une des plus célèbres. Celle dont le nom signifie « la première des dames nobles » accède au titre de princesse royale à 8 ou 9 ans, quand son père devient le pharaon Thoutmosis Ier. Ce dernier repère vite l'intelligence de sa fille. Il lui donne la meilleure éducation, la fait voyager et rencontrer des hauts dignitaires afin de la préparer à occuper de plus hautes fonctions dans le royaume. Elle est mariée à son demi-frère Thoutmosis II, héritier du trône, faisant d'elle la future grande épouse royale. À l'issue du bref règne de trois ans de Thoutmosis II, Hatchepsout assure la régence pour son beau-fils Thoutmosis III. Vers – 1479 avant J.-C., elle se proclame pharaonne sous le nom de Maâtkaré, reine de Haute et Basse Égypte et ne lâchera plus les rênes du pouvoir. Son règne de 22 ans est une période de prospérité et de paix, marquée par de grandes constructions et des expéditions commerciales dans toute la région. Lors des cérémonies, elle arbore les attributs masculins de la royauté : pagne, coiffe et même barbe postiche ! Mais, après sa mort, Thoutmosis III fera détruire ses statues officielles pour faire disparaître sa mémoire. Loin d'être anecdotique, cet effacement des femmes de l'histoire sera quasi systématique et constitue une des conséquences tangibles de l'exercice de la domination masculine.

Pour aller plus loin

Thoutmôsis III n'aura pas le dernier mot. Un sphinx majestueux d'Hatchepsout, qu'il avait fait casser et jeter dans une carrière, a été retrouvé dans les années 1920 par une équipe de fouilles archéologiques. Le sphinx ainsi reconstitué peut être admiré au Metropolitan Museum of Art de New York.

Grâce au travail en archéologie et en histoire, nous savons aujourd'hui que d'autres femmes pharaonnes, reines, ou encore sultanes ont existé. Contrairement à l'idée reçue voyant les femmes comme un bloc monolithique composé d'êtres « fragiles », nous savons aussi aujourd'hui que la guerre n'a jamais été le seul apanage des hommes. Des femmes peuvent donc aussi user de la violence pour conquérir de nouveaux territoires ou défendre leur terre, leur peuple, leurs droits.

Les Amazones : mythe ou réalité ?

Vers – 400 av. J.-C., des femmes guerrières vivent en communauté sur les bords de la mer Noire. Ces femmes nomades de la steppe auraient donné naissance au mythe des Amazones entretenu depuis Homère par de nombreux récits et légendes. La figure de l'Amazone, véritable femme combattante et femme « fatale », tranche avec la figure traditionnelle de la femme soumise à l'autorité de son mari et dévouée à ses enfants. Maniant les arts de la guerre et jouissant d'une liberté de mouvement, les Amazones sont subversives. Elles interpellent, fascinent ou dérangent.

Le saviez-vous ?

Il est encore difficile de faire la part des choses entre mythes et réalités. Néanmoins, les dernières recherches réfutent le cliché des Amazones « tueuses de nouveau-nés mâles », mais confirment certaines pratiques et coutumes : l'ablation de leurs seins, les tatouages, la nudité, les libres relations amoureuses avec les hommes, l'usage de la drogue, la pratique de la danse et la musique, la vie familiale et religieuse.

Au-delà des Amazones, il existe de nombreux autres exemples de femmes combattantes. De Kyané, la demi-sœur d'Alexandre, à la reine celte Boadicée, elles viennent mettre à mal la représentation traditionnelle des hommes au front, et des femmes à l'arrière.

Déjà, des pionnières dans la médecine, la justice...

Portrait de féministe

Dans l'Antiquité, d'autres femmes pionnières se distinguent par l'exercice de leur métier. **Peseshet** semble ainsi être la première femme médecin et physicienne de l'Histoire. En Égypte, elle dirigea un corps de femmes médecins, en – 2700 avant J.-C. Dans le domaine de la justice cette fois-ci, l'Ancien Testament brosse le portrait de Déborah, prophétesse et juge d'Israël (– 1260 à – 1221).

En remontant le temps, on déniche aussi des premiers témoignages de violences sexistes, de propos misogynes et de luttes collectives de femmes.

Du côté de l'hindouisme – la plus ancienne des religions pratiquées – la représentation des femmes n'est pas univoque, avec des déesses aux qualités variées – de Parvati, l'épouse aimante et parfaite de Shiva, à l'invincible et vaillante Durga. En revanche, la mythologie grecque semble à première vue moins favorable aux femmes. Elles sont le plus souvent présentées comme inconstantes, peu fiables, voire dangereuses. Mais était-ce si manichéen, ou bien est-ce plutôt ce que l'on a bien voulu retenir et diffuser de cette mythologie ?

En Grèce antique toujours, Aristote décroche peut-être la palme du philosophe le plus misogyne de son temps, en déclarant que la femme est « un être mâle mutilé ». Plus de 2 300 ans après, on continue de parler de « garçons manqués » pour désigner des filles ne se conformant pas aux canons de la féminité...

La mythologie grecque : machiste ou féministe ?

Chercher à analyser comment le masculin et le féminin ou les rôles des hommes et des femmes étaient représentés dans la mythologie grecque conduit à des conclusions qui sont loin d'être tranchées. L'écrivaine Blandine Le Callet a par exemple remis en lumière une figure de femme complexe : Médée, la femme qui dit non, qui revendique une sexualité épanouie, une femme puissante, savante, dominatrice au sein d'un monde grec qui ne reconnaissait aux femmes aucune intelligence ou pouvoir, qui ne les éduquait pas, explique la chercheuse. À l'inverse, si l'on s'intéresse par exemple aux œuvres d'Hésiode – poète grec du VIIIe siècle avant J.-C. – c'est une tout autre vision des femmes qui est véhiculée, comme l'illustre cet extrait : « Qu'une femme n'aille pas, avec sa croupe attifée, te faire perdre le sens ; son babil flatteur n'en veut qu'à ta grange ; qui se fie à une femme se fie aux voleurs » (*Travaux et Jours*, 700 av. J.-C.). La figure de la femme cupide, de la femme danger, transparaît clairement. La misogynie de l'auteur se traduira également dans le personnage de Pandora qui produira le célèbre mythe de Pandore : Zeus crée la première femme pour punir les hommes, première femme par qui – du fait de sa curiosité incontrôlable – tous les malheurs arrivent.

S'approprier la capacité reproductrice des femmes : un enjeu aussi central qu'ancestral

La violence n'est pas que symbolique ou verbale, elle peut aussi être physique. L'appropriation du corps des femmes par les hommes remonte à des millénaires.

Le saviez-vous ?

Dès la Préhistoire, l'interdiction de l'inceste – qui empêche de s'accoupler avec sa fille ou sa sœur – vise à ce que des hommes s'échangent des femmes entre tribus. Plus tard, et selon la légende, pour peupler Rome, Romulus et ses hommes enlèvent des femmes issues de peuples voisins, dont celui des Sabins.

A contrario, une plongée dans l'Antiquité révèle aussi des destinées et des avancées qui apparaissent comme extrêmement modernes pour l'époque.

Portrait de féministe

En Grèce par exemple, vers – 600, la poétesse **Sappho** fonde sur l'île de Lesbos la « maison consacrée aux muses » et est connue pour avoir été une femme libre de sa vie et de ses émotions, notamment *via* son amour assumé pour les femmes. De leur côté, les Spartiates reçoivent une éducation sportive et, une fois devenues adultes, ne vivent pas dans la maison de leurs maris, mais chez elles. Quant aux femmes étrusques – dans l'actuelle Italie – elles peuvent donner leur nom à leur mari et leurs progénitures.

Première manif' de femmes à Rome

Événement marquant

C'est pour la première fois à Rome, en – 195, que les femmes battent le pavé pour défendre leurs droits ! Alors que la seconde guerre punique opposant Rome à Carthage s'est achevée quelques années plus tôt, proposition est faite d'abroger « la loi Oppia ». Cette loi avait été proposée par un tribun de la plèbe, Gaius Oppius, et votée au plus fort de la guerre. Au nom de l'effort de guerre qui imposait de contrôler l'usage des richesses, cette loi interdisait aux femmes de porter des bijoux et des vêtements luxueux et limitait leur liberté de déplacement. Une fois la paix retrouvée, la levée de ces restrictions à la liberté des femmes des catégories aisées est pourtant loin d'aller de soi. Les sénateurs tergiversent et le débat fait rage dans la société romaine. C'est alors que les femmes s'organisent et manifestent pour faire pression sur le vote. Elles veulent alors retrouver le droit de profiter de leur richesse et la liberté de circuler dans l'espace public. Cette occupation revendicative de la rue par les femmes bouscule la répartition déjà très sexuée des espaces : aux femmes l'intérieur, le foyer clos, la sédentarité et le repli sur la famille ; aux hommes le dehors, les espaces publics, le mouvement et le contact avec d'autres que soi.

Qui dit première manifestation, dit aussi premières réactions conservatrices face au pouvoir d'agir des femmes. Le consul Caton l'ancien assimile alors les manifestantes à des « filles de rue », s'inquiète du manque d'autorité de leurs maris (auxquels les femmes étaient alors sous l'entière dépendance), et formule cette phrase restée célèbre : « Si elles deviennent vos égales, elles vous domineront. »

Le saviez-vous ?

Moins d'un siècle plus tard, vers – 100, la République romaine connaît une période d'émancipation pour les femmes. Elles sont alors nombreuses à tenter d'éviter des grossesses par la contraception (amulettes, divers remèdes artisanaux et risqués ou potions magiques…) et par l'avortement, qui n'est alors pas interdit. Le divorce est fréquent, l'adultère n'est pas puni et des femmes investissent les espaces publics : amphithéâtre, stations balnéaires, affaires et même vie politique.

Pourtant, cette révolution des mœurs est à relativiser. Le statut des femmes demeure celui d'épouses qui doivent être vierges le jour de leur mariage, ainsi que celui de mères responsables de leur maison et dépourvues de droits civiques.

Une rupture misogyne : les religions d'État

Comme d'autres religions monothéistes, le christianisme semblait à ses débuts défendre une idée d'égalité, favorable aux femmes et à l'égalité des sexes. Il en a été autrement, et c'est une lecture misogyne des textes qui l'a emporté. L'exemple de l'apôtre saint Paul l'illustre parfaitement. Dans l'Épître aux Galates, il rappelle l'égalité fondamentale de tou·te·s les baptisé·e·s : « Il n'y a ni Juif, ni Grec ; il n'y a ni esclave ni homme libre ; il n'y a ni masculin ni féminin ; car tous vous ne faites qu'un dans le Christ Jésus. » Pourtant, dans l'Épître aux Éphésiens, il adresse ce message aux femmes : « Femmes, soyez soumises à votre mari comme l'homme l'est au Seigneur. »

En 392, le christianisme devient la religion officielle et obligatoire de l'Empire romain. C'est une étape marquante de l'Histoire occidentale avec une institutionnalisation progressive de la misogynie et une exclusion des femmes de la vie de la cité. Au sein de l'Église catholique de Rome, l'accès aux dignités ecclésiastiques leur est interdit. Dans la société, la religion chrétienne assigne avant tout aux femmes une fonction de reproduction, fonction à accomplir dans le cadre du mariage et les femmes doivent obéissance à leurs maris.

Le saviez-vous ?

Déjà en Chine, quelques siècles plus tôt, avec l'arrivée de la dynastie des Han en – 206 avant J.-C., la morale confucéenne (issue de l'œuvre du philosophe chinois Confucius) avait été imposée par le pouvoir impérial et était également rigoriste et violemment misogyne.

La loi salique : État et religion ne font pas bon ménage pour les femmes

Au IVe siècle en France, la loi salique est codifiée oralement avant de l'être par écrit au début du VIe siècle, à la demande de Clovis. Ce code de lois contient des règles instaurant des rapports asymétriques entre les hommes et les femmes au détriment de ces dernières, en particulier dans les affaires de successions. Dans son cinquième et dernier article, il précise : « Quant à la terre, qu'aucune portion n'en échoit aux femmes, mais qu'elle aille toute au sexe masculin. »

Des femmes d'exception à contre-courant

Il n'empêche, des femmes exceptionnelles continuent à tracer leur chemin.

Portrait de féministe

Les parcours de **Gudrid Thorbjarnardottir** (990-1080) et **Reziyyâ** (vers 1230) sont particulièrement remarquables. Originaire d'Islande, la Viking Gudrid Thorbjarnardottir est une véritable globe-trotteuse pour son époque. Elle fait partie des premier·e·s Occidentaux et Occidentales à avoir vécu en Amérique, sillonne le Groenland et fait un pèlerinage à Rome. Chez les musulman·e·s en Inde, c'est la sultane Reziyyâ qui se distingue et est choisie par son père pour lui succéder plutôt que ses frères. Femme rebelle, elle aussi s'habillera en homme pour régner.

Hypathie : une tête bien faite et dans les étoiles

Hypathie (370-415) passe aux côtés de son père de longues heures à étudier les rouleaux de papyrus dans la plus grande bibliothèque de l'époque, celle d'Alexandrie en Égypte. Elle devient mathématicienne et philosophe. Elle invente un instrument appelé l'astrolabe permettant de calculer la position du Soleil, de la Lune et des étoiles, et enseigne en toge de savant comme les autres professeurs. Son message est universel et traverse les époques : « Réservez-vous le droit de penser, car même penser mal vaut mieux que de ne pas penser du tout. »

Un tournant féministe au Moyen Âge : la Querelle des femmes et l'accès au savoir

Alors que le Moyen Âge se distingue par une condition des femmes souvent bien sombre, c'est durant cette période de l'histoire, au XIVe siècle, qu'on assiste aux prémices de ce qui deviendra quelques siècles plus tard le féminisme, en tant que mouvement de personnes défendant une idée partagée d'égalité des sexes. C'est du moins le cas en Europe et plus particulièrement en France à l'occasion de la « Querelle des femmes ».

Des Dames de Renom, de Boccace : l'œuvre qui hérissa le poil des machos

Événement marquant

Un des premiers actes de la « Querelle des femmes », polémique fondatrice pour le féminisme, est intervenu en 1362 avec l'œuvre du Florentin Boccace : *De mulieribus claris* (traduit du latin en français sous le nom « Des Dames de Renom »). Cette série de biographies de femmes célèbres alimente les débats sur la place et le rôle des femmes dans la société. L'historienne Éliane Viennot, dans un article disponible en ligne intitulé « Revisiter la "querelle des femmes" : mais de quoi parle-t-on ? », écrit : « Du coup de gueule à l'essai en bonne et due forme, en passant par les discussions argumentées, les pamphlets, les représentations théâtrales et picturales, cette polémique a vraisemblablement mis aux prises des millions d'hommes et de femmes de par le monde, autour de la double question de l'égalité (ou de l'inégalité) des sexes, et de leur différence (ou de leur similarité). » Toujours selon l'historienne, l'expression « Querelle des femmes » signifiait au départ « la cause des femmes ».

Portrait de féministe

La première femme connue à être descendue dans l'arène de ce débat est **Christine de Pizan** (1365-1431). Cette autrice, avant-gardiste qui vivait de sa plume, s'oppose à de grands érudits hostiles aux femmes. Elle utilise sa renommée pour promouvoir une meilleure image des femmes, conteste les clichés de l'amour courtois, dénonce les propos graveleux ou met à l'honneur des femmes faisant mentir les stéréotypes dont on les affuble. Dans la *Cité des dames*, publié en 1404, elle propose même de bâtir une place forte pour les femmes qui les protégerait des attaques misogynes. La Cité dessinée par Christine de Pizan est en réalité une allégorie de la culture et du savoir qui protègent contre la violence de l'ignorance. Le lien entre accès au savoir et émancipation des femmes est établi.

Le saviez-vous ?

C'est lors de la « Querelle des femmes » que l'on identifie les premiers hommes féministes à travers leurs plaidoyers en faveur des femmes et de leur égalité intellectuelle : citons le Français Martin Le Franc (1410-1461) et son œuvre *Le Champion des Dames*, ou encore l'Allemand Cornelius Agrippa (1486-1535) avec *De la noblesse et préexcellence du sexe féminin.*

Des femmes s'émancipent et ont leurs propres choix à faire

Au même moment, Isabelle la Catholique (1451-1504) a l'audace de se couronner toute seule. Avec la colonisation de l'Amérique à la suite de l'arrivée sur le continent de Christophe Colomb en 1492, la souveraine espagnole règne sur l'empire le plus riche et puissant du monde. Elle est aussi la reine de l'Inquisition...

Pendant la réforme protestante au XVIe siècle, des couvents catholiques sont fermés. Les religieuses mises alors en retraite forcée ont des choix à faire : comment rebondir et trouver des moyens de subsistance ? Faut-il passer du foyer monastique au foyer conjugal ? C'est ainsi que Katharina von Bora passe d'un couvent de bénédictines à la « femme au foyer la plus accomplie » de son époque selon ses dires. Femme de Luther et mère de six enfants, au four et au moulin dans sa ferme pendant que son mari prêche la Réforme et enseigne la théologie, elle incarne le modèle de l'épouse prônée par les réformateurs : discrète, loyale et efficace.

Portrait de féministe

À contre-courant, d'autres protestantes veulent se saisir de la Réforme pour faire avancer la place des femmes dans la religion. C'est le cas de **Marie Dentière** (1495-1561). Née catholique dans les Flandres, elle se convertit aux idées de la Réforme luthérienne vers 1524, quitte son couvent et part se réfugier à Strasbourg. C'est de Genève qu'elle écrit *L'Epistre très utile*. Dans ce traité théologique adressé à la reine de Navarre, elle milite notamment pour le droit des femmes d'intervenir activement dans la nouvelle religion. Elle plaide l'égale capacité des femmes à comprendre les textes sacrés. Cela lui vaudra d'être censurée et considérée comme une « radicale ».

Renaissance et résistances machistes : la chasse aux sorcières

Le saviez-vous ?

À mesure que les voix féministes sont de plus en plus nombreuses pendant la Renaissance, les réactions d'hostilité gagnent en force. Ces réactions de peur et de violence contre la place grandissante des femmes se cristallisent pour donner lieu à un épisode misogyne tragique et éminemment politique de notre histoire : la chasse aux sorcières.

Chasse aux sorcières : éliminer les têtes des femmes qui dépassent

Au XVIe et XVIIe siècles surtout, on assiste, en Europe, à une chasse aux sorcières qui s'apparente à une véritable guerre contre les femmes. Plusieurs dizaines de milliers d'entre elles seront tuées et brûlées. Des femmes sont accusées de sorcellerie et d'appartenir à une secte satanique, en particulier les sages-femmes et les guérisseuses. Les classes dirigeantes sont en effet particulièrement inquiètes du pouvoir qu'elles acquièrent grâce à la pratique d'une médecine douce à base de plantes. Cette médecine, surtout rurale, fait concurrence à la médecine en développement dans les villes et pratiquée par les hommes *via* notamment l'usage des saignées et lavements. La croyance en un pouvoir maléfique se répand et les persécutions nombreuses s'étendront bien au-delà des sages-femmes ou des guérisseuses en visant plus globalement les femmes jugées trop libres, trop autonomes des hommes : les célibataires, les veuves, les dissidentes, celles « soupçonnées » d'être lesbiennes… 80 % des accusations de sorcellerie et 85 % des condamnations concernent des femmes (Anne L. Barstow, *Witchcraze*, 1994). Alors que la justice expéditive de l'Inquisition bat son plein, on accuse les femmes de tous les malheurs qui frappent les campagnes : mort-nés, intempéries, maladies, épidémies et même l'impuissance des maris.

Mona Chollet, dans un essai brillant aussi documenté que facile à lire – *Sorcières, la puissance invaincue des femmes* publié à La Découverte en 2018 – démontre combien la chasse aux sorcières a constitué, à une époque où elles s'émancipaient de plus en plus, un moyen de mater les femmes trop autonomes, « d'éliminer les têtes féminines qui dépassent ». Ce fut un moyen redoutable pour menacer et contrôler l'autonomie de toutes les femmes. L'autrice, par ailleurs journaliste, insiste sur l'héritage que cela a contribué à forger pour nos sociétés : un héritage sexiste articulé à un héritage de rapports guerriers au service de l'exploitation du travail des femmes (reproductif, domestique, sexuel, etc.), de l'exploitation de la planète (exploitations minières par exemple pour alimenter l'essor du capitalisme) ou de l'exploitation d'autres humains (essor de l'esclavage avec les colonisations).

Pour les femmes le chemin vers l'émancipation ressemble plus à une traversée agitée de l'océan qu'à un long fleuve tranquille ! Il n'empêche, les femmes continueront à hisser leurs voiles en se saisissant de toutes les ressources et de tous les espaces de liberté à leur disposition.

Les religions sont centrales à cette époque pour l'accès au savoir, au débat d'idées, à l'art et au pouvoir. Si elles peuvent institutionnaliser la misogynie, elles peuvent aussi, paradoxalement, constituer des espaces de conquêtes pour les femmes.

Portrait de féministe

L'Espagnole **Thérèse d'Avila** (1515-1582) est souvent considérée comme la première féministe de l'Église catholique. Réformatrice, elle fonde l'Ordre des carmes déchaux séculier qui s'étendra dans le monde entier. Cette philosophe brillante se distinguera par une approche radicale du désir et par sa défense du droit des femmes à suivre le chemin mystique. Elle déclare : « Le monde nous tient piégées. » Elle insiste pour que les religieuses soient indépendantes et autonomes et élisent leurs supérieures tous les trois ans. C'est une proposition révolutionnaire pour l'époque. Ses livres sont censurés par l'Inquisition. Ce n'est que plusieurs siècles plus tard que son apport sera reconnu lorsqu'elle deviendra, en 1970, la première femme à être proclamée docteure de l'Église. Par la suite, Catherine de Sienne, Thérèse de Lisieux et Hildegarde de Bingen le seront à leur tour.

Les Salons littéraires : outil d'influence pour les femmes

D'autres femmes gagnent en visibilité et pouvoir d'influence à travers les salons littéraires. Leur apogée se situe autour des années 1620-1630. C'est le temps des « précieuses » : des femmes érudites issues de la noblesse tiennent salon pour entendre les plus grands hommes lettrés, écouter de la musique et disserter sur l'art d'aimer et la courtoisie. Le Tout-Paris intellectuel s'y presse. Ces salons témoignent alors de la soif d'apprendre et de l'envie de reconnaissance sociale des femmes. Il sera de bon ton de les moquer après la Fronde (1648-1653) : Molière les tourne ainsi en dérision dans sa pièce *Les Précieuses ridicules*. Cela n'étouffe néanmoins pas l'influence de ces salons qui se développeront dans toute l'Europe, comme en Angleterre ou en Allemagne. Ils constituent de véritables lieux alternatifs pour l'accès au savoir puisque le « beau sexe » (c'est-à-dire les femmes) est exclu des cercles de savoir officiels, comme l'université ou l'Académie française.

Certes, les femmes écoutent généralement beaucoup plus d'hommes que de femmes lettré·e·s – et pour cause, ces messieurs ont eu une sacrée longueur d'avance dans l'accès à l'éducation –, mais on compte néanmoins de plus en plus de femmes écrivaines. Certaines font clairement entendre leurs idées féministes.

Portrait de féministe

Il en va ainsi de l'audacieuse **Marie de Gournay**. En 1622, elle publie *L'Égalité des hommes et des femmes*. Adressant son essai à la reine Anne d'Autriche, elle assume son caractère peu protocolaire : « Tous autres abordent leurs princes et leurs rois en adorant et louant ; j'ose aborder ma reine en prêchant ! » Dans *Le Grief des dames* en 1626, elle prône l'égalité absolue entre les sexes : ni inférieurs, ni supérieurs, simplement égaux. Elle y évoque déjà les rapports de force qui se jouent dans les conversations en décrivant la situation où une femme veut prendre la parole et aborder un sujet sérieux, et un homme l'interrompt par une galanterie ou une plaisanterie pour mieux la déstabiliser ou la faire taire. Elle a déjà conceptualisé ce qu'on appelle aujourd'hui le *manterrupting* (cf. chapitre 3) ! Elle écrit des traités sur la langue française et, avec d'autres lettré·e·s, pousse le cardinal Richelieu à créer l'Académie française en 1634. Un dialogue aujourd'hui avec les immortel·le·s de l'Académie qui s'étranglent à l'idée d'une langue française retrouvant l'usage du féminin ne manquerait sans doute pas de piquant. Célibataire, profondément libre, Marie de Gournay est sans cesse calomniée, pour son œuvre autant que pour ses choix de vie personnelle.

Partisans et détracteurs d'une égale éducation des filles et des garçons

En 1697, l'Anglaise Mary Astell publiera *Réflexions sur le mariage* et *Proposition sérieuse à l'attention des femmes de qualité* sur l'éducation des filles. En France, c'est un homme, François Poullain de la Barre, qui, quelques décennies plus tôt, avait fait un vibrant plaidoyer pour une instruction égale des filles et des garçons. Il considère dans *De l'égalité des deux sexes*, publié en 1673, qu'à l'origine les sexes sont égaux, et que c'est une instruction différenciée qui génère ensuite les inégalités entre les femmes et les hommes.

Le XVIIIe siècle, le siècle des Lumières, voit des femmes conquérir la philosophie et les sciences. La « Querelle des femmes » se poursuit et prend de l'ampleur, en réaction à des philosophes ouvertement sexistes, au premier rang desquels se trouve Jean-Jacques Rousseau.

Le saviez-vous ?

Jean-Jacques Rousseau, inspirateur de la Révolution française de 1789 avec *Du contrat social* (1762), théorise l'exclusion des femmes de la citoyenneté en les renvoyant à la « nature » de leurs responsabilités maternelles et familiales. C'est là un événement capital qui va freiner, et pour longtemps, le chemin vers l'égalité. En faisant de la séparation des sphères privée et publique un fondement du « contrat social » de la République, Jean-Jacques Rousseau pense, légitime et favorise une république structurellement organisée autour de cette inégalité des rôles et des places : aux filles et aux femmes l'espace privé, le foyer ; aux garçons et aux hommes les affaires et les espaces publics. Lorsque le philosophe s'adresse aux femmes, à la fin du « Discours sur les fondements de l'inégalité parmi les hommes », prononcé à Chambéry le 12 juin 1754, c'est pour mieux leur rappeler leur rôle de maîtresse du foyer et leur fonction de soins : « Pourrais-je oublier cette précieuse moitié de la république qui fait le bonheur de l'autre, et dont la douceur et la sagesse y maintiennent la paix et les bonnes mœurs ? » Dans *Émile ou De l'éducation* (1762), Rousseau affirme : « Plaire aux hommes, leur être utiles, se faire aimer et honorer d'eux, les élever jeunes, les soigner grands, les conseiller, les consoler, leur rendre la vie agréable et douce, voilà les devoirs des femmes dans tous les temps, et ce qu'on doit leur apprendre depuis l'enfance. » Pourquoi donc vouloir revendiquer une instruction égale à celle des hommes si l'ambition qui est assignée aux femmes est celle d'être une super-intendante dévouée à son mari et ses enfants ? Entre complémentarité des sexes ou égalité des sexes, Rousseau a choisi son camp. Cet héritage pèsera longtemps.

Pourtant, et au même moment, des savantes font la preuve de l'égale capacité des femmes.

Portrait de féministe

Émilie du Châtelet (1706-1749) se révèle être une figure féministe des Lumières : philosophe, mathématicienne, physicienne, traductrice en français des *Principia Mathematica* de Newton. Sa brillante carrière témoigne des nouvelles ambitions des femmes, mais aussi des obstacles qui continuent à leur être opposés. Les réunions de l'Académie des sciences lui sont fermées. Qu'à cela ne tienne, elle s'habillera en homme – elle aussi ! – pour fréquenter les rencontres consacrées aux mathématiques organisées au café Chez Gradot à Paris. Élisabeth Badinter la fera connaître du grand public plus de deux siècles plus tard avec *Émilie, Émilie : l'ambition féminine au XVIIIe siècle* (1983).

Si quelques femmes peuvent prendre leur destin en main, la démocratisation de l'accès au savoir pour les filles devra encore attendre quelques révolutions. Le développement du féminisme, comme de la démocratie, sera étroitement corrélé à la diffusion du savoir et des idées, puis de l'accès à l'éducation.

Révolutions et naissance du (mot) féminisme (1789 – fin XIXe siècle)

Des révolutions politiques éclatent dans le sillage des Lumières. Qu'il s'agisse de la révolution états-unienne aboutissant à la guerre d'Indépendance (1775-1783), ou de la Révolution française de 1789, les femmes ne restent pas spectatrices. Certaines saisissent ces moments d'ouverture pour s'impliquer politiquement aux côtés des hommes, d'autres pour s'organiser entre femmes, quand d'autres enfin porteront sur la place publique des revendications féministes.

Révolutions et droits… de l'homme

Dans les treize colonies britanniques d'Amérique du Nord – qui deviendront les États-Unis d'Amérique après la guerre d'Indépendance – la contestation monte contre des lois particulièrement injustes économiquement imposées par la puissance coloniale britannique.

Le saviez-vous ?

À l'image des « Fils de la liberté » – organisation politique secrète et paramilitaire composée d'hommes – dans les années 1760, des femmes patriotes s'organisent collectivement au sein des « Filles de la liberté ». Afin de soutenir l'économie états-unienne en la rendant moins dépendante des produits anglais manufacturés, elles usent des armes qui sont alors les leurs : elles filent, tissent et cousent des vêtements. Cela fait ainsi diminuer les importations anglaises et reste comme une des premières actions patriotiques des « Filles de la liberté ». Cette période agitée politiquement accélère pour les femmes l'apprentissage de l'organisation collective et politique. Cela se révélera décisif pour la construction, par la suite, d'un mouvement féministe en tant que tel. En outre, la guerre d'indépendance représente aussi un espace de liberté pour certaines femmes afro-descendantes qui profitent du tumulte pour fuir l'esclavage.

Mais globalement, aux États-Unis, l'Histoire retient que les femmes ne contestent alors pas leur exclusion de la politique qui découle du modèle de division des tâches prôné par les défenseurs de l'indépendance (aux femmes le foyer et les œuvres charitables, aux hommes la politique). En France, le contexte est sensiblement différent.

1789 : une minorité agissante de féministes au sein des femmes révolutionnaires

À l'issue de la Révolution française, les femmes de métropole sont reconnues « citoyennes », mais sans droits politiques.

Événement marquant

Entre 1789 et 1793 apparaissent les premiers clubs de femmes et les sociétés fraternelles – clubs mixtes ouverts aux « frères » et « sœurs » de la Révolution. Dans ces enceintes où s'écrit l'Histoire, les femmes prennent la parole et font de la politique. Elles sont également nombreuses à participer aux assemblées (voir chapitre 5).

La grande majorité des femmes impliquées dans la Révolution ne contestent pas leur exclusion d'une citoyenneté pleine et entière. Elles ne réclament pas pour elles-mêmes l'égalité civile et politique. En revanche, il existe en France une minorité féministe qui entend bien faire bénéficier les femmes des idéaux de la Révolution.

Olympe de Gouges l'audacieuse

La plus célèbre des femmes participant aux débats révolutionnaires est Olympe de Gouges. Elle adressera en 1791 sa « Déclaration des droits de la femme et de la citoyenne » à la reine de France Marie-Antoinette. Toutes deux finiront guillotinées.

Mais le message qu'Olympe de Gouges lance alors retentira longtemps :

Parole de féministe

> *« Femme, réveille-toi ; le tocsin de la raison se fait entendre dans tout l'univers. Reconnais tes droits. »*

Olympe de Gouges et les « droits des femmes »

Elle naît en 1748 à Montauban, officiellement d'un père boucher, Pierre Gouze. Elle revendique être la fille biologique du marquis Le Franc de Pompignan, ce qui lui permettra d'avoir accès à l'éducation. Lorsque son mari, bien plus âgé qu'elle, meurt, elle retrouve sa liberté et part s'installer à Paris pour vivre de sa passion, la littérature. Elle enchaîne alors la rédaction de plusieurs dizaines d'articles, de romans, de manifestes et de pièces de théâtre. Elle est, à travers ses écrits, une brillante et infatigable avocate des pauvres, des esclaves et des femmes, dont elle demande que l'on reconnaisse les droits. Humaniste, elle embrasse tous les combats contre les injustices et se montre visionnaire pour son époque en formulant des propositions qui ne seront appliquées que bien plus tard : la liberté d'expression, le divorce, l'abolition de la peine de mort, l'abolition de l'esclavage et la fin du colonialisme, l'impôt sur le revenu des riches, l'assistance sociale, l'égalité des sexes.

Elle écrit l'audacieuse « Déclaration des droits de la femme et de la citoyenne » publiée en 1791. Le parallélisme de forme et de contenus avec la « Déclaration des droits de l'homme et du citoyen » incarne la stricte égalité revendiquée. Elle interroge déjà le fait que la Déclaration originale concerne moins l'humain que les hommes, du fait de l'exclusion des femmes de la citoyenneté. Elle appelle à l'universalité des droits. Celle qui a scandé « la femme a le droit de monter sur l'échafaud ; elle doit également avoir celui de monter à la tribune » termine ses jours sur l'échafaud le 2 novembre 1793 après avoir dénoncé les massacres de la terreur. Elle aura consacré et sacrifié sa vie pour ses idées.

Outre Olympe de Gouges, d'autres voix se font entendre pour dénoncer le fait que les hommes révolutionnaires ne reconnaissent pas les femmes comme des êtres autonomes, comme des égales capables de construire la République et avec qui partager le pouvoir démocratique.

Le saviez-vous ?

Diderot est un défenseur actif de l'égalité des sexes, notamment dans son essai *Sur les femmes* (1772). Quant à Condorcet, il défend en 1788 l'idée que les femmes doivent accéder à la citoyenneté comme les hommes. Dans son essai *Sur l'admission des femmes au droit de cité* (1790), il pointe avec ironie qu'il est injustifiable de priver les femmes des droits civiques (voter, légiférer, etc.) : « Pourquoi des êtres exposés à des grossesses et à des indispositions passagères ne pourraient-ils exercer des droits dont on n'a jamais imaginé de priver les gens qui ont la goutte tous les hivers et qui s'enrhument aisément ? »

Événement marquant

Ces voix féministes pendant la Révolution française permettent de poser, pour la première fois, la question de l'égalité des sexes en termes de droits. C'est une étape fondatrice pour la longue conquête des droits des femmes. Si le droit de vote et d'éligibilité des femmes devra encore attendre plus d'un siècle, c'est en revanche en 1792 que le droit au divorce est pour la première fois reconnu juridiquement en France.

Portrait de féministe

C'est la même année qu'en Angleterre, **Mary Wollstonecraft** (1759-1797) publie son pamphlet *Défense des droits de la femme*. Cette philosophe et femme de lettres est considérée, avec Olympe de Gouges, comme l'une des fondatrices du féminisme en tant que mouvement. Son argument principal est que les femmes sont capables de raison et que tout ce dont elles manquent, c'est de recevoir la même éducation que celle dont bénéficient les hommes. Elle dénonce une éducation des jeunes filles qui les prépare davantage à la coquetterie et à la dépendance qu'à l'autonomie individuelle et à la citoyenneté. Déjà, les féministes font face au procès permanent de mener une véritable « guerre des sexes ». Mary Wollstonecraft répond :

> ***« Je ne souhaite pas que les femmes aient le pouvoir sur les hommes, mais qu'elles soient maîtresses d'elles-mêmes. »***

Elle a son premier enfant en dehors du mariage, institution qu'elle considère comme de l'esclavage. Mary Wollstonecraft est violemment attaquée de son vivant et après sa mort pour sa vie libre et hors des conventions patriarcales de son temps. Sa réputation ruinée, ce n'est qu'un siècle plus tard que son œuvre et ses idées seront réhabilitées. Elle meurt à la suite des complications liées à l'accouchement de sa deuxième fille, Mary Shelley – qui deviendra la première autrice d'un roman de science-fiction avec *Frankenstein ou le Prométhée moderne*, roman dont on connaît le succès.

Retour au foyer illico presto

En 1793, le comité de constitution révolutionnaire français justifie l'exclusion des femmes de la citoyenneté, pour quelques années encore, en mobilisant des arguments déjà connus : les femmes manqueraient d'éducation, seraient de nature faible et donc sous influence (des curés, des monarchistes, etc.). Leur place « naturelle » serait au foyer. Les députés – exclusivement des hommes – craignent la confusion des sexes, mobilisent l'idéal de la mère républicaine en épousant la vision sexiste de Rousseau (cf. *infra*).

Le saviez-vous ?

Les clubs révolutionnaires de femmes – où elles font de la politique et cela dérange – sont fermés le 30 octobre 1793. Le signal adressé par la Convention montagnarde est clair : femmes, regagnez vos foyers.

Les révolutions états-unienne et française, si elles ont ouvert des espaces pour la mise en mouvement des femmes et pour poser de manière inédite la question de leur citoyenneté et de leurs droits, demeurent cependant des rendez-vous manqués pour le féminisme. Les droits conquis sont davantage des droits de l'homme que des droits humains dont jouissent à égalité l'ensemble des personnes sans distinction aucune. Qui plus est, les thèses sexistes défendues et consacrées par la majorité des révolutionnaires pour justifier cette exclusion imprégneront durablement les esprits et constitueront un obstacle central sur la longue route des féministes.

Événement marquant

Le Code civil de 1804 de Napoléon Bonaparte incarne cette vision misogyne des rapports entre les femmes et les hommes. Ce corpus juridique majeur, dont la plupart des dispositions resteront en vigueur jusqu'en 1965, consacre les femmes mariées comme d'éternelles mineures placées sous la tutelle d'un homme : leur père puis leur mari. Les femmes mariées ont un devoir d'obéissance à leur mari, doivent avoir leur autorisation pour exercer une profession, ne peuvent agir en justice, etc. Le Code civil napoléonien s'exportera largement en Europe (Italie, Espagne, Portugal, Belgique, Pays-Bas...) et dans le monde (Égypte, Brésil, Bolivie, Pérou, Sénégal, Québec...). Du fait de ce Code, c'est aussi l'ancrage juridique de la domination masculine qui se diffuse. L'empereur Napoléon Ier ne laissera aucun doute sur sa vision du rôle des femmes en déclarant qu'il « n'apprécie pas les femmes qui se mêlent de politique » et que « la femme est donnée à l'homme pour qu'elle lui fasse des enfants. Elle est donc sa propriété comme l'arbre fruitier est celle du jardinier ».

Napoléon trouvera sur sa route une adversaire résolue et aurait dit : « J'ai quatre ennemis, la Prusse, la Russie, l'Angleterre et Madame de Staël. »

Portrait de féministe

Germaine de Staël (1766-1817) mélange les genres – littérature, philosophie, politique – et ses romans sont de son vivant de véritables *best-sellers* dans toute l'Europe. Femme éprise de liberté, impétueuse et ne manquant pas de courage, elle est condamnée à l'exil par Napoléon après la publication de son roman *Delphine* en 1802. À travers l'histoire de Delphine, une femme jeune, belle, riche et libre, Germaine de Staël érige la figure d'une femme autonome, capable de raisonner, de parler et dénonce en filigrane la régression de la situation des femmes dans cette période réactionnaire post-révolutionnaire.

Révolution industrielle : années sombres et émergence d'une conscience de classe pour les femmes

La première moitié du XIXe siècle est en effet l'une des périodes les plus noires, du moins en Europe, pour la condition des femmes. L'ironie veut que cette période de l'histoire occidentale porte le nom d'une femme : l'ère victorienne en référence à la reine Victoria qui régna 63 ans sur l'Empire britannique.

En politique, les femmes sont exclues du terrain, laissées sur le banc. Dans les usines, et alors que la révolution industrielle bat son plein, elles sont des millions à se tuer à la tâche. D'autres, gagnant les villes qui grossissent quand les campagnes commencent à se dépeupler, sont de plus en plus nombreuses à être exploitées en tant que domestiques dans les maisons bourgeoises ou exploitées à des fins de prostitution. Là où le colonialisme s'étend, des millions d'autres sont asservies. Là aussi on exploite leur force de travail et leurs corps. Partout, la morale bourgeoise et la religion représentent de véritables carcans dans lesquels les femmes sont enserrées. Pour les femmes de la bourgeoisie, c'est la grande époque du corset et des multiples couches de jupons à volants.

Événement marquant

Le 2 mars 1848, les hommes ouvriers, privés jusqu'alors du droit de vote par le suffrage censitaire, conquièrent le droit de vote avec la proclamation du suffrage dit « universel ». Mais l'« universel » ne concerne encore qu'une minorité de la population, excluant les femmes et les populations des colonies. Encore raté ! Cette exclusion répétée et prolongée pousse les féministes à redoubler d'efforts pour s'organiser afin d'être entendues.

Flora Tristan : infatigable et passionnée partisane de l'alliance entre la classe ouvrière et la classe des femmes

« Depuis 6 000 ans, les "Sages" traitent la femme en paria. Jusqu'à présent, la femme n'a compté pour rien dans les sociétés humaines. Qu'en est-il résulté ? Que le prêtre, le législateur, le philosophe, l'ont traitée en vraie paria. La femme – c'est la moitié de l'humanité – a été mise hors de l'Église, hors la loi, hors la société. Pour elle, point de fonctions dans l'Église, point de représentation devant la loi, point de fonctions dans l'État. »

Flora Tristan (1803-1844) est l'autrice de ces lignes dans *L'Union ouvrière*, ouvrage publié en 1843. Elle s'adresse aux ouvriers et ouvrières et promeut cet essai aux quatre coins de l'Hexagone. Elle y dénonce sans détour la longue marginalisation des femmes et développe une brillante et moderne démonstration de l'intérêt que les hommes ouvriers et la classe prolétaire tout entière ont à tirer de l'émancipation des femmes : élévation du niveau d'instruction des enfants, élévation des revenus du ménage, élévation du niveau des conversations et relations entre femmes et hommes, entre amant·e·s.

Cette autodidacte franco-péruvienne, socialiste, féministe et internationaliste, aussi passionnée que lucide, déclare : « L'homme le plus opprimé peut opprimer un être, qui est sa femme. Elle est le prolétaire du prolétaire même. » C'est du vécu pour celle que le mari a tenté d'assassiner en lui tirant dessus. Flora Tristan travaille avec détermination à l'union des femmes et des hommes dominé·e·s plutôt qu'à leur division entretenue par les puissants, y compris des dirigeants du mouvement ouvrier. Les ouvrières – déjà des centaines de milliers – étaient souvent dénoncées dans les rangs syndicalistes comme volant le travail des hommes. Dans sa stratégie d'alliance, Flora Tristan lance également un « appel aux femmes de tous les rangs, de tous les âges, de toutes les opinions, de tous les pays ». Elle demande notamment aux « femmes de la classe riche » d'unir leurs forces avec « les frères et sœurs prolétaires qui travaillent, souffrent, pleurent et gémissent » pour « lutter légalement, loyalement, contre les lois et les préjugés qui oppriment ».

L'énergie et la vision de Flora Tristan ne suffisent pas à générer la convergence des luttes qu'elle appelle de ses vœux. Après avoir diffusé son vibrant plaidoyer à Lyon, Paris, Toulon, Marseille, Nîmes... elle meurt à Bordeaux en 1844 où elle était née en 1803.

Eugénie Niboyet (1796-1883) crée le 20 mars 1848 le journal *La Voix des femmes* pour diffuser les revendications des « Quarante-Huitardes », ces femmes qui n'acceptent pas d'avoir été exclues de ce suffrage qui n'a rien d'universel. Lors de la révolution de 1848 née à Paris en février de la même année contre la monarchie de Juillet, elles revendiquent autant le droit de vote que celui de travailler dignement. Initialement exclues des Ateliers nationaux – coopératives de production ouvertes fin février 1848 pour fournir du travail aux gros bataillons de chômeurs parisiens –, les femmes sont nombreuses à pétitionner, à manifester pour le droit de travailler et d'échapper à la misère. La militante Désirée Gay est l'une des voix fortes de l'époque. Des Ateliers nationaux pour femmes seront ouverts en avril. Comme le souligne l'historienne Michèle Riot-Sarcey, le travail, avec l'instruction, sont alors vus par beaucoup comme les piliers de l'égalité dont la clé de voûte est l'égalité politique.

Aux États-Unis aussi – où la grande démocratie se réduit à peau de chagrin en excluant femmes, autochtones et Noir·e·s – les féministes vont s'organiser collectivement.

1849 : première convention féministe

Les 19 et 20 juillet 1849 se tient à Seneca Falls, dans l'État de New York aux États-Unis, la première convention féministe recensée dans le monde. Ce rassemblement cherche, par la discussion, à trouver des points d'accord visant l'amélioration des conditions de vie des femmes. Afin de discuter de la « condition sociale, civile et religieuse des femmes », les échanges de la première journée sont réservés exclusivement aux femmes. Les hommes peuvent participer aux délibérations de la deuxième journée.

Événement marquant

La « Déclaration des sentiments » est adoptée à l'issue de cette convention et constitue un texte fondateur du féminisme en Amérique du Nord. Ce texte est construit sur le modèle de la déclaration d'indépendance états-unienne : ce ne sont plus des griefs reprochés aux colons britanniques dont il s'agit cette fois, mais de ceux reprochés aux hommes responsables de l'oppression des femmes. Le texte affirme que les femmes et les hommes sont créés égaux et appelle donc à ce que cette égalité soit établie dans l'exercice de la citoyenneté en accordant les mêmes droits aux femmes.

Parole de féministe

On peut lire dans le préambule de la déclaration : « Telle a été la patience des femmes sous ce gouvernement, et telle est aujourd'hui la nécessité qui les contraint à demander l'égalité à laquelle elles ont le droit. » Le texte est signé par 68 femmes et liste les noms des 32 hommes présents. Deux des principales organisatrices de cette convention sont les féministes Elizabeth Cady Stanton et Lucretia C. Mott.

Portrait de féministe

Lucretia C. Mott grandit dans une famille pour laquelle, souligne-t-elle, l'égalité allait plutôt de soi. Son père est capitaine de baleinier et sa mère dirige le domaine agricole familial. La famille appartient à la « société religieuse des Amis », les *Quakers*, qui croient en l'égale valeur de tous et toutes devant Dieu. Enseignante, avant d'être prédicatrice, elle se révolte contre le fait que ses collègues hommes soient payés le double d'elle. En parallèle à son combat pour les droits des femmes, et notamment celui de voter, elle milite contre l'esclavage. La maison qu'elle et son mari occupent est l'épicentre du mouvement anti-esclavagiste à Philadelphie. C'est dans cette même ville que Lucretia C. Mott fonde en 1833 la Société anti-esclavagiste féminine.

Aux États-Unis : à la recherche d'une alliance entre la cause des femmes et l'abolition de l'esclavage

Portrait de féministe

Harriet Tubman (1820-1913) incarne également cette alliance des causes. Cette militante des droits de la population afro-états-unienne est également une défenseuse du suffrage des femmes. Née esclave aux États-Unis, elle réussit à s'échapper des violentes et éprouvantes conditions qu'elle subit dans les champs de coton. Partie au Canada, elle brave les dangers pour revenir à de multiples reprises au sud du pays afin de sauver de nombreux esclaves. Cela lui vaudra d'être appelée la « Moïse noire » et de devenir une figure majeure de l'abolition de l'esclavage et de la lutte pour les droits des femmes. Elle devait, en 2020, remplacer le président Jackson – esclavagiste – sur les billets de 20 dollars, devenant ainsi la première femme représentée sur la monnaie états-unienne. Mais l'arrivée de l'administration Trump en 2016 a retardé ce projet aux calendes grecques.

Le saviez-vous ?

C'est une autre femme et une autre Harriet, Harriet Beecher Stowe (1811-1896), qui écrit *La Case de l'oncle Tom*. Ce roman publié à partir de 1851 a un retentissement immense : il sera au XIXe siècle le roman le plus vendu au monde, et le deuxième livre le plus populaire de ce même siècle après la Bible ! C'est un plaidoyer puissant contre l'esclavagisme.

L'exclusion simultanée des femmes et des Noir·e·s au moment de la création de la démocratie états-unienne conduit moult féministes et abolitionnistes à faire alliance pour se battre sur deux fronts : le suffrage des femmes et des Noir·e·s.

Événement marquant

Sojourner Truth est l'une d'elles : ancienne esclave achetée et vendue quatre fois, elle prononce en 1851, lors de la Convention pour les droits des femmes tenue à Akron dans l'Ohio, son célèbre discours « Ain't I a Woman ? » (« Ne suis-je pas une femme ? »). Elle contestera notamment l'infériorité physique des femmes en prenant pour exemple les travaux et les souffrances qu'elle a dû endurer dans sa vie de femme noire esclave. Elle rompt ensuite avec le leadeur afro-états-unien Frederick Douglass, qui considérait que le droit de vote devait être d'abord accordé aux hommes anciennement esclaves avant de l'être aux femmes. Sojourner Truth plaidait, elle, pour qu'il le soit simultanément.

Mais c'est l'amertume qui domine quand, à la suite de la victoire du Nord sur le Sud esclavagiste, le 14e amendement accorde en 1868 le droit de vote aux seuls hommes noirs. À l'image de ce qui s'était passé en France vingt ans plus tôt, les femmes, sans distinction de couleurs, demeurent exclues. En réaction, les féministes états-uniennes vont alors franchir une étape supplémentaire dans leur mobilisation.

Naissance d'un mouvement et d'un mot : le féminisme

En 1869, Élisabeth Cady Stanton et Susan B. Anthony fondent l'Association nationale pour le vote des femmes. La route pour la conquête du droit de vote des femmes est lancée !

Le saviez-vous ?

Mais l'histoire a longtemps oublié que, par le passé, sur le territoire des États-Unis, des femmes avaient déjà exercé le droit de vote ! L'anthologie *The Women's Suffrage Movement* (Penguin Classics, 2019) nous apprend que cela est le cas, depuis près de mille ans, au sein de la confédération amérindienne des Iroquois (ou Haudenosaunee) ! Les femmes iroquoises participent en effet au choix des chefs de clan et ont voix au chapitre concernant les questions de guerre et de paix. Les femmes iroquoises et leurs droits démocratiques inspireront d'ailleurs les suffragettes Lucretia C. Mott ou Elisabeth Cady Stanton.

En France, des débuts poussifs du mouvement pour le droit de vote des femmes

Événement marquant

En France, et pour l'exemple, la socialiste et féministe Jeanne Deroin se porte candidate aux législatives en 1849, malgré l'interdiction faite aux femmes de voter et d'être élue. Elle compte peu de soutiens, y compris dans sa famille socialiste. Bien que les socialistes utopistes, en particulier les saint-simoniens, revendiquent l'égalité des sexes, d'autres, à l'image de Pierre Joseph Proudhon – socialiste libertaire et précurseur de l'anarchisme – font preuve de fortes résistances à l'avancée des droits des femmes (voir chapitre 5). Ce dernier trouvera Jeanne Deroin « excentrique ». Et le même qui prône de nombreux progrès sociaux par ailleurs déclare : « Une femme qui exerce son intelligence devient laide, folle et guenon. »

Le saviez-vous ?

George Sand n'est pas favorable non plus au droit de vote des femmes. Pourtant, la célèbre romancière est par ailleurs prompte à défendre l'amélioration de leur situation. Comme souvent à l'époque, et en vertu d'une stratégie des petits pas, la priorité est souvent donnée à l'éducation des filles et la réforme du Code Napoléon, plutôt qu'à la revendication du suffrage et des droits politiques.

Le rôle d'accélérateur majeur joué par la presse féministe

Événement marquant

La presse féministe, qui se distingue de la presse féminine par son contenu axé sur la revendication des droits des femmes, est née des révolutions et s'est développée depuis. Des titres comme *La Tribune des femmes* (1833), *La Politique des femmes* (1848) ou *Pointe-à-Pitre* (1911) permettent une diffusion de moins en moins confinée des idées féministes, en métropole et dans les régions d'outre-mer.

Un mouvement est en train de prendre forme. Et ce mouvement, comme les personnes qui y adhèrent, cherche encore son nom. C'est au cours de la seconde moitié du XIXe siècle qu'un mot va naître – le mot « féministe » – pour désigner une réalité nouvelle : le féminisme en mouvement.

La naissance du mot « féministe »

C'est en France que le mot « féministe » apparaît. Né d'abord dans le domaine médical en 1871, le terme désigne alors des sujets masculins « dévirilisés » (perte de pilosité, voix fluette…) du fait d'un type de tuberculose. Paradoxalement, le même terme sera par la suite utilisé pour désigner précisément l'inverse : des femmes qui, en revendiquant leurs droits, perdraient leur « féminité » et deviendraient de « vrais hommes ». En 1872, Alexandre Dumas fils, qui voit dans l'égalité des sexes une hérésie et un danger, utilise le terme pour la première fois dans son pamphlet anti-féministe *L'Homme femme* : « Les féministes, passez-moi ce néologisme, disent : Tout le mal vient de ce qu'on ne veut pas reconnaître que la femme est l'égale de l'homme, qu'il faut lui donner la même éducation et les mêmes droits qu'à l'homme. »

En 1882, Hubertine Auclert se réapproprie le terme pour lui donner une valeur positive et désigner la lutte pour améliorer la vie des femmes. La même Hubertine Auclert, championne de la bataille pour le suffrage des femmes (voir chapitre 5), accordait également une grande importance au poids des mots et fut pionnière dans le combat pour l'usage du féminin dans le langage.

Pendant longtemps, on attribuera par erreur la création du terme « féministe » au socialiste français Charles Fourier. Le terme est popularisé par la presse hexagonale en 1892 à l'occasion du « Congrès général des sociétés féministes » organisé à Paris. Il s'expatrie ensuite dans plusieurs pays d'Europe et aux États-Unis avant d'être traduit dans de très nombreuses langues à travers le monde. Depuis, le terme est un marqueur identitaire pour les un·e·s, un repoussoir pour d'autres, tantôt en vogue, tantôt l'objet de toutes les caricatures. Une chose est certaine : près de 150 ans après sa naissance, le mot est plus vivant que jamais. Il a été élu « mot de l'année » en 2017 par le célèbre dictionnaire états-unien Merriam-Webster.

De la conquête des droits des femmes à l'égalité réelle (XXe siècle-aujourd'hui)

La « Querelle des femmes », débutée au cours du Moyen Âge, a fait surgir dans le débat public la question de l'accès au savoir et à l'éducation pour les femmes. Puis les républiques nées des révolutions ont ouvert l'espace de la citoyenneté et placé le principe d'égalité au centre du débat. C'est au nom de cette égalité que les femmes ont pu revendiquer des droits égaux à ceux des hommes. À chaque époque depuis l'Antiquité, et malgré un prix souvent très lourd à payer, des femmes fortes et rebelles – soutenues par quelques hommes éclairés – ont bravé les obstacles pour vivre la vie qu'elles souhaitaient et revendiquer l'égalité pour toutes.

Le saviez-vous ?

À mesure que les espaces se sont ouverts (espaces du savoir, de la démocratie…), que la prise de conscience s'étend (grâce aux livres, journaux, débats publics…), et que les instruments de mobilisation collective se développent (clubs, associations, partis politiques…), ces pionnières et pionniers parviennent à faire mouvement. Au tournant du XXe siècle, ce mouvement a un nom – « le féminisme » – et une priorité mobilisatrice –l'obtention du droit de suffrage et d'éligibilité.

Dès lors, et de vague de mobilisations en vague de mobilisations, les féministes dans le monde entier vont partir à la conquête des droits des femmes : droits civils et politiques, droits sexuels et reproductifs, droits au travail et à l'égalité professionnelle, droit à la sécurité et aux espaces publics…

La deuxième partie de ce livre sera consacrée au récit des femmes et des hommes qui ont mené bataille. Nous verrons les stratégies d'action des féministes, leurs organisations collectives, leurs grandes figures et leurs relais d'opinion – académiques, politiques et institutionnels – qui ont permis les grandes avancées que l'on connaît aujourd'hui. Pour les plus pressé·e·s, retrouvez en annexe les dates clés de la chronologie du féminisme.

Quant au chapitre qui suit, nous allons voir que malgré la conquête de l'égalité des droits, *de jure*, l'égalité réelle, *de facto*, est loin d'être une réalité. Les chiffres attestent d'inégalités encore profondes entre la vie des femmes et la vie des hommes aujourd'hui.

Le féminisme n'est pas un long fleuve tranquille : résistances et retours en arrière

Il serait faux de croire que l'histoire du féminisme et de l'égalité des femmes et des hommes est linéaire. Ce chapitre a montré qu'à des périodes de respiration pour l'évolution des mœurs peuvent succéder des temps plus sombres où les régressions pèsent souvent en priorité sur les femmes. Les droits des femmes sont réversibles et peuvent toujours être menacés. Les militantes féministes québécoises parlent de « ressac » pour désigner les périodes d'antiféminisme qui peuvent suivre une vague d'avancées.

Un événement tragique incarne cet antiféminisme au Canada : il s'agit de la tuerie de Polytechnique. Le 6 décembre 1989 un homme armé entre dans une salle de cours d'ingénierie mécanique de l'École polytechnique de Montréal. Il ordonne aux étudiants garçons de sortir et s'adresse ensuite aux filles : « Vous êtes des femmes, vous allez devenir ingénieures. Vous n'êtes toutes qu'un tas de féministes, je hais les féministes. » Il assassine quatorze femmes – douze étudiantes, une élève-infirmière et une employée –, en blesse douze autres ainsi que deux jeunes hommes. Cela marquera durablement l'histoire du Canada et du féminisme.

En France, le cas du droit au divorce est un exemple des retours en arrière toujours possible : pratiqué de façon courante chez les Romain·e·s, interdit par la suite par l'Église catholique et son droit canonique, autorisé légalement et de manière large en 1792 sous la Révolution, il sera très vite limité puis de nouveau interdit entre 1816 et 1884, et il faudra attendre 1975 pour que le divorce par consentement mutuel fasse son retour.

En Pologne, l'avortement est de nouveau pénalisé en 1997 après quarante ans de dépénalisation.

En Russie – qui avait été très en avance en matière de droits des femmes après la révolution communiste de 1917 –, les auteurs de violences conjugales encourent désormais, depuis le vote d'une loi de 2017 sous la présidence de Vladimir Poutine, une simple amende au lieu de deux ans d'emprisonnement précédemment, sauf violences graves ou récidive. La décision de la cour constitutionnelle russe en 2021 d'amender ce texte n'a pas été suivie d'effet... Selon la « commission des affaires familiales du patriarcat », il convient de limiter le rôle de l'État dans la vie familiale...

Aux États-Unis enfin, en 2017, Donald Trump, candidat multipliant les propos dégradants à l'encontre des femmes, a été élu à la Maison-Blanche. Depuis, il a supprimé les financements aux ONG internationales soutenant le droit à l'avortement et réduit méthodiquement l'accès à la contraception et à l'avortement aux États-Unis et dans le monde. La réaction des féministes ne s'est pas fait attendre : derrière la bannière de la « Women's March » (Marche des femmes), plusieurs millions de personnes (dont plus d'un million aux États-Unis) ont manifesté à travers le monde pour défendre le fait que « les droits des femmes sont des droits humains ». Sur le terrain de l'égalité, les féministes jouent en attaque et en défense !

DANS CE CHAPITRE

Des engagements internationaux…

•

… pourtant, encore un monde d'inégalités entre les sexes

•

En France : l'illusion de l'« égalité déjà-là »

Chapitre 2

L'égalité aujourd'hui dans le monde ? Le compte n'y est pas

Un premier chiffre : 189. C'est le nombre de pays adhérant à la Convention de l'ONU sur l'élimination de toutes les formes de discrimination à l'égard des femmes (CEDEF).

La CEDEF : la convention onusienne de référence

Le saviez-vous ?

En 1946, dans le sillage de la création de l'ONU, est créée la Commission de la condition de la femme (CSW). Constituant le principal organe intergouvernemental mondial consacré exclusivement à la promotion de l'égalité des sexes et à l'autonomisation des femmes et des filles, cette commission se réunit chaque année.

Événement marquant

Après plus de trente ans de travail, la Commission parvient, avec l'appui des organisations de femmes à travers le monde, à faire adopter la CEDEF par l'Assemblée générale des Nations Unies en 1979. La CEDEF est une vraie boussole, constituant la norme juridique contraignante reconnue par le plus grand nombre d'États dans le monde en matière de droits des femmes et d'égalité des sexes. Cette convention internationale affirme « que les femmes et les hommes devraient participer et contribuer dans des conditions d'égalité aux processus social, économique et politique du développement et avoir part, à égalité, à l'amélioration des conditions de vie ».

En 2023, 5 membres de l'Organisation des Nations unies n'ont pas ratifié la convention : le Vatican, l'Iran, la Somalie, le Soudan et les îles Tonga.

Le saviez-vous ?

Cette convention de l'ONU oblige les États l'ayant ratifiée à agir. Pour éliminer les discriminations à l'égard des femmes dans tous les domaines, ils peuvent recourir à des « mesures temporaires spéciales » (article 4), telles que des quotas ou mesures de parité par exemple. Le contrôle de l'application de la Convention CEDEF est assuré par le « Comité pour l'élimination de la discrimination à l'égard des femmes », composé de 23 expert·e·s indépendant·e·s qui ont pour mission de rappeler à l'ordre les États qui ne se réforment pas, ou pas assez vite. Bien que d'indéniables progrès aient été enregistrés (voir partie 2), quarante ans après l'adoption de cette convention internationale, les inégalités femmes-hommes restent encore massives dans le monde, et ce, dans quasiment tous les domaines. En deuxième partie de ce chapitre, un quiz vous permettra de faire les comptes des inégalités entre les sexes en France, et d'évaluer votre niveau de conscience et de connaissance.

Petit tour d'horizon des inégalités femmes-hommes dans le monde

Si chaque pays a sa propre histoire de la domination masculine et du mouvement féministe, le patriarcat n'est pas un accident de l'histoire. C'est un fait universel que l'on retrouve dans toutes les sociétés humaines, comme l'ont démontré les travaux de l'anthropologue Françoise Héritier.

Pour aller plus loin

Les chiffres suivants sont tirés de publications d'organisations internationales reconnues. Les détails sont précisés pour chaque donnée.

Femmes manquantes et enfants fantômes

Cent quarante-trois millions de femmes manqueraient à l'appel à cause du choix de certaines personnes de ne pas poursuivre la grossesse si l'enfant à naître est une fille, privilégiant ainsi une descendance masculine (estimation publiée par l'ONU en 2020).

Événement marquant

C'est le célèbre économiste et philosophe indien Amartya Sen qui a le premier mis en évidence ce phénomène des « femmes manquantes ». On relève en effet un déséquilibre croissant au profit du sexe masculin en particulier en Chine et en Inde, mais également par exemple en Arménie, en Corée du Sud, en Géorgie, ou, dans une moindre mesure, en Tunisie, en Albanie et au Monténégro. Certains parents soit tuent une petite fille à la naissance, et c'est alors une forme de féminicide (tuer une femme parce que c'est une femme), soit procèdent à des avortements sélectifs après avoir pris connaissance du sexe du fœtus. Cette dernière forme de sélection est en forte hausse depuis la généralisation des échographies dans les années 1970. D'autres couples décident d'arrêter d'avoir des enfants après un premier garçon, mais continuent s'ils ont une fille.

Ce phénomène se traduit par des déséquilibres du ratio filles/garçons à la naissance défavorables aux filles. En Chine, on compte 111 naissances de garçons pour 100 filles en 2022, contre 117 en 2004 ; et en Inde, 108 naissances de garçons pour 100 filles en 2022, contre 111 en 2000.

Le saviez-vous ?

Lorsque naissance il y a, un autre enjeu de taille se pose : celui d'être déclaré au registre de l'état civil. Plus de 166 millions d'enfants ne sont inscrits nulle part à la naissance, soit environ 1 enfant sur 4. On les appelle les « enfants fantômes », et la grande majorité sont des filles. Les pays en queue de peloton en la matière sont la Somalie, l'Éthiopie, le Malawi et la Zambie (UNICEF, 2023). Cette absence d'existence juridique entraîne la privation de leurs droits fondamentaux (filiation et nationalité, scolarisation, accès à la propriété, au droit de vote, etc.) et facilite l'exploitation, les trafics et les violences de toutes sortes.

Violences masculines

» **Une femme sur trois dans le monde, à un moment ou un autre de sa vie, a subi des violences physiques et/ou sexuelles, la plupart du temps par son partenaire intime (OMS, 2021).**

» **Vingt-six pays n'ont pas encore de loi interdisant la violence entre partenaires intimes (Banque mondiale, 2024).**

» Plusieurs millions de personnes à travers le monde sont esclaves des trafics d'êtres humains, dont 65 % de filles et de femmes, le plus souvent à des fins d'exploitation sexuelle (ONUDC, 2020).

» Enfin, 1 fille sur 5 et 1 garçon sur 11 dans le monde ont subi des violences sexuelles dans leur enfance (UNICEF, 2024). Pour aller plus loin, voir chapitre 13.

Parole de féministe

« Les hommes ont peur que les femmes se moquent d'eux. Les femmes ont peur que les hommes les tuent. »

Margaret Atwood, *La Servante écarlate*, 1985

Partage du pouvoir

On compte aujourd'hui 27 % de femmes en moyenne dans les parlements, bien que cette part ait doublé en vingt ans (UIP, 2024). Les champions de la parité au parlement ne sont souvent pas ceux que l'on croit !

Le saviez-vous ?

Le Rwanda, Cuba et la Bolivie occupent le podium du classement établi par l'Union interparlementaire fin 2024, avec respectivement 63,8 %, 55,7 % et 55,6 % de femmes dans l'équivalent de l'Assemblée nationale française, qui en compte 36 %. Au niveau des plus hauts postes de décision au sein des gouvernements, des entreprises ou des fonctions publiques, plus on grimpe dans la hiérarchie, moins il y a de femmes. Et les postes de numéro 1 sont encore réservés aux hommes, à quelques exceptions près (voir chapitre 16).

Direction d'entreprises

Cinq pour cent des directions générales d'entreprise dans le monde sont actuellement occupées par des femmes (Forum économique mondial, 2023).

Le saviez-vous ?

En 2023, pour la première fois, il y avait plus de femmes PDGères des 500 plus grandes entreprises aux États-Unis que de P.-D.G. de grandes entreprises qui s'appellent John (23) !

Répartition de la parole

Partage du pouvoir et partage de la parole sont intimement liés. La communication entre plusieurs personnes peut en effet donner lieu à des relations de pouvoir. La prise de parole des femmes en public a depuis longtemps été soumise au contrôle des hommes.

C'est dans la mythologie grecque et romaine que l'universitaire britannique Mary Beard est allée rechercher les traces de ce phénomène, qu'elle relate dans son livre *Women & Power. A Manifesto*. Elle cite la réplique de Télémaque à sa mère prenant la parole, dans *L'Odyssée* d'Homère : « Silence, mère, la parole est l'affaire des hommes. Retournez en haut. » Mais alors pourquoi le stéréotype des « femmes bavardes » a-t-il la peau si dure ? La chercheuse Corinne Monnet a enquêté sur la répartition de la parole entre les femmes et les hommes. Elle explique que cette idée reçue vient du fait que généralement, étant attendu que les femmes parlent peu ou restent silencieuses, dès lors qu'une femme parle un peu plus que la moyenne des autres femmes, elle apparaît comme « bavarde ». Alors qu'un homme qui parle beaucoup et enchaîne les longs monologues nous choque moins, car nous y sommes davantage habitué·e·s. Il n'est donc pas étonnant que toute parole de femme soit jugée comme une parole de trop. Et cela commence dès l'enfance.

Le saviez-vous ?

Les études récentes continuent de confirmer les conclusions de l'étude de Sadker & Sadker (1985) portant sur plus de cent classes en cours d'arts et de sciences de l'enseignement primaire et secondaire. Cette dernière a montré que les garçons parlaient en moyenne trois fois plus que les filles et avaient huit fois plus de chances que les filles d'intervenir à l'oral pour donner la réponse aux questions posées. À l'inverse et par construction, l'écoute active est en moyenne davantage du côté des femmes.

Conflits armés

Événement marquant

En 2000, la résolution 1325 du Conseil de sécurité de l'ONU fut pionnière en reconnaissant que la guerre n'impacte pas que les hommes soldats mais aussi les femmes, différemment. Le texte souligne aussi l'importance d'augmenter la participation des femmes dans les processus de paix.

Mais entre 2015 et 2019, seulement 14 % des négociateur·rice·s à la table des accords de paix sont des femmes (Council on Foreign Relations, 2024). Pas étonnant ensuite que les constitutions, élections et reconstructions post-conflits laissent les femmes à la marge. Les mobilisations féministes peuvent néanmoins avoir un impact, comme ce fut le cas en Colombie. Les femmes ont joué des coudes dans les négociations aboutissant à un accord de paix en 2016 mettant fin à un conflit armé de 53 ans entre les autorités et les FARC (Forces armées révolutionnaires colombiennes). La nouvelle Constitution colombienne prévoit ainsi des dispositions portant sur les droits des femmes ou encore un quota de postes réservés aux membres de communautés autochtones.

Médias

» **Entre 2015 et 2020 dans le monde, les femmes représentent 24 % seulement des personnes représentées dans les sujets d'informations diffusés par la presse écrite, radio et télévisuelle, contre 17 % en 1995 (GMMP, 2020) !**

» **Seuls 7 % des sujets d'information évoquent les questions d'(in)égalité fondée sur le genre, et 3 % bousculent les stéréotypes fondés sur le genre (GMMP, 2020) !**

» **Enfin, les expert·e·s présent·e·s sur les plateaux TV restent encore le plus souvent des hommes : en France, ils représentent 57 % des expert·e·s des chaînes d'information en continu (ARCOM, 2022). C'est certes en progression, mais on est encore loin du compte. Pour aller plus loin, voir chapitre 19.**

Travail et salaires

Le saviez-vous ?

Dans le monde, les femmes effectuent les deux tiers du nombre d'heures de travail (travail domestique et travail rémunéré). Pourtant, elles ne gagnent que 77 cents pour chaque dollar versé aux hommes et possèdent moins de 20 % des terres (Banque mondiale et Forum économique mondial).

» **Dans le monde toujours, 47 % des femmes en âge de travailler (15 ans et plus) sont sur le marché du travail rémunéré, contre 72 % des hommes (ILO 2023).**

» **Dans 18 pays, une épouse ne peut pas travailler sans l'accord de son mari. Et lorsqu'elle y parvient, plusieurs professions lui sont interdites. En Argentine ou aux Émirats arabes unis, les femmes n'ont, par exemple, pas le droit de vendre ou de distiller de l'alcool (Banque mondiale, 2023).**

» **Dans 20 pays, les femmes ne peuvent pas avoir les mêmes horaires de travail que les hommes, notamment la nuit. Ces interdictions sont les plus courantes en Asie du Sud, au Moyen-Orient et en Afrique du Nord (Banque mondiale, 2024). Aucun pays ne leur interdit bizarrement de se lever à répétition et gratuitement pour nourrir leur nouveau-né ou s'occuper de personnes malades ! De là à y voir une relation de cause à effet…**

Le saviez-vous ?

Lorsqu'elles sont rémunérées pour leur travail, les femmes gagnent en moyenne 20 % de moins que les hommes au niveau mondial (ILO, 2018), comme c'est le cas en France (voir chapitre 17). Sur le long terme, cet écart tend à se réduire dans de nombreux pays développés, mais ces dernières années l'évolution est incertaine.

Congés maternité et paternité

- **Dans près de 50 % des pays du monde, le congé de maternité – quand il existe – est inférieur à 16 semaines (soit la durée en France).**

Le saviez-vous ?

Près d'un tiers des pays ne prévoit toujours pas de congé de paternité payé : Sénégal, Chine ou États-Unis… (ILO, 2021).

L'heure de l'égalité entre les deux parents à l'arrivée d'un enfant n'a pas encore sonné (voir chapitre 14) ! Et pourtant, c'est à partir de l'accueil d'un enfant que l'inégalité dans la répartition du travail domestique et salarié se creuse entre les deux parents.

Accès aux ressources du ménage

Dans les régions dites « en développement », une femme mariée sur trois n'a aucun contrôle sur les dépenses ou les achats du ménage, et environ une femme mariée sur dix n'est pas consultée sur la manière dont ses propres revenus sont dépensés (ONU, 2019).

Pauvreté

- **Dans le monde, on estime que 383 millions de femmes et de filles vivent avec moins de 1,90 dollar par jour (ONU Femmes, 2023).**
- **La pauvreté touche de manière disproportionnée les femmes cheffes de familles monoparentales. En France, selon l'INSEE (2020), une famille avec enfant sur quatre est une famille monoparentale, et dans 84 % des cas, les enfants résident avec leur mère. L'INSEE souligne également que 41 % des enfants vivant en famille monoparentale vivent dans la pauvreté (insuffisance des ressources, retards de paiement, restriction de consommation, difficultés de logement).**

Menstruations

Au moins 500 millions de femmes dans le monde font face à la précarité menstruelle ou à des obstacles liés aux règles (Unicef et OMS, 2015). L'achat des serviettes menstruelles ou des tampons a un coût. Le phénomène naturel des menstruations, que connaît l'immense majorité des femmes en âge de procréer tous les mois, continue d'être un tabou. Cela est souvent vecteur de honte et à l'origine d'inégalités économiques, sociales et sanitaires importantes. Cela peut entraîner des ruptures de scolarité ou des exclusions de certains lieux publics ou sacrés.

Mortalité maternelle

La mortalité maternelle a baissé de 34 % dans le monde entre 2000 et 2020 – c'est-à-dire l'ensemble des décès de femmes survenus à la suite de complications pendant leur grossesse ou lors des 42 jours après l'accouchement (hémorragie, infection, hypertension, etc.). Ces progrès ont été permis grâce à des investissements publics améliorant les soins médicaux prodigués aux femmes lors d'une naissance (injections d'ocytocine, asepsie, sulfate de magnésium...).

Le saviez-vous ?

Cependant, une femme meurt toutes les deux minutes de complications liées à la grossesse qui auraient pu être évitées. Environ 70 % des décès ont lieu en Afrique subsaharienne (OMS, 2023).

Lorsque des États décident de baisser les financements destinés aux organisations internationales en charge de l'amélioration de la santé et des droits sexuels et reproductifs, cela a un impact direct sur les taux de mortalité maternelle.

Contraception et avortement

On sait aujourd'hui que l'essentiel de ces centaines de milliers de décès par an pourrait être évité si l'accès aux soins en santé maternelle ainsi que la planification familiale volontaire étaient développés.

» **Chaque année, dans les pays en développement, pas moins de 225 millions de femmes ne souhaitent pas être enceintes sans pour autant disposer de méthode contraceptive moderne (FNUAP, 2020). Si toutes les femmes qui le désirent avaient accès aux méthodes contraceptives modernes et si l'ensemble des femmes enceintes et des nouveau-nés recevait les soins appropriés, le nombre de décès maternels chuterait de 67 %, celui des décès de nouveau-nés de 77 % et les grossesses non désirées de près de 70 %. Preuve supplémentaire que le machisme tue.**

» **Seules 34 % des femmes vivent dans un pays où l'avortement est autorisé sans restriction, soit 77 pays (Center for Reproductive Rights, 2024). Et lorsque la législation évolue, ce n'est pas toujours dans le sens de la dépénalisation.**

Événement marquant

Ces dernières années, le droit à l'avortement a reculé dans 4 pays : États-Unis, Pologne, Nicaragua et Salvador. Si ces retours en arrière concernant le droit à l'avortement ont fait grand bruit, à raison, la tendance au niveau mondial est pourtant à la libéralisation des lois sur l'avortement. Au cours des 30 dernières années, plus de 60 pays et territoires se sont dotés d'une législation en matière d'avortement. De l'Irlande au Népal, en passant par l'Amérique latine (Colombie, Mexique, Argentine), les lois récentes permettent désormais à des millions de femmes d'avoir accès à ce service. Dans le monde, 21 pays continuent d'interdire totalement l'avortement, en particulier en Afrique et en Amérique centrale. En Europe, il s'agit de la Pologne, de Malte et du Vatican.

Mariages d'enfants

» **Cinq pour cent des femmes dans le monde ont été mariées avant l'âge de 15 ans (UNICEF, 2022).**

Pour aller plus loin

Regardez le film *La Saison des femmes* qui se déroule dans la région du Gujarat en Inde (voir chapitre 21).

Alphabétisation

Dans le monde, la part de la population sachant lire et écrire grimpe à 87 % en 2022, contre 85 % en 2014 et 76 % en 1990. En revanche, on estime que 765 millions de jeunes et d'adultes ne disposent pas des compétences de base en alphabétisation, et que deux tiers sont des femmes (UNESCO, 2024).

Éducation

L'ensemble des régions dites « en développement » ont atteint ou sont en bonne voie d'atteindre l'égal accès des filles et des garçons à l'éducation primaire. Certains pays, comme l'Afghanistan, le Niger ou la République centrafricaine, connaissent cependant encore un fort déséquilibre. C'est au niveau de l'accès à l'enseignement secondaire et supérieur que persistent les inégalités les plus massives au détriment des filles dans l'éducation.

» **En 2014, en Afrique subsaharienne, 92 % des filles ne terminent pas l'enseignement secondaire (Forum économique mondial, 2023).**

Le saviez-vous ?

Selon un rapport du mouvement Campagne mondiale pour l'éducation (2012) portant sur l'Asie du Sud et de l'Est et l'Amérique latine :

» **Une écolière sur dix du primaire déclare être « malheureuse d'être une fille ». Ce chiffre double à l'âge auquel elle atteint le niveau secondaire (20 %), contre respectivement 1 % des garçons au primaire et 3 % au secondaire. Les raisons invoquées sont les suivantes : « des restrictions dans leur liberté, le manque de possibilités de réussite par rapport aux garçons et un sentiment d'insécurité ou d'être plus exposées au harcèlement que les garçons ». Des études de plus en plus nombreuses révèlent aussi le poids des violences sexuelles à l'école de la part de membres du personnel éducatif.**

Accéder à l'école est un premier défi. Y trouver des conditions égales quel que soit son sexe en est un autre. Les filles demeurent par exemple encore largement exclues des filières scolaires les plus attractives et débouchant sur les emplois les plus valorisés.

» **Seulement 35 % de l'ensemble des étudiant·e·s en sciences, technologie, ingénierie et mathématiques (STEM) dans le monde sont des étudiantes (Unesco, 2018-2023).**

Le saviez-vous ?

Le rapport intitulé *Déchiffrer le code* souligne une tendance particulièrement révélatrice et préoccupante : en technologies de l'information et de la communication – qui recouvrent notamment l'informatique et internet –, on compte seulement 3 % d'étudiantes ! Et les tendances sont en baisse au fur et à mesure que la filière prend du poids... devenant alors une « affaire d'hommes ».

Malala : le courage n'a pas d'âge !

Malala Yousafzai est née en 1997, dans la vallée de Swat au nord-ouest du Pakistan. Elle est très tôt plongée dans le militantisme. Malala apprend vite et ne supporte pas les injustices.

Dès 11 ans, elle dénonce les talibans qui détruisent des écoles et imposent la charia. Malala commence à être connue du grand public comme la jeune fille qui résiste et défend le droit des filles d'aller à l'école. Résolue à ne pas accepter l'ignorance à laquelle la condamne le fanatisme, elle continue à donner de la voix sur son blog. Le 9 octobre 2012, sa vie bascule : alors qu'elle se rend à l'école, son bus est arrêté par des talibans armés qui demandent « qui est Malala ? » et lui tirent une balle en pleine tête. Elle réchappe à l'attentat et devient un symbole mondial pour le triomphe de la liberté et de l'accès des filles à l'école. Son incroyable courage est couronné en 2013 par le prix Sakharov du Parlement européen et, en 2014 par le prix Nobel de la paix, alors qu'elle n'a que 17 ans. Cela fait d'elle la plus jeune lauréate de ce prestigieux prix et lui laisse l'occasion d'inspirer des générations de défenseurs et défenseuses de la liberté et de l'égalité.

Prix Nobel

Marie Curie, seule double lauréate du prix Nobel (en physique puis en chimie), serait-elle l'arbre qui cache la forêt ?

» **Seules 6 % des personnes récompensées par un prix Nobel sont des femmes. Depuis la création de cette institution en 1901, 62 femmes ont été récompensées sur 960 lauréat·e·s.**

La reconnaissance de l'apport des femmes à l'humanité est encore plus faible dans les domaines scientifiques.

Portrait de féministe

Ainsi, à ce jour, on compte seulement trois femmes prix Nobel en économie : **Elinor Ostrom** en 2009, **Esther Duflo** en 2019 et **Claudia Goldin** en 2023. Jeune, Elinor Ostrom a dû enseigner la natation pour financer son entrée à l'université, et on lui refusa – parce qu'elle était une femme – de suivre des cours de trigonométrie. Cela n'empêchera pas cette économiste et politologue de mener de brillants travaux, reconnus très tardivement. Elle a notamment démontré que les « biens communs » – tels que l'eau, les forêts, etc. – peuvent être efficacement gérés par des associations d'usager·e·s.

La chercheuse Alice Wu a voulu comparer la manière dont les économistes parlent des femmes et des hommes dans leur milieu. Son étude a exploité plus d'un million de publications sur le forum *Economics Job Market Rumors*. Ce forum en ligne, célèbre parmi les économistes états-unien·ne·s, permet de discuter économie, recherche de nouveaux postes, publications, conférences… Anonyme, il permet une certaine liberté de parole.

Le saviez-vous ?

Les premiers termes associés aux femmes sont : « super-canon », « lesbienne », « bb » (bébé), « sexisme », « anal », « mariage », « féminazi », « traînée ». Quand les premiers termes associés aux hommes sont : « mathématicien », « tarification », « conseiller », « manuel », « motivé », « objectifs », « Nobel » et « philosophie ».

Eau potable

L'accès à une eau de qualité et à des installations sanitaires a été reconnu comme un droit fondamental par l'ONU en 2010. Les femmes sont les premières affectées par un accès entravé à l'eau, et, par conséquent, par le réchauffement climatique qui la raréfie.

» **Dans environ quatre ménages sur cinq qui n'ont pas l'eau courante, ce sont les femmes et les jeunes filles qui sont chargées de la collecte de l'eau (Banque mondiale, 2023).**

Cinéma

» Depuis 1955, la Palme d'Or du Festival de Cannes a désormais été décernée trois fois à une femme : à Jane Campion pour son film *La Leçon de piano* en 1993, Julia Ducournau pour *Titane* en 2021, puis Justine Triet pour *Anatomie d'une chute* en 2023. Il faudra attendre 2010 pour qu'une femme soit récompensée de l'Oscar de la meilleure réalisation : il s'agit de la réalisatrice Kathryn Bigelow pour le film *Démineurs*.

Le saviez-vous ?

En 2016, près d'un tiers des films hollywoodiens ne passait même pas la première question du test de Bechdel, à savoir : « L'œuvre fait-elle intervenir deux femmes identifiables par un prénom ? »

Faites le test !

Le test de Bechdel a été créé en 1985 par Liz Wallace et Alison Bechdel, pour évaluer si les œuvres sont centrées sur des points de vue d'hommes ou laissent une place à la représentation des femmes. Ce test consiste à interroger une œuvre à partir des trois questions suivantes :

» L'œuvre fait-elle intervenir deux femmes nommées (prénom/nom) ?

» Ces deux femmes discutent-elles ensemble au moins une fois ?

» Parlent-elles d'autre chose que d'un homme ?

Si l'œuvre répond positivement aux trois questions, elle passe le test de Bechdel et peut donc être considérée comme faisant une place aux femmes. Selon le site **bechdeltest.com**, qui a passé au détecteur du sexisme plus de 10 000 films en 2016, 43 % d'entre eux ne passent pas le test !

Sport

Sur un total de 997 athlètes, seules 22 femmes concouraient lors des premiers jeux Olympiques de Paris en 1900. Grâce à la détermination de pionnières telles que la nageuse, hockeyeuse et rameuse française Alice Milliat ou la marathonienne états-unienne Kathrine Switzer, les femmes gagnèrent progressivement leur place dans le monde olympique.

» En 2024, à Paris, on comptait 49,14 % de femmes qualifiées parmi les athlètes. En 2012, à Londres et pour la première fois, les femmes étaient présentes dans chaque discipline sportive du programme olympique.

Pour aller plus loin

Le sport est historiquement un lieu d'apprentissage de la virilité, de la guerre et du leadership, comme l'analyse la sociologue, ancienne sportive professionnelle et dirigeante de club Béatrice Barbusse dans son essai *Du sexisme dans le sport* (2016).

De l'Antiquité jusqu'à l'inventeur des jeux Olympiques modernes – Pierre de Coubertin – le sport est pensé comme une fabrique de « vrais hommes ». On entraîne ces « champions » à être dotés de la force, de l'endurance et du courage nécessaires pour faire la guerre sur le champ de bataille (lien sport-guerre) ou sur le champ économique (lien sport-élite dirigeante). Aux yeux de beaucoup au début du XXe siècle, les femmes n'ont leur place ni à la guerre ni dans les élites dirigeantes. Elles seraient également trop fragiles pour le sport qui, par ailleurs, serait incompatible avec leurs qualités « féminines ». Pourquoi donc leur faire de la place ? De Coubertin aura cette déclaration frontalement sexiste lors des jeux Olympiques de 1912 à Stockholm :

> ***« Les jeux Olympiques doivent être réservés aux hommes, le rôle des femmes devant être, avant tout, de couronner les vainqueurs. »***

Un siècle plus tard subsiste de nombreuses traces de ce sexisme ancestral. Par exemple, les seules femmes que l'on voit sur le Tour de France ne sont-elles pas les hôtesses dont le rôle consiste à remettre le bouquet de fleurs au vainqueur de l'étape… et leur faire la bise (voir chapitre 19) ?

Portrait de féministe

Kathrine Switzer est née en 1947. Elle s'est rendue célèbre pour avoir été la première femme à courir un marathon, non sans obstacles. Alors même que l'épreuve était interdite aux femmes que l'on pensait alors incapables de tenir les 42,195 kilomètres que compte la course, Kathrine Switzer réussit à s'enregistrer incognito et à courir le marathon de Boston en 1967. Lorsque le directeur de la course s'aperçut qu'il s'agissait d'une femme, il tenta de la faire tomber et de lui arracher son dossard. Soutenue par d'autres coureurs, elle persévéra, termina le marathon et ouvrit la voie aux nombreuses marathoniennes qui lui ont succédé.

En 2011, elle est honorée en entrant dans le panthéon des femmes états-uniennes à Seneca Falls dans l'État de New York : le « National Women's Hall of Fame ». Seneca Falls, là même que se tint la première convention féministe dans le monde… en 1848.

Place aux sportives… et à l'égalité des primes de victoire ?

Du souffle, il en faut aussi pour la course de fond qu'affrontent les sportives pour se faire une place égale à celles de leurs homologues hommes. Elles bénéficient de moins d'opportunités, de moins d'investissements, de moins d'entraînement et de moins de sécurité dans leur pratique d'un sport. Si elles parviennent à devenir professionnelles, elles font face au plafond de verre et à des écarts de salaire importants.

En attestent par exemple les primes accordées aux lauréates et lauréats des coupes du monde de football : la dotation de la FIFA pour la Coupe du monde de football pratiqué par les hommes en 2022 était de 440 millions de dollars… contre 110 millions pour les footballeuses participant à la coupe du monde 2023. Un progrès, si l'on compare aux 30 millions qui leur étaient dévolus en 2019… mais toujours loin du pactole des hommes !

Le saviez-vous ?

Point de fatalisme au pays des fjords ! La Norvège organise depuis 2017 l'égalité salariale dans le football. Un accord conclu par l'Association norvégienne de football prévoit, en effet, que les hommes footballeurs en sélection nationale devront reverser une part de leurs revenus publicitaires à leurs homologues femmes afin que la rémunération en équipe nationale ne soit pas discriminante en fonction du sexe. Une avancée jugée insuffisante par la joueuse norvégienne Ada Hegerberg, élue ballon d'or 2019, pour qui l'égalité femmes-hommes dans l'univers du foot passe également par le respect, les installations et les investissements. Constante et courageuse dans son engagement, la joueuse avait décidé de boycotter le Mondial 2019 organisé en France.

Quiz : en France, qu'en est-il ?

Mais en France, c'est différent pensez-vous ? N'y aurait-il pas une exception française au pays des Lumières et des « droits de l'homme » ? Afin de tester vos connaissances sur la situation de l'égalité entre les femmes et les hommes en France, répondez aux douze questions suivantes puis vérifiez les réponses. C'est à vous !

1. Quel pourcentage de Français et Françaises en 2022 sont « plutôt d'accord » pour dire que « dans l'idéal, les femmes devraient rester à la maison pour élever leurs enfants » ?

◆ 9 %

★ 15 %

O 33 %

2. Combien de femmes déclarent-elles avoir déjà subi, dans leur vie professionnelle, une situation de harcèlement sexuel ?

◆ Une femme sur dix

★ Une femme sur cinq

○ Une femme sur trois

3. En France, une femme décède sous les coups de son conjoint ou de son ex-conjoint :

◆ Tous les jours

★ Tous les 3 jours

○ Toutes les semaines

4. Quelle est la part des villes qui ont à leur tête une femme maire ?

◆ 20 %

★ 31 %

○ 50 %

5. Fin 2024, combien compte-t-on de femmes à la direction de l'un des six théâtres nationaux (la Comédie-Française, le Théâtre national de l'Odéon, le Théâtre de l'Europe, le Théâtre national de la Colline, le Théâtre national de Chaillot, le Théâtre national de Strasbourg, le Théâtre national de l'Opéra-Comique) ?

◆ 1

★ 3

○ 7

6. Dans les publicités, quelle est la part des hommes parmi les personnages qui effectuent une activité de bricolage, travaux ou mécanique ?

◆ 38 %

★ 64 %

○ 88 %

7. En moyenne, au sein d'un couple avec enfant(s), combien d'heures en plus une femme consacre-t-elle aux tâches domestiques et parentales chaque semaine comparée à un homme ?

◆ 7 heures

★ 14 heures

○ 16 heures

8. Quel est le pourcentage de femmes parmi les personnes qui travaillent à temps partiel ?

◆ 60 %

★ 70 %

○ 80 %

9. Quel est le pourcentage de femmes parmi les personnes licenciées d'un club sportif, toutes disciplines confondues ?

◆ 39 %

★ 44 %

○ 51 %

10. Le salaire moyen des femmes est inférieur à celui des hommes de :

◆ 9 %

★ 19 %

○ 24 %

11. La pension de retraite moyenne perçue par les femmes au titre de leurs activités salariées est inférieure à celle des hommes de :

◆ 26 %

★ 40 %

○ 45 %

12. En matière de santé, lorsque survient un accident cardiaque :

- ◆ Les femmes et les hommes y survivent autant.
- ★ Les femmes y survivent moins que les hommes.
- o Les hommes y survivent moins que les femmes.

Réponses au quiz : égalité femmes-hommes en France, qu'en est-il ?

Pour aller plus loin

Chaque année depuis 2002, le gouvernement publie une brochure intitulée : *Vers l'égalité réelle entre les femmes et les hommes – Chiffres clés*. Compilant des statistiques officielles, cette publication est élaborée par le Service des droits des femmes et de l'égalité entre les femmes et les hommes (SDFE) de la Direction générale de la cohésion sociale (DGCS). Les chiffres cités dans ce quiz sont issus notamment de l'édition 2023 de cette publication de référence. Lorsque les chiffres sont issus d'autres sources, ces dernières sont précisées dans les réponses ci-dessous.

Culture machiste et violences masculines

1. ★ **Quinze pour cent des Français et Françaises sont « plutôt d'accord » pour dire que « dans l'idéal, les femmes devraient rester à la maison pour élever leurs enfants »** (DRESS, 2024). Pensez-vous que la réponse aurait été la même si on avait remplacé dans la question « les femmes » par « les hommes » ? Bien qu'il puisse être surprenant, de nos jours, qu'encore près de 1 Français·e sur 7 soit prêt·e à renvoyer les femmes à la maison, il est positif de noter que l'adhésion au « modèle de la femme au foyer » était de 33 % en 2009.

2. o **Une travailleuse sur trois déclare avoir déjà dû faire face à au moins une situation de harcèlement sexuel dans sa vie professionnelle** (IFOP, 2018). En ce qui concerne les environnements professionnels majoritairement composés d'hommes, la proportion de femmes déclarant avoir dû faire face à une situation de harcèlement sexuel est encore plus forte (Défenseur des droits, 2014). Le harcèlement sexuel, tout comme les autres formes de violences sexuelles, telles les injures, débutent très tôt. Selon une enquête inédite dans des collèges et lycées d'Île-de-France, 22 % des filles ont été traitées de « pute » ou de « salope » au cours de l'année (Centre Hubertine Auclert, 2016).

3. ★ **Au cours de l'année 2022, une femme est décédée tous les trois jours, victime de son partenaire ou ex-partenaire de vie**, soit 118 femmes tuées. Environ 210 000 femmes de 18 à 75 ans déclarent avoir été victimes de violences conjugales au cours de l'année écoulée.

Parole de féministe

« La seule chose à briser, c'est le silence. »

Slogan féministe

Partage du pouvoir collectif et individuel

4.◆ **Vingt virgule quatre pour cent des maires sont des femmes, soit 1 maire sur 5.** Plus les villes sont grandes, plus proportionnellement il y a de femmes : ainsi parmi les 42 villes de plus de 100 000 habitants, on compte 10 femmes maires.

Parole de féministe

« La parité s'arrête là où le pouvoir commence. »

Françoise Héritier, anthropologue

5. ◆ **Fin 2024, cinq des six théâtres nationaux sont dirigés par des hommes.** Seul le Théâtre national de Strasbourg est dirigé par une femme, Caroline Guiela Nguyen. Le monde de la culture, malgré ce que l'on peut souvent penser, est loin d'être épargné par la domination masculine (voir chapitre 19).

Parole de féministe

« Le plus souvent dans l'histoire,
"anonyme" était une femme. »

Virginia Woolf, autrice anglaise

6. **Quatre-vingt-huit pour cent des personnages qui effectuent une activité de bricolage, travaux ou mécanique dans les spots publicitaires diffusés à la télévision sont des hommes** (ARCOM, 2022). Ces chiffres sont révélateurs de la représentation des femmes et des hommes encore parfois véhiculée. S'il y a des progrès notables – par exemple, la part des femmes parmi les expert·e·s, même si ces dernières restent minoritaires, a augmenté de manière très significative et atteint 34 % –, certains constats restent inchangés : les femmes restent toujours beaucoup plus sexualisées et dénudées que les hommes par exemple.

Parole de féministe

« Non, décidément, "il n'y a pas de mal à vouloir être belle". Mais il serait peut-être temps de reconnaître qu'il n'y a aucun mal non plus à vouloir être » (Mona Chollet, journaliste et essayiste, autrice de *Beauté fatale : les nouveaux visages d'une aliénation féminine*, 2012).

Partage du temps

7. ○ Au sein d'un couple avec enfant(s), en moyenne, une femme consacre 16 heures de plus qu'un homme par semaine aux tâches domestiques et parentales (INSEE, 2015).

Le saviez-vous ?

Cela représente donc plus de 2 heures par jour de travail supplémentaire non rémunéré pour les femmes.

Le temps domestique (à 71 % pris en charge par les femmes) correspond à la somme des temps consacrés à la cuisine, à la vaisselle, au ménage, à l'entretien du linge, aux courses et aux achats divers, aux tâches administratives, et aux activités dites « de semi-loisir » (bricolage, jardinage, soin d'animaux domestiques, par exemple). Même si le nombre de couples au sein desquels l'homme réalise davantage de travail domestique que sa conjointe augmente (un quart des couples en 2010), l'écart se réduit lentement et davantage grâce aux avancées technologiques qu'à l'implication des hommes. Ainsi, entre 1985 et 2010, on relève en moyenne 69 minutes de travail domestique en moins pour les femmes, et 9 minutes de travail domestique en plus pour les hommes. L'explication est aussi à rechercher du côté du travail domestique sous-traité, la plupart du temps, à d'autres femmes – souvent précaires – pour s'occuper du ménage, du linge, de la cuisine, etc.

Le temps parental (à 65 % pris en charge par les femmes) correspond, lui, aux activités consacrées aux enfants : il comprend les activités de soins, d'aide aux devoirs, de loisir, de sociabilité et de transport. Le temps d'organisation du temps des enfants et de gestion mentale du quotidien, non quantifiable, n'est pas comptabilisé. C'est la fameuse charge mentale (voir chapitre 3) !

Parole de féministe

« L'homme le plus opprimé peut opprimer un être, qui est sa femme. Elle est le prolétaire du prolétaire même. »

Flora Tristan, femme de lettres, militante féministe et socialiste

8. ○ En 2023, près de 80 % des postes à temps partiel sont occupés par des femmes. Cette proportion est quasiment constante depuis les années 1980. Vingt-sept % des femmes occupent un emploi à temps partiel, contre 8 % des hommes. Plus globalement, les femmes interrompent plus souvent leur carrière et effectuent moins d'heures supplémentaires que les hommes.

Le saviez-vous ?

Les raisons sont multiples, mais la principale explication est la persistance du modèle traditionnel de « Monsieur Gagne-Pain » et « Madame Au Foyer ». On attend davantage de Monsieur qu'il rapporte l'argent du foyer et travaille à l'extérieur, et de Madame qu'elle prenne en charge le travail domestique et parental à l'intérieur du « foyer de la ménagère ».

Parole de féministe

> ***« La femme pouvant être mère, on en a déduit qu'elle devait l'être… et ne trouver son bonheur que dans la maternité. »***
>
> Élisabeth Badinter, *L'Amour en plus*, 1981

9. ◆ Les femmes représentent 39 % des personnes licenciées d'un club de sport en 2023, selon l'Institut national de la jeunesse et de l'éducation populaire. Cette proportion n'a cessé d'augmenter depuis 2001, bien que les fédérations voient la part de femmes diminuer au fur et à mesure que l'on s'élève dans les niveaux de pratique.

En 2020, 85 % des femmes pratiquent une activité physique et sportive hors compétition au moins une fois dans l'année, contre 90 % des hommes. La situation a considérablement évolué depuis la révolution des mœurs de 1968. En effet, à cette époque, seules 9 % des femmes pratiquaient une activité physique et sportive. Pour autant, les pratiques des femmes et des hommes diffèrent encore sensiblement en matière de choix des disciplines, de l'intensité des activités, des lieux de pratiques… Et globalement, les garçons font plus de sport que les filles, surtout à partir de l'adolescence, âge à partir duquel elles décrochent, notamment dans leur pratique des sports collectifs. Les écarts sont encore plus forts si l'on retient les seuls sports en plein air ou chez les populations les plus défavorisées.

Partage des richesses

10. ○ Le salaire moyen des femmes est inférieur de 24 % à celui des hommes en 2022, en France.

Cet écart de salaire correspond à la différence entre le salaire moyen de tous les hommes et de toutes les femmes sans tenir compte du temps de travail, de l'expérience professionnelle ou du diplôme obtenu. Cet écart était de 27 % en 1995. On observe donc, en près de 30 ans, une baisse très légère de cette inégalité salariale entre les femmes et les hommes malgré la hausse de la part des femmes sur le marché du travail et l'amélioration de leurs carrières. Cela s'explique par des inégalités structurelles entre les sexes : 80 % des emplois à temps partiel sont occupés par les femmes ; ségrégation professionnelle avec la moitié des femmes en emploi concentrées dans seulement 12 des 87 familles de métiers recensées par l'INSEE.

Le saviez-vous ?

La part des femmes approche ou dépasse les 90 % dans huit métiers peu ou mal rémunérés :

» **trois métiers peu qualifiés de services aux particuliers : assistant·e·s maternel·le·s, aides à domiciles, employé·e·s de maison ;**

» **les métiers de secrétaires et secrétaires de direction ;**

» **les coiffeur·euse·s ou esthéticien·ne·s ;**

» **les infirmier·e·s et les aides-soignant·e·s.**

Si l'on compare cette fois-ci les salaires des femmes et des hommes occupant un poste à temps plein, l'écart de salaire net moyen dans le secteur privé et les entreprises publiques est alors de 15 % en 2022.

Enfin, toutes choses égales par ailleurs, c'est-à-dire à même temps de travail, même secteur, même taille d'entreprise, même catégorie professionnelle, il reste un écart de salaire de 4 %. On est là sur de la « pure » discrimination directe.

11. ★ La pension mensuelle de retraite perçue par les femmes est inférieure de 40 % en moyenne à celle des hommes en 2021 (au titre de leurs activités salariées, en droits propres) : 1951 euros net par mois pour les hommes, contre 1178 euros pour les femmes. L'écart se réduit progressivement depuis 2004, date à laquelle il s'établissait à 45 %. En tenant compte des pensions de réversion et de la majoration pour enfants, la retraite moyenne des femmes est de 1425 euros en 2021. Elle est donc inférieure de 28 % à celle des hommes. Plusieurs causes sont responsables de cette inégalité entre les sexes au moment de la retraite : pour les femmes, des emplois plus précaires, davantage à temps partiel et moins bien payés, et des carrières plus interrompues par le soin prodigué à un enfant ou à une autre personne dépendante (âgée, handicapée...), entraînent, en bout de course, un nombre de trimestres plus faible et un salaire moindre. *In fine*, 2 retraité·e·s pauvres sur 3 sont des femmes.

Santé et accès aux soins

12. ★ Les femmes survivent moins que les hommes aux accidents cardiaques : 43 % des accidents cardiaques sont fatals chez les hommes et 55 % chez les femmes.

Le saviez-vous ?

Contrairement aux idées reçues, en France, les femmes meurent 8 fois plus de maladies cardiovasculaires que du cancer du sein. Les maladies cardiovasculaires sont la première cause de mortalité des femmes, en particulier chez les plus précaires d'entre elles.

Le saviez-vous ?

Le rapport *La santé et l'accès aux soins : une urgence pour les femmes en situation de précarité*, publié par le Haut Conseil à l'égalité entre les femmes et les hommes en mai 2017, explique que, du fait d'une société et d'une médecine pensées essentiellement du point de vue des hommes, les femmes sont prises en charge plus tardivement en cas d'accident cardiaque. Cela constitue un facteur de surmortalité. En cause ? Les symptômes des hommes et des femmes ne sont pas les mêmes. Les symptômes d'un infarctus du myocarde chez les hommes sont aujourd'hui bien identifiés (douleur dans la poitrine irradiant la mâchoire et le bras gauche). Il est cependant encore souvent ignoré – et par les patient·e·s et par les soignant·e·s – que, chez les femmes, l'infarctus est le plus souvent précédé d'autres signes avant-coureurs : douleurs dans la poitrine et dans l'épaule, palpitations lors d'un effort ou problèmes digestifs (nausées, vomissements, douleurs dans l'estomac) par exemple. La médecine a longtemps été faite par des hommes, sur des hommes et pour des hommes.

Faisons les comptes : quel type de lecteur ou lectrice êtes-vous ?

» **Vous obtenez au moins 9 bonnes réponses – clairvoyant·e** : félicitations, c'est presque un sans-faute. C'est en lecteur ou lectrice lucide et bien conscient·e du chemin qu'il reste à parcourir que nous vous invitons à lire cet ouvrage pour parfaire vos connaissances et inspirer votre action.

» **Vous obtenez entre 6 et 8 bonnes réponses – en bon chemin** : déjà sensibilisé·e aux inégalités à raison du sexe, vous n'avez toutefois pas encore une connaissance précise de l'étendue et du degré des inégalités défavorables aux femmes. Cette lecture va vous aider à poser le juste diagnostic pour faire bouger les choses autour de vous.

» **Vous obtenez 5 bonnes réponses ou moins – floué·e** : très optimiste ou ébloui·e par l'illusion de l'égalité, cette lecture tombe à pic ! Ne prenez pas peur, nous avons toutes et tous, à un moment donné, été, nous aussi, trompé·e·s par le mythe de l'égalité déjà là. Il n'est jamais trop tard pour ouvrir les yeux et regarder les réalités en face !

Décrypter l'illusion d'une égalité

Souvent, ces chiffres des inégalités de sexe persistantes peuvent surprendre, voire déranger. Pourquoi ? Car ils percutent l'illusion de l'égalité des sexes déjà-là, déjà acquise, dans laquelle nous baignons. Pour beaucoup, la bataille de l'égalité des sexes peut paraître déjà gagnée en France : c'est par exemple se dire que c'est moins un enjeu ici et maintenant, que c'est la bataille de générations antérieures – celles de nos mères ou nos grands-mères (« c'était pire avant »), ou encore que c'est d'abord la bataille de pays moins développés que la France (« c'est pire ailleurs »).

Pourtant, les quelques chiffres découverts au fil du quiz nous plongent dans des réalités qui relèvent bien d'ici et d'aujourd'hui. Ces inégalités de sexe encore massives témoignent d'une organisation de la société et de relations femmes-hommes encore imprégnées d'un système ancestral de domination masculine. Mais alors, d'où vient l'illusion de l'égalité ?

Confusion entre égalité des droits et égalité réelle

L'époque où les lois n'affirmaient pas les mêmes droits selon que l'on soit un homme ou une femme est révolue en France. Progressivement, et grâce aux grandes conquêtes obtenues par le mouvement féministe, des citadelles sont tombées (voir partie 2). L'accès à l'éducation primaire et secondaire, le droit de vote, le droit de travailler, le droit à la contraception, le droit à l'avortement ont été obtenus et inscrits dans les lois parfois depuis plus d'un siècle. Depuis les années 1970, de nombreuses lois ont été adoptées pour lutter contre les violences faites aux femmes ou contre les inégalités salariales.

Événement marquant

La Constitution a été modifiée pour permettre l'adoption de mesures dites « de parité » afin de « favoriser l'égal accès des femmes et des hommes aux mandats électoraux et fonctions électives, ainsi qu'aux responsabilités professionnelles et sociales ».

Derrière de grandes conquêtes, une forêt d'inégalités

En France, aujourd'hui, les femmes sont en moyenne plus diplômées que les hommes, ont massivement investi le marché du travail salarié, peuvent maîtriser leur fécondité, ne sont, sauf exception, plus contraintes d'avorter clandestinement ou à l'étranger, sont de plus en plus nombreuses en politique, et les violences sexistes sont désormais considérées comme un problème public et non plus comme une « affaire privée ».

Le saviez-vous ?

Ces grandes conquêtes, bien réelles, peuvent cacher la persistance de fortes inégalités entre les femmes et les hommes dans la vie de tous les jours, bien réelles elles aussi. Il y a parfois une confusion entre égalité des droits et égalité réelle. De ce point de vue, les statistiques sexuées constituent une arme fondamentale pour interroger ce mythe et dévoiler les réalités.

« Vous avez des chiffres ? »

Les statistiques sexuées objectivant les inégalités qui persistent sont relativement récentes, peu connues, et font encore défaut dans bien des domaines et à bien des niveaux, même si cela a largement progressé. La question « avez-vous des chiffres ? » est l'une des premières à être posée aux féministes qui dénonçaient les inégalités de sexe. Or, produire ces chiffres en fonction du sexe était tout sauf évident il y a encore quelques décennies, en particulier en France.

L'espèce humaine étant réputée « indivisible » au nom du principe d'universalisme républicain hérité de la Révolution française, les femmes ont longtemps disparu des radars statistiques, derrière un masculin considéré comme neutre et représentant l'ensemble de l'espèce humaine : le citoyen, le travailleur, le chef de famille. On ne produisait pas de statistiques faisant apparaître le sexe des personnes. Puis, sous la pression des Nations Unies, des chercheuses et des associations féministes, une prise en compte de la variable « sexe » a progressivement eu lieu à partir des années 1970.

Le saviez-vous ?

Concernant les élections, jusqu'aux années 1990, les données relatives aux personnes candidates ou élues qui remontaient au ministère de l'Intérieur ne mentionnaient pas le sexe. Il n'y avait donc pas d'autres moyens pour les féministes de l'époque que de procéder à des comptages artisanaux à partir des prénoms des personnes candidates ou élues pour mettre en lumière la faible représentation des femmes en politique ! Gare aux Dominique, Claude, Camille ou autres prénoms mixtes qui leur compliquaient la tâche !

Sur le terrain des violences conjugales cette fois-ci, les enquêtes du ministère de l'Intérieur ne précisaient pas non plus le sexe de la victime. Ce n'est qu'à partir de 2011 que ce ministère opère la distinction entre victimes femmes et victimes hommes dans son rapport annuel relatif aux « Morts violentes au sein du couple ».

Des statistiques accessibles et croisées

La production de statistiques sexuées a donc été, et demeure, un enjeu central pour rendre visible l'invisible, et pour poser les justes diagnostics afin d'adopter des stratégies d'action adaptées.

Pour aller plus loin

Plusieurs rapports ont alerté sur cette nécessité et fait des recommandations : le rapport Aubin-Gisserot en 1995, le rapport Blum en 2000, le rapport Ponthieux en 2013. De grands progrès ont été réalisés, par l'INSEE ainsi que par certains ministères. Quatre enjeux principaux se posent aujourd'hui :

» **accroître la visibilité, l'accessibilité et l'intelligibilité des chiffres déjà existants ;**

» **étendre la production de chiffres dans des champs encore insuffisamment explorés ;**

» **disposer de données sexuées non pas seulement au niveau national mais territoire par territoire – notamment concernant les territoires d'outre-mer. On dispose bien souvent de peu de données car certaines enquêtes ne sont pas étendues à l'outre-mer au prétexte d'une question de coût... ;**

» **et enfin, croiser de manière plus systématique la variable du sexe avec d'autres variables comme la CSP (catégorie socioprofessionnelle) ou le handicap.**

Mythe de l'égalité-déjà-là : pourquoi changer une stratégie gagnante ?

Le mythe de l'égalité-déjà-là n'est pas nouveau. Il a toujours constitué une stratégie pour nier la nécessité du féminisme. Comme en témoigne Christine Delphy dans sa conférence de 2007 à Montréal, intitulée « Le Mythe de l'égalité-déjà-là : un poison ! », les féministes s'entendaient déjà dire en 1970, à la veille du Mouvement de libération des femmes (MLF) : « Mais de quoi vous plaignez-vous ? Pourquoi voudriez-vous troquer votre place aux fourneaux par la nôtre si dure dans les usines et les bureaux ? Il n'y a pas d'oppression des femmes puisque vous avez obtenu le droit de vote. » La conclusion toute trouvée était que le féminisme était inutile. Puis après les premières années de mobilisations du MLF, les commentateurs et journalistes pouvaient régulièrement annoncer « la mort du féminisme » ou, à défaut, « le féminisme a été utile – en dépit de ses excès – mais il ne l'est plus ». Les féministes étaient donc invitées à rentrer dans leurs chaumières, maintenant qu'avaient été conquis le droit à la contraception et la dépénalisation de l'avortement.

Le saviez-vous ?

Un défi émerge : la nécessité de continuer à documenter la situation différenciée des femmes et des hommes en produisant des données sexuées, pour continuer de casser cette illusion de l'égalité, tout en rendant aussi visibles les personnes qui ne se reconnaissent pas dans ces catégories binaires.

Le chapitre 4 s'intéressera aux nombreuses idées reçues sur le féminisme savamment entretenues par celles et ceux qui ont intérêt à ce que rien ne bouge. Mais avant cela, intéressons-nous aux notions mobilisées par le féminisme.

DANS CE CHAPITRE

Mixité, parité et égalité : gare au gloubi-boulga

•

Genre !?

•

Féminisme : langue vivante

Chapitre 3
Égalité, mixité, parité : les mots du féminisme

Les mots du féminisme… des gros mots ou des gros maux ? Les beaux mots et les drôles de mots. Les mots moqués par des moqueurs. Les mots qui tuent, aussi. Et les mot-eurs du féminisme. À la fin de ce chapitre, vous ne serez pas encore bilingue, mais vous pourrez assurément parler féministe ! Nous proposons de vous guider à la découverte ou redécouverte de ces notions clés à travers quatre catégories : les basiques, les sulfureuses, les techniques, et, enfin, les stars du moment.

Les (notions) basiques

Si vous deviez prendre dans votre bagage (intellectuel) quelques définitions seulement, ce serait celles-ci.

Patriarcat

Il réfère à une organisation sociale et juridique dirigée par des hommes – patriarches, pères fondateurs, pères de la Nation, chefs de famille. Les féministes des années 1970 ont permis de donner à ce terme son interprétation actuelle sur le terrain politique : un système d'oppression et d'exploitation des femmes par les hommes. L'exploitation dénoncée l'est à plusieurs niveaux : exploitation de la capacité reproductive, exploitation sexuelle, exploitation du travail domestique et des activités de soins, exploitation du travail (peu) rémunéré, etc. De la même manière que l'exploitation des colonies a eu recours à l'idéologie raciste pour se justifier et développer l'exploitation des matières premières et du travail des esclaves, le patriarcat a besoin d'un fondement idéologique : le sexisme.

Sexisme

Selon le Haut Conseil à l'égalité, le sexisme est une « idéologie qui repose sur le postulat de l'infériorité des femmes par rapport aux hommes, d'une part, et, d'autre part, c'est un ensemble de manifestations des plus anodines en apparence (remarques...) aux plus graves (viols, meurtres...). Ces manifestations ont pour objet de délégitimer, stigmatiser, humilier ou violenter les femmes et ont des effets sur elles (estime de soi, santé psychique et physique et modification des comportements) ».

Parole de féministe

C'est en 1978 que le mot « sexisme » fait son entrée dans le dictionnaire. **Simone de Beauvoir** déclare alors : « On pensera peut-être que cette conquête est mineure, on aura tort, car nommer c'est dévoiler. Et dévoiler, c'est déjà agir. »

Événement marquant

Ce n'est qu'en 2019, soit 40 ans plus tard, que la première définition du sexisme est reconnue au niveau international grâce à une recommandation du Conseil de l'Europe. En 2019, toujours, est publié le premier état des lieux du sexisme en France. Ce rapport officiel, réalisé par le Haut Conseil à l'égalité, insiste notamment sur la persistance de l'idéologie sexiste : « Le caractère idéologique du sexisme, c'est-à-dire relevant d'un système d'idées, d'opinions et de croyances, explique que toutes les manifestations qu'il recouvre – remarques, injures, coups, viols, meurtres de femmes... – se renforcent réciproquement d'une part, et que d'autre part, elles visent un objectif politique, au sens d'organisation de la société, et ne sont donc le fruit ni du hasard, ni d'un héritage préhistorique. Le sexisme est toujours d'actualité. »

Stéréotypes et rôles de sexe

Le sexisme fonctionne comme d'autres idéologies visant la domination d'un groupe sur un autre : en fonction d'un critère arbitraire. Ici ce critère est le sexe biologique. Le sexisme s'appuie sur des stéréotypes binaires, qui sont la plupart du temps positifs pour le groupe dominant (ex. : les hommes sont forts), et négatifs pour le groupe dominé (ex. : les femmes sont faibles). Même quand les qualités associées aux femmes sont socialement désirables (ex. : altruiste, bonne élève), ces mêmes qualités ne vont pas être valorisées pour accéder aux postes à responsabilité, au contraire.

Le saviez-vous ?

Ces stéréotypes viennent justifier et naturaliser des rôles de sexe dans la société. Ces rôles sont survalorisés pour le groupe dominant (ex. : le travail physique) et sous-valorisés pour le groupe dominé (ex. : le travail de soins). Et ces rôles sont différents (ex. : procréer/prendre soin pour les femmes, créer/diriger pour les hommes) et assignent des espaces différents (intérieur/extérieur). In fine, cette mécanique sexiste alimente des inégalités dans la société (ex. : au niveau des embauches et salaires).

Des stéréotypes totalement intégrés

Les stéréotypes – véhiculés dès l'enfance – ont le pouvoir de faire en sorte que cette machine sexiste fonctionne à plein régime. Au final, les inégalités et les rôles de sexe nous semblent « naturels », « normaux ». Pourquoi les hommes devraient-ils avoir le pouvoir de décider à la place des femmes ? Parce que les femmes seraient naturellement plus soumises à leurs émotions, plus sujettes à changer d'avis, et moins douées d'autorité ! Il serait donc « naturel » que les femmes laissent les affaires publiques aux hommes, à l'extérieur, et soient « reines » en leur domaine, le foyer intérieur.

Événement marquant

Cela a produit une organisation de la société marquée par une profonde division sexuée du travail : le travail valorisé et rémunéré aux hommes, et le travail invisible, gratuit ou sous-payé aux femmes. Un cercle vicieux est enclenché, dès l'enfance (voir chapitre 15 consacré à l'éducation) : puisque nous ne voyons que des hommes à des postes de direction en politique ou dans les entreprises, nous intégrons et confirmons le stéréotype qui voudrait que ces postes ne soient pas faits pour les femmes.

Parfois, les femmes elles-mêmes intègrent ce stéréotype et peuvent s'autolimiter dans leurs choix de vie. De manière générale, les stéréotypes de sexe contribuent à limiter l'horizon des possibles pour les femmes, mais aussi parfois pour les hommes.

Le sexisme, idéologie de domination et d'infériorisation, produit et nécessite la violence.

Continuum des violences masculines contre les femmes

Le choix est ici fait de parler de « violences masculines contre les femmes ». Ces violences sont aussi parfois appelées « violences faites aux femmes », « violences de genre » ou « violences sexistes et sexuelles ».

Le saviez-vous ?

Quelle que soit l'expression utilisée, les violences ainsi désignées, bien que recouvrant des formes, des natures ou des intensités variées, constituent un ensemble présentant une continuité et rattaché à une même idéologie : c'est ce que l'on appelle le « continuum des violences masculines contre les femmes ». Elles peuvent s'exprimer dans la sphère privée ou dans les espaces publics. Ces violences peuvent être symboliques, physiques, psychologiques, sexuelles, économiques...

La liste est longue et non exhaustive : injures sexistes, harcèlement sexuel, privation de liberté, confiscation de papiers d'identité ou des revenus, obligation de porter un voile, interdiction de travailler, violences physiques ou psychologiques contre sa compagne, agressions sexuelles y compris le viol, l'inceste, les mutilations sexuelles, l'exploitation sexuelle, les meurtres à motivation sexiste de femmes, dits aussi « féminicides »...

Ces violences sont le produit de l'idéologie de la suprématie du « mâle » et de l'infériorisation des femmes, appelée aussi « sexisme », « machisme », « misogynie » ou « gynophobie ».

Des violences pour contrôler le corps des femmes

De manière plus profonde et peut-être encore plus ancienne, ces violences sont nées de la volonté d'hommes de s'approprier le corps des femmes, et par là même de contrôler leur capacité reproductive. C'est la thèse défendue par l'anthropologue Françoise Héritier et reprise par Ernestine Ronai, spécialiste des violences masculines contre les femmes, et par Édouard Durand, magistrat, dans leur livre *Violences conjugales : le droit d'être protégée* (2017) :

Parole de féministe

« L'anthropologue Françoise Héritier a montré que la domination masculine repose sur le constat fait par les hommes que seules les femmes mettent au monde des enfants. Pour se reproduire les hommes sont obligés de passer par le corps des femmes. De là découle la mise en place du système de contrôle de la sexualité reproductive et de la subordination des femmes. Les femmes deviennent objet d'échanges entre clans pour assurer la pérennité du groupe et sceller des alliances. Les hommes échangent leurs filles et leurs sœurs, mais l'inverse ne se produit pas. Toute femme devient par nature "appropriable" par un homme et "l'appropriation la plus violente", c'est le viol qui ne sera pendant longtemps punissable qu'à condition de léser les intérêts d'un autre homme ou d'un clan. Pour garantir la paternité, l'injonction à la fidélité, à la virginité jusqu'au mariage pouvait et peut encore aujourd'hui aller jusqu'à la ceinture de chasteté, l'enfermement, l'infibulation. L'absence de liberté pour les femmes de disposer de leur corps est la base des violences faites aux femmes et des autres discriminations dont elles sont l'objet : exclusion du savoir, du pouvoir économique et politique. »

Aujourd'hui, « la violence à l'égard des femmes est un des mécanismes sociaux cruciaux par lesquels les femmes sont maintenues dans une position de subordination par rapport aux hommes », comme le souligne la convention du Conseil de l'Europe dite « convention d'Istanbul » (voir chapitre 13).

Le saviez-vous ?

En 2022, 14 % des victimes de violences commises par le ou la partenaire, enregistrées par la police et la gendarmerie, sont des hommes. Cette réalité de violences conjugales visant des hommes n'est pas de même nature que la violence masculine contre les femmes. En effet, ces violences contre des hommes sont des violences interpersonnelles, et non des violences idéologiques rattachées à un système structurel infériorisant les hommes par rapport aux femmes.

Discriminations

Le terme « discrimination » se situe davantage sur un terrain juridique et désigne ce qui est légal ou illégal. Pour qu'une situation soit juridiquement qualifiée de « discrimination », elle devra correspondre à un traitement moins favorable d'une personne en raison d'un ou de plusieurs critères prohibés par la loi et dans des situations, elles aussi, visées par la loi.

Le saviez-vous ?

À ce jour, la loi française reconnaît 25 critères de discrimination, dont le sexe, la situation de grossesse, l'origine, l'orientation sexuelle, le handicap, l'apparence physique ou l'âge...

À grande échelle, les « petites » discriminations font le lit des grandes inégalités. Par exemple, si de nombreux employeurs paient moins leurs salariées femmes qu'hommes, cela alimente au niveau global les inégalités de salaires femmes-hommes.

Division sexuelle du travail

L'analyse des discriminations et des inégalités auxquelles font face les femmes dans le monde du travail rémunéré a donné lieu à une littérature foisonnante et à des notions majeures. En premier lieu, et dans une perspective dite « matérialiste » (voir chapitre 10), on retrouve la notion de « division sexuelle du travail » (ici aussi appelée « division sexuée du travail »). Les anthropologues Nicole Claude Mathieu et Paola Tabet ont les premières montré en quoi la division du travail entre les femmes et les hommes telle qu'on l'observe dans la plupart des sociétés n'est pas le fruit d'une prétendue complémentarité entre les sexes mais bien d'un rapport de pouvoir entre les sexes.

Parole de féministe

Pour la sociologue Danièle Kergoat (2001), la division sexuelle du travail « a pour caractéristique l'assignation prioritaire des hommes à la sphère productive et des femmes à la sphère reproductive ainsi que, simultanément, la captation par les hommes des fonctions à forte valeur sociale ajoutée (politiques, religieuses, militaires, etc.). Cette forme de division sociale du travail a deux principes organisateurs : le principe de séparation (il y a des travaux d'hommes et des travaux de femmes) et le principe hiérarchique (un travail d'homme « vaut » plus qu'un travail de femme) ».

Plafond de verre, plancher collant, parois de verre

Le saviez-vous ?

» Pour décrire combien les femmes sont limitées et empêchées dans la sphère professionnelle, la notion de « **plafond de verre** » est particulièrement pertinente. Apparue aux États-Unis à la fin des années 1970, elle fait écho aux freins « invisibles » qui bloquent les carrières des femmes et les empêchent d'accéder aux postes à plus hautes responsabilités.

» Le « **plancher collant** », lui, retient les femmes dans les fonctions les moins élevées socialement et les métiers les plus précaires.

» Enfin, les « **parois de verre** » ou « parois invisibles » décrivent la ségrégation professionnelle existante en fonction du sexe : les hommes et les femmes « enfermé·e·s » dans certains métiers. S'affranchir de ces cases en traversant ces parois de verre revient souvent – en particulier pour les femmes – à devenir l'objet de sanctions sociales. L'enquête du Défenseur des droits de 2014 montre par exemple que, parmi les femmes actives travaillant dans des environnements majoritairement composés d'hommes (femmes sur des chantiers de travaux publics, dans des équipes d'ingénieur·e·s informatiques, en politique…), 35 % ont déjà dû faire face à du harcèlement sexuel, alors que ce pourcentage est de 14 % pour des femmes travaillant dans un environnement majoritairement composé de femmes. Aussi, les hommes souhaitant travailler dans le secteur de la petite enfance font souvent l'objet de préjugés négatifs.

Féminisme

Roulement de tambours… pour celle que vous attendez tous et toutes : la définition de « féminisme ». Le féminisme est une position politique qui vise à mettre fin à toutes les oppressions sexistes. L'égalité des sexes vise en effet à ce que les femmes soient libres de faire leurs propres choix dans une société débarrassée des violences masculines qui s'exercent contre elles aujourd'hui. Si cette égalité passe par la fin de la culture des privilèges pour les hommes, elle peut également contribuer à la liberté de ceux qui ne se reconnaissent pas dans la figure de l'homme dominant. *In fine*, le féminisme contribue à ce que chaque être humain, quel que soit son sexe ou tout autre critère arbitraire, puisse, sans être limité dans ses choix, se développer et participer au développement de la société qui l'entoure. De cette position découle un mouvement féministe pluriel : social, intellectuel, culturel, politique… Il y a mille manières d'être féministe.

Événement marquant

C'est en France, en 1882, que le terme de « féminisme » est pour la première fois employé dans son sens actuel. C'est la militante Hubertine Auclert qui utilise la première ce terme pour désigner la lutte qui vise à améliorer la condition des femmes (voir chapitre 1).

Le féminisme est politique au sens où il entend s'attaquer à une organisation collective de la société pour la faire évoluer et qu'il ne se limite pas à des prises de position ou des actions individuelles.

Le saviez-vous ?

À la question : « Vous définiriez-vous comme féministe ? », 43 % des Français·e·s répondent « oui » (IPSOS, mars 2024). C'est 11 points de plus qu'en 2019, quand 32 % se définissaient comme féministes. Sans surprise, dans le monde, les femmes se déclarent en général plus féministes (45 %) que les hommes (32 %). En revanche, 43 % de la population considère que la France en a « déjà assez fait assez » pour la parité, contre 27 % en 2019.

Mais au fait, viser l'égalité, d'accord, mais de quelle égalité parle-t-on ?

Égalité entre les femmes et les hommes

Selon le Haut Conseil à l'Égalité, « l'égalité entre les femmes et les hommes est un principe fondamental selon lequel les femmes et les hommes sont investis des mêmes droits et libertés. Il constitue une valeur capitale pour la démocratie. Ce principe suppose une égalité de droit (égalité formelle), des opportunités égales, des conditions et des traitements égaux (égalité réelle) dans toutes les sphères de la vie et tous les domaines sociaux. Il renvoie aussi à l'égale visibilité, autonomie, responsabilité et participation des femmes et des hommes dans toutes les sphères de la vie publique et privée ».

Le saviez-vous ?

L'égalité entre les femmes et les hommes n'est synonyme ni de parité, ni de mixité. La parité et la mixité sont à la fois des objectifs et des outils au service de l'égalité des sexes.

Mixité/non-mixité

La mixité signifie la présence de femmes et d'hommes dans un même espace. Par convention, un groupe n'est pas mixte si la présence d'un sexe est extrêmement réduite. C'est ainsi par exemple qu'un métier est dit mixte lorsque chaque sexe représente une part comprise entre 40 % et 60 % de ses effectifs. Mais qui dit présence commune, même comprise entre 40 % et 60 %, ne dit pas égalité de situation ou de traitement.

À une époque pas si lointaine, il existait en France des écoles de filles et des écoles de garçons, les femmes étaient interdites d'accès à certains métiers et aux assemblées élues ou encore n'étaient pas les bienvenues à la « table des hommes » au café ou à la maison.

Cela peut, par réaction, entraîner aujourd'hui des injonctions à la mixité à tout prix, sans parfois prendre le temps de penser ou d'analyser la mixité. Compte tenu de la surexposition aux violences sexistes et sexuelles des femmes dans des groupes très majoritairement composés d'hommes, introduire la mixité doit aller de pair avec une lutte contre le sexisme et les violences qui en découlent. Dans certaines situations et à certains moments, la non-mixité peut représenter une étape nécessaire pour aller vers l'égalité des sexes.

Événement marquant

Cela fut le cas dans les « années MLF » en 1970 (voir chapitre 6) avec des groupes non mixtes de femmes. Ces espaces de mise en commun et de partage d'expériences ont été déterminants pour faire émerger, par exemple, les revendications liées au droit à l'avortement, à la définition du crime de viol ou au caractère collectif et politique des violences au sein du couple.

Parole de féministe

> ***« Aucun degré d'empathie ne peut remplacer l'expérience. Compatir n'est pas pâtir. »***
>
> Christine Delphy, *Un universalisme si particulier*, 2010.

La penseuse et militante féministe Christine Delphy défend la possibilité d'espaces non-mixtes comme une nécessité politique toujours d'actualité. Selon elle, cela permet aux femmes, en tant que groupe opprimé, de définir elles-mêmes leur agenda et leur stratégie de libération sans être parasitées par des intérêts extérieurs. Cela peut également s'appliquer à des femmes non hétérosexuelles ou racisées qui peuvent, à certains moments, ressentir le besoin d'être entre elles (voir chapitre 11 sur l'afroféminisme par exemple).

Parité

Qui dit mixité ne dit pas forcément parité. Le terme de parité renvoie à un partage à 50/50 du pouvoir de représentation et de décision entre les femmes et les hommes dans l'ensemble des sphères citoyennes, qu'elles soient politiques, économiques et sociales (voir chapitre 16).

Même si un groupe est strictement mixte, avec 50 % de femmes et 50 % d'hommes, si son organe de direction n'est pas composé d'autant de femmes que d'hommes, il est abusif de décrire l'organisation comme « paritaire ».

Le saviez-vous ?

La parité est en effet parfois en trompe-l'œil. Prenez le cas des assemblées départementales : depuis une loi de 2015 instaurant l'élection de « binômes paritaires » (une femme, un homme), ces assemblées sont composées d'autant de femmes que d'hommes. Mais, en 2021, dans 4 cas sur 5, les président·e·s de conseils départementaux sont des hommes, et la plupart du temps, la distribution des délégations est stéréotypée (aux hommes les transports, les finances et le développement économique, aux femmes les affaires sociales). Le pouvoir n'est donc pas réellement partagé à 50/50, et ces organisations ne peuvent donc pas être qualifiées de paritaires.

Les (notions) sulfureuses

Il y a des mots et des concepts qui sont si puissants, si dérangeants qu'ils sentent le soufre aux yeux de certaines personnes. Faites le test et prononcez « genre, intersectionnalité, LGBTQIA +, écriture inclusive » lors de votre prochain repas de famille. Le plus probable est que beaucoup restent dubitatif·ive·s, ne sachant pas ce qui se cache derrière ces termes. Une fois la discussion engagée, vous pourriez voir l'ambiance sérieusement se réchauffer… voire s'enflammer ! Mais que veulent vraiment dire ces termes ? Et à quelles peurs les réactions qu'ils peuvent susciter font-elles écho ?

Le genre

Le terme n'est pas synonyme de sexe. Il ne se réfère pas non plus ici au genre grammatical « masculin » ou « féminin ». Le genre est aujourd'hui un concept très largement utilisé dans de nombreuses disciplines pour décrire et analyser la fabrique des rôles de sexe et des inégalités entre les femmes et les hommes.

Le saviez-vous ?

On trouve les premières utilisations du terme anglais *gender* dans les travaux du psychologue John Money en 1955 sur des enfants intersexes (voir ci-après), puis dans ceux du psychiatre et psychanalyste Robert Stoller sur des personnes intersexes en 1959, et sur des personnes transgenres dans les années 1960. Les travaux de Money et Stoller ont permis de révéler que :

» le biologique ne détermine pas les rôles de sexe ;

» l'identité sexuée n'est pas prédéterminée par le biologique.

Il n'y a pas « des genres », mais « le genre » en tant que système

À partir de 1972, le concept de genre fait son entrée dans les recherches féministes universitaires avec *Sex, Gender and Society* publié par la sociologue anglaise Ann Oakley. Elle opère une distinction entre le « sexe biologique », mâle/femelle, et le « sexe social », masculin/féminin.

Le saviez-vous ?

La définition et l'utilisation du terme « genre » vont considérablement s'affiner et évoluer au cours des années 1980 et 1990, sous l'influence notamment de l'historienne états-unienne Joan W. Scott, qui va proposer une définition plus politique, intégrant la notion de hiérarchie et de rapports de pouvoir.

Parole de féministe

Selon Laure Bereni, Sébastien Chauvin, Alexandre Jaunait et Anne Revillard, auteur·rice·s de l'*Introduction aux études sur le genre* (2012), le genre est « un système de bicatégorisation hiérarchisée entre les sexes (hommes/femmes) et entre les valeurs et représentations qui leur sont associées (masculin/féminin) ». Ces mêmes chercheurs et chercheuses relèvent quatre dimensions fondamentales du concept :

» La première est que « le genre est une construction sociale », en opposition à une essence « féminine » et à une essence « masculine » qui découleraient des caractéristiques biologiques.

» La deuxième dimension est que « le genre est un processus relationnel » qui se construit dans l'opposition entre le masculin et le féminin.

» Troisième dimension : « le genre est un rapport de pouvoir ». « L'Homme » et « la Femme », le masculin et le féminin ne sont pas mis sur un pied d'égalité mais bien dans un rapport hiérarchisé qui valorise les hommes et le masculin, et infériorise les femmes et le féminin. En posant une frontière rigide entre les deux catégories de sexe, le système de genre tend aussi à contrôler et sanctionner celles et ceux qui ne se reconnaissent pas dans la norme de bi-catégorisation sexuée.

» Enfin, la quatrième dimension fondamentale est que « le genre est imbriqué dans d'autres rapports de pouvoir », à l'intersection d'autres rapports de pouvoir construits à partir de la classe sociale, de la « race », de la sexualité, de l'âge...

Pour aller plus loin

La philosophe américaine Judith Butler a introduit quant à elle le concept de « performance du genre » dans son livre *Trouble dans le genre* (1990). Ce concept souligne comment au fil de nos pratiques – façons de parler, de s'habiller, comportements, attitudes, etc. – nous performons, jouons le modèle de « la femme » ou de « l'homme », modèles construits par la société dans laquelle nous évoluons. Pour Butler, performer le genre « est une pratique d'improvisation qui se déroule à l'intérieur d'une scène contrainte » (*Défaire le genre*, 2007).

Le saviez-vous ?

Cette même autrice a publié en 2024 *Qui a peur du genre ?*, dans lequel elle se penche sur les attaques contre « l'idéologie du genre ». En effet, il n'existe pas de « théorie du genre » ou de complot du genre, comme peuvent le répéter les détracteur·rice·s du concept. Il existe, en revanche, une véritable « chasse au genre » qui propage des rumeurs mensongères, comme celle selon laquelle, en application de la « théorie du genre », on apprendrait à l'école aux petites filles à se masturber et aux petits garçons à devenir homosexuel. n'existe pas de « théorie du genre » ou de complot du genre comme peuvent le répéter les détracteur·rice·s du concept. Il existe, en revanche, une véritable « chasse au genre » qui propage des rumeurs mensongères comme celle selon laquelle, en application de la « théorie du genre », on apprendrait à l'école aux petites filles à se masturber et aux petits garçons à devenir homosexuel.

La chasse au genre, une obsession mondiale

Quel·le chef·fe d'un grand pays de ce monde a dit : « Nous allons unir le peuple, revaloriser la famille, respecter les religions et notre tradition judéo-chrétienne, combattre l'idéologie de genre en conservant nos valeurs » ? Vous pourriez penser à Vladimir Poutine, président de la Fédération de Russie, Viktor Orbán, Premier ministre de la Hongrie, ou Giorgia Meloni, présidente du Conseil des ministres d'Italie. Il s'agit de Jair Bolsonaro, alors qu'il était président du Brésil. La ministre de la Femme, de la Famille et des Droits humains de son gouvernement – pasteure évangélique, opposée à l'avortement et au mariage de personnes de même sexe – avait également déclaré : « Attention, attention. C'est

»

La chasse au genre, une obsession mondiale *(suite)*

une nouvelle ère au Brésil : les garçons s'habillent en bleu et les filles en rose ! » Cela n'est pas sans rappeler le slogan « Pas touche à mes stéréotypes de genre » apparu en France en 2013 lors des manifestations contre le mariage entre personnes de même sexe, puis ensuite lors de la mobilisation contre le programme d'éducation à l'égalité filles-garçons, feu les « ABCD de l'égalité » (voir chapitre 15).

Réjane Sénac, politiste au CNRS et à Science Po, indiquait en février 2014 : « Le point commun de ces opposants au genre est en effet la peur de la remise en cause de la complémentarité des sexes, qu'ils voient comme le fondement de l'identité personnelle et de l'ordre politique. »

L'intersectionnalité

Dite aussi « discriminations multiples ou croisées ».

Événement marquant

C'est à la juriste noire-américaine Kimberle Crenshaw que l'on doit d'avoir forgé le concept en 1989. Elle écrivait alors : « [L'intersectionnalité est] le fait que les femmes subissent une oppression dans des cas différents et à différents degrés d'intensité. Les schémas culturels de l'oppression ne sont pas seulement interconnectés mais sont profondément liés et influencés par les systèmes sociétaux intersectionnels. Tout cela inclut la race, le genre, la classe sociale, les capacités et l'ethnicité. »

En 2014, le Haut Conseil à l'égalité dans son rapport portant sur le croisement des inégalités sexuées, sociales et territoriales, concernant en particulier les femmes des quartiers populaires et des territoires ruraux, indique : « Le concept d'intersectionnalité des discriminations permet d'explorer comment certaines situations sont la conséquence de systèmes d'oppression multiples, par exemple la classe sociale, le sexe ou l'origine, et ne peuvent être comprises isolément. Cette approche des discriminations ne vise pas à additionner plusieurs critères de discriminations mais bien à en analyser les effets conjugués, tant dans leurs processus que dans leurs effets. Les personnes concernées peuvent ainsi subir des formes multiples ou aggravées de discrimination. Ainsi, il apparaît que le "groupe" des femmes n'est pas homogène. »

Les violences sexuelles par exemple vont éventuellement se manifester de manière différente pour les femmes non blanches. Les stéréotypes sexistes croisent les stéréotypes racistes et peuvent déboucher sur la figure exotisée de la « geisha » pour les femmes asiatiques ou de la femme animalisée et sexuellement insatiable pour les femmes noires. Les femmes en position vulnérables économiquement (très bas salaires, contrats précaires, femmes cheffes de famille monoparentale) vont, quant à elles, être surexposées aux violences. Prendre cela en considération, c'est adopter une approche intersectionnelle.

Le saviez-vous ?

L'idée d'un croisement des discriminations, et donc de la nécessité de croiser les analyses, les luttes et les politiques, est ancienne (cf. par exemple Flora Tristan mêlant question ouvrière et question féministe, chapitre 1). Le concept même d'intersectionnalité tire son origine des mobilisations et de la pensée des féministes noires aux États-Unis (voir « afroféminisme » dans le chapitre 11).

Dans cet ouvrage, on parlera de « **personnes racisées** » pour désigner des personnes qui au nom de prétendues races différentes et hiérarchisées font l'objet de racisme. Ce terme, privilégié à celui de « personnes issues de l'immigration », permet de ne pas renvoyer à une caractéristique personnelle « d'origine » quasi naturalisée, mais aussi de renverser le regard en soulignant le processus social par lequel, dans l'histoire, des personnes ont été désignées comme « autres », discriminées et infériorisées en raison de leur prétendue race. En aucun cas l'usage des termes de « personnes racisées » ou « femmes racisées » ne valide l'existence de « races » biologiques.

LGBTQIA +

Jusqu'au début des années 1990, le terme *gay* était le terme le plus communément employé pour parler des personnes non hétérosexuelles. Ce terme était restrictif et invisibilisait notamment les lesbiennes. L'acronyme LGBT s'est progressivement imposé et étendu aujourd'hui à LGBTQIA +.

Le saviez-vous ?

Cela vise à incarner et à inclure le maximum de personnes dans la diversité de leur vie affective et sexuelle, et de leur positionnement relatif aux normes de genre. Les définitions suivantes sont basées sur celles fournies par l'association française SOS homophobie ou par le document *Définitions sur la diversité sexuelle et de genre*, co-élaboré par la Chaire de recherche sur l'homophobie de l'université du Québec à Montréal et ses partenaires.

L comme lesbienne : femme qui est attirée émotionnellement, physiquement et/ou sexuellement par d'autres femmes.

G comme gay : homme qui est attiré émotionnellement, physiquement et/ou sexuellement par d'autres hommes.

B comme bisexuel·le : le terme qualifie une personne qui est attirée par des femmes et des hommes et qui peut établir des relations émotionnelles, affectives et/ou sexuelles avec les un·e·s comme avec les autres, quoique pas forcément dans la même mesure ni en parallèle.

T comme personnes trans/transgenres : désigne les personnes dont la conviction qu'ils ou qu'elles ont d'être un homme ou une femme diffère avec leur sexe à l'état civil. Les transidentités désignent ainsi le fait de vivre, ponctuellement ou durablement, selon une apparence et des normes sociales qui ne correspondent pas à celles attendues du sexe constaté à la naissance.

Les personnes trans/transgenres peuvent décider ou non si elles souhaitent effectuer une transition, c'est-à-dire un changement de leur apparence physique et/ou de leur sexe à l'état civil. Les parcours de transition peuvent être variables d'une personne transgenre à une autre.

Le terme « transgenre » renvoie à la notion de personnes « cisgenres », c'est-à-dire toute personne qui se sent en adéquation avec le sexe qui a été enregistré à la naissance.

Le terme « transsexuel·le » est aujourd'hui rejeté et considéré comme stigmatisant.

Q comme queer : mot anglais signifiant « étrange » et utilisé initialement comme injure envers les personnes LGBT. Aujourd'hui, il est revendiqué par les personnes qui ne souhaitent pas se (voir) définir par les catégories traditionnelles normatives liées au genre. La pensée *queer* remet ainsi profondément en cause les schémas et normes sociales binaires (femme/homme, hétérosexuel·le/homosexuel·le).

I comme intersexe : selon une définition du Haut-Commissariat des Nations Unies aux droits de l'homme, les personnes intersexes sont nées avec des caractéristiques sexuelles physiques ou biologiques (telles que l'anatomie sexuelle, les organes reproducteurs, les hormones et/ou les chromosomes) qui ne correspondent pas aux définitions binaires types des corps femelles ou mâles. Ces traits sont visibles à la naissance ou apparaissent plus tard dans la vie, souvent à la puberté.

Le saviez-vous ?

Parce que leur corps est considéré comme différent, les enfants et adultes intersexes sont très souvent victimes d'atteintes à leurs droits humains et de mutilations sexuelles dès le plus jeune âge pour les rendre « conformes » à un sexe biologique type. Une étude de la Haute Autorité de santé de 2009 estime que les situations d'intersexuation concerneraient 2 % des naissances en France (citée dans le rapport sénatorial Blondin-Bouchoux sur la variation du développement sexuel, février 2017).

Des personnes intersexes s'organisent et militent pour la fin des mutilations sexuelles qui cherchent absolument à les ranger dans une case ou dans une autre du fait de l'angoisse de ne pas pouvoir répondre à la question : « C'est une fille ou un garçon ? »

Pour aller plus loin

Les travaux d'Anne Fausto-Sterling, professeuse en biologie et études sur le genre, éclairent sur le fait que la complexité n'est pas simplement culturelle mais aussi biologique : *Les Cinq Sexes. Pourquoi mâle et femelle ne sont pas suffisants*, Payot, coll. « Petite bibliothèque Payot », 2013.

A comme asexuel·le : selon l'Association pour la visibilité asexuelle, « les personnes asexuelles ne ressentent pas le besoin de s'engager dans des relations sexuelles ».

+ pour tous les autres. Notamment les « allié·e·s hétérosexuel·le·s » (A) ou les « pansexuel·le·s » (P) désignant les personnes qui revendiquent une orientation sexuelle caractérisée par le fait de pouvoir être sentimentalement et/ou sexuellement attiré par un individu, quel que soit son sexe ou son sentiment d'être un homme ou une femme.

Pour aller plus loin

Pour réviser avec humour et découvrir les termes « aromantique » et *gender fluid*, délectez-vous de l'épisode 2 « activiste ou actimel ? » de la saison 3 de la websérie « Les Goudous ». Cet épisode de 7 minutes vous propose une plongée « dans le monde mystique et merveilleux qu'est le milieu LGBTQIAA + ».

Les (notions) techniques

Les notions suivantes ont pignon sur rue dans les couloirs de l'ONU, des institutions européennes, des ministères ou des missions égalité des collectivités territoriales. Avis à celles et ceux qui s'intéressent aux politiques publiques.

Gender mainstreaming

En français, se traduit par l'expression « approche intégrée » de l'égalité entre les femmes et les hommes. « L'approche intégrée consiste en la (ré)organisation, l'amélioration, l'évolution et l'évaluation des processus de prise de décision, aux fins d'incorporer la perspective de l'égalité entre les femmes et les hommes dans tous les domaines et à tous les niveaux, par les acteurs généralement impliqués dans la mise en place des politiques. » C'est la définition que le Conseil de l'Europe, dans son glossaire, donne de cette notion apparue lors de la conférence mondiale sur les femmes de Nairobi en 1985. La notion est ensuite entérinée par la conférence mondiale sur les femmes de Pékin en 1995.

Le saviez-vous ?

C'est partant de cette approche transversale que les politiques publiques des transports ou du logement ont pu être adaptées. Dans les transports cela permet par exemple de mieux prendre en compte le harcèlement sexiste vécu par les usagères. En matière de logement, cela conduit à considérer les difficultés d'accès au logement social vécues par les femmes cheffes de familles monoparentales. Sans intégrer les questions d'égalité de manière transversale, ces situations étaient jusqu'alors « hors radar ».

L'approche intégrée ne suppose pas d'en finir avec toutes les mesures spécifiques s'adressant aux femmes et qui visent, par des actions positives, à réparer des situations d'inégalités ou de discriminations sexistes qui persistent.

L'approche intégrée implique donc une double approche : approche transversale et approche spécifique. Pour autant, et dans les faits, l'approche intégrée a pu avoir tendance à faire disparaître la notion même de droits des femmes et à diluer cette question dans le cadre de politiques plus larges pour l'égalité ou contre toutes les discriminations. C'est un risque régulièrement pointé par des féministes.

Action positive (discrimination positive)

Les deux termes sont synonymes. Dans son glossaire, le Conseil de l'Europe indique que « par action positive, il faut [...] entendre une action tendant à favoriser l'accès des membres de certaines catégories de personnes, en l'espèce les femmes, aux droits qui leur sont reconnus, à l'égal des membres d'autres catégories, en l'espèce les hommes ». Car dans certains cas, « une discrimination [...] se produit lorsqu'une même disposition est appliquée de manière uniforme à différentes personnes, sans que les différences pertinentes entre ces personnes soient prises en considération. Afin de remédier à pareille situation et d'éviter tout nouveau cas de discrimination [...], les gouvernements, les employeurs et les fournisseurs de services doivent prendre des mesures pour adapter leurs règles et pratiques, de sorte que celles-ci tiennent compte des différences entre les personnes [...] ».

Le saviez-vous ?

Les lois dites « de parité » constituent par exemple des mesures d'action positive. Dans l'esprit de la Convention sur l'élimination de toutes les formes de discrimination contre les femmes (1979), ces mesures spéciales sont temporaires, autant que rendues nécessaires pour assurer une égalité réelle.

Budgétisation intégrant l'égalité femmes-hommes

Synonyme de « budgétisation sensible au genre ». De l'anglais *gender budgeting*. En 2019, le Haut Conseil à l'égalité définit la budgétisation intégrant l'égalité femmes-hommes (BIE) comme « une application de l'approche intégrée de l'égalité entre les femmes et les hommes, dans le processus budgétaire. [...] ».

Événement marquant

Cette approche est promue depuis la fin du XXe siècle par l'ONU, le FMI ou encore le Conseil de l'Europe. Elle part du constat que des biais de genre se retrouvent dans la construction des budgets et la distribution de l'argent public. Une illustration : en 2022, 19 % des équipes récipiendaires des aides à la création artistique du ministère de la Culture dans le secteur de la musique étaient dirigées par des femmes et elles ont reçu 15 % du montant total.

Le saviez-vous ?

Un des leviers pour corriger ces inégalités entre les sexes vis-à-vis de l'argent public peut être l'introduction de « l'éga-conditionnalité ». Ce concept forgé par le HCE en 2014, par analogie à l'éco-conditionnalité (liée à l'écologie), vise le conditionnement de l'argent public (subventions, marchés publics...) au respect de l'égalité femmes-hommes et à la mise en place d'actions la favorisant (des quotas par exemple). L'argent demeure « le nerf de la guerre ».

Les notions nouvellement arrivées

S'il fallait un signe du fait que le féminisme est un mouvement d'idées bien vivant, en constante évolution et international, l'émergence régulière de nouvelles notions en est un. Des États-Unis à l'Amérique latine en passant par le Maroc ou le Québec, les idées féministes voyagent, se croisent, essaiment et fécondent. Et puis parfois, à la vitesse d'une avalanche de tweets et de posts sur les réseaux sociaux, ces notions se retrouvent sous les flashs du débat public. Rapide tour d'horizon des notions stars du moment et de celles qui pourraient l'être demain.

Charge mentale

Qu'est-ce qui est encore plus invisible que le travail domestique non rémunéré des femmes ? La charge mentale ! Ces dernières années, la répartition inégale des tâches domestiques et parentales entre les femmes et les hommes a été de mieux en mieux identifiée et analysée (cf. chapitre 2). Mais le temps d'esprit disponible passé à anticiper, à faire des listes, à planifier, à coordonner dans sa tête ces tâches était bien moins connu ! Le concept de « charge mentale ménagère » a pourtant été développé dès 1984 par la sociologue Monique Haicault dans son article « La gestion ordinaire de la vie en deux ».

Événement marquant

Pourtant, il aura fallu attendre mai 2017 pour que le terme devienne populaire en France. Une image valant parfois mieux que de grands discours, c'est à l'occasion de la sortie de sa BD *Un autre regard* qu'Emma publie sur les réseaux sociaux des dessins illustrant la charge mentale. Épuisées par ce trop-plein quotidien, 25 000 femmes partagent ou commentent en quelques heures ces dessins sur la toile – en majorité des jeunes mères de famille. Un mot venait d'être mis sur ce qu'elles vivaient. Depuis, la bande dessinée *Un autre regard* est devenu un best-seller, les traductions se multiplient, Emma continue d'être très suivie sur les réseaux sociaux et est devenue dessinatrice à temps plein (elle était auparavant ingénieure informatique). Grâce à son trait de crayon et sa juste analyse, la charge mentale n'a pas fini de nous faire discuter.

Manspreading et ses acolytes en man-... ou male- !

Manspreading : selon le *Oxford Dictionary*, ce terme désigne la pratique par laquelle un homme, généralement dans les transports publics, adopte une position assise jambes écartées de telle façon que cela déborde sur le ou les sièges adjacents.

Événement marquant

Pour faire reculer ce type d'incivilités, la compagnie de métro new-yorkaise MTA a lancé en 2014 une campagne incluant un pictogramme d'un homme assis jambes toutes écartées et dérangeant ses voisin·e·s avec la légende « Mec... stop à l'étalement, stp. C'est une question d'espace ». Ce fut aussi le cas dans le métro madrilène en 2017. Le terme *manspreading* est aujourd'hui sur la place publique, alimentant les débats sur le phénomène bien plus large de harcèlement sexiste et/ou sexuel dans les transports en commun et dans les espaces publics en général.

Manterrupting

Manterrupting : contraction de *man* et d'*interrupting*, ce terme désigne le fait pour un homme d'interrompre une femme qui est en train de s'exprimer, de manière systématique et injustifiée.

Le saviez-vous ?

Une étude a montré qu'à l'Assemblée nationale, entre juillet 2022 et décembre 2022, les hommes députés interrompent leurs collègues deux fois plus que les femmes députées, et parmi les 10 plus grands « interrupteurs », on retrouve... 10 hommes.

Pour aller plus loin

Nous aurions pu aussi vous présenter les termes *bropropriating* (le fait pour des hommes de s'approprier les idées de femmes) ou *mansplaining*. Concernant ce dernier, nous lui préférons sa version venue du Québec : pénispliquer.

Pénispliquer (*mansplaining*)

Dit aussi « mecspliquer ». Quand un homme explique à une femme, d'un ton paternaliste ou condescendant, ce qu'elle sait déjà, ce qu'elle devrait faire ou penser, y compris sur des sujets dont elle est spécialiste. La métaphore est aussi drôle que limpide : mettre son pénis dans une conversation. Qui a dit que les féministes n'avaient pas d'humour ?

Male gaze

Théorisé en 1975 par la critique de cinéma et réalisatrice anglaise Laura Mulvey, le *male gaze* désigne ce « regard masculin » que l'on retrouve dans les œuvres culturelles – telles que la publicité ou le cinéma –, conçues et racontées avec une perspective masculine hétérosexuelle, réduisant les femmes à des objets de désir pour le plaisir… des hommes. Costumes sexualisants ou prises de vue plongeantes, une chose est claire : l'homme regarde, la femme est regardée.

Masculinité hégémonique

Selon la définition donnée par la journaliste Clarence Edgard-Rosa dans son truculent *Les Gros Mots, abécédaire joyeusement moderne du féminisme* (2016), « la masculinité hégémonique renvoie à l'idéal de masculinité dominante » et au fait qu'il existe une hiérarchisation entre plusieurs types de masculinités générant la domination de certains hommes sur les autres. L'autrice de poursuivre : « L'ensemble des qualités dites masculines (le courage, la force, l'ambition, la compétitivité, l'agressivité) sont apprises dès le plus jeune âge aux petits garçons […] : si un garçon ne se comporte pas de façon "masculine", il sera traité de "pédé", de "femmelette", on l'invitera (l'obligera) à rectifier le tir pour être "un vrai mec". »

Pour aller plus loin

Le roman autobiographique *En finir avec Eddy Bellegueule*, sorti en 2014, éclaire la mise en pratique de cette identité masculine hégémonique, et notamment son croisement avec la domination sociale et territoriale. L'auteur, Édouard Louis, y raconte la violence crue attachée au fait de grandir en tant qu'homosexuel dans un environnement social (populaire) et un territoire (un village de la France invisible) déjà marqués par de la violence.

Féminicide

Désigne le fait de tuer une femme ou une fille parce qu'elle est une femme ; il s'agit alors d'un meurtre individuel ou collectif à raison du sexe. Ce terme est très utilisé en Amérique latine (voir chapitre 13) et par les organisations internationales et européennes. Il gagne du terrain en France, notamment à la suite des mobilisations associatives et de la reprise progressive du terme par des responsables politiques et des médias.

Le saviez-vous ?

Le terme de « féminicide » permet d'incarner le lien qui existe entre les meurtres de femmes au sein des couples à la suite des violences conjugales, les meurtres de femmes kidnappées en Amérique latine, les meurtres de 14 femmes lors de la tuerie masculiniste de Polytechnique au Québec en 1989, les meurtres de milliers de petites filles à la naissance dans certaines parties du monde, le crime dit « d'honneur » de Sohane Benziane brûlée vive à 17 ans en 2002 ou encore les meurtres commis par les tueurs en série Guy Georges, Patrice Alègre ou Émile Louis – tous des meurtres de femmes. Tout sauf un hasard.

Parole de féministe

« Le féminisme n'a jamais tué personne, le machisme tue tous les jours. »

Benoîte Groult

Cynisme égalitaire

Dit aussi *pinkwashing* par analogie au *greenwashing* dans le domaine de l'environnement. Le cynisme égalitaire désigne un procédé par lequel, par opportunisme, une personnalité publique, une entreprise ou une organisation quelle qu'elle soit (politique, culturelle, sociale, etc.) tente de se donner une image pro-femmes, pro-égalité des sexes ou féministe alors même que ses actes et politiques vont à l'encontre de l'égalité des sexes. Le féminisme devient non seulement pop et tendance, mais aussi « bankable », c'est-à-dire rentable.

Le saviez-vous ?

Pour des entreprises, des publicitaires ou des carrières individuelles, le féminisme peut être un atout marketing – notamment auprès des jeunes générations – pour faire décoller leurs ventes ou leurs « likes ». Dior a ainsi lancé en 2017 un tee-shirt « We Should All Be Feminists » à 550 dollars pièce. Pourquoi s'en priver si l'on a si peu de comptes à rendre sur sa politique salariale ou autres engagements concrets et cohérents en faveur de l'égalité ?

Sous une apparence « moderne et progressiste », les bénéfices tirés de cette instrumentalisation par des hommes et des femmes politiques peuvent aussi être électoraux (gain de voix), racistes (faire croire que les inégalités entre les sexes et les violences masculines sont le fait des seuls étrangers et immigrés), voire budgétaires. En effet, non seulement aujourd'hui l'égalité femmes-hommes ne coûte pas grand-chose (les budgets restent très en deçà des besoins), mais peut aussi être un vecteur d'économies budgétaires du fait de réformes défendues au nom de l'égalité femmes-hommes.

Transition égalitaire

A contrario, la transition égalitaire pourrait désigner le processus profond, de long terme et financé qui vise à passer d'une société organisée de manière sexiste à une société d'égalité entre les sexes. Inspiré du concept de « transition écologique », ce processus conduit à des changements en profondeur de la connaissance, des lois, des représentations, de l'organisation de la société et des relations entre les êtres humains. Cela passe notamment par une nouvelle répartition du savoir, du pouvoir, des richesses et du temps.

Au-delà des notions les plus utilisées décrites ci-dessus, consultez le *Glossaire sur l'égalité entre les femmes et les hommes* publié par le Conseil de l'Europe en 2015.

Ces concepts ne sont pas sans rappeler un autre champ contemporain de lutte : l'écologie ! Et au croisement des deux, l'écoféminisme, qui souligne les liens entre l'exploitation des femmes et celle de la nature, et prône un mode de vie plus durable et égalitaire.

DANS CE CHAPITRE

Des idées reçues passées à la moulinette

•

Mais au final, nos cerveaux sont bien différents non ? Et puis… la maternité !

•

Café du commerce, extrême droite et « papas perchés »

Chapitre 4

Féminisme : halte aux idées reçues !

Le féminisme peut avoir le vent en poupe ou bien, comme souvent dans l'Histoire, naviguer à contre-courant. Toujours il dérange et suscite des courants contraires. Ces marques d'hostilité ou de rejet – aussi vieilles que régulières – rendent la traversée vers la rive de l'égalité agitée pour ne pas dire houleuse.

Le saviez-vous ?

Parce que l'histoire du féminisme n'est pas linéaire et que des retours en arrière marquent fréquemment l'agenda, il apparaît important d'identifier et d'analyser les discours antiféministes qui peuvent menacer les droits et avancées conquises. Les réactions négatives peuvent être le fait de groupes qui pensent et organisent leur bataille contre le féminisme, ceux qu'on a aujourd'hui l'habitude d'appeler les « masculinistes ». Ces masculinismes diffusent et s'appuient sur des idées reçues parfois largement partagées. Les plus enracinées s'appuient sur les différences biologiques entre les femmes et les hommes – autour des cerveaux et de la maternité – pour leur donner une importance démesurée et ainsi justifier des inégalités pourtant construites socialement : « C'est naturel, c'est comme ça. »

Les idées reçues les plus courantes

Chaque personne peut avoir véhiculé des opinions factuellement inexactes sur le féminisme tant les idées reçues sont communes et répandues. Ce qui pourrait être qualifié d'antiféminisme de « café du commerce » imprègne l'air ambiant. Passons au filtre de la réalité une sélection des croyances les plus largement répandues.

« Le féminisme, c'est dépassé ! On a déjà l'égalité »

Le féminisme appartiendrait au passé et serait désormais inutile puisque l'égalité des sexes aurait été atteinte. Donc « qu'est-ce qu'elles veulent encore (ces hystériques de féministes) ? »

L'égalité ! Car, rien qu'en France, les chiffres sont frappants :

» **24 % de salaire en moins pour les femmes en moyenne ;**

» **une femme est tuée par son partenaire intime ou ex-compagnon tous les trois jours ;**

» **le président de la République a jusqu'à présent toujours été un homme.**

« Une guerre des sexes menée par des femmes castratrices »

Accuser les féministes de mener une guerre des sexes ou de vouloir remplacer une domination des hommes par une domination des femmes sont autant d'épouvantails brandis, de tous temps, pour tenter de décrédibiliser les féministes. Or le féminisme n'est pas le contraire du machisme. Il vise l'égalité des femmes et des hommes, ni plus ni moins. Il n'existe pas de courants féministes revendiquant une domination des hommes par les femmes. Et s'il existe une guerre d'un sexe contre l'autre, c'est historiquement et encore aujourd'hui une guerre menée par des hommes contre les femmes. Pour s'opposer à un mouvement qui remet en question des privilèges, la facilité consiste à le caricaturer ou le dépeindre comme « extrémiste », plutôt que de débattre du fond des choses. L'idée consistant à dire que le féminisme irait trop loin est assez commune. Et il est fréquent d'entendre : « Je suis féministe MAIS… là ça va trop loin. » Trop loin par rapport à quoi ? à qui ?

Quant au procès fait aux femmes féministes d'être des « femmes castratrices », on pourrait en rire en indiquant qu'il est médicalement prouvé que le féminisme n'affecte en rien les testicules. C'est plus haut que cela se passe : dans les esprits !

Depuis 1906 : quand l'inversion des rôles s'invite au cinéma

Alors que le mot « féminisme » est né quelques années auparavant, la française Alice Guy-Blaché, première femme cinéaste, réalise *Les Résultats du féminisme*. On est en 1906 ! Le court-métrage montre une organisation domestique inversée avec des hommes à la cuisine, à la couture et aux couches à changer, et des femmes confortablement installées, bavassant, buvant et fumant, apostrophant ces messieurs. Ce procédé est redoutablement efficace pour révéler les privilèges masculins en se jouant des rôles de sexe. On retrouve d'ailleurs cette même inversion des rôles dans les clips humoristiques *Vie de meuf* réalisés par l'association Osez le féminisme ! en 2011, ou dans le film *Je ne suis pas un homme facile* de la réalisatrice Éléonore Pourriat (2018).

« Le féminisme tue l'amour et est le fruit de femmes coincées »

Les féministes et le féminisme seraient non seulement les adversaires des hommes, mais aussi les ennemis du désir, de la séduction et du couple. Cela se traduit par plusieurs qualificatifs élégamment employés contre les féministes : « coincées », « frustrées » ou, de manière plus vulgaire, « mal baisées ». On entend aussi souvent dire que les féministes seraient toutes lesbiennes car elles n'aimeraient pas les hommes ou bien, qu'à cause du féminisme, on « ne pourrait plus draguer » !

Or, dénoncer les violences sexuelles, ce n'est pas refuser toute sexualité (qu'elle soit hétérosexuelle ou lesbienne), mais promouvoir des rapports réciproques dans la séduction, le désir et le plaisir ; dénoncer les violences dans le couple, ce n'est pas remettre en question le couple en soi, mais promouvoir des relations fondées sur le respect mutuel ; de la même manière, le harcèlement sexuel est l'antithèse de la séduction.

Le saviez-vous ?

Lorsque dans les années 1970 les féministes du MLF ont revendiqué une sexualité heureuse, synonyme de plaisir partagé, libre de violences et pouvant être déconnectée de la procréation grâce à la contraception et l'avortement, elles n'ont pas tenu de propos moralisateur sur la sexualité, bien au contraire. Si des féministes critiquent l'institution du mariage, cela ne veut pas dire qu'elles sont automatiquement contre l'idée du couple. Des féministes sont marié·e·s, d'autres non, à l'image de la société dans son ensemble. Les féministes militant·e·s sont des femmes (à plus de 90 % généralement), mais on peut aussi être un homme et féministe (voir chapitre 23).

« Le féminisme, un truc d'occidentaux racistes »

Certains courants rétrogrades identitaires – tels que les islamistes ou Vladimir Poutine en Russie – essaient de faire passer l'idée que le féminisme serait un produit de l'Occident qui souhaiterait l'imposer au monde de manière impérialiste, quand d'autres – comme l'extrême droite de Marine Le Pen en France – instrumentalisent le féminisme à des fins racistes.

Le saviez-vous ?

Par exemple, dans un discours prononcé le 19 septembre 2013, le président russe Vladimir Poutine a cherché à distinguer son pays « de l'Europe qui renonce à ses racines, à son idéologie traditionnelle, culturelle et religieuse, et même sexuelle… ». Régulièrement les discours des officiel·le·s russes mettent en avant « la préservation des valeurs traditionnelles familiales » et cherchent à s'écarter des « valeurs occidentales ». C'est ainsi que « la propagande homosexuelle » a été interdite, que les violences commises au sein des familles ont été dépénalisées ou encore que le groupe de rock punk féministe *Pussy Riot* a été emprisonné.

Dans plusieurs autres régions du monde, les islamistes, qui fondent leur projet politique sur une lecture fondamentaliste de la religion musulmane, ciblent le féminisme et l'égalité des sexes comme source de nombreux maux.

Parole de féministe

Chahla Chafiq, sociologue, décrypte que, pour les islamistes, « l'égalité est rejetée, car supposée « occidentale » et non conforme à la « culture musulmane », alors que ce principe est universel et universalisable. Les islamistes confondent sciemment liberté sexuelle, prostitution et pornographie. Ils vantent leur conception de la famille comme garante de la sécurité des femmes, à condition qu'elles se soumettent aux normes et lois dictées au nom de Dieu ».

La chercheuse analyse que « cette perspective peut faire sens auprès des musulmans en quête de repères dans un monde en crise. Les islamistes réhabilitent les valeurs sexistes et sexuelles pour leur offrir un cadre identitaire "sécurisant" et "valorisant". Cette offre idéologique peut prospérer là où le vide social, culturel et politique se creuse, dans un pays dit islamique mais aussi au-delà, comme en France » (interview de Chahla Chafiq par Mina Kaci, *L'Humanité*, 21 octobre 2016).

En France, le Rassemblement national a multiplié ces dernières années les signes de son instrumentalisation des droits des femmes. Dans un meeting en 2019, Marine Le Pen, alors présidente du parti, avait affirmé que l'Europe « puise ses racines dans un héritage judéo-chrétien et porte comme valeur cardinale la liberté », et avait défendu, au nom de cette liberté, « le respect intangible du droit des femmes, aujourd'hui menacé par l'islamisme dans nos quartiers, dans nos villages ». Dans une vidéo s'adressant aux femmes et diffusée en juin 2024, Jordan Bardella citait des mesures ciblées tout en précisant mener « une lutte implacable contre l'insécurité », une insécurité qu'il liait directement à l'immigration. Un double discours que l'on retrouve dans le vote de leurs représentant·e·s à Paris ou à Bruxelles, comme lorsque le parti s'est abstenu en juin 2023 sur un rapport demandant aux États membres plus d'efforts pour lutter contre le harcèlement sexuel ou sur l'introduction du droit à l'avortement dans la Charte européenne des droits fondamentaux.

Ces différents types d'instrumentalisations s'autoalimentent et se rejoignent sur leur opposition politique à l'égalité des femmes et des hommes, défendant généralement plutôt l'idée d'une « complémentarité » des sexes. Leurs lectures culturelles et racialistes des inégalités femmes-hommes sont fréquemment dénoncées par les féministes.

Pour aller plus loin

Lancée en mars 2021, la revue *La Déferlante* se définit comme « la revue des révolutions féministes ». Son numéro de septembre 2024, intitulé « Résister en féministes », est consacré aux extrêmes droites et aux moyens d'y résister.

Tout au long de ce livre, des exemples très anciens comme actuels attestent que les inégalités femmes-hommes n'ont pas de frontière, et le féminisme non plus. La solidarité internationale entre féministes permet le dialogue transnational, une compréhension et des revendications communes, et permet, ainsi, de refuser le piège du relativisme culturel. L'affirmation de l'universalisme des droits humains, dont les droits des femmes, ne doit pas empêcher de prendre en compte la diversité des situations d'origine, ni d'interroger les angles morts de certains mouvements en termes d'analyse croisée des inégalités (voir chapitre 11).

« Putes », « castratrices », « sorcières » : à chaque âge ses idées reçues et injures

La volonté de dominer, d'humilier et d'exclure les femmes des espaces publics se traduit notamment par la diffusion d'idées reçues et d'injures sexistes : hier du temps de la chasse aux sorcières (voir encart chapitre 1), comme aujourd'hui. La chercheuse Keltoume Larchet a analysé les mots d'injures contre les femmes utilisés en France de nos jours. Trois configurations injurieuses se distinguent selon les trois âges sociaux des femmes : la figure de la « fille facile », perçue comme disponible, vise les femmes jeunes, le plus souvent célibataires ; la figure de la « femme castratrice ou de la mère envahissante », vise les femmes actives, responsables, un peu plus âgées ; et enfin, la figure de la « vieille sorcière », qui cible les femmes mûres (rapport d'enquête de l'ONDRP, *Les Injures sexistes*, Keltoume Larchet, mars 2018).

La biologie, comme ultime argument

L'argument de la différence biologique entre les femmes et les hommes est un pilier de l'idéologie sexiste. Les différences entre les femmes et les hommes sont souvent utilisées pour tenter d'expliquer, si ce n'est de justifier, les inégalités entre les femmes et les hommes. Mais ces différences n'expliquent pas les inégalités ! Et d'ailleurs, ces différences ne sont pas si naturelles ni importantes qu'elles n'y paraissent.

Un cerveau de femme, un cerveau d'homme ?

On entend souvent qu'il existerait des « cerveaux de femmes » et des « cerveaux d'hommes », complémentaires et empêchant l'égalité. Cela a le mérite de la simplicité et de clore les débats sur l'organisation actuelle de la société : « C'est naturel, c'est comme ça. » L'argument cherchant à faire passer pour nature ce qui est culture a imprégné chacun·e d'entre nous. Cet argument est utilisé par des religions, par des thèses plus républicaines (comme celles de Jean-Jacques Rousseau par exemple) ou encore aujourd'hui dans divers magazines ou succès de librairie.

« Les hommes viennent de Mars, les femmes de Vénus », vraiment ?

Le livre *Les Hommes viennent de Mars, les Femmes de Vénus* s'est écoulé à plus de 50 millions d'exemplaires à travers le monde. Dans ce livre publié en 1992, l'Américain John Gray défend l'idée qu'il existerait des différences fondamentales entre les femmes et les hommes, qui seraient inscrites dans leurs cerveaux respectifs et expliqueraient pourquoi les capacités, préférences et comportements des femmes et des hommes ne seraient pas les mêmes. Deux planètes différentes donc : d'un côté Mars, dieu de la guerre et de la fertilité des cultures, de l'autre Vénus, déesse de l'amour et de la beauté. Et l'auteur d'en déduire toute une série de conseils aux couples, dont la plupart de bon sens, mais dont on oublie de dire que ces traits de caractère sont le fruit d'une éducation avant tout.

Cette vision bipolaire du monde s'appuyant sur un « cerveau de femme et un cerveau d'homme » s'est diffusée à partir du XIXe siècle, à l'heure où les demandes d'égalité se faisaient de plus en plus pressantes.

Le saviez-vous ?

La biologie, et en particulier l'étude des cerveaux, va être instrumentalisée pour justifier les inégalités sociales, qu'elles soient entre les pauvres et les riches, les Noir·e·s et les Blanc·he·s, ou entre les femmes et les hommes. À l'époque, on utilise le fait, qu'en moyenne, les cerveaux des femmes pèsent moins que ceux des hommes pour justifier l'idée selon laquelle les femmes seraient moins intelligentes et donc moins aptes à occuper telle ou telle place. Depuis, des millions de cerveaux ont été observés grâce aux techniques d'imagerie cérébrale (comme l'IRM) et on sait, comme l'indique la neurobiologiste Catherine Vidal, « que les capacités mentales ne dépendent pas directement de la forme du cerveau, ni de l'épaisseur du cortex » et que « voir des particularités anatomiques dans le cerveau d'un individu ne permet pas de prédire son futur, ni d'expliquer son passé » (Vidal, 2013). Pourquoi ? Car le cerveau est plastique. Avec ses milliards de cellules vivantes et ses millions de milliards de connexions, qui se font et se défont au fil des apprentissages et des évènements de la vie, chaque cerveau humain se développe et évolue différemment.

Pour aller plus loin

Catherine Vidal, directrice de recherche honoraire à l'Institut Pasteur, souligne que « si l'on fait le bilan des travaux d'imagerie cérébrale sur les fonctions cognitives réalisés durant ces dix dernières années, on constate que, sur plus de dix mille études, seulement 2,6 % ont montré des différences entre les sexes. La raison tient au fait que nous avons tous des cerveaux différents. En effet, le volume, la forme, le mode de fonctionnement varient tellement entre les individus d'un même sexe qu'il est impossible de dégager des traits propres à un cerveau masculin ou féminin » (Vidal, 2013). Cela est confirmé depuis, notamment par une large étude menée par la neurobiologiste Daphna Joel, de l'université de Tel Aviv (Kaiser, 2009 ; Joel, 2015).

La maternité : mère de toutes les batailles ?

À la fin des fins, on retombe sur l'argument de la maternité ! Celle-là même qui serait à l'origine du contrôle des corps des femmes, est souvent invoquée en dernier ressort pour entériner une « différence majeure, incontestable, centrale » qui expliquerait, voire justifierait, des vies et des places différentes attribuées aux femmes et aux hommes. La maternité donc, puisque la plupart des femmes, à la différence des hommes, ont une capacité à être enceintes, mener une grossesse et accoucher.

Cette distinction n'est déjà pas absolue puisque certaines femmes ne disposent pas de cette capacité du fait de dysfonctionnements procréatifs et que d'autres femmes ne feront pas usage de cette capacité, par choix ou non.

Le saviez-vous ?

1 femme sur 7 en Europe aujourd'hui n'a pas d'enfant, et cela a même grimpé à 1 femme sur 4 lors de la première décennie du XXe siècle (INED, Populations et Sociétés, n° 540, janvier 2017).

Mais la question à se poser est : pourquoi la différence de capacité à être enceinte, mener une grossesse et accoucher produirait tant de différences ? En quoi cela justifierait-il d'organiser tous les temps, espaces et fonctions au sein de la société à partir d'une capacité initiale distincte entre deux groupes d'individus, les femmes et les hommes ?

Tout est fait comme si les femmes étaient enceintes toute leur vie. Or, si l'on retient le fait qu'aujourd'hui en moyenne en France une femme a deux enfants, que la durée légale du congé de maternité est de 16 semaines, et que son espérance de vie est de 85 ans, une femme consacrera en moyenne 32 de ses 4 420 semaines d'existence à son congé de maternité, soit 0,007 % de sa vie. Pour le reste, les enfants peuvent être aimés, choyés, élevés par d'autres personnes que leur seule mère. L'« instinct maternel » a bon dos ! (voir dans le chapitre 9 « L'instinct maternel n'a rien d'instinctif »).

Des masculinismes

Des adversaires surfent sur ces idées reçues et arguments naturalistes, dont un groupe aussi organisé que divers : les masculinistes. Déterminés à ne pas renoncer si facilement à leurs privilèges et à défendre une organisation patriarcale de la société, ils mènent des contre-offensives régulières et souvent proportionnelles aux avancées arrachées par le mouvement féministe.

Un des visages de cet antiféminisme en France est le polémiste, éditorialiste et ancien candidat à l'élection présidentielle, Éric Zemmour. Dès 2006, dans son ouvrage *Le Premier Sexe*, il soutenait : « Il y a une malédiction féminine qui est l'envers d'une bénédiction. Elles ne détruisent pas, elles protègent. Elles ne créent pas, elles entretiennent. Elles n'inventent pas, elles conservent. Elles ne forcent pas, elles préservent. Elles ne transgressent pas, elles civilisent. Elles ne règnent pas, elles régentent. En se féminisant, les hommes se stérilisent, ils s'interdisent toute audace, toute innovation, toute transgression. »

Éric Zemmour dénonce « la féminisation » de notre société, et également l'avortement. Il infériorise les femmes et réveille la nostalgie d'un monde où les hommes – « de race blanche » – ne devaient pas partager le pouvoir.

Parole de féministe

La chercheuse au CNRS Christine Delphy résume les forces et la stratégie des masculinistes dans ce passage tiré de son ouvrage *Un universalisme si particulier* (2010) : « La contre-offensive patriarcale prend la forme de lobbies "masculinistes" fortement organisés, véritablement internationaux et très riches – et en ces trois aspects ils diffèrent du mouvement féministe – qui déposent sur les bureaux des ministres et des députés, jour après jour, année après année, des propositions de remise en cause des lois sur l'avortement, sur le harcèlement sexuel, sur le divorce. Leurs actions visibles, comme celles des commandos anti-avortement, sont des exceptions ; c'est de façon souterraine, en formant des "experts" qui témoigneront devant les tribunaux, en écrivant des livres de psychologie, qu'ils œuvrent. Leurs cibles : le droit à l'avortement, la garde des enfants, mais aussi la pénalisation des violences masculines contre les femmes et contre les enfants. »

Des visages multiples

Certains masculinistes développent un discours public axé sur la souffrance des hommes, et en particulier des pères. Derrière la revendication de nouveaux droits pour les pères, c'est bien souvent la liberté des femmes qui irrite ces activistes. Les enfants peuvent être utilisés comme un moyen de pression et de contrôle sur les femmes lorsqu'elles veulent divorcer pour retrouver leur liberté, lorsqu'elles veulent sortir d'une relation de violences conjugales et protéger leurs enfants de toutes formes de violences, etc.

Derrière la souffrance des pères

L'association SOS Papa créée en 1990 en est l'un des visages. Des pères perchés en haut de grues, de tours ou de cathédrales, ont été les symboles les plus médiatisés des actions masculinistes de ces dernières années en France.

Événement marquant

En 2013 à Nantes, Grenoble, Orléans ou Forbach, des pères ont dit organiser « le printemps des pères ». Dénonçant une justice qui bafouerait leurs droits, ces pères réclament la garde de leur enfant et une réforme législative qui instituerait de manière systématique la résidence alternée dans les cas de séparation. Or la réalité, c'est que la grande majorité des pères n'en fait pas la demande. Et quand ils souhaitent avoir la garde alternée, ils l'obtiennent : 18,8 % des pères font une demande de résidence alternée, et 17,3 % l'obtiennent effectivement, soit la quasi-totalité de ceux qui en font la demande. Le ministère de la Justice précise : « Les enquêtes montrent que les conflits sur la résidence des enfants correspondent à environ 10 % des séparations et lorsque les droits de visite et d'hébergement d'un parent ont été réduits, c'est principalement suite à des difficultés liées à son comportement : violence, agressions sexuelles, alcoolisme, usage de stupéfiants » (rapport *Comment assurer le respect de la coparentalité entre parents séparés* des ministères de la Justice, des Affaires sociales et de la Santé, janvier 2014).

Pour aller plus loin

Les excellents documentaires *Affaire Johnny Depp/Amber Heard – La justice à l'épreuve des réseaux sociaux*, réalisé par Cécile Delarue en 2023, ou *Mascus, les hommes qui détestent les femmes*, réalisé par Pierre Gault en 2024, offrent une plongée dans des associations d'hommes masculinistes des deux côtés de l'Atlantique.

« Célibataires involontaires » tuent femmes volontairement

Les *Incels*, (de la contraction de l'anglais *involuntary celibate*) pour « célibataires involontaires », voient dans les femmes les responsables de leur célibat amoureux ou sexuel. Organisés en communautés en ligne, ils discutent sur des forums, font clairement apparaître leur ressentiment et en appellent à la violence contre les *Stacys*, les femmes qui n'ont pas voulu sortir avec eux, et contre les *Chads*, les hommes en couple.

La haine des femmes de la part de ces hommes, plutôt jeunes, a pu se traduire par des appels à poster les meilleures vidéos de femmes frappées par des hommes, ou par des conseils aux violeurs pour ne pas « se faire prendre » par la police. Ce mouvement se concentrerait aujourd'hui en Amérique du Nord où il a déjà pu donner lieu à plusieurs tueries à caractère clairement machiste.

Événement marquant

En 1989, Marc Lépine a tué 14 femmes et en a blessé 10 autres à l'École polytechnique de Montréal au Canada après avoir crié : « Je hais les féministes. » Plus récemment, en avril 2018 à Toronto, Alek Minassian assassinait 10 personnes dont 8 femmes et en blessait 16 autres, après avoir publié quelques heures avant sur son compte Facebook : « La rébellion Incel a commencé. »

Tu seras viril mon kid

« Le ManKind Project (MKP), né aux États-Unis dans les années 1980, est une organisation non gouvernementale internationale dont le but est d'aider les hommes à s'éveiller à leur pleine maturité d'homme » : c'est ainsi que se présente l'organisation *ManKind Project* sur sa page Internet française. En 2017, les médias nous apprenaient ce qui se cache derrière les camps entre hommes dont l'organisation *ManKind Project* a fait son business.

Des leçons de « virilité », notamment lors d'une cérémonie initiatique des « nouveaux guerriers », y sont délivrées. Née en réaction aux féministes, cette organisation s'appuie, comme bon nombre de masculinistes, sur le discours d'une société en crise car « l'homme ne trouve plus sa place ». Les hommes sont sommés de retrouver leur masculinité, une masculinité normée et excluante, fondée sur la force, le rejet des émotions, la domination des femmes, l'hétérosexualité comme seule sexualité possible, etc. Il n'y aurait donc qu'une façon et une seule d'être un homme, un vrai.

Le saviez-vous ?

Dans la chanson « Kid », le chanteur Eddy de Pretto dénonce cette injonction à une « virilité abusive ».

Les religieux conservateurs

Les courants religieux conservateurs cultivent une obsession des femmes et des féministes dont ils font des cibles privilégiées. Les attaques se focalisent sur la question des droits sexuels et reproductifs – en premier lieu l'avortement – et la défense du modèle de famille dite « traditionnelle » hétérosexuelle : « un papa, une maman et des enfants ».

« Un papa, une maman et des enfants »

En France, le collectif La Manif pour tous, fondé en novembre 2012, s'est opposé dans la rue, dans les églises et dans les enceintes politiques, à l'ouverture du mariage et de l'adoption aux couples de même sexe.

Le saviez-vous ?

Concernant l'opposition à l'avortement, des commandos anti-avortement s'organisent en France depuis les années 1980 pour entraver l'accès des femmes ou des professionnel·le·s aux établissements de santé pratiquant des IVG. Trouvant leur inspiration aux États-Unis, ces organisations ont des stratégies bien rodées : culpabilisation de la femme décidée à avorter pour la déstabiliser et la faire changer d'avis, menottages de militants anti-avortement à l'intérieur même du bloc opératoire pour empêcher l'opération de se faire, etc.

Ces dernières années, ce mouvement est marqué par un renouvellement générationnel et, à travers lui, un renouvellement des formes de mobilisation. Un documentaire d'investigation – *Avortement, les croisés contre-attaquent* – a levé le voile sur les stratégies de ces jeunes opposants au droit à l'avortement, très organisés en Europe. Ces militant·e·s antiféministes agissent souvent de manière masquée, détournent astucieusement des codes féministes ou de la pop culture pour mieux désinformer, notamment sur Internet. C'est par exemple le cas en France du groupe « Les Survivants » qui s'emploie à rendre « cool » le fait d'être anti-IVG (nouveau vocabulaire, vidéos dynamiques et virales, récupération de slogans féministes, etc.). Dans la même veine, voir « Le féminisme intégral » dans le chapitre 10.

Pour aller plus loin

Sur les réseaux est également apparu ces dernières années le phénomène des « tradwives », abréviation de l'anglais « traditional wives », « épouses traditionnelles » en français, tel que se désignent elles-mêmes ces femmes qui prônent un retour aux normes traditionnelles, selon lesquelles elles s'occupent des tâches domestiques et de l'éducation des enfants quand leurs maris sont les principaux pourvoyeurs du foyer.

À l'assaut du pouvoir

Des mouvements politiques récupèrent à leur compte ces revendications réactionnaires et antiféministes en les intégrant à leurs programmes politiques.

En France, des partis politiques d'extrême droite ou de droite extrême ont fait de l'éducation à l'égalité filles-garçons et à la sexualité leurs cibles prioritaires. Cela peut se traduire par des suppressions ou fortes diminutions de subventions au Planning familial, à des associations féministes ou à des associations de soutien aux personnes LGBT dans les collectivités territoriales dirigées par ces adversaires de l'égalité femmes-hommes. Par ailleurs, la question de l'accès au droit à l'avortement ou celle de la diversité des formes de familles revient régulièrement au menu des campagnes électorales nationales.

À l'étranger, les exemples de relais politiques clairement antiféministes parvenant au sommet de l'État se multiplient ces dernières années : Donald Trump aux États-Unis, Viktor Orban en Hongrie ou Recep Tayyip Erdoğan en Turquie par exemple (voir encadré en fin de chapitre 1).

En conclusion, il est important de souligner que ces discours antiféministes sont récurrents dans l'histoire et s'entremêlent souvent avec d'autres discours réactionnaires racistes, homophobes, ou anti-pauvres.

Partie 2

Le féminisme en mouvements : des vagues de conquêtes

Dans cette partie . . .

Manifestations, pétitions, grèves, marches, revendications… Dans cette partie, vous verrez que la conquête des droits et de l'égalité par les femmes est l'aboutissement d'une histoire longue et chaotique, différente dans chaque pays, mais avec un point commun : elle est le fruit de voix individuelles et collectives, de luttes conduites par les femmes, organisées au sein d'un mouvement, le mouvement féministe. Son histoire n'est pas linéaire, et les historien·ne·s la présentent habituellement en vagues successives. C'est la journaliste américaine Martha Weinman Lear qui utilise, la première, cette notion, dans un article du *New York Times Magazine* de mars 1968, pour décrire les périodes successives de progrès et de recul des droits des femmes. La conception de Christine Bard, historienne, varie légèrement : « Plutôt que d'imaginer une succession des vagues, chacune chassant l'autre, il faut plutôt observer que lorsque la mer monte, les vagues se chevauchent, la plus neuve gagnant du terrain. » Le chapitre 5 présentera la première vague, celle qui aboutira à la conquête des droits civiques et politiques. Autrement dit, le fait, pour les femmes, d'être reconnues comme citoyennes à part entière, ayant le droit de voter et d'être élues. Le chapitre 6 s'intéressera à la deuxième vague, celle des « droits sexuels et reproductifs », qui désignent l'accès aux techniques de la contraception et de l'avortement, pour pleinement disposer de son corps… et de sa vie ! Le chapitre 7 se concentrera sur la troisième vague, de l'égalité formelle à l'égalité réelle, des années 1980 et 1990. Enfin, le chapitre 8 présentera les mouvements féministes contemporains.

DANS CE CHAPITRE

Les femmes s'organisent

•

De l'éducation au droit de vote, une lutte sur tous les fronts

•

Révolutionnaires, monarchistes, communistes : la résistance à l'égalité est tenace

Chapitre 5

La 1re vague : de la Révolution aux guerres mondiales, le temps des précurseuses

Souvent l'histoire de la démocratie française reconnaît la Révolution française comme l'acte fondateur qui conduira au suffrage dit « universel », c'est-à-dire le vote du peuple, de tout le peuple. Et pourtant, il serait plus juste d'évoquer un suffrage masculin, car pour les femmes, pas de droits civiques ! Ni celui d'élire, ni celui d'être élue. La reconnaissance de la citoyenneté pleine et entière pour les femmes n'a malheureusement pas accompagné le large mouvement de démocratisation du XIXe siècle, qui a vu advenir des Constitutions nouvelles, en France ou ailleurs dans le monde, reposant pourtant sur des idéaux d'égalité et de liberté. La conquête du droit de vote et d'éligibilité des femmes fut un long chemin semé d'embûches, que les mouvements féministes ont fini par déjouer, non sans peine, à force d'organisation, d'actions et d'obstination ! Et si cette conquête semble aujourd'hui appartenir à un autre siècle, souvenons-nous que le droit de vote des femmes n'est toujours pas d'actualité au Vatican, et seulement partiellement en Arabie saoudite et au Brunei.

Révolution *versus* femmes : et 1, et 2, et 3-0

1789, les femmes s'organisent

Après des siècles de querelle, et après que Condorcet a, par ses écrits, contribué à reconnaître que l'accession des femmes à leurs droits politiques devait être le premier pas sur le chemin de leur liberté, il est temps de passer des idées au terrain et à l'action ! Et c'est avec la Révolution française que la bascule se fait : les femmes y participent pleinement, même si l'espoir de conquêtes pour elles ne se concrétise pas...

Des cahiers de doléance clandestins

Sentant le vent de la révolte se lever, Louis XVI se résout à convoquer des états généraux à Versailles, le 5 mai 1789, réunissant les députés du clergé, de la noblesse et du tiers état. Chaque assemblée d'électeurs, dans les villes et les villages, a rédigé en amont un « cahier de doléances ». La participation des femmes à cet exercice n'est pas prévue mais certaines s'en attribuent le droit.

Le saviez-vous ?

L'historien Léon Abensour a trouvé la trace de deux cahiers de doléance rédigés par des corporations de femmes à Paris, celle des marchandes de modes et celles des bouquetières. Mais ces derniers ne sont pas jugés recevables par le bureau de la ville de Paris. Cela ne les empêche pas de les envoyer directement au ministre des finances, Necker.

Premières brochures, demandez le programme !

Des femmes publient des brochures féministes, on en compte une trentaine à cette période. Elles y revendiquent des droits, tous les droits, à égalité avec ceux des hommes. La *Pétition des femmes du Tiers-État au Roi* dénonce – déjà ! – le piège de la galanterie, et demande à ce que « toute femme majeure jouisse et dispose de son bien comme bon lui semble sans avoir de compte à rendre à son mari ». La période est également propice aux journaux féministes ou rédigés par des femmes. *Les Étrennes nationales des Dames* publient tout au long de l'année 1791 des propositions de décrets, ouvrant le droit de vote ou au divorce par exemple.

Malgré ces écrits et ces actions, l'Assemblée constituante ne reconnaît aucun droit politique aux femmes. Sa *Déclaration des droits de l'homme et du citoyen* du 26 août 1789 est rédigée au masculin et ne concerne en effet que les hommes. La *Requête des Dames à l'Assemblée nationale* dénonce cette contradiction : « Vous avez brisé le sceptre du despotisme… et tous les jours vous souffrez que treize millions d'esclaves portent les fers de treize millions de despotes ! »

Olympe de Gouges et la déclaration

La *Déclaration des droits de l'homme et du citoyen* inspire à Olympe de Gouges sa célèbre *Déclaration des droits de la femme et de la citoyenne* en septembre 1789. Sur le modèle de la Déclaration tout juste reconnue, elle affirme que « la femme naît et demeure égale à l'homme en droits » (art. 1er). Elle considère que « la Constitution est nulle si la majorité des individus qui composent la nation n'a pas coopéré à sa rédaction ». L'article 6 est un vibrant plaidoyer pour la pleine reconnaissance des droits politiques des femmes : « La loi doit être l'expression de la volonté générale : toutes les citoyennes et citoyens doivent concourir personnellement ou par leurs représentants à sa formation » (voir chapitre 1).

Le saviez-vous ?

Olympe de Gouges a une statue à son effigie à l'Assemblée nationale depuis 2016. C'est la seule statue d'une femme ayant réellement existé à trôner dans ce haut lieu de la vie politique française, les autres statues représentant des hommes ou des allégories, c'est-à-dire des symboles.

Théroigne de Méricourt, du papier aux pavés

La marche des femmes à Versailles

Le 5 octobre 1789, une foule de plusieurs milliers de personnes, majoritairement composée de femmes, marche vers Versailles. Elles exigent avant tout du pain. Le lendemain, à l'aube, le château est envahi. La foule escorte le retour à Paris du roi et de son épouse. Ces femmes qui ont pris part à cet évènement clé de la Révolution française ne portent alors pas de revendication féministe, mais par leur action collective éminemment politique, elles se désignent comme actrices de la vie publique. Cette marche est mise en image dans le film réalisé en 2018 par Pierre Schoeller, *Un peuple et son roi.*

Portrait de féministe

Parmi les marcheuses sur Versailles, se trouve **Théroigne de Méricourt** (1762-1817), surnommée « l'Amazone rouge », pour sa tenue de cavalière, dite « d'amazone ». En août 1789, elle s'installe à Versailles pour suivre les travaux de l'Assemblée et en informer le peuple. Elle est soupçonnée d'avoir voulu assassiner Marie-Antoinette et est incarcérée plusieurs mois. Théroigne de Méricourt réclame l'égalité politique entre les femmes et les hommes, notamment le droit de voter dans les sociétés, clubs et assemblées, et celui de s'organiser en corps armé.

À son retour à Paris en janvier 1792, elle veut mettre en place une « phalange d'amazones ».

Parole de féministe

Dans un discours prononcé à la Société fraternelle des Minimes, le 25 mars 1792, Théroigne de Méricourt interpelle les femmes : « Armons-nous, nous en avons le droit par la nature et même par la loi. Montrons aux hommes que nous ne leur sommes inférieures ni en vertus ni en courage. Il est temps que les femmes sortent de leur honteuse nullité. »

Elle participe à l'invasion du palais des Tuileries en août 1792. Accusée de trahir les Jacobins, elle est prise à partie en 13 mai 1793, à l'Assemblée nationale, et fouettée publiquement. Elle sombre dans la folie et décède après vingt ans d'internement.

Les clubs : femmes éclairées, attention danger

Ayant été refusée au Club des cordeliers, Théroigne de Méricourt avait créé, en janvier 1790, le Club des amis de la loi. Cette période révolutionnaire est en effet marquée par la création de nombreux clubs politiques, sortes d'associations où l'on discute d'affaires politiques. Et les femmes n'y sont pas franchement les bienvenues ! Au mieux, elles y sont tolérées, mais sans prendre part aux décisions, à l'exception de la Société fraternelle des patriotes des deux sexes, créée en mars 1791 et de quelques clubs exclusivement composés de femmes. Une trentaine de clubs est dénombrée en France, tel que la Société patriotique et de bienfaisance des amies de la vérité, créée par Etta Palm d'Aelders, ou encore la Société des citoyennes républicaines et révolutionnaires, présidée notamment par les révolutionnaires Claire Lacombe et Pauline Léon.

Événement marquant

L'ensemble de ces clubs commence à prendre des airs de mouvement politique et inquiète les révolutionnaires. Après qu'un décret a imposé le port de la cocarde – véritable symbole de la citoyenneté – à tous, les femmes des clubs le souhaitent également pour elles. « Quand elles auront la cocarde [...], elles voudront voter dans nos assemblées ! » entend-on. La Convention se penche donc sur ces clubs de femmes. « Les droits politiques du citoyen sont de discerner, de faire prendre des résolutions relatives aux intérêts de l'État et de résister à l'oppression. Les femmes ont-elles la force morale et physique qu'exige l'exercice de l'un et de l'autre de ces droits ? L'opinion universelle repousse cette idée... » défend le député Amar, en s'appuyant sur des théories médicales de l'époque. Un seul député s'y oppose, c'est le député de la Marne Louis-Joseph Charlier : « À moins, dit-il, que l'on constate comme dans un ancien concile que les femmes ne font pas partie du genre humain, on ne saurait leur ôter ce droit commun à tout être pensant. » Le 30 octobre 1793, les clubs de femmes sont interdits. Le 3 novembre, Olympe de Gouges est guillotinée.

Un bilan décevant, de nouveaux interdits finalement...

Après plusieurs années de lutte pendant lesquelles les femmes furent présentes à chaque temps fort de la Révolution, le bilan est maigre. De réelles avancées sont à noter : égalité des enfants devant la succession, quels que soient leur rang et leur sexe en 1790, reconnaissance du divorce par consentement mutuel en 1792. Mais de nombreux interdits vont suivre, pour empêcher la participation des femmes aux affaires de la cité : elles sont désormais interdites des tribunes des sections révolutionnaires, telle que celle des sans-culottes. À défaut, elles invectivent les orateurs depuis le public, tout en poursuivant leurs travaux d'aiguille. C'est ce qui leur vaut le surnom de « tricoteuses ». À partir de novembre 1794, il leur est interdit de se réunir à plus de cinq dans la rue.

La Révolution est, pour les femmes, une occasion manquée.

1830, nouveaux vents de liberté, nouvelles déceptions pour les femmes

Après le coup d'État de Bonaparte s'ensuit une longue période de silence pour les mouvements féministes et des reculs majeurs : le Code civil consacre le principe d'infériorité des femmes mariées et revient sur les possibilités de divorcer en 1804 et la restauration bourbonienne enfonce le clou en l'interdisant totalement à partir de 1816.

En juillet 1830, le vent se lève à nouveau ! Les femmes participent aux trois journées d'émeutes appelées « Trois Glorieuses », qui ont conduit au renversement des Bourbons et à la proclamation d'un nouveau « roi des Français », Louis-Philippe Ier.

Le saviez-vous ?

C'est cet évènement qui inspirera à Eugène Delacroix sa peinture *La Liberté guidant le peuple*, réalisée la même année, dans laquelle une foule armée converge, guidée par une femme, à demi nue et coiffée du bonnet phrygien, évoquant la Révolution, c'est-à-dire la liberté et la souveraineté du peuple.

Les femmes et le saint-simonisme

Après les émeutes s'ensuit une période d'effervescence intellectuelle. De nouveaux courants littéraires et de philosophie politique se développent, portés notamment par les disciples de Claude-Henri de Saint-Simon. Le saint-simonisme proclame que « l'éducation doit permettre à chacun de développer ses talents, les hommes comme les femmes » et assure : « L'homme et la femme, voilà l'individu social. » Précurseur de la parité, le saint-simonisme est néanmoins particulièrement essentialiste, c'est-à-dire qu'il considère que femmes et hommes ont des natures différentes, avec des qualités propres et distinctes, bien que toutes aussi nécessaires. Quelques femmes les rejoignent. Il y a les grandes dames du saint-simonisme – certaines gravissent les échelons de la hiérarchie, jusqu'au plus haut –, mais surtout les « prolétaires saint-simoniennes ».

Événement marquant

En août 1832, deux jeunes ouvrières saint-simoniennes, Marie-Reine Guindorf et Désirée Véret créent la revue *La Femme libre*, qui deviendra plus tard *La Tribune des femmes*. Seuls les articles de femmes y sont publiés, et elles y signent de leur seul prénom, effaçant par cela leur nom de famille qui est celui de leur père ou de leur mari ! Leur conscience de classe très forte – au sens de « classe des femmes » – les conduit à déjà affirmer : « Ne formons plus deux clans : celui des femmes du peuple et celui de privilégiées : que notre intérêt nous lie. »

Une première pétition féministe

Dès 1836 et pendant deux ans paraît *La Gazette des femmes*, un mensuel féministe qui publie notamment des pétitions revendiquant des droits politiques et civils pour les femmes, dont le divorce. En mars 1837, une pétition demande à Louis-Philippe de se reconnaître « roi des Françaises comme il est roi des Français ». Elle est rejetée. Une autre pétition demande que les jeunes femmes de plus de 21 ans et payant 200 francs d'impôts aient le droit de voter. Le succès n'est pas au rendez-vous mais l'idée du droit de vote pour les femmes continue de faire son chemin.

Malgré ces signes de progrès, les trois décennies qui précèdent la Commune sont particulièrement sinistres pour les femmes : elles sont les premières victimes de la révolution industrielle et de la concurrence des machines. Au milieu du XIXe siècle, elles représentent déjà 33 % de la population active, concentrées principalement dans les manufactures textiles. Elles travaillent à domicile, en ateliers ou en usines, jusqu'à 14 heures par jour, pour des salaires encore plus maigres que ceux des hommes ouvriers.

Flora Tristan, ouvrière féministe

Dans le débat social qui naît dans les années 1840, émerge la figure de Flora Tristan (1803-1844), militante féministe en dehors de tous courants et toutes écoles. Elle milite activement pour le droit des femmes à divorcer et sur le terrain du travail : pour une éducation et une formation professionnelle à l'égale des hommes, pour la reconnaissance du travail des femmes et pour l'amélioration des conditions de la classe ouvrière dans son ensemble (voir son portrait dans le chapitre 1).

1848 : nouvel espoir déçu

En février 1848, la monarchie s'effondre. La révolution gronde à nouveau et avec elle, réapparaît l'espoir de nouveaux droits pour les femmes. La loi du 9 septembre 1835 restreignant la liberté de la presse avait eu raison des revues d'alors, mais la mémoire est vive et la période propice aux actions et aux revendications féministes. Une brochure intitulée *Femmes électeurs et éligibles* est publiée. Le Comité des droits de la femme adresse ses doléances au gouvernement provisoire. La Société pour l'émancipation des femmes proclame dans un manifeste que les droits politiques sont « la clé de voûte à l'édifice de l'émancipation ».

Eugénie Niboyet et la tentative d'union pour le suffrage

Une femme tente de fédérer l'ensemble des organisations, c'est Eugénie Niboyet. En mars 1848, elle fonde *La Voix des Femmes*, premier quotidien féministe, qui traite des femmes et de leurs droits, puis un Club politique auquel vont participer de nombreuses féministes, notamment Jeanne Deroin, Désirée Gay ou Suzanne Voilquin. Leurs revendications portent d'abord sur l'instruction et le travail. Les Ateliers nationaux – qui réalisent divers chantiers, et visent à employer les ouvriers chômeurs – s'ouvrent finalement aux femmes.

Les « femmes de 48 » sont par ailleurs les pionnières du suffragisme. Mais c'est un échec : le 5 mars 1848, le suffrage masculin est proclamé en France. En réaction, le numéro de *La Voix des Femmes* du 27 mars 1848 dénonce :

Parole de féministe

« Dire aux femmes : vous n'êtes pas électeurs, vous n'êtes pas éligibles [...], c'est refuser d'établir l'Égalité tout en la proclamant, c'est déshonorer une victoire remportée pour le bien de tous, c'est monopoliser indignement les résultats publics et communs du triomphe, c'est n'être plus républicains. »

Dans la perspective des élections législatives, *La Voix des Femmes* publie une liste de candidat·e·s – parmi lesquel·le·s des femmes, donc inéligibles – qu'elle soutient, dont George Sand. Sand moquera cette proposition : femme libre, elle considère que les droits civils doivent être premiers sur les droits politiques. Plus généralement, les revendications féministes sont caricaturées, des journaux à la scène du théâtre de Vaudeville. En mai 1850, le Club de la voix des femmes est interdit.

Un pas en avant, un pas en arrière

Sous Napoléon III, premier président de la République (1848-1852) devenu empereur (jusqu'en 1870), l'histoire se répète pour les femmes.

Sur le terrain de l'instruction, quelques conquêtes aboutissent : à partir de 1850, une école pour filles doit être ouverte dans les communes de plus de 800 habitant·e·s... mais l'enseignement est assuré par l'Église.

Après une nouvelle période de stagnation, à nouveau, quelques voix émergent en faveur de meilleurs droits pour les femmes. Jeanne-Marie Poinsard, dite Jenny d'Héricourt, institutrice devenue sage-femme et écrivaine, publie de nombreux articles, tels que « Proudhon et la question des femmes » en 1856. En réponse, Proudhon invoquera « son infériorité intellectuelle naturelle ». Élisa Lemonnier, éducatrice, créée la Société pour l'instruction professionnelle des femmes. Elle est aujourd'hui considérée comme la fondatrice de l'enseignement professionnel à destination des femmes. Eugénie Niboyet continue de s'exprimer, mais elle le fait cette fois dans *Le Journal pour toutes*. En 1866, Léonide Champseix, alias André Léo, romancière et journaliste, crée l'Association pour l'amélioration de l'enseignement des femmes.

Événement marquant

C'est elle qui, avec une vingtaine d'autres femmes, rédige, en juillet 1868, un manifeste appelant à la création d'une ligue des femmes, donnant *de facto* ainsi « naissance au premier groupe féministe » pour reprendre les mots de l'historienne Florence Rochefort.

Le manifeste de Maria Deraismes

En septembre de cette même année 1868, Maria Deraismes et 37 autres femmes publient un manifeste réclamant les droits civils, le droit au travail pour les femmes et l'égalité des salaires. Il est publié dans le journal *Le Droit des femmes*, fondé par le journaliste Léon Richer.

Portrait de féministe

Née en 1828, devenue indépendante grâce à une rente qu'elle perçoit suite au décès de ses parents, **Maria Deraismes** est journaliste et brillante oratrice. En 1866, elle est invitée à intervenir dans les « Conférences philosophiques » organisées par l'obédience maçonnique le Grand Orient de France. Elle porte une perspective féministe lors des conférences sur « La morale indépendante », « Le plaisir », « La polémique », « La vie privée », « L'éducation ».

D'autres organisations et évènements se font alors jour pour promouvoir davantage de droits pour les femmes. Certaines réclament le droit à l'éducation, d'autres les droits civils. En 1871, **Julie-Victoire Daubié** publie un manifeste sous la forme d'une brochure, intitulée *L'Émancipation des femmes*, qui réaffirme la nécessité d'accorder aux femmes le droit au suffrage.

Le saviez-vous ?

Julie-Victoire Daubié est restée dans les mémoires, d'une part, parce qu'elle fut la première bachelière de France et, d'autre part, parce qu'elle publia, en 1866, la première édition de *La Femme pauvre au XIXe siècle*. Pour cette enquête inédite et de grande ampleur sur la condition et la pauvreté des femmes, elle remporte le premier prix du concours de l'académie impériale des sciences, belles-lettres et arts de Lyon, en juin 1859, alors en concurrence avec Proudhon.

À la chute de Napoléon III, lorsque la Troisième République est proclamée le 4 septembre 1870, la situation légale des femmes demeure presque inchangée.

La Commune en 1871 : encore raté

Rapidement vient la Commune. Les Parisiens refusent de rendre les armes, comme le prévoit la convention d'armistice signée à l'issue de la guerre franco-allemande. Les femmes, qui vont chercher le pain aux aurores, repèrent les troupes cherchant à s'emparer des canons de la Garde nationale et donnent l'alerte. L'insurrection dure deux mois, entre mars et mai 1871. Encore une fois, les femmes prennent toute leur place, sans pour autant obtenir de nouveaux droits.

Elles tiennent les barricades qui s'opposent aux troupes versaillaises. Le 11 avril, l'Union des femmes pour la défense de Paris et des soins aux blessés est constituée. L'organisation s'occupe de l'enregistrement des citoyennes qui veulent s'enrôler pour défendre Paris et prône, selon ses mots, « la nécessité de la participation des femmes par une campagne dans les clubs, dans les réunions de quartier ». Parmi ces femmes se trouvent notamment les militantes socialistes Nathalie Le Mel et Élisabeth Dmitrieff – cette dernière ayant été envoyée représenter le conseil général de l'Internationale depuis la Russie à Paris. Le 17 mai, elles lancent un appel aux ouvrières pour les inciter à se constituer en chambres syndicales.

Jusqu'au dernier jour de la Commune, les femmes se battent. Selon Louise Michel, elles étaient 10 000 femmes à combattre durant la Semaine sanglante.

Le saviez-vous ?

Pendant la Commune, plus de 1 000 femmes furent arrêtées et jugées. Humiliées, souvent assimilées à des prostituées, elles furent également affublées du surnom de « pétroleuses », accusées d'avoir employé du pétrole pour allumer des incendies, dont celui de Paris. La plus célèbre d'entre elles est sans doute Louise Michel.

Les multiples combats de Louise Michel

Louise Michel (1830-1905) naît en Haute-Marne d'une servante et d'un père inconnu, certainement le fils du châtelain qui emploie sa mère. Devenue enseignante en 1852, elle ouvre des écoles mixtes libres puis s'installe à Paris en 1856. Son activité pédagogique, littéraire, journalistique et politique est dense. En 1871, elle participe activement aux événements de la Commune de Paris. Arrêtée, elle est déportée en Nouvelle-Calédonie où elle devient anarchiste. Elle retrouve son activité d'enseignante, notamment dans les écoles de filles. Elle refuse de quitter l'île sans une amnistie totale de tous les communards, ce qui adviendra en novembre 1880. À son retour en France, elle est attendue par plusieurs milliers de personnes sur les quais de la gare Saint-Lazare : une vraie rock-star ! Elle reprend une vie politique et militante très active. Elle milite pour les droits des femmes et participe au Groupe du droit des femmes avec André Léo et Maria Deraismes. Elle œuvre pour aider les ouvrières à vivre de leur travail et lutte contre la prostitution. Très active dans le mouvement anarchiste et le mouvement ouvrier, elle se prononce par ailleurs contre la peine de mort. Elle sera emprisonnée à plusieurs reprises mais n'abandonnera jamais ses combats, jusqu'à sa mort d'une pneumonie à l'âge de 74 ans. À son enterrement, Séverine, grande figure féministe (voir ci-après), prononce l'éloge funèbre.

Le saviez-vous ?

En dix semaines, la Commune publie près de 250 textes réglementaires laissant présager un avenir égalitaire : union libre, interdiction de la prostitution, séparation de l'Église et de l'État, travail des femmes, début d'égalité salariale… Ces droits sont de courtes durées, et il faudra à nouveau de longues batailles pour les reconquérir.

1871-1914. Une revendication prioritaire émerge : le droit de voter et d'être élue

Le lendemain de la Commune augure, selon les historien·ne·s Maïté Albistur et Daniel Armogathe, une troisième époque du féminisme, celui du féminisme réformiste. Ce féminisme naît parallèlement au marxisme, après plusieurs siècles de Querelle des femmes (première époque), et après des premiers mouvements structurés aux maigres conquêtes, de la Révolution à la Commune (deuxième époque).

Des congrès et des femmes

Une ère de grands congrès féministes s'ouvre avec le Congrès international du droit des femmes, réuni à l'été 1878 à Paris. Il est présidé par Maria Deraismes et réunit des associations ouvrières, quelques députés et sénateurs. Mais l'affluence est faible. Les débats et revendications portent essentiellement sur les enjeux du travail : développement de la formation professionnelle, reconnaissance du travail ménager assuré par les femmes, accès à tous les métiers, égalité des salaires, et abolition de la prostitution. Une grande absente : la lutte pour les droits politiques. Pour Maria Deraisme, l'égalité politique découlera de l'égalité civile et sociale.

Pour Hubertine Auclert, le suffrage est prioritaire

Pour exprimer son désaccord avec la ligne du Congrès, Hubertine Auclert quitte le groupe et rend public le discours qu'elle avait préparé pour l'événement et qui ne fut pas accepté, sous le titre « Le droit politique des femmes, ou la question qui n'est pas traitée, au Congrès International des femmes ».

Elle y affirme :

Parole de féministe

> ***« Mesdames, il faut bien le dire, l'arme du vote sera pour nous ce qu'elle est pour l'homme, le seul moyen d'obtenir des réformes que nous désirons. »***

Portrait de féministe

Née le 10 avril 1848 à Saint-Priest-en-Murat et décédée le 4 août 1914 à Paris, **Hubertine Auclert** est l'une des militantes féministes du XIXe siècle les plus connues. Se destinant au couvent, elle en est écartée par les religieuses qui la considèrent trop indépendante. Indépendante, elle l'est en tout cas financièrement après le décès de ses parents et elle rejoint, à Paris, sa sœur et les mouvements féministes. Selon l'historienne Michelle Perrot, elle est la première militante à se déclarer féministe, terme dont elle a la maternité (voir chapitre 1).

En 1876, elle crée la société Le Droit des femmes et, avec quelques militantes, elle organise des conférences, adresse des pétitions, descend dans la rue. Le 14 juillet 1881, elle commémore à sa manière la prise de la Bastille et célèbre « l'enterrement du droit des femmes ».

Le saviez-vous ?

Comme souvent, les militantes sont moquées. Dans son ouvrage *Le Vote des femmes*, publié en 1908, Hubertine Auclert nous rappelle la question posée alors par *Le Figaro* : « Après les femmes, les bœufs voteront-ils également ? »

Notons également qu'Hubertine Auclert n'échappe pas aux stéréotypes racistes. Dans ce même ouvrage, elle publie un texte intitulé « Les femmes sont les nègres ». Elle y critique le fait que les hommes des colonies ont obtenu le droit de vote en 1848, après l'abolition de l'esclavage, avant les femmes blanches : « Le pas donné aux nègres sauvages, sur les blanches cultivées de la métropole, est une injure faite à la race blanche. »

Pas d'impôt sans droit de vote

Les actions d'Hubertine Auclert sont variées. Elle refuse, par exemple, de payer ses impôts car, dit-elle :

Parole de féministe

« Puisque je n'ai pas le droit de contrôler l'emploi de mon argent, je ne veux plus en donner », « je n'ai pas de droits, donc je n'ai pas de charges, je ne vote pas, je ne paye pas. »

Elle fut finalement condamnée à le faire par le Conseil d'État en 1881.

En 1883, sa société, devenue Le Suffrage des femmes, installe une permanence à Paris, où des femmes viennent échanger librement ; chaque semaine, une personnalité y prend la parole pour défendre le droit de vote pour les femmes. Elles envoient des pétitions à tous les organismes officiels et leur demandent d'exprimer leur position sur le sujet.

Les partis politiques divisés

En réalité, c'est d'abord au sein des mouvements politiques que le mouvement suffragiste trouve sa place. À l'occasion du congrès ouvrier socialiste à Marseille en 1879, Hubertine Auclert est invitée à présider la séance « De la femme ». Elle prononce un discours remarqué et fait adopter – par le mouvement ouvrier naissant – le principe du droit politique des femmes, et celui du travail.

Le discours d'Hubertine Auclert lors du congrès ouvrier socialiste à Marseille en 1879

« Citoyens, Citoyennes,

Je viens représenter à ce Congrès deux sociétés de Paris : Le Droit des femmes, groupe auquel j'appartiens, et qui revendique les droits sociaux et politiques des femmes, les Travailleuses, association de vente et de production.

Je viens, toute pénétrée d'estime pour cette grande assemblée, le premier des corps librement élus en France depuis tant de siècles, qui permette à une femme, non parce qu'elle est ouvrière, mais parce qu'elle est femme – c'est-à-dire exploitée – esclave déléguée de dix-neuf millions d'esclaves, de faire entendre les réclamations de la moitié des déshérités du genre humain.

Écoutez nos plaintes, c'est commencer à vouloir être justes. Admettre les femmes au milieu de vous, au même titre que les prolétaires, c'est faire avec elles un pacte d'alliance défensif et offensif contre nos communs oppresseurs.

Je ne ferai ni l'historique, ni le procès de notre subordination dans les temps anciens. Comme vous, nous avons été victimes des abus de la force. Dans notre société moderne, comme vous, nous subissons encore la force tyrannique de ceux qui détiennent le pouvoir, à laquelle s'ajoute pour nous la force tyrannique de ceux qui détiennent les droits.

Et tout cela s'abrite sous les couverts de la République ! République dont le nom désigne une époque où tout ce qui était exclusivement l'apanage des détenteurs de la force et des usurpateurs de la richesse, doit cesser de leur appartenir pour être à tous. Ah ! Nous vivons sous une forme de République qui prouve que les mots les plus sublimes deviennent de vains titres qui s'étalent aux regards quand, dans les sociétés, les principes qu'ils représentent ne sont pas intégralement appliqués. »

Le saviez-vous ?

Lors des élections municipales de 1884, après que des maires acquis à la cause ont autorisé des femmes à se présenter, trois femmes furent élues dans le Cher, le Lot-et-Garonne et la Seine-Inférieure, l'ancienne Seine-Maritime. Les candidatures et les élections furent jugées anticonstitutionnelles et furent annulées. Jusqu'en 1893, d'autres campagnes visant à présenter des femmes aux élections municipales sont conduites.

Événement marquant

Les congrès féministes se poursuivent : les historiennes en dénombrent une dizaine entre 1878 et 1913. Peu fréquentés au départ, les congrès sont peu à peu rejoints par des personnalités politiques. Le premier à se nommer « féministe » est le Congrès général des sociétés féministes, organisé en mai 1892 par l'Union universelle des femmes et la Fédération française des sociétés féministes. Certains sont en partie subventionnés par la ville de Paris.

Il faudra attendre 1900 pour que la question du droit de vote y trouve sa place, avec le congrès international de la condition et du droit des femmes. Il y aura en fait très peu de débats sur le droit de vote, mais les participant·e·s demandent à l'un d'entre eux, René Viviani, député, de déposer une pétition à la Chambre en faveur du suffrage universel. Celle-ci aboutit à la proposition de loi Gautret, déposée le 14 juillet 1901, qui vise à ouvrir le droit de vote aux femmes non mariées, c'est-à-dire aux femmes célibataires, veuves ou divorcées.

Parole de féministe

Hubertine Auclert considère ce projet de loi comme stratégique : « Si [...] on introduit dans la citadelle politique, afin qu'elles en ouvrent la porte à toutes, celles qui parmi les femmes n'ont pas leurs mouvements analysés par la puissance maritale, on aplanit les difficultés, on prévient les objections et très promptement, on triomphe. »

Les journaux féministes en plein essor

Hubertine Auclert crée un journal mensuel, appelé *La Citoyenne*, qui paraît pendant 10 ans, entre 1881 et 1891. Encore une fois, c'est convaincue du fait que les droits politiques doivent être les premiers à être défendus qu'elle quitte son poste de secrétaire du journal *Droit des femmes* de Léon Richer, et qu'elle fonde ce nouveau journal, avec la devise « Oser, résister ». La qualité des articles fut largement reconnue et ils étaient souvent reproduits dans les grands quotidiens de l'époque.

La presse féministe est en plein essor et constitue un soutien important du mouvement suffragiste. À compter de 1891, plusieurs dizaines de journaux sont créées, et le plus connu aujourd'hui est certainement le quotidien *La Fronde*, fondée par Marguerite Durand et produit intégralement par des femmes. Journal généraliste féministe, on y aborde l'actualité politique et parlementaire, l'état de la Bourse, la musique, le théâtre, ou encore l'actualité étrangère. Le premier numéro est vendu à 200 000 exemplaires ! Aucune publication féministe actuelle ne peut hélas revendiquer un tel succès.

Événement marquant

La Fronde lance de nombreuses campagnes pour le droit de vote, ou encore la révision du Code civil, le droit à la maternité volontaire, pour une réglementation du travail à domicile, pour un salaire égal entre femmes et hommes, ou encore contre la loi de 1892 qui interdit le travail de nuit pour les femmes.

La Fronde soutient le combat de Jeanne Chauvin, docteure en droit, qui se voit refuser son inscription au barreau. La campagne menée conduira à une loi, en 1889, ouvrant pleinement aux femmes le métier d'avocate et l'accès à la plaidoirie. Preuve que, déjà, les mobilisations féministes paient !

Le journal est actif sur le champ du travail. Il organise des Congrès du travail féminin et contribue à la création de quatre syndicats. *La Fronde* annonce les réunions de la Bourse de travail et les horaires de permanence des syndicats, et publie des offres d'emploi. *La Fronde* ira jusqu'à ouvrir un bureau de placement gratuit, fournissant jusqu'à 600 emplois en 1902. Après 6 ans, du fait des amendes pour travail de nuit, le quotidien fait faillite.

Du dynamisme dans le mouvement féministe

À la même époque, le paysage associatif féministe français s'étoffe, et bien au-delà de la seule question des droits politiques. En 1882, la Ligue française pour le droit des femmes est créée par le journaliste Léon Richer. Victor Hugo en est le président d'honneur. L'association sera présidée par Marie Pognon, Marie Bonnevial et Maria Vérone. Maria Deraismes préside, elle, la nouvelle Société pour l'amélioration du sort des femmes, rejointe ensuite par André Léo. En 1901, le Conseil national des femmes françaises (CNFF) est créé. Il existe toujours aujourd'hui ! L'ambition est alors de lancer un parti de femmes. Elles prennent position sur de nombreux sujets : travail, éducation, suffrage, etc. En 1901, c'est l'Union fraternelle des femmes qui est constituée, notamment par des anciennes de *La Fronde*, et en particulier Nelly Roussel.

Parole de féministe

Née le 5 janvier 1878 et décédée le 18 décembre 1922, Nelly Roussel est la première femme à se positionner en faveur de la contraception, tout comme Madeleine Pelletier, première femme psychiatre de France. C'est un point de vue que ne partagent pas les organisations féministes de l'époque. Dans son ouvrage *Le Petit Almanach féministe illustré*, publié en 1906 et qui se diffuse partout en France notamment auprès des institutrices, Nelly Roussel définit le féminisme comme « une doctrine de bonheur individuel et d'intérêt général [...] qui proclame l'équivalence naturelle et demande l'égalité sociale des deux facteurs du genre humain ».

Événement marquant

À la même époque, la Nouvelle-Zélande est le premier pays dans le monde à franchir le cap du droit de vote des femmes, en particulier grâce à l'action engagée de Kate Sheppard (1847-1934) qui allie combat pour le droit de vote et pour l'arrêt du port des corsets. Autrement dit, le combat pour se libérer de ses chaînes, qu'elles soient juridiques ou vestimentaires. Esprit frondeur, elle est à l'initiative de la plus longue pétition jamais présentée concernant le droit des femmes. Plus de 30 000 signatures ! Pour les conserver, elle colle les feuilles de signatures les unes aux autres puis les enroule autour d'un manche de balai. En 1893, les femmes obtiennent le droit de vote. Elizabeth Yates devient la première femme élue maire de la commune d'Onehunga. C'est une première dans l'Empire britannique.

Femmes et aussi ouvrières

Au tournant du xxe siècle, une critique des grands congrès féministes monte : ils sont dénoncés comme trop bourgeois et ne portant pas suffisamment les problématiques des ouvrières, alors qu'on dénombre, en 1906, huit millions de travailleuses en France.

Féminisme et syndicalisme : je t'aime, moi non plus

En 1893, Clara Zetkin, figure du socialisme allemand, considère également que les priorités du mouvement féministe ne sont pas celles des travailleuses et que le droit de vote des femmes n'empêchera pas leur exploitation économique. Pour autant, elle défend des droits pour les femmes et considère que les travailleuses doivent avoir leurs propres organisations au sein des partis pour faire émerger leurs problématiques (voir chapitres 1 et 17).

Portrait de féministe

Née en juillet 1857 en Allemagne, elle fonde en 1890 la revue *Die Gleichheit* (*L'Égalité*). Grande figure de la conquête pour le droit de vote et du travail des femmes, elle convoque les conférences internationales des femmes socialistes de Stuttgart (1907) et de Copenhague (1910) où elle fut élue secrétaire. **Clara Zetkin** deviendra députée en Allemagne (1920-1933), militante pour la paix et contre le nazisme. Elle doit fuir et s'exile à Moscou où elle meurt quelques semaines plus tard, en juin 1933.

Le saviez-vous ?

C'est lors de la conférence à Copenhague qu'elle propose d'organiser une « Journée internationale des femmes » pour soutenir le droit de vote des femmes. Une centaine de femmes venues de 17 pays y assistent et adoptent cette proposition. Cette initiative est à l'origine de la journée internationale pour les droits des femmes célébrée chaque année le 8 mars. Les débouchés sont rapides en Allemagne : le 8 mars 1914, les Allemandes demandent le droit de vote et elles l'obtiennent le 12 novembre 1918.

La longue histoire de tensions entre féminisme et syndicalisme se poursuit. Les syndicalistes considèrent que la révolution socialiste consacrera de fait l'égalité des femmes et des hommes. Le féminisme est ainsi perçu comme un obstacle à l'union de classe en divisant les ouvriers et les ouvrières. Les syndicalistes refusent l'idée qu'il y aurait un combat spécifique et propre aux femmes. À l'inverse, d'autres militantes socialistes pensent qu'il faut mener les deux combats parallèlement et en alliance avec les féministes de la bourgeoisie quand les objectifs sont communs.

Parole de féministe

Séverine, née Caroline Rémy, journaliste et militante féministe, dira en 1913 :

« L'ouvrière n'a point qu'à lutter contre le patronat. Adversaire aussi cruel sinon davantage lui est la concurrence masculine dans le prolétariat. »

Femmes, grèves et syndicats : un parcours semé d'embûches

Dans le même temps, les syndicats se structurent autour des hommes. Ceux-ci se préoccupent davantage des « problèmes » soulevés par l'arrivée des femmes dans leurs professions qu'à leur absence… ou que de l'égalité femmes-hommes.

Le saviez-vous ?

Selon Madeleine Guilbert, sociologue et syndicaliste féministe, 54 grèves d'hommes contre l'accès des femmes aux ateliers ont été menées entre 1890 et 1908. Les femmes, elles, sont peu nombreuses à être syndiquées, et jusqu'en 1920, elles ont besoin pour cela de l'autorisation de leur mari ! Malgré les obstacles (elles sont plus surveillées et plus sanctionnées), leur participation aux grandes grèves qui ponctuent la période est notable. Les femmes ont représenté 12 % des grévistes en 1893, 13 % en 1900, 21 % en 1903, 9 % en 1914, proportions qui demeurent néanmoins inférieures à leur présence dans les branches concernées. À la même époque s'organisent aussi des grèves de femmes.

La grève des sardinières de Douarnenez

À Douarnenez, ville du Finistère, plus de 2 000 femmes travaillent dans les conserveries. On les appelle les *penn sardin* en breton, c'est-à-dire les « têtes de sardine », à cause de la coiffe qu'elles doivent porter pour travailler. Les conditions de travail sont rudes, toujours dans l'urgence, pour garder le poisson frais, car à l'époque les chambres froides n'existent pas ! Une première grève avait éclaté en 1905 pour revendiquer – et obtenir – le paiement des salaires à l'heure et non pas aux pièces, mais c'est celle de 1924 qui marque les esprits, bien au-delà de la ville de Douarnenez. Elles demandent une revalorisation de leur salaire, à hauteur de 1 franc de l'heure. Pendant un mois et demi, elles battent le pavé dans la ville, et entonnent leurs chants de grévistes devant chaque usine. Leurs manifestations sont réprimées, la ville est bloquée. La bataille est dure mais les sardinières obtiennent gain de cause : une rémunération à 1 franc de l'heure, avec des heures supplémentaires payées et la reconnaissance du droit syndical.

Des débuts de conquêtes, en dehors du champ politique

Alors que la lutte pour la reconnaissance du droit de vote des femmes s'est structurée et bat son plein, que les débats font rage entre syndicats et associations féministes, quelques progrès marquants sont à dénombrer dans d'autres domaines. Ces conquêtes sont le fruit des mobilisations des organisations féministes et de leurs relais politiques :

- **En 1880, la loi Camille Sée autorise les lycées de jeunes filles, bien que le programme ne soit pas le même que celui des jeunes garçons : exit la philosophie, le latin, et les notions complexes dans les matières scientifiques. Elles restent aussi interdites d'accès au baccalauréat et donc d'entrée à l'université.**
- **En 1884, le divorce est autorisé à nouveau.**
- **À partir de 1905, les femmes ont le droit de saisir la justice, sans l'autorisation de leur mari et en cas de décès de ce dernier, peuvent garder l'usufruit des biens de leurs enfants mineurs.**
- **À partir de 1907, les femmes peuvent enfin disposer de leur salaire. Mais il faudra attendre près de 60 ans pour qu'elles puissent ouvrir un compte bancaire sans l'autorisation de monsieur !**

Petit pas par petit pas, le droit progresse et les femmes conquièrent de nouveaux espaces. Au début du XXe siècle, la lutte pour le suffrage universel s'intensifie en France, stimulé par l'exemple anglais.

Pour le droit de vote, c'est une autre paire de Manche

Les suffragistes se mobilisent

Au Royaume-Uni se développe un mouvement pour le droit de vote des femmes, porté par les suffragistes, à partir de 1866. Une première pétition au Parlement réunit 1 500 signatures. À cette époque, les députés s'apprêtent à voter un amendement pour étendre le droit de vote aux ouvriers. En 1867, les militantes Barbara Bodichon et Emily Davies créent le *Women's Suffrage Committee*, une organisation composée de nombreux comités locaux, qui deviendra le *National Society for Women's Suffrage*. Journaux suffragistes, revues progressistes ou pamphlets, les idées circulent et mobilisent. Face à l'opposition des conservateurs du parlement, le mouvement durcit ses modes d'action.

En 1903, Emmeline Pankhurst et ses filles, Christabel et Sylvia, créent la *Women's Social and Political Union*. Leur slogan est clair : « Des actions, pas des mots ».

Marre du blabla, les suffragettes passent à l'action

Fini les pétitions, place aux actions violentes, voire spectaculaires : incendies, grèves de la faim, enchaînement aux lampadaires ou aux grilles du Parlement par exemple. C'est ce mode d'action qui les désigne comme « suffragettes », pour les dénigrer et minorer leur activité. Qu'à cela ne tienne : elles s'approprient le terme !

Le succès est au rendez-vous : en 1908, c'est une foule dense de 250 000 activistes qui manifeste à Hyde Park. En 1913, la suffragette Emily Davison tente de saisir les rênes du cheval qui court pour le roi George V au derby royal d'Epsom. Elle est renversée et meurt quelques jours plus tard. 250 000 à 300 000 personnes assistent au cortège funèbre.

Pour aller plus loin

Cette épopée suffragiste et ce formidable mouvement de femmes en Angleterre est retracé dans le film *Les Suffragettes*, sorti en 2015 (voir chapitre 21 « Dix films à voir absolument »).

L'union fait la force

La guerre ne les démobilise pas, et les négociations se poursuivent, entre le gouvernement anglais et les *National Union of Women's Suffrage Societies* – réunion de l'ensemble des associations suffragistes qui sera présidée pendant vingt ans par la militante Millicent Fawcett.

Événement marquant

En 1918, première victoire : l'adoption du *Representation of the People Act* autorise le vote des femmes de plus de trente ans. En 1928, il est étendu aux femmes de plus de 21 ans, comme c'est le cas pour les hommes. Elles ont gagné !

En France, au début du XXe, le débat s'accélère

De l'autre côté de la Manche, les formes de la mobilisation sont particulièrement imaginatives mais rarement violentes. En octobre 1904, pour le centenaire du Code civil qui opprime les femmes, un exemplaire est brûlé au pied de la colonne Vendôme. En 1910, un grand meeting suffragiste réunit notamment de nombreux députés qui défendent des droits politiques pour les femmes. Dans un article publié par *L'Humanité* en 1912, Jaurès appelle à un débat sur le sujet à l'Assemblée.

Portrait de féministe

Le visage du suffragisme français est maintenant celui de **Cécile Brunschvicg**, secrétaire générale de la nouvelle Union française pour le suffrage (UFSF). L'organisation a été créée en 1909 par Jeanne Schmahl. L'Union compte 12 000 adhérentes en 1914, réparties dans les 75 fédérations départementales. À l'occasion des élections législatives de la même année, l'UFSF organise une sorte de référendum populaire, au travers d'urnes déposées dans les kiosques à journaux. 500 000 femmes y déposent un bulletin en faveur du droit de vote des femmes : c'est un excellent coup de communication et un vrai plébiscite !

Le saviez-vous ?

À l'Assemblée nationale, Ferdinand Buisson, président de la Ligue des droits de l'homme et féministe convaincu a rédigé un important rapport en faveur du droit de vote des femmes. Mais la Première Guerre mondiale diffère son inscription à l'ordre du jour et marque un coup d'arrêt de la mobilisation des organisations féministes qui s'engagent toutes, dans un premier temps, dans la défense nationale.

2 guerres, 3 libérations

Effort de guerre et fête des mères

À la sortie de la Première Guerre mondiale, 1,3 million de soldats sont morts. L'heure est à la relance de la natalité et, pour cela, les femmes sont invitées à rejoindre… leurs foyers. Pas question qu'elles continuent d'occuper les postes sur lesquels elles ont pris le relais ces dernières années.

Événement marquant

Le 31 juillet 1920, par 500 voix contre 53, est adoptée la fameuse loi dite « loi scélérate de la Chambre bleu horizon ». La loi est dite « scélérate » car elle est considérée comme criminelle par les féministes Nelly Roussel et Louise Bodin, ainsi que par le Parti communiste. Le bleu horizon désigne, lui, la couleur des uniformes des très nombreux poilus qui composaient alors l'Assemblée nationale.

L'avortement était déjà interdit mais fut alors condamnée par cette loi la « provocation à l'avortement » – c'est-à-dire, par exemple, le fait de promouvoir l'avortement ou de vendre des moyens abortifs ou de contraception. Les peines vont de six mois à trois ans de prison et d'une amende comprise entre 100 et 3 000 francs. La propagande anticonceptionnelle est, elle, punie d'une amende pouvant aller jusqu'à 5 000 francs et d'un à six mois de prison. C'est une défaite pour les néomalthusien·ne·s, qui défendent une limitation de la natalité. Quelques personnalités s'en offusquent, telles que Séverine, Madeleine Pelletier ou Nelly Roussel, mais de manière générale, la loi suscite peu de protestations.

Guère surprenant alors puisque dès 1914, le Conseil national des femmes françaises avait créé une « ligue contre le crime d'avortement ».

Du côté du droit de vote des femmes, la France accuse maintenant un sérieux retard. Dans l'entre-deux-guerres, ce droit sera obtenu dans 21 pays, dont le Canada ou l'Allemagne par exemple.

Le plan de bataille des États-Uniennes

En 1848, la convention de Seneca Falls pose un premier jalon de la lutte. Les participantes adoptent une « Déclaration de sentiments », dans laquelle figure la revendication du suffrage pour les femmes.

C'est ensuite à partir de la fin de la guerre de Sécession (1865) que la lutte se structure réellement, alors que la question de la citoyenneté anime le débat public. Les deux principales organisations féministes militant pour les droits politiques sont fondées : l'*American Woman Suffrage Association*, créée par Lucy Stone et son mari – qui se concentre sur le droit de vote des femmes, et la *National Woman's Suffrage Association* initiée par Susan B. Anthony et Elizabeth Cady Stanton, plus généraliste. Elles se regrouperont finalement, en 1890, au sein de la *National American Woman Suffrage Association* (NAWSA), avec des débats toujours intenses autour de la meilleure stratégie à mener.

En 1887, pour la première fois, un amendement ouvrant le droit de vote aux femmes est soumis au Sénat, mais il est rejeté. Jusqu'à la Première Guerre mondiale, les organisations se mobilisent dans les États et organisent pas moins de 480 campagnes locales pour la mise en place de référendums locaux. 17 seront effectivement organisés et deux seulement aboutiront à une victoire.

Comme en France, la Première Guerre mondiale marque d'abord un coup d'arrêt et la mobilisation reprend en 1916, avec Carrie Chapman Catt à la tête de la NAWSA et son *winning plan*. Ce « plan de la victoire » combine une action au plan local, c'est-à-dire au niveau des États, et une action au plan national, c'est-à-dire au niveau fédéral.

En septembre 1918, le Congrès rejette de deux voix un nouvel amendement qui garantissait le droit de vote des femmes. Il faudra attendre mai 1919 pour que ce même amendement soit finalement adopté. Il est ensuite ratifié État par État, et c'est le 26 août 1920 qu'il intègre pleinement la Constitution américaine.

À l'occasion du centenaire de 2020, la statue des deux suffragettes Suzanne B. Anthony et Elizabeth Cady Stanton sera inaugurée à New York dans Central Park, où les 20 statues de personnes ayant réellement existé étaient jusqu'alors... des hommes.

En Russie, une éclaircie de courte durée

Dans la Russie communiste, les femmes obtiennent, à partir de 1917, de nombreux droits nouveaux et deviennent les égales des hommes sur le plan politique et civique, du moins en droit.

Le saviez-vous ?

L'avortement sans restriction et gratuit est par exemple autorisé en 1920. Le divorce est largement facilité. Au travail, la journée de 8 heures est décidée. Les femmes enceintes sont protégées par un congé de maternité. Ces mesures doivent beaucoup au Jednotel, le département des Femmes créé au sein du Comité central du Parti par Alexandra Kollontaï, alors commissaire du peuple. Mais les femmes peuvent jouir de manière assez limitée des nouveaux droits acquis : leurs salaires restent inférieurs à ceux des hommes et elles sont une poignée à s'engager en politique même si elles ont le droit de voter et d'être élues. Staline, hostile à la libération des mœurs et se saisissant de la chute de la natalité, abolit le Jednotel en 1930, criminalise l'homosexualité en 1934 et interdit l'avortement deux ans plus tard.

25 ans de débats parlementaires avant l'obtention du droit de vote des femmes françaises

Un mouvement féministe bien vivant

En France, malgré la guerre, la mobilisation a repris dès 1918. Jeanne Melin crée le Comité d'action suffragiste. Deux principales organisations demeurent mobilisées pour le suffrage des femmes : l'Union française pour le suffrage des femmes (UFSF) dirigée par Cécile Brunschvicg et la Ligue française pour le droit des femmes (LFDF) conduite par Maria Vérone. Leur popularité croît, jusqu'à atteindre les 100 000 membres pour l'UFSF en 1935. Leurs activités remportent un certain succès. Elles distribuent tracts et affiches. Plus original, elles créent des écoles d'oratrices. Il faut savoir prendre la parole pour accéder à la vie de la cité !

Cette même année, le Parlement se réveille : en novembre, le Sénat nomme une commission examinant la question du vote des femmes et à l'Assemblée nationale se constitue un groupe des droits de la femme, présidé par Jules Siegfried.

En 1919, certaines organisations de femmes participent à la Société des Nations, organisation internationale créée par le traité de Versailles qui met un terme à la guerre en 1919 et une délégation de l'Union française pour le suffrage des femmes (UFSF) est reçue par Clemenceau, alors président du Conseil.

Enfin un pied à l'Assemblée

Cette même année, le 20 mai, l'Assemblée nationale adopte par 329 voix contre 95 une proposition de loi en faveur du droit de vote des femmes, déposée par René Viviani et Aristide Briand. Enfin, une première victoire ! Il faudra ensuite trois ans pour qu'elle soit inscrite à l'ordre du jour du Sénat, où elle sera rejetée… Les sénateurs s'inquiètent de l'influence que pourrait avoir l'Église sur le vote des femmes Ils doutent de la capacité des femmes à être citoyenne à part entière : « Entre la nature féminine et la fonction politique, il y a incompatibilité » assure René Héry le 7 juillet 1932. Enfin, ils se soucient de l'influence qu'aurait le vote des femmes sur les femmes elles-mêmes : « En appelant [les femmes] à la fréquentation des réunions électorales et aux réunions de café qui suivent celles-ci, vous ne manquerez pas de développer l'alcoolisme » anticipe Raymond Duplantier le 28 juin 1932. François Labrousse, lui aussi, est très inquiet : « Elles risquent d'amoindrir leur sensibilité morale et par conséquent, de diminuer le goût que les hommes ont pour elles. »

Patience et longueur de temps…

Ces allers-retours dureront vingt-cinq ans, pendant lesquels une soixantaine de propositions de loi seront déposées à l'Assemblée nationale, ouvrant le droit de vote aux femmes, plus ou moins étendu. Quatre propositions seront adoptées par les députés, mais rencontreront l'opposition du Sénat, qui choisira soit de ne pas examiner les textes, soit de les rejeter.

Événement marquant

Les manifestations et meetings des organisations féministes ponctuent l'entre-deux-guerres. L'on se souvient souvent des militantes de la Ligue française du droit des femmes qui s'enchaînèrent devant les grilles du jardin du Luxembourg, à côté du Sénat, le 1er juillet 1928. Sur leurs affiches, on pouvait lire notamment : « Le suffrage ne sera vraiment universel que lorsque les femmes voteront. » Elles furent rapidement conduites au poste de police.

D'autres combats toujours d'actualité

En 1929, les État généraux du féminisme sont organisés par le CNFF et de nombreuses associations y participent. L'idée de la nécessaire protection du travail des femmes domine. Visionnaire ? Certainement, car les années 1930 seront marquées par la crise économique, qui se fera sur le dos des femmes. En 1934, 90 % des emplois supprimés dans les Postes, Télégraphes et Téléphones (PTT) sont occupés par des femmes. Face à la baisse de la natalité en France, une loi sur les allocations familiales est votée en 1932 et une allocation pour les mères au foyer est créée en 1938. Dans le même temps, les femmes mariées conquièrent de nouveaux droits civils : elles peuvent désormais faire des études ou encore demander un passeport sans l'autorisation de leur mari.

Parole de féministe

La mobilisation pour le suffrage universel ne faiblit pas. À l'occasion de la canonisation de Jeanne d'Arc le 8 mars 1930, Andrée Lehmann, alors secrétaire générale de la Ligue française pour le droit des femmes, déclare devant sa statue :

> ***« À Jeanne qui sauva la France, mais qui serait jugée indigne d'élire un conseiller municipal. »***

Les années 1930 sont aussi celles d'une militante nouvelle dans le paysage, Louise Weiss, qui appelle de ses vœux un militantisme plus radical, inspiré des suffragistes anglaises et américaines.

Portrait de féministe

Diplômée d'Oxford, **Louise Weiss** – née en janvier 1893 et décédée en mai 1983 – est d'abord journaliste. Elle crée, en 1934, l'association La Femme nouvelle. En 1935, avec d'autres militantes, elles mobilisent partout en France et organisent des évènements spectaculaires. Elles s'enchaînent notamment au pied de la Bastille, sous la colonne de Juillet, pour symboliser l'assujettissement de leur sexe. Louise Weiss se portera symboliquement candidate aux élections municipales à Paris en 1935 : plus de 15 000 bulletins de vote sont déposés en sa faveur. Elle réitère cette démarche aux élections législatives de 1936.

Trois femmes au gouvernement

C'est à l'issue de ces élections législatives que Léon Blum nomme trois femmes dans son gouvernement, une première ! Elles occupent les fonctions de « sous-secrétaire d'État », alors qu'elles n'ont par ailleurs pas le droit de voter, ni d'être élues : Cécile Brunschvicg, sous-secrétaire d'État à l'Éducation nationale, Irène Joliot-Curie, sous-secrétaire d'État à la Recherche scientifique et Suzanne Lacore, sous-secrétaire d'État à la protection de l'enfance. Leur rôle fut néanmoins limité : elles ne prirent jamais la parole dans l'hémicycle de l'Assemblée nationale. Il fut aussi de courte durée : après la démission du premier gouvernement Blum en juin 1937, il n'y a plus de femme au gouvernement et Léon Blum lui-même n'en nommera aucune dans son deuxième gouvernement en mars 1938.

No pasarán !

En Espagne, avec l'avènement de la République en 1931, les femmes obtiennent le droit de vote et d'éligibilité et la réforme du Code de la famille (mariage civil, divorce, assurance maternité). Dolorès Ibárruri, figure d'une lutte radicale contre la guerre et le fascisme, est élue députée des Asturies en 1936. La même année, au lendemain du coup d'État du général Franco, celle que l'on surnomme la « Pasionaria » lance du balcon du ministère de l'Intérieur à Madrid un slogan resté célèbre : *No pasarán !* (« ils ne passeront pas ! »), faisant référence aux soldats franquistes.

Dernière guerre, dernière bataille et enfin la victoire

En 1939, la France entre à nouveau en guerre, et rebelote : les femmes remplacent les hommes à l'usine mais sans que cela conduise à davantage de solidarité des ouvriers avec les femmes. Les lois de Vichy sont particulièrement dures contre les femmes : le droit au divorce est encore restreint en 1941, l'avortement devient passible de peine de mort.

Du côté de la résistance, l'heure n'est pas à la question de l'égalité des sexes. Les réseaux féministes n'y participent pas en tant que tel : les organisations féministes trouvent plutôt leur place dans l'organisation du ravitaillement et contre la vie chère. Entre 1940 et 1942, plus de 200 manifestations « de ménagères » sont dénombrées, lors desquelles on y scande : « On veut des patates » tout autant qu'« à bas les boches ! ».

Cependant des femmes s'engagent dans la résistance. Elles comptent pour environ 15 % des effectifs. Elles occupent souvent des fonctions d'intendantes (héberger et nourrir les évadés, taper à la machine des tracts ou des articles des journaux clandestins) ou d'agentes de liaison. Certaines occupent tout de même des fonctions clés. Notons parmi elles Lucie Aubrac, cofondatrice du réseau Libération-Sud, l'un des huit mouvements de résistance qui constituent le Conseil national de la Résistance (CNR), ainsi que Germaine Tillion et Geneviève De Gaulle-Anthonioz, dont l'action a été plus particulièrement reconnue, conduisant à leur entrée au Panthéon en 2015. Une reconnaissance tardive, car à la sortie de la guerre, la reconnaissance des services rendus (monuments, médailles, livres d'histoire, etc.) s'est peu portée sur les femmes...

L’ordonnance ou la libération pour les femmes

Il faudra donc attendre 1944 et l’« Ordonnance portant organisation des pouvoirs publics en France après la Libération », pour que les femmes conquièrent enfin le droit de vote et d’éligibilité. Un amendement porté par le député communiste Fernand Grenier est adopté par l’Assemblée consultative d’Alger : il deviendra l’article 17, qui prévoit que « les femmes sont électrices et éligibles dans les mêmes conditions que les hommes ».

Événement marquant

L’ordonnance est prise par le général de Gaulle le 21 avril 1944 et publiée au *Journal officiel* du 22 avril. Les élections législatives du 21 octobre 1945 conduiront à l’élection de trente-trois femmes à l’Assemblée nationale : dix-sept communistes, six socialistes, neuf appartiennent au Mouvement républicain populaire et une est issue du Parti républicain de la liberté. La Constitution consacrera ce droit en 1946.

Ainsi s’achève la première vague du mouvement féministe, après des décennies de journaux, de tracts, de mobilisations, de congrès au travers desquels les militantes féministes ont pris la parole et ont su trouver leur place dans le débat public. Cette place est désormais reconnue pleinement : les femmes sont des citoyennes à part entière !

DANS CE CHAPITRE

Lendemain de guerre, baby-boom et pilule

•

Mai 68 : révolte des étudiants, des travailleurs... et des femmes ?

•

Un enfant quand je veux, si je veux : la lutte pour l'avortement

Chapitre 6

La 2e vague : les Trente Glorieuses de la libération des corps

Des années 1950 aux années 1970

Après 150 années de mobilisation pour arracher, enfin, le droit de voter et d'être élue, c'est la douche froide pour les femmes ! Le droit de vote est alors considéré comme le premier des droits, celui qui permettrait de transformer en profondeur la place des femmes dans la société. Force est de constater qu'au lendemain de la Seconde Guerre mondiale, ce n'est pas le cas. Près de 600 000 Françaises et Français ont été tué·e·s pendant le conflit, et une priorité émerge : il faut repeupler la France. Les revendications féministes passent à la trappe.

Baby-boom *versus* pilule

Comme à la sortie de la Première Guerre mondiale, les efforts se concentrent sur les politiques qui inciteront à la naissance de petit·e·s Français·e·s. Rappelons que la contraception et l'avortement sont toujours interdits, ainsi que toute communication en leur faveur. Les années 1945 et 1946 seront marquées par le lancement de nouvelles mesures familialistes et natalistes, telles que le quotient familial et l'allocation de salaire unique, sorte de « salaire maternel », qui vise à maintenir les mères au foyer. Le quotidien familial permet quant à lui de réduire l'impôt sur le revenu des couples mariés au prorata du nombre d'enfants à charge. Une façon d'inciter les jeunes couples mariés à fonder une famille.

Le saviez-vous ?

Jusqu'en 1953, les couples étaient même invités à ne pas trop traîner : sans enfant dans les trois ans suivant leur mariage, leur impôt était revu à la hausse !

Une politique nataliste d'abord largement acceptée

Les politiques natalistes mises en place reçoivent le soutien des associations féminines de l'époque, à l'exception de la Ligue française pour les droits des femmes, créée en 1882 et seule organisation à se revendiquer féministe à cette époque. Les associations sont par ailleurs en perte de vitesse : après la conquête du droit de vote, elles doivent se réinventer.

Union des femmes françaises ou les femmes en résistance

Très éloignées des problématiques féministes dans un premier temps, ce sont les organisations issues de la Résistance qui émergent alors et en particulier l'Union des femmes françaises (UFF), créée en décembre 1944. Issue des comités résistants des femmes de la zone Nord, alors coupée en deux, elle fusionne, à la Libération, avec l'Union des femmes de France, qui fédère les comités de femmes de la zone Sud.

Bien que jamais reconnue par le Conseil national de la Résistance, dirigé exclusivement par des hommes, l'UFF revendique plus d'un million d'adhérentes en juin 1945. Selon la politiste Sandra Fayolle, l'UFF s'affiche « de 1945 à 1965, comme une organisation ouverte à toutes les Françaises quelle que soit leur appartenance politique ou confessionnelle ».

Ses mots d'ordre sont alignés avec la politique nataliste de l'époque. Dans son discours lors du premier congrès national de l'UFF en juin 1945, Claudine Michaut, qui dirige alors l'organisation, rappelle aux femmes leur devoir : « donner des enfants à la France, fonder un foyer, élever ses enfants dans une morale élevée, leur inculquer le goût du travail, le respect filial, l'amour de la patrie et le sens civique ». Dans les années 1950, Jeannette Vermeersch, sa vice-présidente, s'oppose à la contraception, refusant que les ouvrières revendiquent « les vices de la bourgeoisie ». Rien de très surprenant à l'époque… La mue féministe de l'Union des femmes françaises sera longue.

Commence le « baby-boom » – nom donné au pic de natalité qui s'observe après la fin de la Seconde Guerre mondiale –, sous l'effet de la forte croissance économique et du discours de l'État, soutenu par les rangs communistes et catholiques.

Simone de Beauvoir et le réveil des femmes

Dans ce contexte de l'après-guerre marqué par l'apologie de rôles traditionnels pour les femmes et pour les hommes, un discours nouveau va se faire entendre : celui de Simone de Beauvoir. D'abord enseignante en philosophie, elle publie de nombreux romans et essais et obtient une immense notoriété avec son ouvrage *Le Deuxième Sexe*, publié en 1949, et largement abordé dans le chapitre 9. Dans son essai, elle développe une thèse alors inédite : femmes et hommes ont des destins différents non pas du fait de différences qui seraient naturelles mais du fait d'une socialisation et d'expériences différentes.

Parole de féministe

En quelques mots :

> ***« On ne naît pas femme, on le devient. »***

À la publication du *Deuxième Sexe*, les critiques sont nombreuses. Cet essai bouscule les valeurs et l'organisation de la France des années 1950, dans une société encore très conservatrice, bien que dans les faits, l'usage de la contraception se répande. Le seul moyen de contraception autorisé est le préservatif pour hommes, par crainte des maladies sexuellement transmissibles.

Le rôle de La Maternité heureuse pour l'accès à la contraception

Mais d'autres solutions existent et l'association La Maternité heureuse s'en fait discrètement mais efficacement le relais. Elle délivre des informations aux femmes sur les méthodes contraceptives, donne les adresses de médecins formé·e·s à ces sujets, et commande des contraceptifs à l'étranger.

Portrait de féministe

Le 8 mars 1956, **Marie-Andrée Lagroua Weill-Hallé** (1916-1994) crée – face à l'inertie du corps médical –, l'association La Maternité heureuse, ancêtre du Planning familial d'aujourd'hui. L'année d'avant, elle avait prononcé un discours remarqué devant l'Académie des sciences morales et politiques, ayant pour objet la « maternité volontaire ». Elle pointait du doigt la fameuse loi scélérate de la Chambre bleue de 1920 qui, interdisant la contraception et l'avortement, conduisait à des situations sanitaires catastrophiques pour les femmes, contraintes de pratiquer des avortements clandestins.

La presse rend compte de cette prise de position audacieuse dans *France-Observateur*, *Libération* ou *L'Express* : la question de l'accès à la contraception commence à trouver sa place dans le débat public.

Trois propositions de lois visant à supprimer l'interdit de toute communication sur la contraception sont déposées par des députés socialistes et progressistes proches de la militante. Sans succès...

Pendant ce temps-là, aux États-Unis

L'action de Marie-Andrée Lagroua Weill-Hallé est très fortement inspirée de l'actualité états-unienne.

C'est en effet lors d'un voyage à New York en 1947 que Marie-Andrée Lagroua Weill-Hallé visite l'une des cliniques de la fédération du Planning familial.

Des cliniques pour s'informer

Il existe alors, aux États-Unis, une centaine de cliniques sur l'ensemble du territoire : les femmes et les couples y sont renseigné·e·s sur les meilleures manières d'espacer les naissances et de contrôler leur fécondité.

La clinique de New York a été créée clandestinement dans un premier temps par Margaret Higgins Sanger, infirmière et sage-femme. C'est elle qui fonde en 1921 l'American Birth Control League (Ligue pour le contrôle des naissances).

Cette association deviendra en 1942 le *Planned Parenthood* (parentalité planifiée, l'équivalent du Planning familial français). Margaret Higgins Sanger invite Gregory Pincus, professeur américain diplômé de l'université Harvard, à travailler au développement de la contraception orale, avec le financement de la millionnaire Katharine McCormick. Il met au point la première pilule.

Le saviez-vous ?

Baptisée Enovid, cette pilule est d'abord mise sur le marché aux États-Unis en 1957 pour les femmes souffrant de dérèglements menstruels, puis pour toutes les femmes à partir de 1960.

La femme mystifiée, des livres pour s'interroger

Le développement de la pilule accompagne le renouveau du mouvement féministe états-unien, sous l'impulsion notamment des écrits de Betty Friedan.

Betty Friedan (1921-2006) se fait connaître avec son essai *The Feminine Mystique*, publié en 1963. Influencé par *Le Deuxième Sexe* de Simone de Beauvoir, l'essai traite de la place des femmes dans les foyers états-uniens et pointe du doigt leur désir de s'épanouir au-delà du soin de leur mari et de leurs enfants. Betty Friedan prédit une remise en cause des rôles et des stéréotypes auxquels sont renvoyées les femmes :

Parole de féministe

« Dans un sens qui va au-delà de toute vie de femme, je pense qu'il y a une crise de femmes qui se développe – un tournant depuis une immaturité qui a été appelée féminité vers une identité humaine complète. »

NOW, un mouvement pour militer

En 1966, Betty Friedan créée avec d'autres militantes la *National Organization of Women*, aussi appelé le mouvement NOW. Elles revendiquent des lois contre les discriminations et déclarent :

Parole de féministe

« Le temps est venu de confronter, par des actions concrètes, les conditions qui empêchent aujourd'hui les femmes de jouir de l'égalité des chances et de la liberté de choix qui est leur droit, en tant qu'individus américains, et en tant qu'êtres humains. »

Le mouvement féministe est alors particulièrement dynamique aux États-Unis et s'étend à la presse. Le magazine *Ms.* est lancé en 1971 par Dorothy Pitman Hughes et Gloria Steinem. Cette dernière expliquera la démarche en ces mots : « J'ai réalisé en tant que journaliste qu'il n'y avait vraiment rien dans la presse pour les femmes, et cela m'a amené avec un certain nombre d'autres femmes à commencer l'écriture de *Ms.* »

L'ensemble de ces organisations et activités sont aujourd'hui connues sous le nom de Women's Lib, diminutif de *Women's Liberation Movement*, le mouvement de libération des femmes.

Des actions spectaculaires ponctuent l'activité de ce mouvement féministe renouvelé.

Événement marquant

En 1968, la « Brigade Jeanette Rankin » – du nom de la première femme élue au Congrès états-unien –, organise des « funérailles de la féminité traditionnelle » au cimetière national d'Arlington. Dans leur oraison funèbre, les militantes dénoncent : « Alors que l'être humain se distingue de l'animal en se libérant de ses limites biologiques, en développant la technologie et en élargissant sa conscience, la féminité traditionnelle a été reconnue, définie et valorisée pour ses caractéristiques biologiques seulement. »

Quelques victoires législatives viendront couronner de succès ces combats : l'égalité des salaires entre femmes et hommes est reconnue dans la loi en 1964, et une décision de la Cour suprême en 1965 conduit à autoriser la contraception.

Une amende change le cours de l'Histoire

Dans l'affaire *Griswold v. Connecticut*, l'État du Connecticut avait condamné Estelle Griswold et Charles Lee Buxton à une amende de 100 dollars pour avoir délivré des contraceptifs au sein du centre de planning familial qu'elle et il avaient ouvert. La Cour suprême reconnaît que leur activité est conforme à la Constitution, légalisant dans le même temps la contraception.

Ce droit sera étendu aux couples non mariés en 1972, année de l'interdit du viol conjugal et de l'autorisation du divorce par consentement mutuel. Un an plus tard, l'Arrêt de la Cour suprême *Roe v. Wade* estime que le droit à l'avortement est constitutionnel.

La dynamique à l'œuvre de l'autre côté de l'Atlantique inspire fortement les militantes françaises.

En France, une première victoire : la contraception

Les années 1960 voient advenir une large mobilisation en faveur d'une légalisation de la contraception orale.

Les militantes s'organisent

La Maternité heureuse devient, en 1958, le Mouvement français pour le planning familial et compte 10 000 adhérent·e·s en 1962.

De nouvelles associations se créent, telle que le Mouvement démocratique féminin, fondé en 1962 par la socialiste Marie-Thérèse Eyquem, rejointe ensuite par Gisèle Halimi, Colette Audry ou encore Yvette Roudy. Ces organisations prennent position en faveur de la légalisation de la contraception, tout comme le fait l'Union des femmes françaises, qui a évolué et défend dorénavant « le droit à la libre maternité », ainsi que le formule Jeannette Vermeersch, sa vice-présidente, dans *L'Humanité* en 1965.

Le saviez-vous ?

Depuis 1998, l'UFF est devenue Femmes solidaires, association qui fédère aujourd'hui 190 associations locales et revendique plus de 10 000 membres.

Côté politique, François Mitterrand, candidat à l'élection présidentielle de 1965, prend position pour la contraception : « Les pays qui appliquent le contrôle des naissances n'ont pas vu diminuer leur population, mais ils ont vu au contraire la responsabilité et la dignité de la femme s'accroître. C'est tout ce que je demande. »

Un long combat de 9 ans au Parlement pour une pilule gratuite

C'est finalement la proposition de loi de Lucien Neuwirth, député gaulliste de la Loire, qui conduira à l'autorisation de la pilule.

Le saviez-vous ?

Il aurait plaidé auprès de Charles de Gaulle : « Vous avez donné le droit de vote aux femmes. Donnez-leur maintenant le droit de maîtriser leur fécondité. » Le général aurait répondu, selon *Le Monde* : « C'est vrai, transmettre la vie, c'est important. Il faut que ce soit un acte lucide. »

Adopté en première lecture par une partie de la droite et l'ensemble de la gauche, le texte est promulgué le 28 décembre 1967. Mais il faudra attendre 1972 et la parution des derniers décrets d'application pour que le droit entre en vigueur.

Événement marquant

C'est finalement neuf ans après le dépôt du premier texte de loi que la contraception devient, le 28 juin 1974, gratuite et délivrée de manière anonyme : enfin, un acte médical comme un autre !

Des conquêtes sur d'autres plans

Dans d'autres domaines également, petit à petit, les mobilisations et les travaux du doyen Carbonnier débouchent sur des avancées législatives. Depuis la loi du 13 juillet 1965, les Françaises sont autorisées à travailler et à ouvrir un compte en banque sans l'autorisation de leur époux.

Les années 1960 s'achèvent dans un contexte plus global de remise en cause des normes établies. En parallèle des débats autour du droit à la contraception, des mobilisations étudiantes et ouvrières émergent : c'est « Mai 68 ».

De Mai 68 au Mouvement de libération des femmes

C'est à la faculté de Nanterre, début 1968, qu'adviennent les premiers évènements : le Mouvement du 22 mars organise une assemblée générale qui réunit près de 700 personnes pour dénoncer les arrestations d'étudiants deux jours auparavant, lors d'une manifestation contre la guerre du Vietnam. Les étudiant·e·s occupent ensuite la salle du Conseil de la faculté.

Début mai, Nanterre est fermée, la Sorbonne est occupée et les affrontements entre étudiant·e·s et policiers font rage dans le Quartier latin (V^{e} arrondissement de Paris). La nuit du 10 au 11 mai, des barricades sont dressées par des étudiant·e·s : c'est la « nuit des barricades ». La répression violente fait basculer la France dans une grève générale des ouvrier·e·s et des employé·e·s. Le 24 mai, l'on dénombre 10 millions de grévistes partout en France – c'est la grève du siècle !

Les accords de Grenelle sont négociés les 25 et 26 mai entre les syndicats et le gouvernement Pompidou. Principal point d'accord : une augmentation d'un tiers du salaire minimum, appelé SMIG. À la fin du mois de Mai 68, de Gaulle dissout l'Assemblée nationale et son parti remporte les élections législatives.

Le bilan politique du mouvement est en demi-teinte mais la victoire culturelle est inédite : dans les têtes, la remise en cause de l'autorité et des carcans traditionnels (« Il est interdit d'interdire ! ») a été entendue et irriguera durablement la vie politique et culturelle française.

Sous les pavés, pas d'égalité ! L'histoire se répète

L'espoir d'égalité était permis, car au départ du mouvement, la dénonciation d'une inégalité entre les femmes et les hommes est centrale.

Le saviez-vous ?

Les étudiants souhaitent en effet pouvoir circuler librement dans l'ensemble de l'université et aller dans les chambres des étudiantes. Ces dernières, elles, peuvent circuler partout, sans restriction.

Pourtant, Mai 68 ne conduira pas à une remise en question des relations inégalitaires qui existent alors entre les femmes et les hommes. Dans le fonctionnement du mouvement, le machisme est flagrant. Dans les assemblées, dans les manifestations, derrière les barricades, les femmes sont présentes… mais réduites à l'ombre (des médias), au silence et aux tâches ingrates. Ils animent les assemblées générales, elles écoutent depuis les bancs et préparent les sandwichs et les bières. Ils imaginent les tracts, elles les tapent à la machine. Ils lancent les slogans, elles les répètent en chœur. Le partage du pouvoir n'est pas encore d'actualité ! Et la déception est de mise pour celles qui espéraient, encore une fois, que cette « révolution » serait aussi la leur.

Parole de féministe

Jacqueline Feldman, chercheuse en physique théorique au CNRS à l'époque, témoigne auprès du journal *Le Monde* : « Quand on abordait le sujet de la place des femmes dans la société, on se faisait traiter de bourgeoises égoïstes, on entendait que ce n'était pas important, qu'il y avait des choses bien plus graves à régler. Pour les jeunes révolutionnaires marxistes, la condition de la femme était normale, l'ordre de la nature. »

Les prémisses d'un grand mouvement

Le féminisme ne sera donc pas un sujet d'intérêt pour les militants de Mai 68. Mais ils ne perdent rien pour attendre ! Car c'est là qu'ont commencé à émerger les colères et les organisations féministes qui feront grand bruit plus tard.

Une seule conférence sur la condition des femmes est recensée dans la Sorbonne occupée. Elle est organisée par Jacqueline Feldman et Anne Zelensky qui ont créé, à l'automne 1967, le groupe « jeune » du Mouvement démocratique féminin, qu'elles nomment Féminin Masculin Avenir (FMA). Elles se rebaptisent Féminisme Marxisme et Action après Mai 68 et sont bientôt rejointes par Christine Delphy.

Portrait de féministe

Née en 1941, **Christine Delphy** est une sociologue française, chercheuse au Centre national de la recherche scientifique (CNRS) depuis 1966. Elle a cofondé la revue *Questions féministes* – qui deviendra *Nouvelles Questions féministes* –, une revue qui relève d'une perspective féministe matérialiste, un courant qu'elle théorise en 1970. Son article « L'ennemi principal », publié dans la revue *Partisans*, fait aujourd'hui référence. Elle analyse le patriarcat comme un système économique parallèle au capitalisme, dénonçant l'organisation inégalitaire de la société qui repose d'abord et avant tout sur l'exploitation du travail domestique des femmes, c'est-à-dire sur le fait que les femmes réalisent gratuitement la très large majorité des tâches liées au foyer et aux enfants. Elle développe l'analyse féministe dite « matérialiste » abordée dans le chapitre 10.

1970, année de la rupture

Des réunions de groupes de femmes sur la question féministe se tiennent déjà depuis quelques années, mais c'est en 1970 qu'ils vont déboucher sur des actions publiques et visibles.

La mixité en question

Événement marquant

Un meeting à l'université de Vincennes rassemble plus de 500 personnes en mai 1970. Cette réunion publique fait suite à des rencontres qui se tiennent régulièrement depuis octobre 1968 rassemblant les sœurs Wittig, Antoinette Fouque ou Josiane Chanel. Lasses des comportements des hommes dans les mouvements politiques qu'elles fréquentent, les féministes veulent se réunir entre elles, provoquant les réactions hostiles de certains hommes présents. La question de la mixité des réunions et des assemblées traversera longtemps le mouvement et est présente aujourd'hui encore.

Parole de féministe

« Nous sommes fatiguées de lutter contre nos camarades révolutionnaires pour mettre notre oppression en avant. Nous ne voulons pas perdre notre énergie et notre force à lutter contre le chauvinisme mâle à l'intérieur des organisations déjà existantes. Il est fini le temps où nous demandions aux hommes – fussent-ils des militants révolutionnaires – la permission de nous révolter. [...] En tant qu'opprimées, nous sommes notre front principal. »

Cette citation de Monique et Gille Wittig, Marcia Rothenburg et Margaret Stephenson (collectif, 2009) est extraite de l'article « Combat pour la libération de la femme », qui paraît dans le journal *L'Idiot international* de Jean-Edern Hallier ce même mois de mai 1970. La lutte des femmes n'est pas un combat secondaire et elles comptent bien s'y atteler !

Le saviez-vous ?

Les militantes féministes développent leur réflexion dans le numéro de juillet-septembre 1970 intitulé « Libération des femmes : année zéro », de la revue *Partisans*, une revue généraliste, littéraire et politique, marxiste et proche des luttes anticoloniales et anti-impérialistes. Le numéro rassemble plusieurs articles, dont un signé par la militante états-unienne Carol Hanisch : elle y défend l'idée que « le personnel est politique ».

Parole de féministe

« Nos problèmes personnels sont des problèmes politiques pour lesquels il n'existe aucune solution personnelle. Il ne peut y avoir qu'une action collective pour une solution collective. »

La nécessité du militantisme féministe

Le militantisme féministe naît lorsque les femmes prennent conscience que leur propre expérience est semblable à celle d'autres femmes. C'est d'ailleurs cet ancrage très personnel qui justifie la non-mixité, ainsi qu'en témoigne Françoise Picq, militante et historienne féministe : « La non-mixité reposait sur l'idée que la lutte contre l'oppression appartient aux opprimés eux-mêmes. Le lien qui constituait le mouvement des femmes, ce n'était pas l'accord des opinions mais le partage d'une même situation. »

Pour aller plus loin

Françoise Picq, *Libération des femmes : les années-mouvement*, Le Seuil, 1993.

Le Torchon brûle, des paroles aux écrits, du journal aux revues

Les militantes développent leur propre journal : *Le Torchon brûle*. Il prend d'abord la forme d'un supplément dit « n° 0 Le Torchon brûle », dans le premier numéro de la revue *L'Idiot Liberté*, l'autre journal de Jean-Edern Hallier qu'il lance en mai 1970. Puis le journal prend son autonomie, et 6 numéros sont édités entre 1970 et 1973.

Le saviez-vous ?

Le journal se définit comme « menstruel », en référence aux cycles menstruels car, disent-elles, sa publication n'est pas régulière. Chaque numéro est réalisé par une nouvelle équipe ; les articles sont rarement signés ou sont collectifs. Le cri de révolte du *Torchon brûle* trouve son lectorat : le premier numéro vendu en kiosque au printemps 1971, au prix de 1 franc, est tiré à 35 000 exemplaires !

Après la fin du journal, des revues féministes vont se succéder, telles que *Les Cahiers du Grif* entre 1973 et 1978 – créée en Belgique et très lue en France, *Le Quotidien des femmes* entre 1974 et 1976, *Questions féministes* en 1977, ou encore *Sorcières* entre 1976 et 1979 et *La Revue d'en face*, entre 1977 et 1980.

Le Mouvement de libération des femmes

Alors que leurs voisines états-uniennes célèbrent les 50 ans du droit de vote des femmes, en France, une petite dizaine de militantes féministes va poser la première brique d'un mouvement politique.

26 août 1970, l'action fondatrice

Cathy Bernheim, Christiane Rochefort, Anne Zelensky, Monique Wittig, Emmanuelle de Lesseps ou encore Christine Delphy déposent une gerbe de fleurs sous l'Arc de Triomphe, devant la tombe du soldat inconnu. Sur leurs banderoles, on peut lire : « Il y a plus inconnu que le soldat inconnu, sa femme » ou « Un homme sur deux est une femme ». Dans la presse, l'action est attribuée au Mouvement de libération de la femme, rectifié par les militantes Mouvement de libération *des* femmes : le MLF est officiellement né.

Les premières assemblées générales du MLF se réunissent à l'École des beaux-arts de Paris dès le mois d'octobre 1970. Elles ont lieu tous les quinze jours et rassemblent des militantes politiques ou syndicales et, surtout une majorité de femmes qui prennent alors conscience des contraintes qu'elles subissent du fait d'être des femmes. Une superbe époque d'ébullitions et d'innovations féministes !

Humour et autogestion

Selon l'historienne Sylvie Chaperon, « le Mouvement de libération des femmes marque une rupture tant dans la manière de s'organiser (refus de leaders, de l'institutionnalisation, groupes informels et spontanés) que dans les revendications (avortement, lutte contre le sexisme, le viol, les violences) et les modes d'action (happenings, humour, manifestations festives, réunions) ».

L'humour, les jeux de mots et les chansons sont en effet au programme.

Parole de féministe

- **« Ni pape, ni ayatollah, ni dieu, ni maître ! », en 1979, pendant la révolution iranienne**
- **« Une femme sans homme, c'est comme un poisson sans bicyclette. »**
- **« Les sorcières peuvent aussi guérir les maux d'ordre. »**
- **« L'avenir de l'homme n'est plus ce qu'elle était. »**

Pour aller plus loin

Découvrez l'ouvrage *40 ans de slogans féministes 1970/2010*, de Corinne App, Anne-Marie Faure-Fraisse, Béatrice Fraenkel et Lydie Rauzier, publié en 2011 chez iXe éditions.

La lutte se fait aussi en chanson, à l'image de « l'hymne des femmes », entonné dans les manifestations féministes jusqu'à aujourd'hui, notamment à l'occasion des journées internationales du 8 mars et du 25 novembre.

L'hymne des femmes

« Nous qui sommes sans passé, les femmes/Nous qui n'avons pas d'histoire/Depuis la nuit des temps, les femmes/Nous sommes le continent noir.

Refrain

Levons-nous femmes esclaves/Et brisons nos entraves/Debout, debout, debout !

Asservies, humiliées, les femmes/Achetées, vendues, violées/Dans toutes les maisons, les femmes/Hors du monde reléguées.

Seules dans notre malheur, les femmes/L'une de l'autre ignorée/Ils nous ont divisées, les femmes/Et de nos sœurs séparées.

Le temps de la colère, les femmes/Notre temps, est arrivé/Connaissons notre force, les femmes/Découvrons-nous des milliers !

Reconnaissons-nous, les femmes/Parlons-nous, regardons-nous,/Ensemble, on nous opprime, les femmes/Ensemble, Révoltons-nous !

Dernier refrain

Levons-nous femmes esclaves/Et jouissons sans entraves/Debout, debout, debout ! »

Un mouvement, plusieurs courants

Le mouvement est divers, qu'il s'agisse des analyses ou des stratégies à adopter. Deux courants cohabitent principalement :

» Le féminisme matérialiste ou féminisme radical : il est inspiré des écrits de Simone de Beauvoir et rassemble davantage des militantes de gauche et d'extrême gauche. Ce courant aura ses revues, et notamment *Questions féministes* (1977-1980) qui deviendra ensuite *Nouvelles Questions féministes*. Il remet en cause l'idée que les conditions des femmes et des hommes seraient différentes parce que, biologiquement, femmes et hommes seraient différents. Au contraire, selon ces féministes, les différences proviennent d'une éducation et d'expériences qui sont volontairement différenciées entre femmes et hommes.

» Le féminisme essentialiste, appelé aussi différentialiste, et notamment le groupe Psychanalyse et politique – appelé à l'extérieur Psychépo – est fondé en 1968 par Antoinette Fouque. Ce courant repose sur l'idée que femmes et hommes auraient des qualités spécifiques et différentes.

Pour en savoir plus sur ces deux courants, voir le chapitre 10.

Antoinette Fouque, mi-figue mi-raisin

Portrait de féministe

Née à Marseille en 1936 et décédée en 2014, **Antoinette Fouque** est une figure importante bien que contestée du Mouvement de libération des femmes. Devenue enseignante en 1961, elle développe ensuite une analyse critique des théories freudiennes. Après les évènements de Mai 68, elle participe à un groupe de réflexion non mixte, au sein duquel des divergences apparaissent sur la stratégie à adopter. Antoinette Fouque est partisane d'un travail d'analyses et de réflexions plutôt que d'actions. Elle refuse le terme de féministe.

Le saviez-vous ?

En 1972, elle crée la maison d'édition Des femmes, grâce au financement de son amie Sylvina Boissonnas, jeune héritière de la famille Schlumberger. Une première librairie du même nom ouvrira rue des Saints-Pères en mai 1974 (elle est aujourd'hui au 33, rue Jacob), puis deux autres à Marseille et Lyon.

La mobilisation de Psychépo dépasse ensuite l'Hexagone. L'organisation se mobilise pour soutenir les luttes de femmes à l'étranger, comme par exemple en 1974 en faveur de la libération des prisons franquistes des deux résistantes espagnoles Eva Forest et Lidia Falcon (1974-1975), ou encore en 1979 en soutien aux Iraniennes qui se mobilisent contre le port du voile.

Une bataille autour de l'histoire du Mouvement

C'est en cette même année 1979 que les tensions sont au plus fort avec les autres militantes du *MLF* : Antoinette Fouque, Sylvina Boissonnas et Marie-Claude Grumbach déposent le nom de Mouvement de libération des femmes à la préfecture de police en tant qu'association 1901, puis déposent quelques mois plus tard le sigle MLF et son logo, en tant que marque commerciale, auprès de l'Institut national de la propriété industrielle. Pour les autres militantes, c'est une trahison : le MLF souhaite fonctionner sans association, sans statuts, et sans cheffe... En réponse, pour rétablir la vérité historique et dénoncer cette appropriation du mouvement, une association Mouvement pour les luttes féministes – MLF est fondée. Cette dernière publie *Chroniques d'une imposture, du MLF à une marque déposée* (1981), que Simone de Beauvoir préface.

Des actions et des groupes, pour toutes et partout en France

Les actions militantes se multiplient. Les militantes appellent à une prise de conscience générale de l'oppression que subissent les femmes, et vont plus particulièrement conduire deux grandes campagnes : dans un premier temps, pour l'autorisation de l'avortement, puis à partir de 1975, contre les violences masculines.

Événement marquant

Du 20 au 22 novembre 1970, des militantes du MLF font irruption lors des états généraux de la femme organisés par le magazine *Elle* à Versailles. Elles y distribuent une parodie du questionnaire qu'*Elle* a donné aux participantes : « *ELLE* demande : À votre avis les femmes sont-elles : – Plus douées ; – Moins douées ; – Aussi douées que les hommes pour conduire une voiture ? Le MLF traduit : À votre avis, le double chromosome X contient-il ou non les gènes du double débrayage ? » Lorsque « ELLE demande : Estimez-vous préférable, dans l'absolu, qu'une femme exerce un métier ? » Le MLF traduit : « Pensez-vous que les femmes qui travaillent 70 heures par semaine gratuitement et dépendent totalement de leur mari ont le droit de travailler 110 heures par semaine pour obtenir la même indépendance économique que leurs maris obtiennent avec 40 heures seulement ? »

Le saviez-vous ?

Dans le sillage du mouvement parisien se créent des mouvements locaux également non mixtes : à Grenoble en 1971 ou encore à Lyon en octobre 1972. Des « groupes femmes » sont créés partout en France. Ils ont en commun de rassembler des femmes qui partagent la volonté de changer l'ordre des choses, mais leurs activités sont diverses. Il y a des groupes de parole, des groupes d'action politique, mais aussi des librairies, des troupes de théâtre, des journées d'échanges et de formation, ou du yoga, des séances d'auto-examen gynécologique, de self-défense ou encore des cours de mécanique automobile organisés par la maison des femmes de Grenoble.

Le corps des femmes en jeu, en France comme en Angleterre

Qu'il s'agisse des concours de beauté, des publicités, des magazines dits féminins… la critique féministe passe au crible ces clichés de femmes au foyer ou sexualisées, femmes objets pour le désir ou le service des hommes.

La question de la représentation du corps des femmes est également centrale en Angleterre.

Parole de féministe

« Nous ne sommes pas belles, nous ne sommes pas laides, nous sommes en colère » : c'est ce que proclament des militantes féministes anglaises lorsqu'elles interrompent le concours de Miss Monde du Royal Albert Hall à Londres avec des pistolets à eau, de la farine et des boules puantes, en 1970.

À cette époque, c'est l'ouvrage de l'écrivaine australienne Germaine Greer (née en 1939) intitulé *La Femme eunuque*, publié en mars 1971, qui influence le mouvement des femmes. Au travers de ses quatre sections « Corps », « Esprit », « Amour » et « Haine », Germaine Greer interroge les normes et les contraintes qui pèsent sur la vie des femmes et remet en question les stéréotypes de l'« éternel féminin ». En 1972, Marsha Rose et Rosie Boycott lancent le magazine féministe *Spare Ribs*, qui dénonce également les carcans traditionnels dans lesquels sont enfermées les femmes. Il paraît jusqu'en 1993.

Notre corps, nous-mêmes : un ouvrage pour se réapproprier son corps

L'ouvrage *Notre corps, nous-mêmes* – sous-titré « écrit par des femmes pour des femmes » – est la traduction française de *Our Bodies, Ourselve*, publié en 1971 par le Collectif de Boston pour la santé des femmes. Il paraît en France en 1977 à 20 000 exemplaires, puis est réédité en 1981 et 1985, à 150 000 exemplaires au total, devenant ainsi l'un des best-sellers du début des années 1980. Ainsi que l'explique le Haut Conseil à l'égalité dans son rapport sur les actes sexistes dans le suivi gynécologique et médical (2018), « cet ouvrage explique l'anatomie et la physiologie du corps humain et de la reproduction, prodiguant une analyse féministe et des conseils en matière de sexualité, nutrition, santé sexuelle, contraception, soin au cours de la grossesse, accouchement, ménopause et santé générale. Cette initiative a pour but de permettre au plus grand nombre de femmes de connaître leur corps et de faire des choix éclairés ». C'est ce qu'on appelle le « self-help gynécologique » (ou auto-gynécologie), qui consiste à partager des ressources entre femmes autour du corps et des sexualités (voir chapitre 18).

Féminisme et culture

Au sein du Mouvement de libération des femmes – organisation ouverte et hybride –, divers groupes et collectifs entretiennent des liens plus ou moins étroits. Certains s'intéressent par exemple à la culture.

Ainsi, les historien·ne·s Maïté Albistur et Daniel Armogathe nous rappellent qu'existait alors l'association Spirale, créée par l'écrivaine Catherine Valabrègue. Spirale est un groupe de recherches autour des enjeux des femmes et de la culture. Ses membres entendent libérer la « création étouffée ». Il y a également Musidora qui regroupe des femmes cinéastes. La question de la création par les femmes est un thème central dans le mouvement. Trop longtemps, la capacité des femmes à créer, à écrire, à composer leur a été niée. Et celles qui s'y sont essayées ont été largement oubliées par l'histoire des arts. Dans cette nébuleuse féministe, notons également que la question féministe imprègne le domaine des médias : un groupe de femmes s'instaure au sein du quotidien *Libération*, auquel participe notamment la militante Martine Storti.

Parole de féministe

Pour reprendre les mots d'Hélène Cixous, écrivaine et militante féministe : « Il faut que la femme s'écrive : que la femme écrive de la femme et fasse venir les femmes à l'écriture, dont elles ont été éloignées aussi violemment qu'elles l'ont été de leurs corps ; pour les mêmes raisons, par la même loi, dans le même but mortel. » La question de la place des femmes dans les arts et la culture est d'ailleurs toujours d'actualité, comme nous le verrons dans le chapitre 18.

Féminisme et lesbianisme

Une autre question traverse le Mouvement de libération des femmes : celle du lesbianisme. Des militantes lesbiennes féministes fondent leurs propres associations. C'est le cas par exemple du Front homosexuel d'action révolutionnaire (FHAR) fondé en 1971. Les militantes du FAHR lient les oppressions que subissent les femmes et celles que subissent les homosexuel·le·s et les attribuent à un même mal, la phallocratie. Elles sont rejointes par des hommes homosexuels mais, petit à petit, leurs pratiques machistes les agacent. Une cinquantaine de militantes quittent le FHAR pour créer les Gouines rouges. D'autres organisations porteront ce flambeau tel que le Front lesbien.

Le saviez-vous ?

À la suite d'une rencontre entre plusieurs groupes féministes lesbiens (à Caen, Valence, Rennes, Lyon, Marseille, etc.), un collectif lyonnais crée en 1978 un journal intitulé *Quand les femmes s'aiment*.

Un enfant, si je veux, quand je veux !

En France, la mobilisation pour la légalisation de l'avortement s'intensifie. L'Association nationale pour l'étude de l'avortement (ANEA) est créée en 1969. Elle publie des chiffres chocs sur les ravages causés par les interdits en vigueur. L'association estime à 250 000 le nombre d'avortements clandestins par an et à 3 600, le nombre de femmes qui en meurent chaque année en France.

L'Appel des 343

Le 5 avril 1971, le journal *Le Nouvel Observateur* publie « le Manifeste des 343 femmes, qui ont le courage de dire : "Je me suis fait avorter" », connu aujourd'hui sous le nom du « Manifeste des 343 ».

Parole de féministe

« Un million de femmes se font avorter chaque année en France […] Je déclare que je suis l'une d'entre elles. »

Initié par les journalistes Nicole Muchnik et Jean Moreau, l'appel est signé par des militantes, notamment du MLF et du MLA (Mouvement pour la liberté de l'avortement) et des personnalités – dont Simone de Beauvoir, Delphine Seyrig, Yvette Roudy, Agnès Varda, Jeanne Moreau ou Françoise Sagan. Ces femmes déclarent avoir avorté en dépit de l'interdit en vigueur et réclament le droit, pour toutes les femmes, de pouvoir le faire librement. Une note de bas de page précise que les militantes du MLF demandent également la gratuité de l'avortement. Quelques jours plus tard, le journal *Charlie Hebdo* titre « Qui a engrossé ces 343 salopes ? » C'est malheureusement ce titre que retiendra *Le Nouvel Observateur* pour célébrer les 35 ans du Manifeste...

La mobilisation s'accélère

Le 5 mars 1971, des militantes du MLF interrompent un meeting de l'association anti-avortement Laissez-les vivre. Elles jettent des morceaux de mou de veau sur l'estrade.

Parole de féministe

Sur leurs pancartes, elles affichent fièrement des slogans : « Notre ventre nous appartient », « Mariage = piège à cons ».

Le 20 novembre, le MLF appelle à manifester pour le droit à l'avortement et rassemble 4 000 participant·e·s. Sur les banderoles, les slogans sont courts et percutants : « Pas de loi sur nos corps ! », « Nous aurons les enfants que nous voulons ». Un faux cercueil et des torchons sont brûlés à la fin de l'évènement.

Des manifestations ont lieu à Aix-en-Provence ou encore à Grenoble, au son du slogan : « Les femmes dans la rue, pas dans la cuisine ».

Le saviez-vous ?

Pour accompagner les signataires du Manifeste des 343 lors d'éventuelles poursuites judiciaires, l'avocate Gisèle Halimi crée, au mois de juin 1971, l'association Choisir la cause des femmes, souvent raccourcie en Choisir. Simone de Beauvoir co-préside l'association dans ses premiers temps. En 1973, l'association rédige une proposition de loi pour légaliser l'avortement, qui sera soutenue à l'Assemblée nationale par des député·e·s socialistes.

L'avortement en procès : le procès de Bobigny

Gisèle Halimi est également une personnalité centrale du procès dit « procès de Bobigny », qui se tient en novembre 1972. Elle est l'avocate des prévenues : Marie-Claire, une jeune femme de 16 ans, est poursuivie par la justice, aux côtés de sa mère Michèle Chevalier et de trois autres femmes qui l'ont aidée à interrompre une grossesse issue d'un viol dont elle a été victime.

Le saviez-vous ?

L'impunité des violeurs était telle à l'époque, que c'est l'agresseur de Marie-Claire Chevalier, qui dénonce l'avortement clandestin à la police, alors qu'il est mis en cause pour le vol d'une voiture.

La stratégie de Gisèle Halimi est claire : ne pas s'excuser, mais accuser la loi. Michèle Chevalier dira au juge : « Mais, monsieur le juge, je ne suis pas coupable ! C'est votre loi qui est coupable ! »

Lors du procès, de nombreuses personnalités interviennent à l'initiative de Gisèle Halimi : l'écrivain et homme politique Aimé Césaire, le médecin prix Nobel Jacques Monod ou encore le docteur et ancien résistant Paul Milliez. À l'extérieur du tribunal, des militantes féministes se rassemblent.

Parole de féministe

Sur leurs pancartes, elles dénoncent : « L'Angleterre pour les riches, la prison pour les pauvres ! »

À l'époque, les femmes souhaitant avorter n'ont en effet pas d'autre solution que de se cotiser pour rejoindre des pays limitrophes, dans lesquels l'avortement est autorisé.

Marie-Claire sera relaxée et les autres accusées se verront infliger des peines relativement légères au regard de la législation en vigueur. Une grande étape vers le droit à l'avortement est franchie.

D'ailleurs, plus largement, le nombre de condamnations pour avortement est en baisse : de 518 en 1971, 288 sont prononcées en 1972, puis quelques dizaines en 1973. Les mentalités, comme la justice, évoluent peu à peu.

Événement marquant

La mobilisation se poursuit de toutes parts : *Le Nouvel Observateur* à nouveau publie, le 5 février 1973, un Manifeste de 331 médecins assumant avoir pratiqué des avortements. Mais les résistances sont tenaces : le 6 juin 1973, 10 000 médecins signent une déclaration contre l'avortement. En réponse aux médecins réfractaires, le tout nouveau quotidien *Libération*, dirigé par Jean-Paul Sartre et lancé au début de la même année, répond « 10 000 médecins contre vingt millions de femmes ».

Le MLAC ou l'avortement en pratique (clandestine)

Après la parole, place à l'action ! Les débuts du Mouvement pour la Liberté de l'avortement et pour la contraception (MLAC) remontent à 1972, lorsque des étudiant·e·s en médecine critiquent le pouvoir des médecins sur les patient·e·s et entendent le redonner à ces dernier·e·s. Il rassemble ensuite des militant·e·s du Planning familial, du MLF, des signataires du manifeste des 331, du Groupement Information-Santé, ainsi que des militantes mutualistes, syndicalistes et politiques. Le MLAC est créé officiellement le 10 avril 1973. Un objectif est visé : « l'avortement libre, gratuit et remboursé par la Sécurité sociale ».

Au départ, le MLAC entend protéger les médecins qui pratiquent des avortements contre d'éventuelles poursuites judiciaires. Faisant face à une demande importante, le MLAC organise également des « voyages groupés » en Angleterre ou au Pays-Bas – pour que les femmes puissent y avorter dans des conditions sanitaires décentes. Plus tard, le MLAC pratique des avortements clandestin, pratique et diffuse la méthode Karman, qui permet de réaliser un avortement par aspiration : c'est une technique relativement simple, peu onéreuse et qui ne nécessite pas d'anesthésie. Un important travail de conscientisation est réalisé avec les femmes demandant un avortement : elles deviennent souvent des militantes à leur tour.

En 2022, le film *Annie Colère*, de Blandine Lenoir, rend compte de cette époque.

La mobilisation pour la légalisation de l'avortement est menée partout en France d'avril 1973 à décembre 1974. Des groupes du MLAC se créent, et certains fusionnent avec l'association Choisir, notamment à Lyon et à Grenoble.

Le saviez-vous ?

Selon la philosophe Elsa Dorlin, « dans les années 1970, la question des femmes noires (désignant les « femmes africaines ») demeure un problème lointain, et rares sont les références aux femmes antillaises (en outre-mer ou en métropole) : à l'exception notable de la charte du MLAC qui, au milieu des années 1970, revendique « la suppression des inégalités d'une contraception qui est réprimée en métropole, pour les mineures en particulier, et favorisée par une politique raciste et malthusienne dans les DOM/TOM ».

Une parole rare en 1970, alors que l'on découvre en métropole que des milliers de femmes des outre-mer sont avortées et stérilisées, souvent sans leur consentement, avec le soutien des pouvoirs publics. Selon la sociologue militante Josette Tratt, « cette dimension fera également partie de l'appel à une mobilisation internationale pour "le droit de choisir", en 1979 : lors de la première réunion de préparation de cette campagne appelée par le NAC (campagne nationale pour l'avortement, collectif national unitaire en Grande-Bretagne), il a été décidé de retenir comme slogan central "Avortement-contraception-droits des femmes, non à la stérilisation forcée" pour tenir compte précisément des problèmes rencontrés par les femmes des "pays coloniaux" ».

Pour aller plus loin

Voir le documentaire *Les 30 Courageuses, une affaire oubliée*, réalisé par Jarmila Buzková et diffusé en mars 2019 sur France Ô.

À ses débuts, le MLAC est présidé par Monique Antoine. Simone Iff du Planning et Jeanette Laot de la CFDT en sont vice-présidentes.

Portrait de féministe

Monique Antoine (1933-2015) est une avocate et militante féministe. Elle s'engage d'abord en soutien à l'indépendance de l'Algérie, en hébergeant notamment des déserteurs français et des militants algériens du Front de libération nationale, dans le cadre du réseau Jeune Résistance, dont elle est membre. Ce qui lui vaudra de passer un an à la prison pour femmes de la Petite-Roquette à Paris. Elle continuera de s'engager pour les droits des prisonniers puis, dès 1972, elle embrasse la cause féministe. Elle participe à la défense lors du procès de Bobigny, puis présidera le MLAC. Après le vote de la loi Veil, son engagement féministe se poursuivra notamment par la défense de femmes victimes de viols.

Histoire d'A

Fin 1973, à l'initiative du GIS (Groupement informations santé), sort le film *Histoire d'A*. Il est réalisé par Marielle Issartel et Charles Belmont. Le film montre un avortement par aspiration selon la méthode Karman, l'activité de militant·e·s pro-avortement et des témoignages de ces dernier·e·s. Malgré l'interdit, des projections clandestines du documentaire sont organisées, plus ou moins réprimées. La projection salle Jean-Renoir à Paris le 14 novembre 1973 marque particulièrement les esprits. La police intervient, la bande est saisie.

1974, des ministres pour les droits des femmes

Après une mobilisation qui s'intensifie, mêlant militantes féministes, professionnel·le·s de santé, politiques, un projet de loi est enfin examiné à l'Assemblée nationale en décembre 1973. Trêve hivernale oblige : le texte est renvoyé à la session parlementaire suivante et sera finalement abandonné. Il était de toute façon jugé peu satisfaisant par les associations féministes, limitant l'interruption de grossesse « en cas de risque pour la santé physique, mentale ou psychique de la femme, d'un risque élevé de malformation congénitale ou d'une grossesse consécutive à un acte de violence ».

Nouveau gouvernement, nouvelles perspectives ?

Le 2 avril 1974, le président Pompidou décède et les élections de mai 1974 conduisent Valéry Giscard d'Estaing au pouvoir. En juillet, il nomme Simone Veil ministre de la Santé et crée un premier portefeuille dédié aux droits des femmes : c'est le secrétariat d'État à la Condition féminine, qu'il confie à Françoise Giroud.

Avec Françoise Giroud, les droits des femmes entrent au gouvernement

Le saviez-vous ?

Trois objectifs sont assignés à Françoise Giroud, selon son décret de nomination : « promouvoir toutes mesures destinées à améliorer la condition féminine, à favoriser l'accès des femmes aux différents niveaux de responsabilité dans la société française et à éliminer les discriminations dont elles peuvent faire l'objet ». Pour l'exercice de ses fonctions, elle peut s'appuyer sur 22 collaboratrices régionales bénévoles. Son rôle sera plutôt faible vis-à-vis de la légalisation de l'avortement, mais elle proposera 101 mesures pour améliorer la condition des femmes, adoptées en Conseil des ministres le 16 mai 1976. Mais ces mesures seront pourtant peu suivies d'effets puisqu'à l'occasion du remaniement ministériel de septembre 1976, le nouveau Premier ministre Raymond Barre supprime le secrétariat d'État.

Simone Veil et la loi tant attendue

L'évènement marquant de ces années reste sans conteste la légalisation de l'avortement. À peine nommée ministre de la Santé, Simone Veil est chargée de préparer un nouveau projet de loi sur l'avortement. Le 11 novembre 1974, le texte est présenté en Conseil des ministres : il autorise l'interruption de grossesse avant la dixième semaine pour la femme enceinte « que son état place dans une situation de détresse ». Il n'est alors pas prévu que l'acte soit remboursé par la Sécurité sociale. Les débats à l'Assemblée nationale sur le projet de loi gouvernemental débutent le 26 novembre 1974.

Extrait du discours historique de Simone Veil, ministre de la Santé, devant l'Assemblée nationale

« Monsieur le président, mesdames, messieurs,

Si j'interviens aujourd'hui à cette tribune, ministre de la Santé, femme et non parlementaire, pour proposer aux élus de la nation une profonde modification de la législation sur l'avortement, croyez bien que c'est avec un profond sentiment d'humilité devant la difficulté du problème, comme devant l'ampleur des résonances qu'il suscite au plus intime de chacun des Français et des Françaises, et en pleine conscience de la gravité des responsabilités que nous allons assumer ensemble.

Mais c'est aussi avec la plus grande conviction que je défendrai un projet longuement réfléchi et délibéré par l'ensemble du gouvernement, un projet qui, selon les termes mêmes du président de la République, a pour objet de "mettre fin à une situation de désordre et d'injustice et d'apporter une solution mesurée et humaine à un des problèmes les plus difficiles de notre temps". [...]

Mais, me direz-vous, pourquoi avoir laissé la situation se dégrader ainsi et pourquoi la tolérer ? Pourquoi ne pas faire respecter la loi ?

Parce que si des médecins, si des personnels sociaux, si même un certain nombre de citoyens participent à ces actions illégales, c'est bien qu'ils s'y sentent contraints ; en opposition parfois avec leurs convictions personnelles, ils se trouvent confrontés à des situations de fait qu'ils ne peuvent méconnaître. Parce qu'en face d'une femme décidée à interrompre sa grossesse, ils savent qu'en refusant leur conseil et leur soutien ils la rejettent dans la solitude et l'angoisse d'un acte perpétré dans les pires conditions, qui risque de la laisser mutilée à jamais. Ils savent que la même femme, si elle a de l'argent, si elle sait s'informer, se rendra dans un pays voisin ou même en France dans certaines cliniques et pourra, sans encourir aucun risque ni aucune pénalité, mettre fin à sa grossesse. Et ces femmes, ce ne sont pas nécessairement les plus immorales ou les plus inconscientes. Elles sont 300 000 chaque année. »

25 heures de débats

Plus de 60 député·e·s prennent la parole dans l'hémicycle pendant les vingt-cinq heures que dureront les débats. Les propos sont violents, parfois insultants, antisémites et sexistes. Le texte est adopté en première lecture à l'Assemblée nationale le 29 novembre 1974, avec 284 voix « pour » et 189 « contre » la dépénalisation de l'IVG. Parmi les député·e·s qui ont voté favorablement, on en dénombre 55 parmi les 174 issus de l'Union des démocrates pour la République, 26 des 52 centristes, 105 des 106 socialistes, et 74 communistes. Le texte est adopté au Sénat le 20 décembre, et la loi est finalement promulguée le 17 janvier 1975, pour 5 ans.

Événement marquant

Le 6 octobre 1979, à l'appel du MLF et du Planning familial, 50 000 femmes manifestent pour soutenir la pérennisation de la loi, et le 31 décembre 1979, l'avortement est définitivement légalisé. À l'époque, ce niveau de participation n'a pas de précédent.

La loi sur petit écran

Ce moment historique, les différentes stratégies politiques mises en place et les violentes attaques contre Simone Veil, interprétée par Emmanuelle Devos, sont mis en scène dans le téléfilm *La Loi, le Combat d'une femme pour toutes les femmes* de Christian Faure. Il retrace les quatre jours de débats précédant le vote et a été diffusé sur France 2 en 2014, à l'occasion des 40 ans de la loi Veil.

Portrait de féministe

Simone Veil est née Simone Jacob le 13 juillet 1927 à Nice dans une famille juive. Les Jacob sont arrêté·e·s par la Gestapo en 1944. Simone Jacob a 16 ans. Elle est déportée dans plusieurs camps de concentration, dont Auschwitz et Bergen-Belsen. Elle et ses deux sœurs Madeleine et Denise sont les seules survivantes. À la sortie de la guerre, Simone devient magistrate. Pendant la guerre d'Algérie, elle parvient à faire venir en France des prisonnières algériennes exposées à la torture et aux viols. En 1970, elle devient la première femme secrétaire générale du Conseil supérieur de la magistrature (CSM). En 1974, elle est nommée ministre de la Santé et chargée de proposer un projet de loi en faveur de l'avortement. Après la loi, Simone Veil poursuit son parcours politique au Parlement européen : elle en devient la première présidente de 1979 à 1982. En 1993, elle est nommée ministre des Affaires sociales, de la Santé et de la Ville dans le gouvernement d'Édouard Balladur. Elle est membre du Conseil constitutionnel entre 1998 et 2007. De 2001 à 2007, elle préside la Fondation pour la mémoire de la Shoah. En 2010, elle entre à l'Académie française. Elle est décédée le 30 juin 2017 à l'âge de 89 ans. Le 1er juillet 2018, elle fait son entrée au Panthéon.

À l'échelle de l'histoire, cette conquête est tardive. Mais jamais les féministes n'ont conquis de droits aussi fondamentaux aussi rapidement ! Citoyennes depuis 1945, les femmes vont désormais pouvoir mieux prendre en main leur destin et choisir leur vie. Elles sont prêtes à passer à l'étape suivante, conquérir l'égalité partout, tout le temps !

DANS CE CHAPITRE

Lutte contre les violences masculines

•

Parité : des bonds en avant

•

Inégalités universelles, réponses internationales

•

Institutions *versus* rue

Chapitre 7

La 3e vague : à la fin du XXe siècle, vers l'égalité dans tous les domaines ?

Le droit d'avorter et donc de choisir d'avoir ou non des enfants a été conquis de haute lutte par un mouvement féministe ardent. C'était l'une des conditions de l'autonomie des femmes. Mais dans les groupes de parole de femmes qui se développent à cette époque, d'autres problématiques émergent et dans un contexte de mondialisation et d'arrivée de la gauche au pouvoir, le mouvement féministe se transforme.

La lutte contre les violences faites aux femmes

La question des violences faites aux femmes n'est pas nouvelle dans les luttes féministes, mais elle va trouver un nouveau souffle dans la seconde partie des années 1970. Alors que la libération sexuelle est vantée partout, elle ne semble pas concerner toutes les femmes…

Viols, les femmes sortent du silence

Déjà dans le numéro historique de la revue *Partisans* intitulé « Libération des femmes, année zéro » publié en 1970, la militante Emmanuelle Durand fait le récit du viol qu'elle a subi. Pour elle, ce viol est une conséquence du rapport de domination sexiste qui structure les relations entre les femmes et les hommes.

Parole de féministe

Elle y indique : « Le viol, conjugal ou non, est encore la forme typique, réalisée à un degré ou à un autre, des relations entre les sexes. »

C'est la même analyse qui est faite en 1971 aux États-Unis dans l'article qui fait référence de l'écrivaine et militante Susan Griffin, « Rape : The All-American Crime ». Elle y dénonce ce que l'on appelle aujourd'hui la culture du viol, très présente en particulier dans les œuvres classiques.

Parole de féministe

« Non seulement une femme veut dire "oui" quand elle dit "non", mais le scénario devient de plus en plus complexe puisqu'une femme digne doit commencer par dire "non" pour être dirigée vers le chemin de l'assentiment » (Susan Griffin, 1971).

Les hommes sommés de se taire

La colère sort des textes et des groupes de parole : en mai 1972, une journée de dénonciation des crimes contre les femmes est organisée par le Mouvement de libération des femmes à la salle de la Mutualité à Paris. L'entrée y est gratuite pour les femmes et payante pour les hommes. Ces derniers doivent laisser la parole aux femmes et sont invités à s'occuper de la crèche.

Le saviez-vous ?

Deux ans plus tard, la mobilisation descend dans la rue. Le soir du 10 juin 1974, boulevard de Sébastopol à Paris, des militantes féministes manifestent contre le viol. Elles font le lien entre les diverses formes que prennent les violences qu'elles subissent de la part d'hommes et dénoncent déjà le harcèlement de rue. Sur leur pancarte, on peut lire : « Femmes et chiens même combat : ne plus être sifflées dans la rue ».

Le viol en procès

S'ouvre alors une bataille au sein des tribunaux. Une loi interdisant le viol existe bien depuis 1832 et fait du viol un crime. La jurisprudence le définit comme « un coït illicite avec une femme sans son consentement ». Mais très souvent, la gravité des faits dénoncés n'est pas reconnue. Au lieu de passer devant un jury aux assises, les suspects sont renvoyés devant le tribunal correctionnel. Et au lieu d'être poursuivis pour un viol, c'est-à-dire un crime, les accusés se voient reprocher un « attentat à la pudeur », des « attouchements » ou des « coups », donc des délits moins fortement condamnés que le crime de viol. La stratégie des féministes est simple : elles souhaitent empêcher cette déqualification si fréquente et faire reconnaître la gravité du viol.

Gisèle Halimi, avocate du procès d'Aix

Événement marquant

L'évènement le plus emblématique est certainement le procès d'Aix-en-Provence. Anne Tonglet et Araceli Castellano, deux jeunes femmes belges, accusent plusieurs hommes de les avoir violées à Marseille en 1974. L'affaire est d'abord renvoyée devant le tribunal correctionnel. Ce dernier se déclare incompétent. Les accusés seront finalement poursuivis devant les assises, grâce notamment à l'action de l'avocate Gisèle Halimi, célèbre depuis le « procès de Bobigny » (voir chapitre 6). Les deux plaignantes l'ont contactée pour les aider à gagner cette bataille. Le procès se tient les 2 et 3 mai 1978, soit quatre ans après les faits. Il est rude pour les plaignantes : elles y subissent les pires stéréotypes sur la responsabilité supposée des victimes d'un viol. N'auraient-elles pas provoqué leurs agresseurs ? Pourquoi n'ont-elles pas résisté davantage ? Dans le fond, n'étaient-elles pas consentantes ? Lesbiennes, naturistes, féministes, les deux jeunes femmes doivent faire face à des « enquêtes de moralité » qui font d'elles les responsables de leurs viols : de victimes, elles deviennent coupables !

Devant le palais de justice, les militantes de l'association Choisir, fondée par Gisèle Halimi en 1971, se rassemblent en nombre pour soutenir les victimes et faire savoir qu'il ne s'agit pas d'un cas isolé.

Parmi les avocats de la défense, Gilbert Collard – depuis devenu député du Rassemblement national –, évoque une erreur de jeunesse de la part des accusés. Sur les bancs adverses, Gisèle Halimi délivre une plaidoirie qui marquera les esprits et conduira les journaux de l'époque à parler du « procès du viol ». L'un des agresseurs est condamné à six ans de prison, les deux autres, à quatre.

Pour aller plus loin

Ce procès est retracé dans le téléfilm belge *Le Viol* réalisé par Alain Tasma et adapté du livre *Et le viol devint un crime* de Jean-Yves Le Naour et Catherine Valenti.

À partir de 1975, d'autres procès pour viol seront médiatisés par les avocates de la Ligue du droit des femmes (LDF) et de Choisir : ce sont autant de tribunes pour dénoncer ce crime, sa fréquence, sa banalité et sa banalisation.

Dissension au sein de la gauche

En 1973, Maï, militante révolutionnaire d'origine vietnamienne, dénonce – dans un texte qu'elle publie – avoir été violée par un militant immigré. Ainsi que le rappelle la sociologue Pauline Delage, dans son ouvrage *Violences conjugales. Du combat féministe à la cause publique*, publié en 2017, « les militants d'extrême gauche dénoncent aussitôt l'attitude des féministes qui se font complices de la stigmatisation des immigrés ». Selon eux, il faut voir dans ce viol la conséquence de la misère sexuelle supposée des immigrés.

Le 16 juin 1976, *Libération* publie un « Manifeste contre le viol », qui dénonce qu'« à droite comme à gauche, ils s'accordent pour justifier le viol ». Il fait suite à l'évènement « Dix heures contre le viol » auquel avaient participé 4 000 femmes. Elles y ont partagé leurs expériences quotidiennes de violences. L'évènement est organisé à la Mutualité, à l'initiative du jeune collectif SOS Femmes alternative, fondé en 1975, par des militantes de la Ligue du droit des femmes, et notamment Simone de Beauvoir, Annie Sugier ou Anne Zelensky, qui en sera la présidente.

Portrait de féministe

Anne Zelensky est née en 1935 à Casablanca (Maroc). Professeure agrégée d'espagnol, elle est une membre active du MLF. Elle crée en 1966 le collectif Féminin Masculin Avenir (FMA) avec notamment Jacqueline Feldman, et participe aux grands temps forts de la période : dépôt d'une gerbe de fleurs devant la tombe du soldat inconnu en août 1970, manifestations, Manifeste des 343, etc. En 1974, elle crée aux côtés de Simone de Beauvoir et Annie Sugier, entre autres, la Ligue du droit des femmes. Elle préside SOS femmes alternative et met en place en 1988 un centre pour accueillir des hommes violents, qui fermera en 1995. Elle a été conseillère au cabinet de la ministre Yvette Roudy et a publié de nombreux ouvrages : *Maternité esclave* (1975, livre collectif), *Histoires du MLF* (1977, avec Annie de Pisan), *Histoire de vivre. Mémoires d'une féministe* (2005).

Contre le viol, les écrits

Durant l'année 1976 et les suivantes, la production littéraire des militantes et des personnalités féministes s'intensifie. D'abord dans les revues féministes : dans un article publié le 24 février 1977 par l'association Choisir, intitulé « Le viol aux assises de Pau », Marie-Odile Fargier écrit : « Parler du viol, c'est aider les femmes à sortir du silence et de la honte, c'est déculpabiliser les femmes violées, éviter peut-être à beaucoup un viol, c'est surtout mettre la société en général et les hommes en particulier devant leurs responsabilités face à un problème qu'ils voudraient bien classer une fois pour toutes sous la rubrique "Femmes" : comme si ce ne sont pas les hommes qui violent ».

La bataille législative

La stratégie des organisations, avocates et chercheuses féministes, est efficace. En 1978, Brigitte Gros, sénatrice socialiste des Yvelines, dépose une proposition de loi pour améliorer la définition du viol. Le 23 décembre 1980, la nouvelle législation sur le viol est adoptée à l'Assemblée nationale. Le viol est désormais défini de manière plus étendue et précise, en incluant la notion de menace. Il est inscrit dans le Code pénal et défini comme suit : « Tout acte de pénétration sexuelle, de quelque nature qu'il soit, commis sur la personne d'autrui par violence, contrainte, menace ou surprise est un viol. »

Cette loi instaure également la possibilité pour les associations de se constituer partie civile auprès des victimes et permet aux victimes de demander le huis clos. Théoriquement, cette nouvelle définition devrait également permettre de condamner les viols conjugaux et d'en finir avec l'idée du « devoir conjugal ».

Événement marquant

Mais il faudra attendre un arrêt de la Cour de cassation du 5 septembre 1990 pour qu'enfin, en 1992, un mari qui violait régulièrement son épouse soit condamné. Ce n'est qu'en 2006 que le viol entre époux est reconnu dans la loi et plus gravement condamné.

L'accompagnement des victimes en question

Après l'amélioration du droit, les associations féministes se mobilisent pour que la parole des victimes puisse être écoutée et crue. Déjà en 1977, un premier Collectif Femmes contre le viol est créé.

Alors que trois femmes ont été violées dans des lieux publics devant des témoins qui ne sont pas intervenus, des militantes du Mouvement jeunes femmes, une association de femmes protestantes, des militantes du Planning familial, de Solidarité Femmes et de la Maison des femmes se rassemblent. Le Collectif féministe contre le viol (CFCV) est créé en 1985.

Événement marquant

Un an plus tard, le 8 mars 1986, les militantes lancent un téléphone vert intitulé Viols Femmes Informations, soutenu financièrement par le ministère des Droits de la femme. Hier comme aujourd'hui, un seul numéro à retenir : 0800 05 95 95.

Les militantes françaises font le choix de se spécialiser sur l'écoute et, pour l'accompagnement, renvoient aux associations féministes généralistes, telles que le Planning familial ou SOS Femmes. Aux États-Unis, c'est l'accompagnement qui est priorisé : des *rape crisis centers* se développent, c'est-à-dire des centres de prise en charge spécialisés pour les victimes de viol.

Petit à petit, la lutte contre le viol devient une politique publique, soutenue financièrement par l'État.

Dans les foyers, la peur des maris

C'est également vers 1975 que les femmes réalisent que chacune n'est pas seule à être concernée par les violences de leur conjoint. Elles sont en fait nombreuses, très nombreuses...

Des groupes de parole entre femmes

Comme pour le viol, les groupes de parole, qui permettent aux femmes de partager leurs témoignages, jouent un rôle clé. La problématique commence à être d'autant plus audible que plusieurs drames vont être médiatisés. Le 1er août 1975, une femme de 47 ans est défenestrée à Strasbourg par son conjoint. On apprendra qu'elle était victime de violences conjugales. À cette époque, la violence au sein du couple est encore banalisée et comme pour le viol, les conjointes sont désignées comme les responsables.

Le saviez-vous ?

La sociologue Pauline Delage nous rappelle qu'entre 1867 et 1874, la *rule of thumb* (règle du pouce) était en vigueur dans l'État de Caroline du Nord aux États-Unis : elle autorisait un époux à frapper sa femme, à la seule condition que l'instrument utilisé ne soit pas plus gros qu'un pouce.

La mobilisation des associations

Les militantes de l'association SOS Femmes Alternatives lancent, en 1975, une permanence téléphonique pour recueillir la parole des victimes de violences conjugales. D'autres associations voient également le jour à Marseille, Lyon, Strasbourg, Rennes, Toulouse et Lille. Au-delà de l'accueil de la parole des femmes, leur objectif est plus global : il s'agit de rendre visible et de dénoncer la violence que des hommes font subir à leurs conjointes. Elles comprennent que 80 % des femmes qui les contactent sont à la recherche d'une solution d'hébergement.

Des écrits contre les idées reçues

L'année suivant sa création, SOS Femmes Alternative publie un dossier spécial dans la revue *Nouvelles féministes* pour dénoncer la tolérance et l'inaction des pouvoirs publics vis-à-vis des violences subies par les femmes au sein du couple.

D'autres textes viendront bousculer les stéréotypes sur les violences conjugales. Le premier numéro de *Questions féministes* de novembre 1977 publie un article de Jalna Hanmer intitulé « Violence et contrôle social des femmes ». Elle y indique : « Aussi le fait d'interpréter la violence conjugale […] comme des actes perpétrés par des hommes individuels, au nom de tous les hommes, peut-il paraître osé, ou même absurde, tellement nous avons individualisé ce phénomène social important. » Aux États-Unis, en août 1976, le magazine féministe *Ms.* publie le texte « Battered Wives : Help for the Secret Victim Next Door » (« Femmes battues : aide pour la voisine victime en secret »).

Un premier centre d'hébergement

En 1975, en Angleterre cette fois, c'est un ouvrage d'Erin Pizzey *Crie moins fort, les voisins vont t'entendre* (*Scream Quietly or the Neighbours Will Hear*) qui réveille les consciences. À sa sortie, *Le Nouvel Observateur* résume l'ouvrage ainsi : « Il y a quatre ans, une mère de famille anglaise de 32 ans, Erin Pizzey, ouvrait, dans un quartier populaire de Londres, un centre d'assistance aux femmes. Surprise : le plus grave problème de celles qui venaient se réfugier là était celui de la violence dont elles étaient victimes chez elles, des torgnoles et des raclées qu'elles recevaient de leur mari. Dans le centre, et dans les deux autres qu'elle a ouverts par la suite, Erin Pizzey a vu passer 6 000 femmes. »

En effet, Erin Pizzey a fondé le premier centre d'hébergement anglais, à Chiswick, en Angleterre, en 1971. C'est un lieu où viennent les femmes pour échanger avec d'autres femmes et qui dispose d'une chambre en cas d'urgence. La chambre est rapidement pleine malgré les nombreux matelas enchevêtrés. Ce modèle se diffusera dès 1974 en Écosse, en Irlande et au Pays de Galles, notamment grâce aux voyages de sa fondatrice. Aux États-Unis également, depuis le début des années 1970, des *shelters* (littéralement, des « abris ») ont vu le jour.

Événement marquant

En France, c'est en mars 1978 que l'association SOS Femmes Alternatives ouvre le premier centre d'hébergement pour femmes victimes de violences : c'est le centre Flora-Tristan, à Clichy, dans le département des Hauts-de-Seine, et qui déménagera plus tard à Châtillon. Pour financer ce centre, les militantes françaises avaient interpellé les pouvoirs publics. Comme le relate la féministe Annie Sugier, deux ans plus tôt, des féministes avaient occupé des locaux de l'hôtel maternel du Plessis-Robinson et organisé des manifestations. Françoise Giroud, secrétaire d'État à la Condition féminine, s'engage à les soutenir tout comme Simone Veil ou les maires de certaines villes, comme à Strasbourg par exemple. Les financements publics augmenteront dans la décennie 1980 avant que des périodes de vache maigre ne s'annoncent. Pour se renforcer, les associations féministes d'aide aux femmes victimes de violences se structurent en réseau. C'est la naissance, en 1987, de la Fédération nationale solidarité femmes (FNSF).

Violences partout, État parfois

Dans le courant des années 1980, la prise de conscience de l'ampleur et de la diversité des violences contre les filles et les femmes se développe, partout dans le monde.

La lutte contre l'excision portée par Benoîte Groult

En 1982, les excisions que subissent des millions de filles sont dénoncées. Le Groupe pour l'abolition des mutilations sexuelles (GAMS) ou encore le Comité pour l'abolition des mutilations sexuelles sont créés. Déjà en 1975, cet acte de torture avait été dénoncé par l'écrivaine féministe Benoîte Groult.

Portrait de féministe

Benoîte Groult (1922-2016) est une journaliste, écrivaine et militante féministe française, connue pour ses ouvrages féministes. Dans son ouvrage, *Ainsi soit-elle*, publié en 1975, elle interpelle toutes les femmes en les invitant au réveil féministe, qu'elle a elle-même connu plutôt sur le tard, et dénonce notamment les excisions.

Parole de féministe

« Dans tous les pays, les hommes ont essayé de faire des femmes des citoyennes de seconde zone, même des corps de seconde zone [...] pour s'assurer de leur fidélité... et qu'elles n'aient pas trop de plaisir !» (Interview TV5 Monde, 8 mars 2010.)

En 1978, elle co-fonde le mensuel féministe *F Magazine*. Elle en signe les éditoriaux jusqu'en 1984. Puis elle préside la Commission de terminologie pour la féminisation des noms de métiers, de grades et de fonctions, mise en place par Yvette Roudy, alors ministre.

Parole de féministe

> ***« Quand il n'y a pas de mots pour nous, c'est que nous n'existons pas. »***
>
> Benoîte Groult

La lutte contre le harcèlement sexuel au travail

Au début des années 1980, les militantes féministes s'attaquent aussi avec vigueur au harcèlement sexuel au travail. L'Association européenne contre les violences faites aux femmes au travail (AVFT) est créée en 1985 par la chercheuse Marie-Victoire Louis, la députée européenne Yvette Feuillet ainsi que Joëlle Causin, première femme à témoigner publiquement du harcèlement sexuel qu'elle avait subi au ministère des Finances. Elle sera la première présidente de l'organisation.

L'association gère, elle aussi, une permanence téléphonique pour recueillir la parole des femmes, publie des articles sur la question du harcèlement au travail, organise des colloques. Le droit y tient une place centrale, qu'il s'agisse de dénoncer des décisions de justice ou d'accompagner des victimes de harcèlement dans leur procès, toujours dans le souci de faire progresser la jurisprudence.

La lutte contre le harcèlement de rue

Les féministes s'attaquent aussi au harcèlement de rue.

Parole de féministe

Déjà en 1977, dans les *Cahiers du Grif*, une militante dénonçait le fait que les femmes ont « appris quel comportement adopter en rue : pas d'attitude, ni de vêtements provocants, pas de liberté de geste ou de parole, baisser les yeux et hâter le pas. Traîner, s'arrêter, fumer ou manger, s'asseoir : c'est attirer l'attention, inviter à l'aventure, courir un risque ».

Les militantes féministes vont ensuite battre le pavé pour dénoncer ce couvre-feu qui ne dit pas son nom. Sur le thème « Prenons la nuit », une première manifestation est organisée le 9 juin 1974 à Paris. Il y en aura de nombreuses autres dans les années suivantes : en 1978 à Lyon, Aix-en-Provence et Montpellier ou encore en 1979 à Tours, Poitiers, Bordeaux et Strasbourg. Ce mot d'ordre est repris dans la fin des années 1990 : de nouvelles manifestations sont organisées à Lyon ou encore à Besançon sous l'intitulé « Les sorcières sans frontières ».

Les organisations internationales mettent un coup d'accélérateur

Les violences ne s'arrêtent pas aux frontières françaises. Et grâce au travail des organisations féministes partout dans le monde, leur dénonciation commence à être portée dans les organisations internationales. Elle est très présente lors de la conférence de Nairobi en 1985, troisième conférence mondiale sur les femmes organisée par les Nations-Unies.

Face à l'ampleur de ces violences, et sous la pression des organisations féministes, l'État s'organise peu à peu… et finance quelques dispositifs. En 1985, Yvette Roudy, ministre, organise des colloques régionaux intitulés « Femmes, violences et sécurité ». Une première campagne de lutte contre les violences conjugales est lancée en 1989 à l'initiative de Michèle André, secrétaire d'État chargée des Droits des femmes. La campagne appelle les femmes à dénoncer les violences qu'elles subissent : « Il faut que les femmes brisent le silence qui les emmure. » Pendant trois semaines, un court-métrage intitulé *Le Foyer*, est diffusé à la télévision. C'est du jamais vu.

Événement marquant

Ce n'est qu'en 1992 que les associations d'aide aux femmes victimes de violences (AVFT, CFCV et FNSF) commencent à percevoir des subventions. La FNSF peut alors lancer sa plateforme téléphonique : Violences conjugales Femmes Info Service. Cette même année, grâce à la mobilisation des militantes de l'AVFT, la loi interdit enfin le harcèlement sexuel et le fait de commettre des violences dans le couple devient une circonstance aggravante des infractions.

Le saviez-vous ?

En 2001, les résultats de l'Enquête nationale sur les violences envers les femmes en France (Enveff) choquent l'opinion publique : ils révèlent que dans un couple sur 10, les femmes sont victimes de violences (voir chapitre 13).

Les années 2000 : de nouvelles lois voient le jour

L'arsenal législatif s'étoffe progressivement.

- **En 2004, une nouvelle loi facilite l'éviction du conjoint violent du domicile. La mention du respect comme premier devoir que se doivent les époux est ajoutée dans le Code civil.**
- **En 2005, le premier plan d'action interministériel voit le jour.**
- **En 2010, la violence psychologique au sein du couple est reconnue par la loi et de nouveaux dispositifs de protection des victimes sont créés, telle que l'ordonnance de protection. La même année, les violences faites aux femmes sont déclarées grande cause nationale.**
- **Récemment encore, de nouvelles lois sont venues compléter l'arsenal législatif : nouvelle loi sur le harcèlement sexuel en 2012, loi pour l'égalité réelle entre les femmes et les hommes en 2014, loi pour l'abolition de la prostitution en 2016, loi contre les violences sexistes et sexuelles en 2018.**

Entre institutionnalisation et éclatement : un mouvement en déclin ?

Ces lois successives sont le fruit de l'institutionnalisation des questions féministes. Conséquence : dans la seconde moitié des années 1970 et les décennies suivantes, le mouvement féministe ne cessera d'être tiraillé. Comment institutionnaliser la cause pour permettre des conquêtes, sans renier l'idéal féministe ?

Du questionnement…

Les associations sont d'abord plutôt réticentes. Alors que l'année 1975 a été proclamée Année internationale de la femme, les militantes manifestent le 8 mars contre cette initiative : pas question de laisser canaliser leur colère par des institutions ! Lors de la campagne pour les élections présidentielles de 1981, bon nombre d'associations féministes se mobilisent également : elles interpellent les candidats sur leurs engagements pour faire progresser les droits des femmes et demandent un ministère dédié pour porter la cause au sein du gouvernement et au plus haut niveau.

… au dialogue

Une fois François Mitterrand élu, son Premier ministre Pierre Mauroy, nomme auprès de lui une ministre « des Droits de la femme », de plein exercice, en la personne d'Yvette Roudy, une figure bien connue du mouvement féministe. Elle siège en Conseil des ministres. C'est une première ! Yvette Roudy est très populaire et le ministère tiendra 6 ans.

Portrait de féministe

Yvette Roudy est née le 10 avril 1929. Élue députée européenne en 1979, sur la liste du Parti socialiste, elle propose et obtient la création d'une Commission pour les droits des femmes au Parlement européen. En 1981, elle est nommée « ministre des Droits de la femme », fonction qu'elle occupera durant le premier septennat de François Mitterrand (mai 1981-1986). Elle est à l'origine de conquêtes importantes pour les droits des femmes. Entre autres, deux lois portent son nom : la loi Roudy sur le remboursement de l'IVG en décembre 1982 et la loi Roudy pour « l'égalité de l'homme et de la femme qui travaillent en entreprise » en juillet 1983. On lui doit également d'avoir officialisé en France le 8 mars comme « journée pour les droits des femmes » et mis en place la « commission sur la féminisation des noms de métiers, grades et fonctions », dont elle confie la présidence à Benoîte Groult. En 1992, elle co-fonde l'Assemblée des femmes, une association dont l'objectif est d'inscrire la parité dans la Constitution et les institutions.

En 1988, la décision de ne pas nommer un nouveau ministère dédié mais de renvoyer la question au « ministère délégué auprès du ministre des Affaires sociales et de l'Emploi, chargé de la Famille, des Droits de la femme, de la Solidarité et des Rapatriés » suscitera la colère des organisations féministes. Elles lancent la pétition des « Mille et une » et seront partiellement entendues : le 24 juin 1988, le Premier ministre Michel Rocard crée un secrétariat d'État autonome chargé des Droits de la femme qu'il confie à Michèle André. Le mouvement féministe va être transformé par l'intégration de la question féministe au sein de l'État.

Événement marquant

Pour s'organiser et réfléchir à la manière de mieux traiter avec le pouvoir en place, les organisations féministes qui avaient manifesté pour la pérennisation du droit à l'avortement en octobre 1979 se réunissent, le 9 juin 1981, à la Mutualité, lors d'un meeting intitulé « Du pain et des roses, du socialisme pour les cuisinières ? Des cuisinières pour le socialiste ? ».

Chacun trouve sa place

Les féministes interpellent régulièrement le gouvernement. Le 3 décembre 1981, plusieurs militantes, dont Antoinette Fouque ou Françoise Vergès, écrivent au président Mitterrand pour lui proposer de faire du 8 mars une journée chômée et payée pour les femmes. C'est en effet sur elles que reposent la production d'enfants, du travail domestique et du travail professionnel. Cette triple production mérite compensation pensent-elles. Le président aurait répondu : « sympathique mais difficile ». Une circulaire parue en janvier 1982 officialisera la célébration du 8 mars comme journée internationale des droits des femmes… mais jour de travail quand même pour les femmes !

Cela n'arrêtera pas le MLF, qui appelle le mois suivant à la grève générale des femmes, et publie *Dix mesures d'urgence, en réparation des dommages millénaires faits aux femmes*.

Parole de féministe

Un mot d'ordre pour la grève de 1982 : « Nous sommes trois fois travailleuses, 52 % de la nation, premières productrices de richesses, nous sommes adultes, responsables, réalistes, nous existons, nous luttons, nous sommes des femmes. »

En guise de première réponse, le président invite 450 femmes à l'Élysée le 8 mars 1982. Après les petits fours, des avancées législatives ne tarderont pas à arriver, dont la plus connue est certainement la loi sur l'égalité professionnelle du 13 juillet 1983, dite « loi Roudy ».

L'épopée paritaire

L'idée d'une participation à égalité des femmes et des hommes à la vie politique n'est pas nouvelle : déjà en 1885, la pionnière Hubertine Auclert, dans son journal *La Citoyenne*, déclarait :

> ***« Il faut que les assemblées soient composées d'autant de femmes que d'hommes. »***

Si la première vague a conduit au droit de vote et d'éligibilité pour les femmes en 1944, elle n'entraîne pas pour autant une entrée massive des femmes en politique. Dans la seconde moitié des années 1970, la question agite les partis politiques. Parce que la bonne volonté ne se traduit pas dans les faits, elles vont progressivement revendiquer la parité dans la loi (pour la définition, voir chapitre 1 « Les notions basiques »).

Les féministes des partis politiques : un pied dedans, un pied dehors

Jusque-là, les féministes des partis politiques ont cherché à peser, en interne, sur les programmes, pour qu'ils intègrent mieux les revendications égalitaires des mouvements de la rue. C'est l'objectif qui a animé par exemple le Mouvement démocratique féminin, créé en 1962. Progressivement, les féministes dans les partis ne vont pas seulement interroger les propositions que portent les partis mais également la place qu'ils leur laissent !

La place des femmes dans les assemblées politiques est encore faible en effet… L'on compte à peine plus de 40 femmes à l'Assemblée nationale en 1946.

Gerty Archimède, une pionnière !

Gerty Archimède (1909-1980) fut l'une des deux premières femmes afro-descendantes à intégrer l'Assemblée nationale en 1946 ! Première femme avocate des Antilles, première avocate noire de France, elle jouera également un rôle clé pour féminister son parti.

Ancienne maire communiste de Basse-Terre, elle crée l'Union des femmes guadeloupéennes en 1953. Elle se bat pour les travailleurs et travailleuses précaires, pour l'obtention de la Sécurité sociale et pour le droit à la retraite pour les femmes de Guadeloupe. Elle défend également la militante féministe, anti-raciste et communiste états-unienne Angela Davis, lorsque cette dernière est menacée de prison en 1969 en Guadeloupe.

Événement marquant

En 1974, pour la première fois, une femme est candidate aux élections présidentielles. Il s'agit d'Arlette Laguiller, pour le parti Lutte ouvrière.

Le saviez-vous ?

Au sein du Parti socialiste, dès sa fondation lors du congrès d'Épinay en juin 1971, plusieurs militantes avaient fait pression sur les instances dirigeantes pour que des quotas par sexe soient prévus. Ce sera chose faite lors du congrès de Grenoble en 1973 : les statuts du parti reconnaissent un quota de 10 % au moins de femmes à tous les niveaux de l'organisation, ainsi que sur les listes des candidatures investies par le parti. Ce quota est relevé à 15 % lors du congrès de Nantes en 1977.

De l'ombre à la lumière

En 1978, les législatives portent 104 député·e·s socialistes à l'Assemblée, dont une femme. Un groupe de jeunes militantes emmené par Françoise Gaspard, Cécile Goldet et Édith Lhuillier envisage de créer un « courant femmes autonome ». Ainsi que le rappelle la chercheuse Laure Bereni, ce projet a été vivement critiqué par les militantes socialistes féministes plus anciennes. En effet, c'est un changement de démarche : les premières militantes féministes du PS telles qu'Yvette Roudy, Marie-Thérèse Eyquem ou encore Colette Audry avaient fait le choix d'une stratégie d'influence interne, en intégrant le fonctionnement du parti et ses courants. Françoise Gaspard et Cécile Goldet abandonnent le courant autonome, mais Édith Lhuillier se lance. Avec d'autres militantes, lors du congrès de Metz en 1979, elle signe le texte d'une motion intitulée « L'autre moitié du chemin ». La motion recueille 0,3 % des voix. Connues sous le nom de « courant G », les militantes continuent de se réunir et publient en 1983 une tribune intitulée « Mignonne allons voir sous la rose ».

L'engagement du PC...

Du côté du parti communiste aussi des voix s'élèvent pour laisser une plus grande place aux femmes. Le 7 juin 1975, 10 000 femmes communistes se réunissent à Saint-Ouen, autour d'un objectif : appeler les femmes à rejoindre le parti. Le mot d'ordre est clair : « Un million de femmes dans l'action avec le parti communiste ». Il faut que davantage de femmes s'investissent dans les partis, mais il faut aussi qu'il ne leur ferme pas les portes ! Le 11 juin 1978, des femmes du PCF publient dans *Le Monde* un texte qui leur avait été refusé par *L'Humanité* : « Le PC mis à nu par ses femmes ». À compter de mai 1979, les autrices du texte publieront leur propre journal *Elles voient rouge*.

Puis du PS !

Les militantes féministes du Parti socialiste voient presque rouge aussi ! Parmi ses 100 propositions lorsqu'il était candidat aux élections présidentielles de 1981, François Mitterrand s'était engagé à instaurer un quota d'au moins 30 % de candidat·e·s de chaque sexe sur les listes électorales. Pourtant, le projet de loi de réforme des élections municipales déposé par le gouvernement en juillet 1982 n'en dit pas un mot... Et c'est sous la pression de Gisèle Halimi, alors députée apparentée PS, et d'Yvette Roudy, alors ministre, que le groupe socialiste de l'Assemblée nationale finit par déposer un amendement fixant à 75 % maximum la proportion de chaque sexe sur les listes des élections municipales pour les communes de plus de 3 500 habitant·e·s.

Le saviez-vous ?

Adoptée par l'Assemblée nationale, cette disposition sera finalement censurée par le Conseil constitutionnel, qui s'est autosaisi avant que la loi ne soit promulguée, une procédure légale mais rarement mobilisée... Selon le Conseil, prévoir un quota qui repose sur une distinction entre les individus selon leur sexe remet en cause l'égalité des citoyen·ne·s et le principe d'universalité. C'est le début du long combat des féministes pour la parité !

L'effervescence associative, la mobilisation sort des partis

Après dix ans de prise de conscience dans les partis, les militantes de la parité changent de stratégie et lancent leurs propres organisations.

L'association Grain de sel contre les rouages sexistes

En 1984, la militante socialiste Denise Fuchs créée l'association Grain de sel avec d'autres militant·e·s socialistes ou proches du parti. Au départ, les revendications de l'organisation féministe sont relativement généralistes. Petit à petit, elles vont viser plus particulièrement la parité. Alors que les élections législatives de 1988 ont élu seulement 33 femmes sur 577 déput·é·s à l'Assemblée, leur bulletin est clair : « Les oubliées de mai. Grains de bonheur, zeste d'amertume ». En novembre 1990, lors de leur colloque intitulé « Une autre Europe : Quels moyens ? Quelles perspectives pour les femmes ? », l'association fait de la « démocratie paritaire » sa revendication prioritaire.

Ce concept est né grâce aux travaux du Conseil de l'Europe, lors d'un séminaire organisé en novembre 1989 à Strasbourg à l'initiative de Claudette Aprill, alors secrétaire du comité pour l'égalité entre les femmes et les hommes du Conseil (voir chapitre 16).

Parole de féministe

Les conclusions sont claires :

> ***« La présence nécessaire des citoyennes dans la confection des lois et l'administration de la cité, pourrait seule donner un sens concret à l'égalité des droits, un principe fondamental de la démocratie. »***

Le coup de pouce de l'Europe

Événement marquant

Un autre évènement marque une étape clé dans la reconnaissance de la parité, comme condition de la démocratie : c'est la conférence d'Athènes en novembre 1992 intitulée « Femmes au pouvoir ». La sociologue féministe Françoise Gaspard y représente la France, aux côtés de nombreuses associations, dont le Lobby européen des femmes récemment créé. La conférence est conclue par un sommet de femmes politiques : Édith Cresson, alors Première ministre et Simone Veil, alors députée européenne, y représentent la France. Elles signent une déclaration solennelle – aux côtés d'autres personnalités politiques de premier plan, telle que la présidente du parlement allemand Rita Süssmuth –, qui indique notamment que « la démocratie impose la parité dans la représentation et l'administration des nations » et invite « les associations féminines aux niveaux national et européen à poursuivre leurs efforts en vue d'encourager les femmes à exercer pleinement leurs droits de citoyennes par des campagnes de sensibilisation, des programmes de formation ou toutes autres mesures appropriées ».

Des associations engagées pour la parité

L'invitation ne passe pas inaperçue et plusieurs associations féministes dédiées à la revendication de la parité vont être créées entre 1992 et 1993 :

» L'association Grain de sel de Denise Fuchs participe à la création d'Elles aussi.

» Yvette Roudy, aux côtés de Françoise Durand, Gisèle Stievenard ou encore Anne Zelensky, crée l'Assemblée des femmes, alors que le Parti socialiste a une nouvelle fois échoué à présenter 30 % de femmes parmi ses candidates aux élections régionales de mars 1992.

» Antoinette Fouque lance le Club Parité 2000.

» Régine Saint-Criq crée l'association Parité.

» En 1993, Monique Dental lance le Réseau Femmes pour la parité. En 1987 déjà, elle avait été l'une des premières à porter cette revendication dans un texte des Cahiers du collectif de pratiques et de réflexions féministes publié par Ruptures, un collectif féministe qu'elle venait tout juste d'initier.

Les associations poursuivent un objectif : inscrire la parité dans la Constitution et le fonctionnement des institutions. Elles auront le soutien de Benoîte Groult et Geneviève Fraisse.

Le « Manifeste des 577 » pour la parité

En novembre 1993, c'est ce Réseau Femmes pour la parité qui initie le « Manifeste des 577 » pour une démocratie paritaire publié par *Le Monde*. 288 hommes et 289 femmes l'ont signé, soit autant que le nombre total de député·e·s à l'Assemblée nationale.

Parole de féministe

Les signataires demandent une loi organique qui affirme que « la parité des sexes est une condition de la réalisation de la démocratie, au même titre que la séparation des pouvoirs et le suffrage universel » et qui prévoit que « les assemblées élues au niveau territorial comme au niveau national sont composées autant de femmes que d'hommes ». Elles et ils reprennent ainsi la proposition formulée un an auparavant par Françoise Gaspard, Claude Servan-Schreiber et Anne Le Gall dans leur ouvrage *Au pouvoir citoyennes : liberté, égalité, parité*.

Enfin, début 1994, Françoise Gaspard, Claude Servan-Schreiber et Colette Kreder créent un nouveau réseau Demain la parité, qui réunit de nombreuses associations. Le réseau revendique 2 millions d'adhérentes.

La reconnaissance institutionnelle

La pression des associations féministes se poursuit, dans un contexte de campagne présidentielle opposant alors notamment Jacques Chirac, Édouard Balladur et Lionel Jospin.

La parité en campagne

En 1995, la parité en est une thématique centrale. Les associations féministes interpellent les candidats et le Conseil national des femmes françaises organise une journée au Palais des congrès à Paris, intitulée « Présidentielles 95. Les femmes entrent en campagne ». Les engagements des candidats interpellés sont peu précis. On note parmi les propositions du candidat Jacques Chirac l'idée d'un Observatoire, chargé « d'alerter l'opinion et de se prononcer dans tous les domaines qui concernent les femmes, en particulier celui de la vie politique ». Il est élu le 7 mai.

Le saviez-vous ?

Son Premier ministre Alain Juppé nommera 12 femmes au sein de son Gouvernement (dont huit secrétaires d'État). On les affuble du terme les « Jupettes ». Cette proportion de femmes au gouvernement est une première… de courte durée, puisqu'à l'occasion d'un remaniement six mois plus tard, il n'en restera plus que quatre !

Observer pour mieux légiférer

L'Observatoire de la parité est créé le 18 octobre 1995. La France s'y était engagée à l'occasion de la quatrième Conférence mondiale sur les femmes organisée par les Nations Unies en août 1995 à Pékin, lors de laquelle une place centrale a été donnée aux enjeux liés à la parité. La France est particulièrement à la traîne sur ce sujet et se trouve alors au 31e rang mondial selon un classement des Nations Unies.

Roselyne Bachelot est nommée rapporteure de l'Observatoire de la parité, où elle co-préside la commission « parité politique » avec Gisèle Halimi, qui, l'année d'avant, a publié un ouvrage intitulé *Femmes : moitié de la terre, moitié du pouvoir*. En 1996, l'Observatoire remet au Premier ministre son premier rapport, qui souligne la nécessité de réviser la Constitution pour prévoir des dispositifs paritaires.

L'engagement des femmes politiques

Dans le même temps, la mobilisation se poursuit au niveau européen. Le 18 mai 1996, une quinzaine de femmes ministres d'États membres de l'Union européenne – dont Corinne Lepage, ministre française de l'Environnement –, sont réunies à l'occasion du sommet européen « Les Femmes pour le renouveau de la politique et de la société ». Elles adoptent une charte lucide et ambitieuse, qui indique notamment : « Nous déclarons nous engager à soutenir la reconnaissance de l'égalité des femmes et des hommes comme une priorité de l'Union européenne. » Les associations féministes s'en réjouissent, d'autant que la Déclaration reprend bon nombre des revendications qu'elles ont portées jusqu'alors.

Événement marquant

En appui, et à l'initiative de l'Assemblée des femmes, *L'Express* publie le 6 juin 1996 le « Manifeste des 10 pour la parité », signé par dix anciennes ministres de gauche et de droite : Michèle Barzach, Frédérique Bredin, Édith Cresson, Hélène Gisserot, Catherine Lalumière, Véronique Neiertz, Monique Pelletier, Yvette Roudy, Catherine Tasca et Simone Veil.

La réforme constitutionnelle

Le 11 mars 1997, un débat sur la place des femmes dans la vie publique s'ouvre à l'Assemblée nationale. Fort de l'expérience de 1982 – qui avait conduit à l'abrogation de la première loi de parité pour inconstitutionnalité – et s'appuyant notamment sur les travaux de l'Observatoire de la parité, le Premier ministre Alain Juppé appelle à réfléchir à la nécessité de réviser la Constitution.

Événement marquant

Ce travail conduira à la réforme constitutionnelle portée par le gouvernement Jospin adoptée en juillet 1999 et aux lois d'application des 6 juin et 4 juillet 2000.

Les partis politiques doivent désormais présenter des listes comptant un nombre égal d'hommes et de femmes pour les élections régionales, municipales (plus de 3 500 habitants), sénatoriales (à la proportionnelle) et européennes. Ils sont pénalisés financièrement s'ils ne présentent pas un nombre égal d'hommes et de femmes aux élections législatives.

En 2008, une nouvelle révision constitutionnelle permet de reconnaître le principe paritaire pour les responsabilités professionnelles et sociales.

Pour convaincre, les parties prenantes auront pu s'appuyer notamment sur la Convention sur l'élimination de toutes les formes de discrimination à l'égard des femmes, adoptée le 18 décembre 1979 par les Nations Unies.

Un verrou saute : celui de l'interdiction en France des mesures d'action positive au nom du principe d'universalisme. On reconnaît enfin que pour atteindre l'égalité dans les faits, il puisse y avoir besoin de mesures de rattrapage temporaires.

Les grandes organisations poursuivent leurs activités. Mais en dehors du combat paritaire, ces décennies voient advenir un certain essoufflement du mouvement féministe, et ce alors que les menaces pèsent toujours sur les droits des femmes, en France comme dans le reste du monde.

Après l'offensive, la réaction : le droit à l'avortement en péril

Le droit à l'avortement est désormais conquis depuis quelques décennies, c'est une victoire incontestable pour le MLF. Mais les opposants n'ont pas dit leur dernier mot. Très vite, ils s'organisent et les risques d'un recul en arrière sur le droit à l'avortement sont réels.

Ne pas baisser la garde

Face à cela, en Europe et dans le monde, les organisations féministes se mobilisent à Washington (1989), à Rome (1990) ou à Berlin (1990).

Le saviez-vous ?

En France, des « commandos anti-IVG » attaquent des centres dans lesquels sont pratiqués des avortements pour intimider et agresser les femmes qui les fréquentent et les professionnel·le·s qui y travaillent. En janvier 1990, un commando attaque la maternité des Lilas, en Seine-Saint-Denis. Ces opérations consistent en général à envahir un service IVG, en s'enchaînant aux tables chirurgicales et en chantant des cantiques, pour y menacer les patientes et le personnel et en bloquer le fonctionnement… Le lieu est particulièrement symbolique, car c'est une clinique associative bien connue pour ses engagements féministes, tant pour la contraception et l'avortement, que pour les techniques d'accouchement sans douleur qu'elle a adoptées.

Événement marquant

La réponse du mouvement féministe français s'organise : une Coordination des associations pour le droit à la contraception et à l'avortement (CADAC) est créée par des militantes du Planning familial, de l'Association nationale des centres d'interruption de grossesse et de contraception (ANCIC) et d'autres organisations et syndicats de gauche et d'extrême gauche. C'est Maya Surduts qui anime ce réseau, devenu une association depuis septembre 1994.

Portrait de féministe

Maya Surduts est née dans une famille juive communiste le 17 mars 1937, à Riga en Lettonie et est décédée le 13 avril 2016 à Paris. Pendant la Seconde Guerre mondiale, elle vit avec sa famille à Nice. La famille Surduts est dénoncée à la Gestapo, mais parvient à s'enfuir et s'installe en Italie, puis en Afrique du Sud, où la mère milite contre le racisme. De retour en France, Maya Surduts s'investit dans de nombreux combats, notamment contre la guerre d'Algérie. En 1963, elle participe à la Marche sur Washington pour l'emploi et la liberté, lors de laquelle Martin Luther King prononce son célèbre discours « I Have a Dream ». Elle s'installe ensuite à Cuba, d'où elle est finalement expulsée en 1971. De retour en France, elle rejoint des organisations d'extrême gauche, puis le MLAC. Elle crée plus tard la CADAC et anime le Collectif national des droits des femmes. Personnalité haute en couleur et sans concession, elle marquera fortement plusieurs générations de féministes.

Une mobilisation pour protéger un droit fondamental

Une première conquête de cette remobilisation des mouvements féministes sur l'avortement arrive avec la reconnaissance, dans une loi du 27 janvier 1993, du délit d'entrave à l'avortement. Désormais, la perturbation de l'accès aux établissements pratiquant des IVG, ou l'exercice de pressions ou de menaces à l'encontre des personnels médicaux ou des femmes enceintes venues réaliser un avortement, est condamnée !

Mais les féministes savent qu'il ne faut jamais baisser la garde.

Événement marquant

Le 25 novembre 1995, 40 000 d'entre elles, représentant plus de 140 organisations, défilent à Paris pour défendre le droit à l'avortement, et plus largement, les droits des femmes. C'est l'une des plus grandes manifestations féministes recensées en France. À la suite de cette mobilisation qui donne un nouveau souffle aux revendications féministes, le 24 janvier 1996, le Collectif national pour les droits des femmes (CNDF) se constitue, regroupant plusieurs associations féministes, des syndicats et des partis politiques de gauche et d'extrême gauche. Selon ses propres mots, le CNDF « intervient dans des domaines aussi variés que la réduction du temps de travail, l'égalité professionnelle, le travail de nuit, les équipements collectifs, la famille, le travail domestique, les violences, la lesbophobie, la place des femmes dans la vie publique, la lutte contre le Front national et ses clones, la lutte contre le sexisme, l'école, la mondialisation libérale, la solidarité internationale, etc. ». Il jouera un rôle clé dans la préparation de la loi contre les violences faites aux femmes de 2010.

Les féministes face à la précarité des femmes

Le CNDF est également particulièrement mobilisé contre une nouvelle menace pour les femmes : la précarité. En 1975, la France compte 1 million de chômeurs et chômeuses, parmi lesquels davantage de femmes que d'hommes. La part des femmes dans la pauvreté ira croissante : elles représentent 70 % des 36 millions d'Européen·ne·s qui vivent sous le seuil de pauvreté.

Pourtant, historiquement, le mouvement féministe a peiné à trouver sa place dans le mouvement social. Le 1er mai 1976, alors que le MLF souhaitait rejoindre le traditionnel cortège des travailleurs, le service d'ordre de la CGT les agresse et les exclut.

L'échec de la création d'un syndicat féministe

En 1982, changeant de stratégie, les militantes du Mouvement de libération des femmes créent un syndicat, qu'elles nomment la Confédération syndicale des femmes (CSDF). Lorsqu'elles tentent de l'inscrire au répertoire officiel des syndicats, cela leur est refusé par le ministère du Travail, au motif que cette démarche irait à l'encontre du principe constitutionnel de l'égalité des sexes.

C'est donc le mouvement féministe, en tant que tel, qui restera à l'initiative des mobilisations contre la précarisation des femmes, qui ponctueront les décennies 1980, 1990 et 2000. Avec le retour de la droite au gouvernement, l'année 1995 est particulièrement intense : le 8 avril, une journée « contre l'exclusion et la précarité » est organisée par un collectif de 70 associations ; en novembre et décembre, les associations féministes investissent pleinement le mouvement social contre le plan Juppé sur les retraites et la Sécurité sociale. Le Collectif national pour les droits des femmes est souvent à la manœuvre : en mars 1997, il organise une manifestation contre les temps partiels imposés, que subissent majoritairement les femmes. En novembre 1997, il est à l'initiative de la manifestation « Pour toutes et tous, de vrais emplois, du temps pour vivre ». En mars 1997, il organise les Assises nationales pour les droits des femmes, réunissant plus de deux mille personnes.

De nouvelles associations

Dans ce contexte, le mouvement féministe se renouvelle en partie. C'est aussi en 1997 que Clémentine Autain et Thomas Lancelot fondent l'association Mix-Cité, qui se revendique « féministe, jeune et mixte ».

Le saviez-vous ?

En mars 1999, alors que Dominique Voynet, ministre de l'Environnement, a été vivement invectivée au son de « Tire ton slip, salope » au Salon de l'agriculture, Florence Montreynaud crée Les Chiennes de garde pour agir contre les « insultes sexistes publiques ».

Dans un même état d'esprit et même humour corrosif, les Marie-pas-claire sont créées en 1992 par des militantes proches des organisations d'extrême gauche. Dans la droite ligne du MLF, elles tiennent à la non-mixité et à l'humour. Elles (s') interrogent : « Les machos ont-ils une âme ? » Dans le journal qu'elles éditent, *Marie-pas-claire*, on peut lire :

Parole de féministe

> ***« Maman, d'où je tiens mon intelligence ?***
> ***– Demande à ton père, moi la mienne, je l'ai gardée. »***

1983-2004 : la longue route vers une loi contre les injures sexistes

Les propos haineux contre les femmes ne sont, à cette époque, pas nouveaux, mais ils ne sont pas identifiés par les pouvoirs publics comme un problème du même ordre que les propos racistes ou antisémites. Déjà, en mars 1983, Yvette Roudy, alors ministre des Droits de la femme, avait dû renoncer à son projet de loi antisexiste après que de nombreux médias et publicitaires ont été vent debout. Les associations féministes, elles, continuent de porter le flambeau.

Le 15 septembre 1989, l'Alliance des femmes lance une pétition « Pour la dignité des femmes » qui demande à nouveau une loi antisexiste qui soit à l'image de la loi antiraciste votée en 1972. Et en juin 2004, alors qu'à la suite de l'agression d'homosexuels un projet de loi est envisagé pour sanctionner les actes et propos homophobes, les associations féministes se mobilisent à nouveau. Le projet sera reporté et il deviendra la loi du 30 décembre 2004 qui créée la Haute Autorité de lutte contre les discriminations et pour l'égalité (HALDE). Enfin, les injures contre les femmes sont reconnues et sanctionnées au même niveau que les injures racistes. Un pas important !

L'éclatement plutôt que l'union ?

Pendant la deuxième vague, le mouvement féministe était interrogé sur sa capacité à représenter toutes les femmes, et en particulier, les femmes lesbiennes ou les femmes racisées. Dans les années 1980 et suivantes, ces critiques vont prendre de l'ampleur.

Critiques de la part des lesbiennes

Déjà en 1971, ne se retrouvant ni dans les mouvements féministes, ni dans les mouvements homosexuels, des militantes lesbiennes féministes avaient créé leur propre organisation, telle que Les Gouines rouges. Elles demeurent proches des mouvements féministes plus traditionnels, et la collaboration est toujours réelle au début des années 1980. Une rencontre internationale des lesbiennes féministes se réunit à Arles.

Quelques mois après, la deuxième université homosexuelle de Marseille intitulée « Vivre libre » accueille deux interventions du Mouvement de libération des femmes. En 1981, le Mouvement d'information et d'expression des lesbiennes (MIEL) est créé.

Mais dans le courant des années 1990, c'est la rupture. Ne se sentant pas suffisamment entendues lors des Assises nationales des droits des femmes organisées en mars 1997 par le Collectif national des droits des femmes, des militantes féministes lesbiennes s'organisent en Coordination lesbienne en France (CLF). Elles entendent « regrouper les associations lesbiennes féministes et individuelles en assurant un lien permanent entre toutes et coordonnant les actions au niveau national ; agir contre la lesbophobie et toutes les discriminations ; contribuer à la visibilité des lesbiennes et faire avancer leurs droits ». Elles sont également abolitionnistes, c'est-à-dire qu'elles souhaitent abolir la prostitution et demeurent proches des organisations féministes les plus anciennes.

Les Panthères roses

Deux ans plus tard une autre organisation lesbienne, d'abord née à Montréal, est lancée à Paris : les Panthères roses. L'organisation rassemble des militant·e·s gays et lesbiennes se définissant comme « *queers* radicaux ». Le mouvement *queer* est né aux États-Unis au début des années 1990, comme une critique du « féminisme blanc et hétérosexuel » considéré comme essentialiste. Le célèbre ouvrage *Trouble dans le genre* (*Gender Trouble*) de la philosophe Judith Butler est un déclencheur de ce mouvement avec les travaux de la chercheuse Teresa de Lauretis. Ce mouvement se positionne contre l'abolition de la prostitution et conduit également à de vifs débats sur la pornographie, qui divisent le mouvement féministe.

Au croisement des luttes anti-racistes ?

Dans le courant des années 1980, une autre critique du mouvement féministe émerge : celle de ne pas prendre assez en compte les problèmes spécifiques que rencontrent les femmes racisées ou non blanches. Dès le début des années 1970, des femmes étrangères, immigrées, issues de l'immigration, exilées et vivant en France, s'organisent en groupes ou associations pour défendre leurs droits en France ou les droits des femmes de leurs pays d'origine. Le Groupe latino-américain des femmes et l'Association des femmes marocaines sont créés à Paris en 1972. L'année 1976 voit naître la Coordination des femmes noires ou encore le Cercle des femmes brésiliennes. Des associations organisent une première « Journée des femmes noire » le 29 novembre 1977. Le Groupe femmes algériennes est créé en 1978 et lance son bulletin *Algériennes en lutte*. Le groupe est en contact avec des militantes féministes algériennes en Algérie, qui commencent à s'organiser dans la clandestinité.

Parole de féministe

La Coordination des femmes noires dénonce :

> ***« Dans les colonies, les néo-colonies, nous subissons une triple oppression : en tant que femme, en tant que classe, en tant que race. »***

Pour aller plus loin

Claudie Lesselier, enseignante et militante féministe, a mené une recherche approfondie sur tous les groupes de femmes immigrées et exilées qui ont agi en France, avec des féministes françaises, des années 1960 aux années 2000. Ces militantes (étrangères et françaises) dénonçaient alors les discriminations subies en France, tout en restant très en lien avec les luttes des pays d'origine contre les dictatures, le colonialisme, etc. Voir le site : *musea.fr*

Au début des années 1980, les associations de femmes immigrées sont également pleinement mobilisées dans la lutte contre le racisme. Des rassemblements ou encore des rencontres s'organisent et en particulier, en marge de la Marche pour l'égalité et contre le racisme, rebaptisée Marche des beurs, du 15 octobre au 3 décembre 1983.

Événement marquant

En novembre 1984, cinq autres marches intitulées Convergence 84 sont organisées en France. À leur arrivée à Paris, une manifestation réunit plusieurs organisations féministes, tels que le Collectif des femmes immigrées ou encore le Collectif féministe contre le racisme. Un cortège composé uniquement de femmes défile avec le slogan : « Contre le sexisme, contre le racisme, solidarité ».

La naissance de Ni putes, ni soumises

Le 4 octobre 2002, Sohane Benziane, 17 ans, est brûlée vive dans un local à poubelles de la cité Balzac de Vitry-sur-Seine. Le meurtrier de 19 ans expliquera son geste par le fait que son ancienne petite amie résistait à ses tentatives de reconquête. Choqué·e·s, les habitant·e·s du quartier descendent dans la rue avec une banderole sur laquelle est inscrit : « Ni putes, ni soumises ». L'association est née. En février 2003, elle lance une « marche des femmes des quartiers contre les ghettos et pour l'égalité » qui traverse 23 villes de France et se conclura par une manifestation rassemblant 30 000 personnes à Paris le 8 mars. C'est l'une des manifestations féministes les plus massives de ces dernières décennies. En 2004, les négociations sont âpres entre Ni putes, ni soumises et le Collectif national pour les droits des femmes sur la stratégie à tenir vis-à-vis des débats sur le voile, qui prennent une ampleur importante.

Le saviez-vous ?

L'affaire a débuté il y a quelques années déjà, le 25 octobre 1989, lorsque le principal d'un collège de l'Oise refuse l'entrée à deux adolescentes qui portent le foulard islamique. S'ouvre alors pour plusieurs années un débat sur la nécessité ou non de légiférer sur le voile à l'école. Ni putes, ni soumises y est favorable, le Collectif national pour les droits des femmes est partagé. Lors de la traditionnelle marche du 8 mars 2004, Ni putes, ni soumises défilera finalement en fin de cortège, laissant le Collectif national pour les droits des femmes devant.

Les décennies 1980 à 2000 ne connaissent certainement pas l'effervescence du mouvement féministe français autour des années 1970, mais les progrès sont néanmoins réels : la condition des femmes n'a jamais progressé aussi vite. Pour autant, les inégalités femmes-hommes restent structurantes dans la société, et les féministes ont encore de sacrés défis à relever !

DANS CE CHAPITRE

Sur Internet, dans les entreprises, dans la rue, elles sont partout !

•

Héritières et innovantes

•

Corps et sexualités : les tabous tombent

Chapitre 8

Le mouvement féministe aujourd'hui, à la croisée des chemins

Après l'essoufflement des années 1990, l'entrée dans le XXIe siècle s'accompagne d'un nouvel élan féministe. En 2017, le mot « féminisme » a été consacré mot de l'année par le dictionnaire Merriam-Webster (voir chapitre 1). Partout dans le monde, de plus en plus de femmes et d'hommes se disent féministes. C'est le cas de 68 % des Françaises et Français, selon une étude menée par le CSA en 2021, soit 16 points de plus qu'en 2016. Les femmes sont toujours plus nombreuses que les hommes. Côté générations : les moins de 34 ans et les plus de 65 ans sont plus enclins à se déclarer féministes que les générations qui les séparent. Faut-il parler d'une quatrième vague ? Les historien·ne·s sont réservé·e·s : il n'y a pas de réelle coupure temporelle avec les périodes dynamiques récentes – les militantes des années 1970 sont toujours bien actives. La continuité s'observe également dans les revendications portées. Quoi qu'il en soit, ça fourmille ! Tour d'horizon des organisations et des revendications pour mieux comprendre qui fait quoi dans ce mouvement en effervescence.

Des anciennes et des modernes ?

Dans l'univers féministe en France, certaines organisations semblent étrangères au temps ! Ce sont des organisations plutôt hiérarchisées (il y a des présidentes, des trésorières, des porte-parole), au sein desquelles collaborent salariées et bénévoles. Ces associations partagent une conception de leur lutte comme fondamentalement politique, qui induit la volonté de créer un rapport de force avec les pouvoirs publics. Elles interpellent les hommes et femmes politiques avec des revendications, lancent des campagnes auprès du grand public, organisent des manifestations.

Les historiques

Apparues au fil des anciennes vagues, ces associations ont traversé les remous. Il y a, par exemple, Femmes solidaires (créée en 1945), le Planning familial (1960), le Mouvement du nid (1971), la Fédération nationale des centres d'information sur les droits des femmes et des familles (1972), la Fédération nationale solidarité femmes (1976), la Fédération nationale GAMS (Groupe pour l'abolition des mutilations sexuelles féminines, 1982), le Collectif féministe contre le viol (1985), l'Association contre les violences faites aux femmes au travail (1985), la Coordination des associations pour le droit à l'avortement et à la contraception (1990), l'Assemblée des femmes (1992), Voix de femmes (contre les mariages forcés, 1998), les Chiennes de garde (1999), Ni putes ni soumises (2003).

Certaines réalisent une mission de quasi-service public, par :

» **l'accueil de femmes, qu'elles soient victimes de violences ou qu'elles cherchent une contraception ;**

» **des actions de sensibilisation à l'égalité filles-garçons dans les écoles.**

Pour cela, elles perçoivent des subventions publiques, mais qui sont insuffisantes et sans cesse rognées. Elles demeurent les principales interlocutrices des pouvoirs publics – nombreuses sont celles membres du Haut Conseil à l'égalité, cette institution consultative qui assure la concertation avec la société civile.

Le Haut Conseil à l'égalité, une institution féministe

Créé en 2013 et pensé par Danielle Bousquet, sa première présidente, le Haut Conseil à l'égalité est aujourd'hui l'institution nationale consultative indépendante chargée des droits des femmes et de l'égalité femmes-hommes. Composé de représentant·e·s des associations féministes, du monde académique et du monde politique, le Haut Conseil évalue les politiques publiques et formule des recommandations pour renforcer ces dernières, avec un objectif : atteindre l'égalité réelle entre les femmes et les hommes. En complément des nombreux rapports d'évaluation que le HCE réalise depuis sa création, il publie chaque année depuis 2019 un « état des lieux du sexisme en France ».

Le renouveau des années 2010

Plus récentes, nées autour des années 2010, ces organisations – plus tout à fait nouvelles, mais pas encore anciennes –, regroupent majoritairement des jeunes femmes. Il y a les plus politiques, qui portent une analyse féministe globale.

La première du genre, pionnière en cela, c'est Osez le féminisme !, une association généraliste (c'est-à-dire qu'elle mène le combat sur tous les fronts pour les droits des femmes), fondée en 2009, pour protester contre la menace de baisse des subventions publiques au Planning familial prévue par la réforme de la santé, dite « réforme Bachelot ».

Portrait de féministe

Caroline de Haas, née en septembre 1980, est une militante syndicale et féministe. Élue au bureau national du syndicat étudiant UNEF en 2003, elle devient ensuite trésorière puis secrétaire générale (2006-2009). En 2009, avec d'autres militantes, elle crée l'association Osez le féminisme !, association qu'elle quitte en 2011. Conseillère au sein du cabinet de Najat Vallaud-Belkacem, ministre des Droits des femmes nommée en 2012, elle assure notamment des formations à l'égalité auprès de l'ensemble des ministres du gouvernement. Elle est à l'initiative de nombreux projets, notamment la création d'une liste féministe aux élections européennes de 2014, le lancement de la pétition « Loi Travail : non, merci ! » contre la loi El Khomri (2016), et plus récemment, la mobilisation #NousToutes, évoquée plus loin.

Dans la même lignée, avec un accent plus prononcé sur la lutte des classes, citons Les Effronté·e·s, fondée en 2012.

Elles sont le symbole du renouveau du mouvement féministe aux débuts des années 2010.

Ces deux associations ont recruté notamment dans les mouvements de jeunesse de partis politiques ou dans le syndicalisme étudiant. Elles alternent entre les actions traditionnelles du mouvement féministe – rédaction de journaux, distributions de tracts, collages d'affiches, formations théoriques, manifestations – et l'occupation de l'espace médiatique et numérique.

Pour aller plus loin

Découvrir l'ouvrage *Luttes de femmes : 100 ans d'affiches féministes*, de Bibia Pavard et Michelle Zancarini-Fournel.

Les campagnes se jouent toujours dans la rue et aussi en ligne : les tracts deviennent des visuels, les meetings d'interpellation deviennent des campagnes d'interpellation sur Twitter, la mobilisation pour les manifestations et les formations se fait sur Facebook.

Événement marquant

Le 7 mars 2012 à la Cigale à Paris, les associations historiques et plus récentes, rassemblées au sein du collectif des Féministes en mouvement, réunissent l'ensemble des candidat·e·s à la présidentielle. Tour à tour, il leur est demandé : « Êtes-vous féministe ? – Je me doute qu'il faut que je réponde oui », répond Jean-Luc Mélenchon, candidat du Front de gauche. Éva Joly, candidate d'Europe-Écologie-Les-Verts indique « Je suis féministe et ça n'est pas d'aujourd'hui. » François Hollande, candidat du Parti socialiste, avance : « Je ne suis pas né féministe, je le suis devenu. »

Dans la même période naissent des associations plus horizontales, sans organigramme, et spécialistes des coups d'éclat :

- **La Barbe, fondée en 2008, se définit comme « un groupe orienté vers l'action ». Les « barbues » interviennent lors d'évènements non mixtes, où seuls des hommes occupent les tribunes : assemblées générales d'actionnaires, remises de prix, conseils départementaux, etc. Leur sens de la dérision et de l'ironie et leur souhait d'une organisation sans hiérarchie s'inscrivent pleinement dans l'état d'esprit des féministes de la seconde vague.**

Parole de féministe

« Partout où les hommes se croient en terrain conquis,
des femmes à barbe surgiront,
arborant les attributs du pouvoir,
jouant le jeu de la masculinité. »

- **Les Femen, groupe fondé à Kiev (Ukraine) en 2008, et présent en France depuis 2011, se revendiquent du « sextrémisme ». Lors de leurs actions, par les slogans inscrits sur leurs torses nus, contre Dominique Strauss-Kahn ou le pape, elles dénoncent les atteintes aux droits des femmes portées par les conservateurs de tous poils, souvent religieux.**

Toutes ces associations ont une implantation nationale et elles ont parfois des antennes partout en France. Sur la même période, de nombreuses associations féministes locales sont également créées.

Renouvellement des médias et contenus féministes

C'est aussi depuis ces années 2010 qu'apparaissent de nouveaux médias féministes, avec une accélération nette ces dernières années. Ils répondent aux questionnements de jeunes femmes qui pensaient l'égalité atteinte et qui subissent pourtant, dans leur quotidien, des remarques et injures sexistes jusqu'aux violences les plus graves. Citons par exemple :

» Les journaux, papier ou en ligne : *Cheek Magazine*, *Clara Magazine*, *Les Nouvelles News* et *50/50* ou, plus récemment, *La Déferlante* et *Gaze magazine*.

» Dans le sillage de *La Poudre*, lancé en 2016 par Lauren Bastide, de très nombreux podcasts abordent les questions féministes sous des angles variés : *Un podcast à soi*, *Les Couilles sur la table*, *Kiffe ta race*.

» De nombreuses newsletters et de nombreux comptes – collectifs ou individuels – prennent également de l'ampleur sur les réseaux sociaux, parfois suivis par des centaines de milliers d'abonné·e·s.

Le saviez-vous ?

Diplômée en féminisme, c'est désormais possible ! Les formations se développent sur l'ensemble du territoire (voir chapitre 12). L'institutionnalisation du féminisme et des études sur le genre comptent très certainement parmi les facteurs du sursaut féministe à l'œuvre.

En dehors des cadres traditionnels, l'expansion de l'espace de la cause des femmes

En parallèle de ces associations constituées, ont émergé ces dernières années une multitude d'initiatives individuelles ou semi-collectives, qui sont autant de nouveaux espaces d'engagement. Ces espaces deviennent le lieu de la mise en commun de connaissances et d'analyses, de partage d'expériences, qui permet une prise de conscience. Elles prennent la forme de groupes de réflexion ou de collectifs, mais sont moins « organisées » que les associations précédemment listées. On assiste à une véritable expansion de « l'espace de la cause des femmes », pour reprendre les termes de la sociologue Laure Bereni. Parmi ces initiatives, nombreuses sont celles qui ont pour cadre le cyberespace.

Sur le Web, les cyber-activistes

Elles agissent dans tous les espaces d'expression du Web (sites Internet, blog, réseaux sociaux, listes de diffusion, etc.). Ces espaces deviennent des réseaux de solidarité et d'entraide (de « sororité » !), ainsi que d'activisme, par l'expression d'un soutien à un propos ou une initiative (« like » ou partage), devenant ainsi ambassadrices féministes dans leurs réseaux, éventuellement non féministes. Il peut s'agir :

» de partager des contenus et des analyses féministes sur les réseaux sociaux ;

» de témoigner de situations de harcèlement et de violences sexistes et sexuelles vécues, à l'instar de @PayeTaShnek ou #BalanceTonPorc ;

» de dénoncer le sexisme, qu'il s'agisse de publicités sexistes, avec @pepite-sexiste, ou de la tenue d'évènements non mixtes, avec @JamaisSansElle ;

» de participer à des campagnes de mobilisation nationales ou internationales, à l'image de #NuncaMas (2013), appelant à poster une photo de soi avec, entre les mains, un slogan défendant le droit à l'avortement, en solidarité avec les Espagnoles se battant contre un recul de leurs droits ; ou encore #BringBackOurGirls (2014), pour réclamer la libération d'une centaine de lycéennes de Chibok (Nigeria) enlevées par le groupe terroriste Boko Haram. Et évidemment #MeToo, abordé ci-après.

Donna Haraway, le cyber-féminisme et les Cyborg

L'identification d'enjeux féministes dans les nouvelles technologies est apparue très tôt. Donna Haraway, philosophe et primatologue, en est l'une des pionnières. En 1991, elle publie son *Manifeste Cyborg*, dans lequel elle déconstruit l'idée alors répandue que les technologies seraient une affaire d'hommes. Au contraire, l'émergence d'un monde technologique y est vue comme une ouverture qui pourrait permettre d'en finir avec les stéréotypes. Belle utopie en ligne de mire !

Sur les murs, les collages féministes

À la fin des années 2010, un nouveau mode de dénonciation s'invite sur les murs des grandes villes françaises. Des feuilles A4, un feutre noir pour y inscrire des lettres en majuscules et de la colle : les colleur·euse·s témoignent leur solidarité aux victimes et dénoncent l'impunité des agresseurs avec des slogans percutants : « Nous te croyons », « En France : 1 viol toutes les 7 minutes » ou encore « Papa a tué Maman ».

Au travail, les sectorielles

Nombreuses sont également les initiatives de femmes au travail (universités, entreprises). Il peut s'agir de réseaux internes à des organisations ou de réseaux inter-organisations, qui visent à créer un espace de partage d'expériences entre femmes et de stratégies pour faire progresser leurs organisations ou leur secteur d'activité vers l'égalité :

» Les étudiantes : le Collectif de lutte anti-sexiste contre le harcèlement sexuel dans l'enseignement supérieur (CLASCHES), l'Observatoire des violences sexistes et sexuelles dans l'enseignement supérieur ainsi que des collectifs féministes propres à une école en particulier... ; et pour les plus anciennes, l'Association française des femmes diplômées des universités et du supérieur (AFDU) et Grandes Écoles au féminin.

» Les *business-women* : Business Professional Women ou Force femmes, pour l'emploi des femmes de plus de 45 ans.

» Les scientifiques : Femmes et sciences, Femmes et mathématiques, Femmes ingénieures ou Wi-Filles pour initier les filles aux métiers du numérique.

» Les chercheuses : Institut Émilie du Châtelet, REGINE sur le genre et le droit, ou les réseaux d'étudiant·e·s en genre (EFiGiES) ou de chercheur·e·s (RING) (voir chapitre 12).

» Les sportives : les Dégommeuses, qui promeuvent la pratique du football par les femmes, ou encore Femix'Sports et Égal Sport.

» Les journalistes et les communicantes : Toutes Femmes-Toutes Communicantes, Prenons la Une, l'Association des femmes journalistes.

» Les artistes : le Mouvement HF (en faveur de l'égalité entre les femmes et les hommes dans les arts et la culture), le collectif 50/50 pour l'égalité, la parité et la diversité dans le cinéma, Diaspora, l'AFFA-Tunnel des 50, qui dénonce l'absence de femmes de plus de 50 ans à l'écran ou encore le Collectif des Mattermittentes, qui revendique des congés maternité pour les intermittentes du spectacle.

» Les historiennes : Mnémosyne.

» Les politiques : l'Observatoire des violences sexistes et sexuelles en politique ou encore les commissions féministes au sein des partis politiques, des syndicats et des mouvements de jeunes.

» Les entrepreneuses : Led by Her (soutient les femmes victimes de violence qui souhaitent se lancer dans l'entrepreneuriat).

Les mécènes

Si toutes les militantes ont en commun de faire don de leur temps, certaines s'engagent pour lever des fonds et trouver du matériel pour le reverser à des associations/collectifs. Citons par exemple :

» les fonds et les fondations, telle que la Fondation des Femmes, le Fonds pour les femmes en Méditerranée, W4 et les fondations d'entreprise ;

» les collectes de dons, de protections menstruelles pour les femmes à la rue par exemple, à l'instar de l'organisation Règles élémentaires ou de l'ADSF – Agir pour le développement de la santé des femmes ;

» les associations qui soutiennent des projets de développement à l'étranger : Équilibre et Populations, Care international, Adéquations, Genre en action, Aster-International, Enda Europe.

Où est l'argent pour les droits des femmes ?

C'est la question posée par le mouvement féministe aux pouvoirs publics, devant la petitesse du budget attribué au ministère des Droits des femmes : 85 millions d'euros, c'est-à-dire le plus petit budget de l'État, 2,5 euros par an et par femme. Et pour ce qui concerne la lutte contre les violences faites aux femmes, le budget rapporté à la population est 10 fois moindre que celui mis sur la table en Espagne. Le budget français fait donc l'objet de nombreuses revendications portées par les associations féministes. En 2023, la Fondation des Femmes estime à 2,6 milliards le budget annuel minimum nécessaire, uniquement sur le volet violences sexistes et sexuelles.

Les institutionnelles

Les féministes ont aussi conquis leur place au sein des administrations publiques, ce sont les « féministes d'État ». On les trouve aussi dans les collectivités, qui s'impliquent de plus en plus. Plus de 270 collectivités françaises ont signé la Charte européenne pour l'égalité des femmes et des hommes dans la vie locale, un texte produit en 2006 par le conseil des communes et régions d'Europe. La Charte invite les collectivités à élaborer des plans d'actions pour que les politiques locales intègrent l'égalité femmes-hommes dans leurs objectifs. Et depuis 2014, les collectivités de plus de 20 000 habitant·e·s produisent chaque année un rapport, qui dresse un état des lieux de l'égalité dans le territoire, et propose des actions pour atteindre l'égalité.

Toutes ensemble ?

Toutes ces initiatives féministes sont autant de nouveaux espaces de solidarité entre femmes, ce que l'on appelle la sororité. Elle existe par les espaces de partage qu'elle permet, par les collectifs et les actions communes qui en ont émergé.

Au-delà des frontières

Cette solidarité dépasse souvent les frontières françaises. On peut penser aux manifestations – sous le slogan #NuncaMas – en France en solidarité avec les Espagnoles en 2014, lorsque le gouvernement en place a tenté d'attaquer le droit à l'avortement et, sur le même sujet, aux mobilisations en soutien aux Polonaises, aux Argentines ou aux États-Uniennes, avec la « Women March » à la suite de la première élection de Donald Trump, en 2017. Les mobilisations devant les ambassades sont fréquentes, tout comme les campagnes en ligne. Au niveau de la Commission et du Parlement européens, le Lobby européen des femmes porte la voix des associations féministes.

La Marche mondiale des femmes

Créée à la suite à la Conférence mondiale sur les femmes de Pékin en 1995, la Marche mondiale des femmes se présente comme « un mouvement mondial d'actions féministes assemblant des groupes et des organisations de la base œuvrant pour éliminer les causes qui sont à l'origine de la pauvreté et de la violence envers les femmes ». Tous les 5 ans, des milliers de femmes dans le monde se réunissent pour réaffirmer leur projet. Après la dernière marche, qui a eu lieu en octobre 2016 à Maputo (Mozambique), les militantes ont adopté une déclaration « Contre l'hétéro-patriarcat, le capitalisme, le racisme et le colonialisme » et contre « les fondamentalismes religieux et les politiques impérialistes ».

L'intersectionnalité

Mais certaines critiques émergent : ces initiatives s'adressent-elles à toutes les femmes ? Permettent-elles à toutes les femmes de se reconnaître ? Et à toutes les militantes d'être visibles à égalité ? C'est ce que pointent des féministes qui se disent intersectionnelles (voir chapitre 11). Certaines critiquent un féminisme « blanc » et « bourgeois », qui invisibiliserait les oppressions croisées que rencontrent par exemple les femmes racisées, les femmes précaires, les femmes handicapées ou encore les femmes lesbiennes.

Portrait de féministe

Maudy Piot (1941-2017) est psychothérapeute et analyste. Atteinte d'une rétinite pigmentaire, elle devient aveugle assez jeune. En 2003, elle fonde l'association Femmes pour le dire, femmes pour agir (FDFA) pour rendre visibles et lutter contre les violences sexistes que subissent plus particulièrement les femmes en situation de handicap. Sa devise : « Femmes handicapées, citoyennes avant tout ! »

Autre courant, celui de l'afro-féminisme. Inspiré des mouvements du *Black Feminism* (féminisme noir) des années 1970 aux États-Unis, porté notamment par Angela Davis, il défend des revendications au croisement des luttes féministes, anti-racistes et décoloniales. Il est incarné en France par des collectifs, tels que les Lesbiennes of Color, créé en 2009, ou Mwasi (« femme » en lingala), créé en 2014. La journaliste Rokhaya Diallo en est l'une des figures les plus médiatiques. Citons également la réalisatrice Amandine Gay qui, dans son documentaire *Ouvrir la voix* diffusé en 2016, donne la parole à 24 femmes noires, qui témoignent des difficultés, des injures et des stéréotypes qu'elles subissent, à l'intersection des discriminations sexistes et racistes. C'est aussi contre ces dernières que milite l'association Lallab, qui se définit comme « une association dont le but est de faire entendre les voix des femmes musulmanes ».

Les féministes sont-elles si « divisées » ?

Si la plupart des revendications et des analyses font consensus, le mouvement féministe est souvent présenté comme très divisé. Il est fréquent en particulier de pointer quatre sujets qui ne font pas consensus : le voile, la place des personnes trans, la gestation pour autrui et la prostitution. S'il y a de réelles lignes de division, elles sont bien plus fortes entre le mouvement féministe et les autres mouvements sociaux qu'au sein même du mouvement féministe. Pour en savoir plus, voir les chapitres 14 et 18.

Abolition 2012, une mobilisation efficace

Créé en 2011 par le mouvement du Nid, l'Amicale du nid et la Fondation Scelles à l'approche de l'élection présidentielle de 2012, et en soutien au rapport « sur la prostitution en France » des député·e·s Danielle Bousquet et Guy Geoffroy, le collectif Abolition 2012 est aujourd'hui composé de 62 associations. Il a coordonné la mobilisation en faveur de la loi d'abolition de la prostitution, par l'interpellation de candidat·e·s, ou encore l'animation de campagnes, pour déconstruire les idées reçues sur la prostitution et faire évoluer les mentalités sur ce qui, bien que présenté comme le plus vieux « métier » du monde, est surtout la plus vieille exploitation du monde. C'est ce qu'a reconnu la loi française en avril 2016.

Revendications : mais qu'est-ce qu'elles veulent encore ?

Parce qu'il interroge les relations entre les femmes et les hommes, le féminisme porte une analyse sur l'ensemble de l'organisation de la société, et rares sont désormais les espaces qui ne font pas l'objet d'analyses et de revendications. Travail, famille, sport, politique, sexualité, littérature, espace public, etc. : il n'y a plus beaucoup d'angles morts ! Toutefois, trois enjeux – pas nécessairement nouveaux – font l'objet d'une dynamique particulièrement remarquable ces dernières années : la lutte contre les violences sexistes et sexuelles, la réappropriation de leur corps par les femmes et, enfin, la question du travail.

Le harcèlement et les violences sexistes et sexuelles : une nouvelle vague

Le tsunami #MeToo

Le 5 octobre 2017, le *New York Times* publie des témoignages de femmes qui accusent le producteur américain Harvey Weinstein de viols et d'agressions sexuelles.

Événement marquant

Quelques jours plus tard, l'actrice Alyssa Milano lance un appel à témoignages sur Twitter, en utilisant le hashtag #MeToo (« moi aussi ») – inventé par la militante états-unienne Tarana Burke en 2006.

En 18 mois, plus de 19 millions de tweets ont utilisé ce mot-dièse. En France, la campagne se décline avec le hashtag #BalanceTonPorc, lancé par la journaliste Sandra Muller. Il dénonce les hommes qui ont agressé des femmes. Près d'un million de tweets sont recensés. Politique, média, sport, musique, médecine, finance, éducation, église : aucun secteur n'y échappe. Tous font l'objet de dénonciations – sur tous les réseaux – qui démontrent l'ampleur des violences sexistes et sexuelles que subissent les femmes. Elles ne sont pas des faits divers, mais bien un fait social, qui interroge l'organisation de la société et de toutes les sociétés.

La vague atteint près d'une centaine de pays, qui ont chacun leur déclinaison : #WatashiMo au Japon, #YoTambién en Espagne, #QuellaVoltaChe en Italie, #stilleføropptak en Norvège, #MeTooIndia en Inde, #MiraComoNosPonemos en Argentine, ou encore #MêmePasPeur repris dans plusieurs pays du continent africain. Ces dénonciations révèlent aussi la lourde chape de plomb qui pèse sur les victimes – qui sont rendues coupables des violences qu'elles ont subies. Elles rendent également visibles les obstacles qui jalonnent les parcours des femmes qui souhaitent les dénoncer en portant plainte.

Pour aller plus loin

Ces prises de parole courageuses font émerger une réflexion sur le consentement, à laquelle contribuera grandement l'ouvrage *Le Consentement*, publié en 2020 par Vanessa Springora, dans lequel elle dénonce l'emprise de l'écrivain Gabriel Matzneff, prédateur d'adolescentes couvert par le milieu littéraire de l'époque.

En France, la vague est aussi suivie, mais elle fait aussi l'objet de critiques. En janvier 2018, l'actrice Catherine Deneuve signe, aux côtés d'autres femmes, une tribune initiée par Élisabeth Levy défendant « la liberté d'importuner ». Elle reviendra sur ses propos quelques jours plus tard. En réponse, à l'initiative de la militante féministe Caroline de Haas, des activistes féministes co-signent une tribune le 10 janvier 2018 dans *Mediapart* :

Parole de féministe

« Les signataires de la tribune mélangent délibérément un rapport de séduction, basé sur le respect et le plaisir, avec une violence [...] [Elles] se trompent. Ce n'est pas une différence de degré entre la drague et le harcèlement mais une différence de nature [...] [Elles] parlent de l'éducation à donner aux petites filles pour qu'elles ne se laissent pas intimider. Les femmes sont donc désignées comme responsables de ne pas être agressées. Quand est-ce qu'on posera la question de la responsabilité des hommes de ne pas violer ou agresser ? »

Cette résistance française à la dénonciation du sexisme avait déjà été révélée autour des affaires dites « DSK » en 2011 et « Baupin » en 2016 ciblant des hommes politiques. Elle sera à nouveau sous les projecteurs lors des dénonciations, par plusieurs femmes, de violences sexuelles de la part de l'acteur Gérard Depardieu.

Événement marquant

L'affaire dite « DSK », du nom de Dominique Strauss-Kahn, alors candidat pressenti pour le Parti socialiste à l'élection présidentielle de 2012, émerge au printemps 2011 alors que celui-ci est accusé du viol de Nafissatou Diallo, femme de chambre à l'hôtel Sofitel de New York. À cette occasion, les déclarations médiatiques se succèdent, de la part d'hommes politiques ou intellectuels pour trouver des justifications sexistes, racistes et classistes, à l'instar du journaliste Jean-François Kahn qui évoque un « troussage de domestique ». Dans le même temps, la plupart des associations féministes dénoncent cette « culture du viol » et rappellent la difficulté pour les femmes de porter plainte. S'ouvrira alors un débat médiatique entre intellectuelles féministes autour de l'existence d'un supposé « féminisme à la française », thèse défendue notamment par la sociologue Irène Théry.

Jacqueline Sauvage et la mobilisation pour la grâce

En décembre 2015, Jacqueline Sauvage est condamnée en appel pour le meurtre de son conjoint, à l'issue de longues années de violences conjugales. La légitime défense invoquée par les avocates de l'accusée n'est pas reconnue. Seule issue pour obtenir sa libération : une grâce présidentielle. C'est la demande que feront ses trois filles – qui avaient par ailleurs témoigné de violences sexuelles commises par leur père. La demande est soutenue par une pétition en ligne lancée par la militante Karine Plassard. La pétition obtient plus de 300 000 signatures. Le Comité de soutien, présidé par la comédienne et autrice Éva Darlan, organise plusieurs rassemblements. En janvier 2016, François Hollande accorde une grâce présidentielle partielle, réduisant la peine de Jacqueline Sauvage et lui permettant de demander sa libération. En décembre de la même année, le président lui accordera finalement une grâce présidentielle totale, lui permettant de quitter le jour même la prison de Réau. Pour en savoir plus, voir le téléfilm *Jacqueline Sauvage : c'était lui ou moi*, réalisé par Yves Rénier et diffusé le 1er octobre 2018 sur TF1, avec Muriel Robin dans le rôle de Jacqueline Sauvage.

Les réseaux sociaux, espace de mobilisation... et de violences

Les nouvelles technologies et les réseaux sociaux, Twitter en particulier, ont joué un rôle clé dans la mobilisation féministe récente. Notons d'ailleurs l'action de l'association En Avant toutes !, qui propose un tchat, aux jeunes femmes qui se posent des questions sur leur couple et les violences qui peuvent y exister.

Mais ces espaces sont, dans le même temps, des espaces au sein desquels les femmes, en particulier les féministes, subissent injures et violences sexistes.

Événement marquant

L'affaire dite « de la Ligue du lol », qui a éclaté en février 2019, en est une vibrante illustration. Créé aux débuts de Twitter en France, en 2009, c'est un groupe Facebook composé de jeunes hommes journalistes et influents et qui, des années durant, parfois sous le couvert de l'anonymat, ont harcelé des internautes, essentiellement des femmes et des personnes racisées.

D'autres raids de harcèlement avaient fait parler d'eux auparavant. En juin 2016, la youtubeuse Marion Seclin a reçu plus de 40 000 messages d'injures sexistes en quelques jours, de menaces de viol ou de mort, à la suite de la publication d'une vidéo dénonçant le harcèlement de rue.

Pour aller plus loin

Le collectif Féministes contre le cyberharcèlement a contribué à faire connaître ce phénomène et accompagne les victimes dans leurs démarches de signalement et de plainte. Les militantes mènent également des actions de formation et de plaidoyer sur le sujet. Toutes les informations sur **https://www.vscyberh.org/**.

La loi a désormais progressé et permet de mieux condamner les raids, cette forme de harcèlement collectif, coordonné et concerté : c'était une recommandation du Haut Conseil à l'égalité, publiée dans un rapport en 2018 pour lequel un premier testing inédit sur le sexisme sur les réseaux sociaux avait été réalisé. Il a révélé la très grande impunité vis-à-vis de ces discours de haine sexiste. Seuls 8 % des contenus sexistes signalés sur Youtube, Facebook et Twitter avaient alors été supprimés par les plateformes.

Toujours dans la rue !

La mobilisation contre les violences s'exprime également dans la rue. La manifestation annuelle organisée à l'occasion de la journée internationale contre les violences masculines a rassemblé, en novembre 2018, 50 000 personnes dans les rues d'une cinquantaine de villes de France, dont 30 000 à Paris, notamment à l'initiative du collectif Nous toutes. Né en septembre de la même année, à l'initiative de militantes féministes telles que Caroline de Haas, Madeline Da Silva ou encore Fatima Benomar, le collectif a été rejoint par de nombreuses organisations féministes et politiques (Collectif national pour le droit des femmes, FSU, CFDT, CGT, Planning familial, Solidaires, UNEF, etc.).

Parole de féministe

Sur les pancartes, les slogans parlaient d'eux-mêmes : « Ras le viol ! », « Liberté, égalité, sororité », « Ta main sur mon cul, ma main dans ta gueule ».

En marge du cortège, des militantes afro-féministes ou contre l'abolition de la prostitution, rendent visibles leurs revendications, sous la bannière « Nous aussi ».

Cette manifestation féministe compte sans aucun doute parmi les plus importantes jamais organisées en France. Néanmoins, si on la compare aux marches féministes de ces dernières années ailleurs dans le monde, les chiffres français paraissent proportionnellement faibles. Aux États-Unis, en réaction à l'élection de Donald Trump et à sa politique, la première *Women's March* a réuni, en janvier 2017, plusieurs centaines de milliers de personnes à Washington et dans une cinquantaine de villes américaines. Sous la banderole « Ni una menos » (« Pas une de moins ») lancée par des militantes féministes argentines, des manifestations massives se sont tenues ces dernières années dans plus de cent villes en Amérique latine, rassemblant jusqu'à 500 000 personnes en mars 2018, à Buenos Aires. En août 2018, plus de 4 000 femmes demandaient « Senzeni na » (« Qu'avons-nous fait ? » en zoulou), dans les rues de Pretoria, en Afrique du Sud. En janvier 2019, plusieurs millions d'Indiennes constituent une chaîne humaine sur 620 kilomètres, avec un mot d'ordre « contre le patriarcat ! ». Dans ces pays dits « du sud », les mots d'ordre associent souvent féminisme, lutte contre le néo-libéralisme et droits des peuples, et notamment des femmes autochtones (voir chapitre 11).

Corps et sexualités : les tabous tombent

La réappropriation de leurs corps par les femmes est une histoire ancienne des mouvements féministes, au fondement de la deuxième vague du féminisme (voir chapitre 7). Cette dernière a permis la conquête de droits fondamentaux pour la liberté des femmes, tels que le droit à la contraception et à l'avortement. Pour autant, le parcours vers la pleine autonomie des femmes reste encore aujourd'hui semé d'embûches.

Les règles

Un sujet a connu une dynamique particulièrement vive ces dernières années : celui des règles. Longtemps, le sang menstruel a été affublé de propriétés peu élogieuses, servant toujours de prétexte à l'exclusion des femmes des champs, des églises ou de divers lieux de pouvoir. Les initiatives visant à lever le tabou des règles, à les désacraliser et à permettre aux femmes d'en parler et de ne plus en souffrir en silence se sont multipliées. Elles font désormais l'objet :

» De campagnes de sensibilisation du grand public, à l'instar de la campagne « Sang Tabou », lancée en 2014 par Osez le féminisme !

» D'ouvrages dédiés : *Le Grand Mystère des règles*, de Jack Parker ; *Ceci est mon sang*, d'Élise Thiébaut.

» De créations artistiques : *Chattologie*, un spectacle de Klaire fait Grr ; *Menstrala*, une série d'œuvres réalisées avec du sang menstruel, par Vanessa Tiegs ; la série de photographies « Period » de Rupi Kaur.

» D'un traitement médiatique renouvelé, à l'instar du dossier de *L'Équipe* intitulé « Les règles : les championnes brisent le dernier tabou du sport ».

» De revendications, telle que la gratuité des produits hygiéniques pour les femmes précaires ou encore une meilleure connaissance et reconnaissance des maladies qui y sont liées, à l'image d'Endo France ou Info endométriose, qui militent pour faire mieux connaître l'endométriose. Cette maladie réfère au dérèglement de l'endomètre, qui concerne une femme sur dix. L'endométriose est souvent mal et tardivement diagnostiquée, au motif que les douleurs seraient normales ou que les femmes seraient trop sensibles.

Une première victoire a été obtenue en 2015, grâce notamment à l'action de l'association Georgette Sand, permettant d'abaisser la taxe sur la valeur ajoutée (TVA) applicable aux protections périodiques de 20 % à 5,5 %, soit celle applicable aux produits de première nécessité. Rappelons que les femmes dépensent en moyenne 1500 € au cours de leur vie pour ces protections hygiéniques.

Les mobilisations s'amplifient également pour revendiquer la prise en charge d'un congé dit « menstruel » en cas de règles incapacitantes. Plusieurs collectivités territoriales l'ont déjà mis en place, prenant exemple sur l'Espagne.

Paye ton utérus

Plus largement, la réappropriation de leurs corps par les femmes passe par la dénonciation des violences gynécologiques et obstétricales, auxquelles doivent faire face encore de nombreuses femmes.

Le saviez-vous ?

En novembre 2014, le hashtag #PayeTonUtérus avait fait émerger, en 24 heures, plus de 7 000 témoignages de femmes dénonçant les propos stigmatisants de professionnel·le·s de santé : sur le physique des patientes, leur poids, leur volonté ou non d'avoir un enfant, ainsi que des examens vaginaux brutaux, parfois pratiqués sans leur consentement et des violences sexuelles caractérisées.

Plusieurs associations sont mobilisées, telles que l'Institut de recherche et d'action pour la santé des femmes (IRASF) ou le Collectif interassociatif autour de la naissance (CIANE). Notons également les ouvrages suivant : *Le Livre noir de la gynécologie* de Mélanie Dechalotte, *Accouchement : les femmes méritent mieux* de Marie-Hélène Lahaye ; ou encore le site *lesflux.fr*, qui se présente comme « une initiative féministe pour la réappropriation des savoirs gynécologiques ».

Pour aller plus loin

À l'occasion de la Journée internationale de lutte pour les droits des femmes, l'association Osez le féminisme ! a aussi lancé, le 8 mars 2019, une campagne « À notre santée : pour une santé féministe des filles et des femmes », et publié une enquête menée auprès des femmes, qui révèle que 87 % d'entre elles ont déjà été gênées par le comportement d'un·e professionnel·le de santé. Sa revendication ? « Exiger une politique de santé publique qui fasse de la lutte contre les biais et violences sexistes un axe transversal et une priorité assortie de moyens ambitieux. » Voir : **anotresantee.olf.site**.

La sexualité des femmes

Autre bastion à nouveau attaqué récemment : la sexualité des femmes et le plaisir. Elles dénoncent des rapports sexuels trop souvent clos par l'orgasme du partenaire homme et le fait de fréquemment simuler leur propre orgasme. En cause, notamment : les stéréotypes associés à la sexualité des femmes, qui seraient plus… cérébrales ! Avec son compte Instagram @Orgasme_et_moi, la militante Charline Vermont partage avec son million d'abonné·e·s des conseils pour s'éduquer à une sexualité libre et positive, à tout âge !

En 2011, dans sa campagne « Osez le clito ! », l'association Osez le féminisme !, toujours elle, rappelait déjà « qu'il s'agisse de livres scolaires ou médicaux, d'expositions, de littérature érotique, de pornographie, de recherches médicales ou tout simplement de rapports humains, le clitoris est très souvent oublié, considéré comme mineur ou cantonné aux préliminaires ». Rappelons qu'une fille de 15 ans sur quatre ne sait pas qu'elle a un clitoris.

La maternité

« Un enfant, quand je veux, si je veux » est un slogan emblématique des luttes féministes pour les droits sexuels et reproductifs, en particulier dans les années 1970. Cinquante ans plus tard, les réflexions et les mouvements féministes défendent toujours d'arrache-pied l'accès libre et gratuit à la contraception et à l'avortement pour toutes les femmes, mais englobent également le choix de ne pas avoir d'enfant du tout (les « child free » en anglais) ou les enjeux d'une grossesse et d'une parentalité féministes.

Pour aller plus loin

Dans *Choisir d'être mère : Tout ce qu'on ne vous a pas dit sur la parentalité*, la journaliste et autrice Renée Greusard s'adresse aux futures mères, en mêlant son expérience personnelle à des interviews d'autres femmes, de médecins et de chercheur·se·s.

Le travail et les grèves féministes

Enfin, ces dernières années ont vu la montée en puissance de grèves féministes.

Événement marquant

Les militantes ont en tête la grève massive des femmes du 24 octobre 1975, en Islande. Le pays avait été totalement paralysé. Et pour cause, dans ce pays de 217 000 personnes à l'époque, 95 % des femmes s'étaient mises en grève et près de 30 000 d'entre elles avaient rejoint Reykjavik pour manifester contre la double journée de travail (professionnelle et domestique).

En Espagne, le 8 mars 2018, 5 millions de personnes ont battu le pavé, lors d'une manifestation organisée à l'initiative de la commission 8-M, une fédération d'associations féministes, rejointe par des organisations sociales et syndicales. C'est probablement la plus grande mobilisation féministe de l'Histoire.

Parole de féministe

Dans leur manifeste, les militantes espagnoles expliquent : « Notre plan est de paralyser toutes les tâches et activités invisibles que les femmes font habituellement, dans tous les différents niveaux et lieux. Plus précisément, nous appelons à une grève des tâches ménagères et des soins dans le secteur privé, une grève du travail et une grève de la consommation et une grève des étudiant·e·s à tous les niveaux d'éducation ».

Selon le quotidien *El País*, 82 % de la population espagnole estimaient la grève justifiée.

De telles initiatives peinent, pour l'heure, à prendre en France, et les appels à la grève féministe restent timidement suivis.

Notons également la mobilisation autour de la loi Travail, pour dénoncer ses effets sur la précarisation des femmes, et les campagnes et mobilisations régulières autour des réformes successives du système de retraite (2010, 2013, 2019, 2023), alors que la pension moyenne des femmes représente 58 % de celle des hommes.

L'égalité salariale est au cœur des revendications portées dans les grèves féministes, parmi d'autres, car ces grèves interrogent plus largement l'organisation du travail et, notamment, la précarité – qui touche d'abord les femmes. Ce n'est sans doute pas un hasard si ces dernières ont été très mobilisées pendant le mouvement des Gilets jaunes, né à la fin de l'année 2018.

Parole de féministe

Dans le cadre de la préparation de la grève féministe suisse, les militantes expliquent leur démarche : « La grève féministe et des femmes du 14 juin 2019 se fera avec toutes celles qui veulent participer, chacune selon ses possibilités. Ce sera une grève du travail rémunéré, une grève du travail domestique et de soin non rémunéré, mais aussi une grève des étudiantes et une grève de la consommation. Ensemble, faisons grève le 14 juin 2019 pour l'égalité, contre les discriminations et la violence sexiste ! »

Partie 3

Le féminisme en idées : les grands courants de pensée

Dans cette partie...

Au-delà des mobilisations, des phrases chocs et des t-shirts à l'effigie de Beyoncé, que produit le féminisme ? Quelles intellectuelles font référence ? Et s'agit-il d'une pensée uniforme ? Eh bien, comme tout mouvement politique, le féminisme s'est construit grâce à des intellectuel·le·s et des activistes, voire des intellectuel·le·s activistes ! Il s'agit essentiellement de femmes – mais pas seulement – qui ont déconstruit le monde patriarcal dans lequel elles ont grandi. Elles ont théorisé la domination masculine qui le caractérise et ont tenté de l'expliquer. Elles n'ont pas toutes la même analyse, et le féminisme est aussi le théâtre de débats, de rapports de force. Il y a 1 000 manières d'être féministe. C'est aussi ce qui fait la force et la richesse de ce mouvement.

DANS CE CHAPITRE

Simone de Beauvoir, une jeune fille peu rangée

•

Une critique avant-gardiste du mariage

•

Un livre fondateur du féminisme moderne

•

Elles se revendiquent « beauvoiriennes »

Chapitre 9

Un livre fondateur : *Le Deuxième Sexe* de Simone de Beauvoir

Le Deuxième Sexe est publié en 1949 par Simone de Beauvoir. S'il constitue une œuvre majeure de la philosophie, il est surtout considéré comme un des textes fondateurs du féminisme moderne et fait toujours référence aujourd'hui. Son propos, incisif, parfois drôle, en fait l'un des livres féministes les plus complets. Il aborde les inégalités entre les femmes et les hommes au travers de nombreuses disciplines et analyse de manière très concrète le vécu des femmes, différent de celui des hommes et ce, dès le plus jeune âge.

À sa publication, ce livre provoque de violentes réactions tout en connaissant un immense succès, vendu à plusieurs millions d'exemplaires dans le monde entier et traduit dans des dizaines de langues. Le tollé qu'entraine sa publication est bien évidemment lié à son contenu novateur, mais aussi à la notoriété de son autrice, intellectuelle, et également « femme de ».

Simone de Beauvoir, une jeune fille peu rangée

Comme elle le racontera elle-même, le milieu social dans lequel Simone de Beauvoir est née et a grandi la prédestinait plus au mariage et à la maternité qu'à la philosophie et au féminisme.

Dès l'enfance, construire sa propre voie

Éduquée dans une tradition bourgeoise, Simone de Beauvoir grandit aux côtés d'un père qui l'encourage très tôt à la lecture et d'une mère attachée aux traditions catholiques.

Le saviez-vous ?

Parce qu'elle est toujours première en classe, son père dit d'elle qu'elle a « un cerveau d'homme ». Rapidement critique face aux conventions de son milieu, elle dévia toute sa vie, par ses prises de position et ses choix personnels, de la route qui lui était originellement tracée.

Elle obtient le baccalauréat alors que ses camarades de classe se marient. Elle est reçue deuxième au concours d'agrégation de philosophie en 1929, juste derrière celui qui partagera sa vie et son cheminement intellectuel : Jean-Paul Sartre. Leur couple, en lui-même, remet d'ailleurs en question les traditions de l'époque : chacun·e est sur un pied d'égalité avec l'autre et dans une relation libre qui n'interdit pas à Simone de Beauvoir de nouer d'autres liaisons, hétérosexuelles comme lesbiennes.

L'autrice se caractérise, aussi bien dans ses écrits que dans ses interviews, par un style direct, non sans humour. Elle n'est pas avare non plus de piques à l'attention de penseurs dont elle conteste les théories : Sigmund Freud, Jean-Jacques Rousseau ou encore Auguste Comte sont ses cibles privilégiées ! Elle n'épargne pas non plus l'éditorialiste du *Figaro Littéraire*, François Mauriac, qui sera un des chefs de file de la croisade contre *Le Deuxième Sexe* à sa sortie.

Parole de féministe

Simone de Beauvoir écrit à son sujet : « Nul n'est plus arrogant à l'égard des femmes, agressif ou dédaigneux, qu'un homme inquiet de sa virilité. »

Lors de la publication du *Deuxième Sexe* en 1949, Beauvoir n'est pas une inconnue. Elle est déjà une intellectuelle en vue, qui écrit pour la revue philosophique *Les Temps modernes* et voyage régulièrement aux États-Unis pour donner des conférences.

Le saviez-vous ?

Simone de Beauvoir est souvent appelée « le castor ». Il s'agit du surnom que lui donnait René Maheu, un ami normalien, comme elle le raconte dans *Mémoires d'une jeune fille rangée*. Ce surnom est repris plus tard par Sartre et fait allusion au fait que son nom de famille – « Beauvoir » – est proche de l'anglais *beaver* (signifiant « castor ») et que, comme elle, « les castors vont en bande et ils ont l'esprit constructeur » ainsi que le lui dit Maheu.

Pour aller plus loin

La vie de Simone de Beauvoir est, en elle-même, hors normes. Relire son autobiographie en quatre tomes est instructif sur le cheminement de cette intellectuelle dont les réflexions marqueront une étape cruciale de la pensée féministe : *Mémoires d'une jeune fille rangée*, *La Force de l'âge*, *La Force des choses* et *Tout compte fait*.

Le contexte de l'après-guerre

Le contexte d'après-guerre peut expliquer à la fois le succès et les oppositions farouches que déclenche *Le Deuxième Sexe*.

En 1945, les femmes votent pour la première fois et l'on retient souvent que cet événement est un cadeau octroyé aux femmes par le général de Gaulle pour l'effort de guerre, alors qu'il est avant tout l'aboutissement d'une lutte féministe. Quoi qu'il en soit, cette avancée notable pour les droits des femmes ne compense pas une période d'après-guerre qui leur est finalement peu favorable. Les héros nationaux sont des hommes, les maris sont de retour, et les femmes, après les avoir acclamés sur les bords des routes, reprennent leur place, au foyer.

L'avortement est un crime depuis l'entre-deux-guerres, et les femmes sont fortement incitées – y compris financièrement, par l'allocation de salaire unique – à avoir des enfants. Le *baby-boom* post-1945, alors que la population souhaite tourner le dos à cinq années terribles du fascisme, renforcera également l'idéal de la mère au foyer. Le régime pétainiste, qui avait pour devise « Travail, Famille, Patrie », et inscrit la fête des mères au calendrier, a laissé quelques traces.

Néanmoins, ce contexte hors du commun est aussi celui qui verra émerger des idées transformatrices. Il s'agit de repenser l'humanité après avoir connu l'inhumain.

Les grandes thèses de l'ouvrage

Jusqu'alors, les analyses et les mouvements féministes se consacraient à revendiquer les mêmes droits pour les femmes que pour les hommes, notamment celui de voter. L'analyse de Beauvoir marque une rupture majeure. D'abord parce qu'elle mobilise des disciplines très diverses pour démontrer que le sexe biologique ne détermine en rien les destins différenciés des femmes et des hommes. Ensuite, parce qu'elle explore des thèmes jusqu'alors passés sous silence et encore très tabous : l'éducation des enfants, la sexualité des femmes ou encore la maternité.

Enfin, une femme qui écrit sur les femmes et dont les écrits connaissent un tel retentissement constitue déjà, en soi, une petite révolution.

Une analyse pionnière

Le choc est peut-être moindre aujourd'hui qu'il y a soixante-dix ans pour celles et ceux qui entreprennent la lecture du *Deuxième Sexe*. Aujourd'hui, nous connaissons mieux l'analyse féministe des inégalités entre les femmes et les hommes et nous remettons peut-être plus facilement en cause les tabous liés à la sexualité, au mariage ou au lesbianisme. Il n'empêche, beaucoup de chemin reste à parcourir, et les propos de Simone de Beauvoir restent d'une actualité déconcertante !

Une véritable encyclopédie de la pensée féministe

Le saviez-vous ?

Le Deuxième sexe est divisé en deux tomes, composés respectivement de trois et quatre parties. Le tome I – *Les Faits et les Mythes* – développe dans une première partie intitulée « Destin », une analyse critique de la biologie, de la psychanalyse et du matérialisme historique (qui consiste à analyser l'histoire au prisme des rapports sociaux). Dans une deuxième partie, Beauvoir passe en revue l'« Histoire » des droits des femmes en montrant que ceux-ci n'ont pas connu une progression linéaire. Enfin, elle livre, dans la troisième partie, une analyse des « Mythes » et en particulier de la « féminité ».

Le deuxième tome, qui reste le plus commenté et le plus étudié aujourd'hui, est intitulé « L'expérience vécue ». Il passe en revue différentes étapes clés de la vie des femmes : « la formation », « la situation », « les justifications » et pose les jalons, dans une quatrième partie, d'une ère nouvelle : « vers la libération ». Son propos introductif explicite son intention :

Parole de féministe

« Comment la femme fait-elle l'apprentissage de sa condition, comment l'éprouve-t-elle, dans quel univers se trouve-t-elle enfermée, quelles évasions lui sont permises, voilà ce que je chercherai à décrire. »

Des centaines de milliers de femmes se reconnaissent dans cette description, véritable cri de révolte, de ce qu'est la vie d'une femme, de « l'enfance » à « la vieillesse ».

L'ouvrage de Beauvoir, par son analyse globale des inégalités et sa diffusion massive, permet d'ouvrir les yeux sur les mécanismes de la domination qui imprègnent l'ensemble de la société. Elle n'hésite pas à remettre en cause des intellectuels et des auteurs philosophes, politistes, biologistes et psychanalystes qui, selon elle, légitiment les inégalités par des démonstrations erronées. Dans *Le Deuxième Sexe*, Simone de Beauvoir chausse les lunettes du genre pour décrypter toutes les composantes de notre monde.

Le saviez-vous ?

Nous avons vu dans le chapitre 3 ce que le genre signifie. « Chausser les lunettes du genre » est une expression bien connue des intellectuel·le·s féministes. Elle décrit le fait d'analyser la société en regardant aussi bien les expériences des femmes que celles des hommes et en remettant en cause le caractère naturel des différences observées. Ici, Simone de Beauvoir chausse les lunettes du genre pour revisiter l'histoire, la biologie, l'éducation des enfants, la sexualité, etc., en partant du point de vue nié jusqu'alors : celui des femmes.

Un pavé dans la mare

Comme nous l'évoquerons un peu plus loin, la lecture du *Deuxième Sexe* sera vertigineuse pour des millions de lecteurs, mais surtout de lectrices. En 1949, le livre fait l'effet d'une bombe dans le monde intellectuel de l'époque. Car l'apport majeur de Simone de Beauvoir est de démonter l'idée selon laquelle il existerait une différence entre les sexes. Pour celles – et surtout ceux – qui veulent garder le monde tel qu'il est à l'époque, son livre représente donc un véritable danger !

Parole de féministe

« Je m'étais mise à regarder les femmes d'un œil neuf et j'allais de surprise en surprise. C'est étrange et c'est stimulant de découvrir soudain, à quarante ans, un aspect du monde qui crève les yeux et qu'on ne voyait pas » (Simone De Beauvoir, *La Force des choses*, 1963).

Partir du vécu des femmes

À l'époque, les organisations féministes se concentrent encore sur des revendications en matière d'égalité des droits. Les femmes ont pu voter pour la première fois quatre ans plus tôt, et la réforme de la Constitution de 1946 inscrit désormais dans son Préambule : « La loi garantit à la femme, dans tous les domaines, des droits égaux à ceux de l'homme. »

Beauvoir, elle, parle de l'intime : du couple, de la sexualité, de la maternité. C'est ce qui peut expliquer, en partie, le « choc » que de nombreuses femmes disent avoir ressenti à la lecture de l'ouvrage. Jusque-là, rares étaient les écrits sur le tabou des règles, l'aliénation due aux grossesses répétées, la dépendance économique des femmes ou encore sur l'injonction au mariage.

Comme l'indique le titre du second tome, *Le Deuxième Sexe* part des femmes elles-mêmes, de l'« expérience vécue ». Beauvoir écrit d'ailleurs à la première personne du singulier tout au long de l'ouvrage et y livre son expérience et ses réflexions personnelles.

« On ne naît pas femme, on le devient »

Parole de féministe

« On ne naît pas femme : on le devient », cette citation est sans conteste la plus connue de toute l'œuvre de Simone de Beauvoir. Et reste sans doute aujourd'hui encore la citation féministe la plus populaire.

Cette phrase, qui débute le tome II du *Deuxième Sexe,* est d'ailleurs représentative du propos principal qu'y développe Simone de Beauvoir. En effet, même si l'exercice est périlleux, on pourrait peut-être résumer l'apport principal de la théorie beauvoirienne à deux idées principales :

» **Premièrement, les rôles et les qualités que la société attribue à « la femme » n'ont rien de naturels et sont historiquement construits.**

» **Deuxièmement, les individus, hommes et femmes, sont façonné·e·s tout au long de leur vie pour correspondre à ces attentes, toujours au détriment des femmes. Les inégalités entre les femmes et les hommes sont donc idéologiquement construites.**

Arrivé·e·s à ce point de votre lecture, vous devriez certainement être convaincu·e·s que les inégalités entre les femmes et les hommes ne sont pas inscrites dans nos gènes. Pour l'époque, cette affirmation est révolutionnaire, comme elle l'est aujourd'hui encore pour celles et ceux qui défendent des rôles complémentaires pour les femmes et les hommes.

Pour en arriver à cette conclusion, Simone de Beauvoir s'appuie sur un travail colossal de lecture critique de toutes les théories biologiques, psychanalytiques et historiques ayant tenté de légitimer une supériorité supposée « naturelle » des hommes sur les femmes, qui aurait toujours existé et qui serait non seulement immuable, mais souhaitable.

Fabriquer des petites filles modèles

Or, le meilleur moyen pour façonner des petites filles modèles, c'est l'éducation. Poullain de la Barre, au XVIIe siècle, et Mary Wollstonecraft, autrice anglaise du XVIIIe siècle, avaient déjà mis l'accent sur le faible accès des femmes à l'éducation comme une cause des inégalités. Au-delà de l'instruction scolaire, Beauvoir traite de l'éducation au sens de socialisation, pointant le rôle de la famille et de la société dans son ensemble. Elle décrit longuement comment, partant de deux nourrissons – fille et garçon –en tous points quasi identiques, c'est l'intervention d'autrui qui va, dès leurs premières années, leur insuffler leur « vocation ». La « féminité » n'est pas innée, c'est l'éducation que les femmes reçoivent dès leur naissance, bien plus que les déterminants biologiques, qui font d'elles ce qu'elles sont. Beauvoir appuie cette thèse en retraçant l'éducation de « la femme » depuis son enfance, en passant par son adolescence et ses relations sexuelles. L'image de « la femme » est donc un construit social qui infantilise les femmes, les rend soumises aux regards des hommes et dépendantes d'eux financièrement.

Vingt ans plus tard, Simone de Beauvoir mesure le chemin parcouru dans son livre *Tout compte fait* (1972). Elle confirme sa thèse en matière d'éducation, mais estime désormais qu'elle devrait être complétée par l'assertion : « On ne naît pas mâle, on le devient. » Car, dit-elle, « la virilité non plus n'est pas donnée au départ ».

Parole de féministe

Interrogeant la notion de talent et sa supposée inégale répartition entre les sexes, Simone de Beauvoir écrira également :

« On ne naît pas génie : on le devient ; et la condition féminine a rendu jusqu'à présent ce devenir impossible. »

Elle reprend d'ailleurs à son compte la question de Marie Bashkirtseff, peintre et sculptrice d'origine ukrainienne : « Je voudrais être un homme, je sais que je pourrais devenir quelqu'un, mais avec des jupes, où voulez-vous qu'on aille ? » Cette remise en cause du mythe du génie créateur masculin résonne encore aujourd'hui, à l'heure où la dénonciation des inégalités entre les femmes et les hommes dans les arts et la culture est vive (voir chapitre 19).

Remettre en cause la « féminité » pour libérer les femmes

« C'est en niant la Femme qu'on peut aider les femmes à s'assumer comme des êtres humains. » Cette affirmation libératrice pourrait tout à fait trouver un écho au XXIe siècle, où l'on entend encore parfois parler de « la Femme », au singulier, avec ou sans majuscule. Il n'est pas rare, par exemple, de voir fleurir des réductions pour des produits de beauté ou des vêtements à l'occasion du 8 mars, que l'on appelle à tort la « journée de la femme ». Ainsi, « la Femme » renvoie à une image figée de ce que sont et doivent être les femmes et suggère que toutes partagent nécessairement des qualités propres à leur sexe (douceur, dévouement, instinct maternel...). De la même manière que « le Noir » et « le Juif » n'existent pas, « la Femme » est un mythe qui réduit et enferme LES femmes.

En déconstruisant le mythe d'une nature dite « féminine », Simone de Beauvoir met à mal à la fois « la Femme » et « la féminité », qu'elle qualifie d'« obscure et irréductible essence ». Elle considère que la féminité est un construit de la culture qui enferme les femmes dans certaines cases : la coquetterie, la séduction, la frivolité et la soumission à « l'homme ». Exalter « la femme » au nom de sa féminité, écrit-elle, « est le plus sûr moyen de la desservir » et d'entraver sa construction en tant qu'être pensant.

Le saviez-vous ?

Selon elle, la féminité fait des femmes des objets sans prise sur le monde, dont les accessoires servent moins à accentuer la cambrure qu'à entraver leurs déplacements. Ainsi, « la Chinoise aux pieds bandés peut à peine marcher, les griffes vernies de la star d'Hollywood la privent de ses mains », de même – pourrait-on ajouter – que les talons, les faux cils, les vêtements ultra-moulants et les brushings peuvent gêner les femmes.

Beauvoir réfute l'idée d'une « égalité dans la différence ». Prenant appui sur les discriminations imposées aux Noir·e·s états-unien·ne·s, elle rappelle : « qu'il s'agisse d'une race, d'une caste, d'une classe, d'un sexe réduit à une condition inférieure, les processus de justification sont les mêmes ». « L'éternel féminin », c'est l'homologue de « l'âme noire » et du « caractère juif ». Elle met en parallèle la conception du « bon Noir à l'âme inconsciente, enfantine, rieuse » à celle de la femme « vraiment femme » : frivole, puérile, irresponsable... en un mot : soumise.

Nous verrons, dans le chapitre 11, que faire le lien entre les systèmes d'oppression liés à la classe, la race ou au sexe constitue aujourd'hui un cheminement académique important des analyses féministes. Si Simone de Beauvoir ne développe pas encore le concept d'« intersectionnalité », elle a déjà en tête qu'on ne peut isoler l'étude du sexisme des autres formes de discriminations.

La galanterie pointée du doigt

Enfin, *Le Deuxième Sexe* livre à demi-mot une critique avant-gardiste de la galanterie. Cette habitude, sous prétexte de rendre service aux femmes et de valoriser leur féminité, ne fait que contribuer, selon Beauvoir, à leur dépendance :

Parole de féministe

« Il est convenu qu'en toutes circonstances insignifiantes l'homme doit s'effacer devant elles, leur céder la première place ; au lieu de leur faire porter les fardeaux comme dans les sociétés primitives, on s'empresse de les décharger de toute tâche pénible et de tout souci : c'est les délivrer du même coup de toute responsabilité. On espère qu'ainsi dupées, séduites par la facilité de leur condition, elles accepteront le rôle de mère et de ménagère dans lequel on veut les confiner. »

« L'instinct maternel » n'a rien d'instinctif

Le chapitre sur la maternité est l'un de ceux qui font le plus scandale, à une époque où l'État français promeut une forte politique nataliste et encourage les femmes à avoir des enfants. Beauvoir, qui choisit d'ailleurs de ne pas avoir d'enfant, montrera que « l'instinct maternel » n'a rien d'instinctif : d'abord parce que toutes les femmes ne désirent pas avoir des enfants, et ensuite parce que la vocation maternelle, lorsqu'elle existe, est le fruit de l'éducation que reçoivent les petites filles dès le plus jeune âge. Ici encore, « l'inné » est mis à mal par *Le Deuxième Sexe*.

La capacité d'enfanter : pouvoir ou prison ?

S'appuyant sur les travaux de l'anthropologue Claude Lévi-Strauss qui vient alors de terminer sa thèse, Beauvoir pointe la capacité des femmes à enfanter comme l'une des principales raisons des inégalités entre les femmes et les hommes. Parce qu'elles sont nécessaires à la perpétuation de l'espèce, les hommes veulent s'assurer du contrôle de leurs relations sexuelles et de leur capacité reproductive : « L'homme sait que pour assouvir ses désirs, pour perpétuer son existence, la femme lui est indispensable. »

Cherchant l'origine des inégalités entre les sexes et de la volonté de soumettre les femmes, Beauvoir estime qu'elles se sont développées progressivement avec l'avènement de la propriété privée, du patrimoine et, par ricochet, de l'héritage.

Car, dans la plupart des sociétés, l'héritage revient aux descendants, et les hommes veulent s'assurer le contrôle des biens. Ainsi, les femmes doivent rester vierges jusqu'au mariage, l'infidélité leur est largement moins pardonnée qu'aux hommes et les grossesses constituent un devoir, pour la perpétuation de l'espèce humaine. C'est une idée que l'anthropologue Françoise Héritier, ancienne élève de Lévi-Strauss, développera et approfondira quelques décennies plus tard, considérant le « privilège exorbitant d'enfanter » comme le fondement majeur de la domination masculine.

Pour aller plus loin

Françoise Héritier, *Masculin, Féminin. La pensée de la différence*, Paris, Odile Jacob, 1996.

Une « vocation » inculquée

Beauvoir démonte également l'idée selon laquelle les femmes seraient, par essence, vouées à être enceintes. « L'amour maternel n'a rien de naturel » écrit-elle.

Parole de féministe

« La fillette constate que le soin des enfants revient à la mère, on le lui enseigne ; récits entendus, livres lus, toute sa petite expérience le confirme ; on l'encourage à s'enchanter de ces richesses futures, on lui donne des poupées pour qu'elles prennent d'ores et déjà un aspect tangible » (Simone de Beauvoir, *Le Deuxième Sexe*, t. II).

Dans la société qui lui est contemporaine, Beauvoir voit dans la maternité un obstacle pour « prendre part à la construction du monde ».

Elle considère que les femmes, centrées sur la maternité et cantonnées à l'éducation des enfants, ne peuvent se projeter hors du foyer et accéder à une vie professionnelle à égalité avec les hommes. Déjà, elle évoque l'impossible « conciliation de son rôle reproducteur (les grossesses) et de son travail producteur (l'emploi) » à laquelle font face les femmes. Et elle considère que seule l'intervention de l'État pourra leur permettre de mener les deux de front.

L'interdiction de l'avortement, un crime de classe

Le saviez-vous ?

Le chapitre « La Mère », consacré à la maternité, débute par 14 pages de plaidoyer pour le droit à l'avortement. Beauvoir estime en effet que le libre accès à la contraception et la légalisation de l'avortement sont des prérequis pour que les femmes puissent désirer et mieux vivre leur maternité.

Elle voit dans les arguments invoqués contre la légalisation de l'avortement une grande hypocrisie. Et les contrecarre point par point.

» **L'avortement serait un frein à la natalité ? C'est faux : la répression ne dissuade pas les femmes de mettre fin à une grossesse non désirée, elles le font simplement au péril de leur vie. Ce risque est d'autant plus grand pour les plus pauvres, ce qui amène Beauvoir à qualifier l'interdiction de l'avortement de « crime de classe ».**

» **Les femmes seraient fautives de cette grossesse évitable ? Pour Beauvoir, c'est souvent le « séducteur » lui-même qui convainc la femme d'avoir recours à un avortement, parce qu'il s'agit d'une liaison extraconjugale ou bien parce qu'il souhaite « garder sa liberté ». Elle considère absurde d'interdire l'avortement alors même que les enfants non désirés sont souvent voués, à cette époque, à une enfance maltraitée à l'orphelinat, voire à l'infanticide.**

La critique du mariage

Simone de Beauvoir est très critique sur l'institution du mariage qu'elle décrit comme une prison qui enferme les femmes et les empêche de se réaliser à l'extérieur, tout en leur donnant le sentiment que c'est, pour elles, la meilleure des options. Et de citer Balzac : « La femme mariée est une esclave qu'il faut savoir mettre sur un trône. »

Parole de féministe

« La bourgeoisie asservit les femmes au foyer : à la cuisine, au ménage, on surveille jalousement leurs mœurs ; on les enferme dans les rites d'un savoir-vivre qui entrave toute tentative d'indépendance. Par compensation, on les honore, on les entoure des plus exquises politesses » (Simone de Beauvoir, *Le Deuxième Sexe*, t. I).

Comme elle-même y était initialement prédestinée, Beauvoir constate que le mariage constitue la seule vocation proposée aux jeunes femmes. Celles-ci attendent le mariage quand les jeunes hommes se projettent dans l'avenir. Le foyer, une fois les premières années du mariage passées et les enfants arrivés, ne leur offre aucune autre perspective. Leur éducation, tout comme leur autonomie financière, sont bien moindres que celles de leur mari, ce qui les enferme dans une dépendance très forte.

Pour Beauvoir, « le principe du mariage est obscène » car il consiste en l'union d'un homme et d'une femme pour des raisons autres qu'une attirance physique : l'arrangement par les familles ou les conventions sociales.

S'il était encore utile de le préciser, Simone de Beauvoir fera le choix de ne jamais se marier avec celui qui fut, toute sa vie, son compagnon : Jean-Paul Sartre.

Parole de féministe

« Les parents élèvent encore leur fille en vue du mariage plutôt qu'ils ne favorisent son développement personnel ; elle y voit tant d'avantages qu'elle le souhaite elle-même ; il en résulte qu'elle est souvent moins spécialisée, moins solidement formée que ses frères, elle s'engage moins totalement dans sa profession ; par-là elle se voue à y demeurer inférieure ; et le cercle vicieux se noue : cette infériorité renforce son désir de trouver un mari » (Simone de Beauvoir, *Le Deuxième Sexe*, t. I).

La prostitution, une hypocrisie au détriment des femmes

Simone de Beauvoir voit dans la prostitution une conséquence de la virginité imposée aux femmes avant le mariage : « Les prostituées permettent donc aux femmes honnêtes d'être respectées alors qu'elles-mêmes ne le sont pas. » Cette hypocrisie est entretenue par la société dans son ensemble et, notamment, par le christianisme « qui les accable de son mépris, mais les accepte comme un mal nécessaire ». Elle considère que ces femmes sont contraintes à la prostitution par la misère et le chômage. Souvent victimes de violences sexuelles lorsqu'elles étaient jeunes, elles sont devenues des « choses ». Pour Beauvoir, l'abolition de la prostitution contribuera à instaurer l'amour libre et consenti entre les femmes et les hommes.

Sexualité des femmes : la fin d'un tabou ?

Le propos de Beauvoir en matière de sexualité est révolutionnaire à deux titres : il se centre sur la sexualité des femmes et il émane d'une femme qui en parle sans tabou et de manière crue pour l'époque. Le chapitre du *Deuxième Sexe* consacré à l'« initiation sexuelle des jeunes filles » marque une rupture dans la conception de la sexualité des femmes. Beauvoir y dissocie la sexualité de la procréation : d'une part, en revendiquant le droit au plaisir pour les femmes et la légalisation de la contraception et, d'autre part, en évoquant le lesbianisme de manière très libérée.

Événement marquant

Le Deuxième Sexe paraît, rappelons-le, en 1949, et décrit dans le détail la sexualité telle que vécue par la majorité des femmes : un acte dans lequel l'homme conquiert « une proie », dont le plaisir importe peu, souvent vécu dans la violence. Elle aborde avec 20 ans d'avance les combats phares de la deuxième vague féministe évoqués précédemment. Et, en référence à la première vague cette fois, elle sera qualifiée par ses détracteurs de « suffragette de la sexualité ».

Elle décrit par le menu le plaisir clitoridien, la méconnaissance de leur propre corps par les femmes, l'injonction à la pénétration qui ne satisfait bien souvent que l'homme et le risque, pour les femmes, que chaque acte sexuel débouche sur une grossesse non désirée.

Le saviez-vous ?

Appuyé sur de nombreux témoignages, ce chapitre fait écho au vécu de très nombreuses femmes, souvent contraintes à des relations sexuelles imposées. Alors que le viol conjugal ne commencera à être réprimé par la loi française que 30 ans plus tard, Beauvoir estime déjà que « beaucoup d'hommes ne se soucient pas de savoir si la femme qui partage leur lit veut le coït ou s'y soumet seulement ».

La liberté sexuelle passera par la contraception

Selon Beauvoir, pour que les femmes soient libres sexuellement et puissent jouir sans entrave, il leur faut pouvoir connaître leur propre corps et avoir un libre accès à la contraception. Elle pointe l'importance de la première relation sexuelle, qui peut constituer une étape libératrice si elle est pratiquée avec un amant prévenant et attentif à leur désir et à leur plaisir.

La lesbienne

Simone de Beauvoir analyse le lesbianisme comme un choix, « une manière pour les femmes de fuir leur condition ou, au contraire, de l'assumer ». Elle réfute l'idée que les lesbiennes seraient des femmes qui veulent imiter les hommes : « L'homme représente aujourd'hui le positif et le neutre, c'est-à-dire le mâle et l'être humain, tandis que la femme est seulement le négatif, la femelle. Chaque fois qu'elle se conduit en être humain, on déclare donc qu'elle s'identifie au mâle. » Il est néanmoins étonnant de noter qu'elle conçoit le lesbianisme comme la volonté d'une femme de dominer une autre femme, « une proie » enviée aux hommes.

Marie-Jo Bonnet, historienne et cofondatrice des Gouines rouges, met d'ailleurs en lumière les paradoxes et les parts d'ombre de Beauvoir dans son essai *Simone de Beauvoir et les femmes*, paru en 2015. Elle y pointe le fait que Beauvoir n'a jamais évoqué publiquement sa propre attirance pour les femmes : « Tout se passe comme si elle ne supportait pas son attirance pour elles. »

En 2020, la sortie du roman *Les Inséparables*, de Simone de Beauvoir, apporte un nouvel éclairage. Derrière « l'amitié » de la jeune Simone pour Zaza, on découvre son attirance physique et sexuelle pour cette femme et sa déception face à l'amour lesbien alors impossible. En 2020, toujours, une biographie réévalue la relation Beauvoir-Sartre. Dans le contexte du milieu du XXe siècle, Beauvoir aurait-elle cherché la normalisation hétérosexuelle en affichant le couple « Sartre-Beauvoir » ?

Un appel à la révolte

Tout au long de son ouvrage, Beauvoir pointe la résignation et la soumission des femmes, désarmées face aux inégalités, parce qu'elles ne sont ni unies, ni organisées dans cette lutte. Elle regrette l'absence de révolte des femmes « librement esclaves ».

Elle porte un regard sévère sur le bilan des mobilisations des femmes des siècles précédents, jugeant qu'« elles n'ont gagné que ce que les hommes ont bien voulu leur concéder ».

Elle déplore que le féminisme lui-même n'ait jamais été un mouvement autonome et que, contrairement aux esclaves ou aux ouvriers, les femmes n'aient pas conscience de leur oppression commune, chacune enfermée dans une illusion d'égalité.

Bien qu'il soit aventureux d'interpréter les intentions de l'autrice aujourd'hui, il est assez clair que Beauvoir souhaite faire prendre conscience aux femmes de la domination dans laquelle elles ont grandi et qu'elles côtoient jusque dans leur chambre. Elle appelle à une solidarité entre femmes, cette « sororité » qui n'est pas encore formulée à l'époque, et à une mobilisation collective.

Ce cri de révolte ne débouchera sur une nouvelle vague du mouvement féministe que 20 ans plus tard avec le MLF, mais la graine est semée. « La femme libre est seulement en train de naître » conclut Beauvoir.

Parole de féministe

« Les prolétaires disent "nous". Les Noirs aussi. Se posant comme sujets ils changent en "autres" les bourgeois, les Blancs. Les femmes – sauf en certains congrès qui restent des manifestations abstraites – ne disent pas "nous". »

Simone de Beauvoir, *Le Deuxième Sexe*, t. I, 1949

Un succès immédiat et planétaire

Le Deuxième Sexe connaît, dès sa sortie, une grande renommée, en partie liée au scandale qu'il suscite. *Best-seller*, vendu à plus de 20 000 exemplaires dès la première semaine, le livre atterrit très vite entre les mains de millions de lecteurs et de lectrices aux quatre coins du monde.

Lost in translation : des traductions anglaises erronées et sexistes ?

Le saviez-vous ?

La première traduction anglaise est publiée, en 1953, par l'éditeur américain Alfred A. Knopf. Cette tâche est confiée au professeur Howard M. Parshley, spécialiste de la reproduction humaine… et des punaises !

Rapidement, des féministes identifient des problèmes de traduction. Mais ces critiques resteront relativement confidentielles jusqu'au début des années 1980. En 1983, Margaret A. Simons, professeure de philosophie à l'université Southern Illinois à Edwardsville, publie un essai intitulé *The Silencing of Simone de Beauvoir: Guess What's Missing from the Second Sex*, que l'on pourrait traduire par « La mise sous silence de Simone de Beauvoir. Devinez ce qu'il manque du *Deuxième Sexe* ».

Simons estime qu'aucune version anglaise ne contient tout ce que Beauvoir a écrit, car la traduction de Parshley rogne plus de 10 % du texte original. Elle démontre également que certains concepts clés sont mal traduits et que de nombreuses références à l'histoire des femmes et à des femmes autrices ont été tout simplement supprimées. L'universitaire Toril Moi écrit également sur ce sujet à l'occasion du 50e anniversaire de la publication du *Deuxième Sexe* et réévalua les coupes à 20 %. On découvrira par la suite que les coupes ont été faites à la demande de l'éditeur.

Lettres de lecteur·rice·s : « Je vous suis reconnaissante d'exister »

Des intellectuelles salueront l'apport du *Deuxième Sexe* (Colette Audry, Célia Bertin…). Et, dans l'ombre, des millions de femmes anonymes – plutôt issues des classes moyennes et supérieures – vont dévorer les 1 000 pages du *Deuxième Sexe*.

Le fonds des lettres reçues par l'autrice, déposé à la Bibliothèque nationale, montre l'adhésion croissante suscitée par la lecture de ce livre et des suivants. Marine Rouch, alors étudiante, les a épluchées dans son mémoire d'histoire contemporaine. Elle relate les témoignages pleins d'émotion de ces femmes qui expriment leur reconnaissance ou leur colère. Elles comprennent enfin d'où provient leur mal-être : être une femme dans un monde machiste.

Pour aller plus loin

Marine Rouch, « *Je vous suis reconnaissante d'exister* ». *Lecteurs et lectrices écrivent à Simone de Beauvoir 1949-1961*, mémoire de Master 2 d'histoire contemporaine sous la direction de Sylvie Chaperon, université de Toulouse-Jean-Jaurès, 2015.

Événement marquant

Il faut attendre la publication de l'article « Lost in Translation » de Sarah Glazer dans le *New York Times*, le 22 août 2004, pour que la pression contre l'éditeur s'intensifie, et que ce dernier accepte le principe d'une retraduction. Des contresens induits par des traductions hasardeuses se produiront également au Japon.

En France, des réactions très violentes

« Pornographique », « ordure qui soulève le cœur », les opposant·e·s à la pensée de Simone de Beauvoir font preuve d'une imagination débordante pour dénigrer *Le Deuxième Sexe* et son autrice. Lors de sa publication, on entend peu les lectrices et les organisations de femmes et féministes, qui restent à l'écart de la polémique. En revanche, les journalistes et éditorialistes hommes s'en donnent à cœur joie.

Le Deuxième Sexe compte certainement parmi les livres écrits par une femme qui ont suscité le plus de débats. « Insatisfaite, glacée, priapique, nymphomane, lesbienne, cent fois avortée, je fus tout, et même mère clandestine. On m'offrait de me guérir de ma frigidité, d'assouvir mes appétits de goule, on me promettait des révélations, en termes orduriers, mais au nom du vrai, du beau, du bien, de la santé et même de la poésie, indignement saccagés par moi. » C'est ainsi que Simone de Beauvoir relate dans ses mémoires la réception immédiate du *Deuxième Sexe*.

Le saviez-vous ?

En France, les critiques négatives viennent surtout des catholiques et des communistes. La droite catholique d'un côté, et notamment l'écrivain François Mauriac, voit d'un très mauvais œil ce plaidoyer pour la liberté sexuelle des femmes et la critique de l'institution du mariage. Le Vatican classe d'ailleurs *Le Deuxième Sexe* dans la liste des romans interdits.

De l'autre, la gauche communiste, avec pour chef de file Jean Kanapa, directeur de la revue *La Nouvelle Critique* créée par le Parti communiste français, juge l'œuvre bourgeoise. Kanapa déplore la revendication du droit à l'avortement et à la contraception, qui ne doit pas passer, selon lui, avant les droits des travailleurs et des travailleuses. Pour le Parti communiste de l'époque, il n'y a qu'un seul ennemi – le capitalisme – et la critique de la domination masculine ne doit pas diviser les femmes et les hommes réuni·e·s au sein de la classe ouvrière.

L'Espagne franquiste censure également l'ouvrage, et il faut attendre 1962 et une traduction argentine pour que *El Segundo Sexo* soit accessible. Au Québec et en Allemagne de l'Est, le livre tarde à circuler librement, et la traduction en russe ne date que de 1998. Il est toujours interdit en Iran.

Le saviez-vous ?

Historienne spécialiste de Simone de Beauvoir, Sylvie Chaperon a relevé que des chroniqueurs, évitant de commenter le fond du propos du *Deuxième Sexe*, s'amusaient de jeux de mots plus ou moins subtils autour du mot « sexe ». Les allusions à la sexualité de Beauvoir n'étaient pas rares. À l'instar d'Yves Florenne dans le journal *Le Monde* : « Sujet actuel dont sont constamment occupés *Les Temps Modernes*, brûlant s'il en est : le sexe de Mme de Beauvoir ». François Mauriac, s'adressant à un collaborateur des *Temps modernes*, dira également : « À présent, je sais tout sur le vagin de votre patronne. »

Aux États-Unis : *La Femme mystifiée* de Betty Friedan

Si l'influence du *Deuxième Sexe* tarde à se traduire en mouvement militant en France, son influence va se faire rapidement sentir outre-Atlantique. En 1969, l'édition de poche atteint les 750 000 exemplaires vendus aux États-Unis. Il constitue un ouvrage de référence pour les féministes états-unien·ne·s, qui vont rapidement convertir leurs réflexions en actes.

Betty Friedan, journaliste et écrivaine états-unienne, publie *La Femme mystifiée* en 1963. Le livre est calqué sur *Le Deuxième Sexe* et débouche sur la mobilisation féministe de la deuxième vague, commencée dès les années 1960 aux États-Unis, soit une décennie avant la France.

Le saviez-vous ?

L'ouvrage de Betty Friedan *The Feminine Mystique*, traduit en France dès 1964, est très bien accueilli. Sa traductrice n'est autre que celle qui deviendra, deux décennies plus tard, ministre des Droits de la femme sous la présidence de François Mitterrand, la socialiste Yvette Roudy. Elle est alors âgée de 35 ans et ne milite pas encore en politique. Traduire *La Femme mystifiée* lui fera l'effet d'un électrochoc (voir chapitre 6).

Ainsi, de la même manière qu'Olympe de Gouges et Mary Wollstonecraft, ont permis l'assise intellectuelle de la première vague (voir chapitre 5), Beauvoir et Friedan inaugurent celle de la deuxième vague, aux États-Unis et en France.

Un apport majeur à la théorie féministe

Le Deuxième Sexe fournit les clés d'analyse de ce qui deviendra le slogan phare du Mouvement de libération des femmes (le « MLF »), plus de deux décennies plus tard : « Le personnel est politique. »

Il est intéressant de noter que Simone de Beauvoir ne se déclare pas franchement féministe dans son ouvrage d'alors et que son propos s'appuie peu sur les mobilisations pour les droits des femmes qui ont précédé sa publication. Pour Sylvie Chaperon, *Le Deuxième Sexe* survient dans le « creux de la vague » : les mobilisations des suffragistes de la première vague sont closes et la deuxième vague, qui débutera avec le Mouvement de libération des femmes, est encore loin.

Parole de féministe

« Le Deuxième Sexe peut être utile à des militantes : mais ce n'est pas un livre militant. Je pensais que la condition féminine évoluerait en même temps que la société. J'écrivais : "En gros, nous avons gagné la partie." [...] Un peu plus tard..., j'ai dit que c'était en tirant le plus radicalement ma pensée vers le féminisme qu'on l'interprétait le plus justement. [...] Maintenant, j'entends par féminisme le fait de se battre pour des revendications proprement féminines, parallèlement à la lutte des classes, et je me déclare féministe. Non, nous n'avons pas gagné la partie : en fait, depuis 1950 nous n'avons quasi rien gagné » (Simone de Beauvoir, *Tout compte fait*, 1972).

Le livre de chevet du MLF

Néanmoins, l'influence du *Deuxième Sexe* est majeure sur les mouvements féministes qui succèdent à sa publication. L'ouvrage nourrit sans conteste les luttes des années 1950 et des années 1960, et évidemment, le MLF, bien que les années 1970 voient émerger de nombreuses autres autrices.

Le saviez-vous ?

Les références au *Deuxième Sexe* sont évidentes dans les paroles de « L'hymne des femmes » (voir chapitre 6). Quand Beauvoir écrit « les femmes ne disent pas nous », « elles n'ont pas de passé, d'histoire, de religion qui leur soit propre », « elles vivent dispersées parmi les hommes », le MLF chante : « Nous qui sommes sans passé, les femmes/Nous qui n'avons pas d'histoire [...] Seules dans notre malheur, les femmes/L'une de l'autre ignorée/Ils nous ont divisées, les femmes/Et de nos sœurs séparées. »

Simone de Beauvoir : d'intellectuelle à militante féministe

Ce n'est qu'au tout début des années 1970, et avec l'émergence du Mouvement de libération des femmes, que Simone de Beauvoir s'engage dans des actions militantes féministes, notamment en faveur de l'avortement.

Elle participe à l'élaboration du « Manifeste des 343 femmes déclarant avoir avorté », publié le 5 avril 1971 dans *Le Nouvel Observateur*, préside l'association Choisir fondée par Gisèle Halimi pour défendre les signataires et promouvoir le droit à l'avortement, témoigne au procès de Bobigny en 1972, et s'engage ensuite, plus largement, contre le sexisme.

Elle cofonde, avec Christine Delphy, la revue *Questions féministes* en 1977, puis *Nouvelles Questions féministes* en 1980.

En 1983, elle soutient ardemment le projet d'Yvette Roudy, alors ministre des Droits de la femme, d'une loi contre le sexisme, sur le modèle de la loi contre le racisme.

« Libération des mœurs » ou pédocriminalité ?

Dans le contexte post-Mai 68, de nombreuses publications d'intellectuel·le·s vont défendre les relations sexuelles entre adultes et enfants sous couvert d'une évolution des « mœurs ». À plusieurs reprises, des pétitions et appels vont soutenir une révision du Code pénal afin de modifier l'interdiction de relations sexuelles des adultes avec des mineur·e·s de moins de 15 ans, jugée « désuète ». Simone de Beauvoir fait partie des 69 signataires d'une pétition, publiée le 26 janvier 1977 dans *Le Monde*. Ce texte justifiant la pédocriminalité appelle à la libération de Bernard Dejager, Jean-Claude Gallien et Jean Burckardt. Ces trois hommes, âgés de 39 à 45 ans à l'époque, ont été arrêtés en 1973 pour avoir eu des « relations sexuelles » avec des filles et des garçons de moins de 15 ans et pour avoir photographié les scènes. La pétition se clôturait par ces mots : « Trois ans de prison pour des caresses et des baisers, cela suffit. Nous ne comprendrions pas que le 29 janvier Dejager, Gallien et Burckardt ne retrouvent pas la liberté. »

Simone de Beauvoir est également signataire – aux côtés de 80 personnalités – d'un « Appel à la commission de révision du Code pénal », publié dans *Le Monde* le 23 mai 1977, et toujours consultable en ligne. Cet Appel défend le fait que les relations sexuelles avec un·e mineur·e de moins de 15 ans (et de moins de 18 ans quand il s'agit de relations homosexuelles), qui étaient un crime jugé en cour d'assises, deviennent un délit examiné par un tribunal correctionnel.

Le début d'une lecture critique de toutes les disciplines

Le Deuxième Sexe plante les bases d'un nouveau champ de réflexion et de recherches, que l'on appellera d'abord « études de femmes » et que l'on qualifie plutôt aujourd'hui d'« études féministes » ou « études sur le genre » (voir chapitre 12). Parce qu'il ouvre la voie à des thèmes de recherche inépuisables, des historiennes, psychologues, sociologues, politistes, juristes… s'appuient sur cet ouvrage majeur de la pensée féministe pour développer leur analyse.

Le Deuxième Sexe fonde ce que l'on appelle « le féminisme moderne », marqué par le refus du différentialisme (reconnaître des qualités différentes selon les sexes et militer pour qu'elles soient autant valorisées les unes que les autres) et de l'essentialisme (défendre l'existence d'une nature « féminine » et une nature « masculine » intrinsèque, autrement dit : de naissance). Les notions de différentialisme et d'essentialisme sont largement développées dans le chapitre suivant.

Événement marquant

En 1999, à l'initiative de Sylvie Chaperon et Christine Delphy, le colloque « Cinquantenaire du Deuxième Sexe » réunit pendant 5 jours des philosophes, des sociologues, des historien·ne·s, des journalistes, des étudiant·e·s venu·e·s de tous les continents pour rendre compte de la réception et de l'influence du *Deuxième Sexe* dans le monde entier. Près de 1 000 personnes assistent à la session finale dans le grand amphithéâtre de la Sorbonne, à Paris. Avec 37 pays représentés et 130 communications réparties en 10 séances plénières et 19 ateliers, c'est à ce jour le plus grand événement jamais organisé autour de Simone de Beauvoir.

Simone de Beauvoir est décédée le 14 avril 1986 et son autobiographie est entrée dans la célèbre collection « La Pléiade » en 2018.

Événement marquant

Simone for ever. C'est sous ce slogan que le Planning familial a fêté ses 60 ans en mars 2016 pour rendre femmage aux « Simone » qui ont marqué l'engagement féministe. Simone de Beauvoir pour sa pensée fondatrice, Simone Veil pour la loi de dépénalisation de l'avortement qui porte son nom et Simone Iff, première présidente du Planning familial et militante infatigable pour les droits des femmes. Mais il s'agissait aussi, pour « le planning » comme on le surnomme, de célébrer les Simone de tous les jours : toutes celles et ceux qui, à leur manière, font encore avancer nos libertés… et qui nous donnent l'énergie pour continuer !

Elles se revendiquent « beauvoiriennes »

De nombreuses intellectuelles féministes, parfois en opposition radicale sur certains sujets, s'identifient au *Deuxième Sexe* :

– **Christine Delphy** est notamment à l'origine du féminisme matérialiste détaillé dans le chapitre 10. Elle co-fonde avec Simone de Beauvoir la revue *Nouvelles Questions féministes* qui reste une référence aujourd'hui des études féministes.

– **Yvette Roudy**, femme politique socialiste et première à occuper la fonction de ministre des Droits de la femme (1981-1986) fut également très proche de Simone de Beauvoir et écrira, à l'occasion du cinquantenaire du *Deuxième Sexe* un article intitulé « De l'influence de Simone de Beauvoir sur le ministère des Droits de la femme ».

– Comble du succès, lors du débat autour de la loi instaurant la parité en politique en 2000, **Élisabeth Badinter** (qui s'y oppose) et **Françoise Rétif** (qui la défend) mobilisent toutes deux l'héritage du *Deuxième Sexe* pour défendre des positions drastiquement opposées.

Pour aller plus loin

Quatre décennies après sa disparition, la pensée de Simone de Beauvoir continue à faire débat. Dans son podcast *L'Heure bleue*, la journaliste Laure Adler propose une plongée en quatre épisodes dans la pensée de Simone de Beauvoir avec la série « Simone de Beauvoir, voix essentielle ».

DANS CE CHAPITRE

Nature *versus* culture

•

Prolétaires de tous les pays : qui lave vos chaussettes ?

•

« Les lesbiennes ne sont pas des femmes »

Chapitre 10
Les grands courants féministes

Féminisme libéral, radical, différentialiste… il faut déjà être un peu rôdé·e sur les grandes théories féministes pour en appréhender les points de divergence. À ce stade de la lecture, il est temps de rentrer dans les subtilités !

En terminant ce chapitre, vous maîtriserez les concepts d'« essentialisme », de « constructivisme » et d'« universalisme », mais aussi les grands enseignements des principaux courants féministes : radical et matérialiste.

Une des stratégies couramment employées par les détracteurs du mouvement féministe est de se focaliser sur les dissensions entre militantes : « Elles ne sont même pas d'accord entre elles ! » C'est oublier que l'ensemble des composantes du mouvement féministe, que l'on peut également appeler « la pensée féministe », s'accorde sur un objectif commun : mettre fin à toutes formes d'oppressions sexistes.

Une fois ce préalable posé, des débats existent sur l'analyse du fondement de ces inégalités et sur les moyens d'action privilégiés pour les combattre. N'est-il pas sain que le mouvement féministe, comme tout mouvement politique, ne soit pas un bloc monolithique ?

Revendiquer l'égalité des droits : le féminisme libéral

En guise d'introduction et avant d'aborder des analyses plus récentes, on ne peut éluder le féminisme appelé « féminisme libéral ». Né dans la seconde partie du XVIIIe siècle, le féminisme libéral est centré sur l'obtention de l'égalité en droit entre les femmes et les hommes. Au cœur de ses revendications, se trouvent en premier lieu le droit de vote des femmes, mais aussi l'accès au même statut civil que les hommes : droit à l'exercice de fonctions électives, droit à l'autonomie financière, droit à l'éducation... Ces combats sont largement abordés dans les chapitres 1 et 5.

Les hommes naissent libres et égaux en droits. Et les femmes ?

En France, les féministes libérales du milieu du XIXe siècle dénoncent les inégalités entre les femmes et les hommes inscrites dans les textes qui régissent la société. C'est le cas de l'article 1er de la « Déclaration des droits de l'homme et du citoyen » qui exclut les femmes – « les hommes naissent libres et égaux en droits » – ou du Code civil, extrêmement sexiste, promulgué par Napoléon en 1804.

Elles démontent également la fausse universalité du suffrage, instauré en 1848, permettant l'accès au droit de vote pour tous les hommes, mais oubliant la moitié de la population : les femmes.

En résumé, quelques caractéristiques du féminisme libéral :

- **Les féministes libérales se concentrent sur l'obtention de l'égalité formelle, c'est-à-dire dans les textes.**
- **Le féminisme libéral est parfois critiqué comme un « féminisme bourgeois » qui ne prend pas assez en compte la situation des femmes prolétaires. Il est principalement porté par des femmes éduquées et d'origine sociale plutôt aisée, comme c'était par exemple le cas d'Hubertine Auclert (voir son portrait dans le chapitre 5).**
- **On qualifie également ce mouvement de « réformiste » : il vise principalement des évolutions législatives, sans porter une analyse systémique de la domination masculine à l'œuvre au travail, dans les foyers, etc. Les militantes de la « première vague » (voir chapitre 5) sont plutôt dans une position réformiste.**
- **Il est majoritairement essentialiste : les revendications brandies ont tendance à mettre en avant des traits psychologiques dits « féminins », entendus comme naturels (voir plus loin le « féminisme essentialiste »).**

Néanmoins, comme pour tout mouvement, le féminisme libéral n'est pas totalement homogène et, à cette époque, certaines figures portent un éclairage différent, à l'instar de Madeleine Pelletier.

Parole de féministe

« En général, la femme est meilleure que l'homme, moins portée que lui aux actes criminels ou simplement immoraux, mais cela tient à sa situation spéciale et en dehors de la lutte. Dès que l'égalité sexuelle sera conquise, la femme, au combat de la vie, contractera dureté de cœur, apanage jusqu'ici de l'autre sexe. Frappée, elle frappera ; blessée, elle blessera ; spoliée, elle spoliera » (Madeleine Pelletier, « La tactique féministe », *La Revue socialiste*, 1908).

Madeleine Pelletier était en avance sur son temps. Ses *Mémoires d'une féministe intégrale*, édités par Christine Bard en 2024, renseignent par exemple son engagement pionnier en faveur de l'avortement ou encore comment, déjà, elle questionnait le genre en s'habillant en homme et en revendiquant son asexualité.

Féminisme libéral

Un texte de référence : la « Déclaration des droits de la femme et de la citoyenne », Olympe de Gouges, 1791.

Des maîtres·se·s à penser : Olympe de Gouges, Hubertine Auclert, Mary Wollstonecraft, John Stuart Mill.

Une association : d'hier et d'aujourd'hui : le Conseil national des femmes françaises (CNFF), créé en 1901 et qui existe encore.

Le saviez-vous ?

À l'époque de la première vague du féminisme, émerge également le **féminisme socialiste**. Émanant directement du mouvement socialiste, il réunit des militantes qui considèrent que l'abolition du capitalisme ne suffira pas à émanciper les femmes et plaide pour que la lutte des classes intègre la question des droits des femmes (voir portraits de Flora Tristan dans le chapitre 1 et de Clara Zetkin dans le chapitre 5).

Nature *versus* culture

L'analyse et l'explication des différences de situation entre les femmes et les hommes sont au cœur de la pensée féministe.

Ces différences sont-elles innées – naturelles – ou construites, c'est-à-dire liées à la culture ? Existe-t-il un gène de l'empathie ? Un autre de l'ambition ? Les appétences des hommes et des femmes pour tel ou tel sport, leurs aptitudes pour tel ou tel métier seraient-elles dictées par la nature, dès leur naissance, ou bien sont-elles forgées par leur éducation et leur environnement ? Ce questionnement « nature ou culture ? » est central pour les féministes depuis des décennies. Elles s'y sont intéressé·e·s dans toutes les disciplines : la sociologie, la philosophie, les sciences de l'éducation, l'économie, l'anthropologie et même les neurosciences !

Les divergences d'analyse des inégalités entre les femmes et les hommes, et les moyens d'action pour combattre les inégalités, peuvent parfois susciter débats et désaccords au sein du mouvement féministe.

Pour nous y intéresser, repartons de Simone de Beauvoir.

Événement marquant

Lors de la publication du *Deuxième Sexe*, Simone de Beauvoir ne se revendiquait pas féministe. Pourtant, la large et inédite diffusion de son livre a, sans conteste, nourri les réflexions de très nombreuses chercheuses et militantes. Ses travaux ont notamment permis de montrer le caractère culturel et construit de « la féminité » et de la « masculinité » : « On ne naît pas femme, on le devient » (chapitre 9). Beaucoup d'intellectuelles prendront appui sur ses écrits pour les prolonger ou pour les contester.

Une des principales controverses du mouvement féministe oppose les « constructivistes », également parfois appelées « anti-naturalistes » ou « universalistes », et les « différentialistes », aussi désignées comme « essentialistes » ou « naturalistes ». Vous vous êtes perdu·e·s en route ? Essayons d'y voir plus clair...

L'essentialisme : valoriser une « essence féminine »

L'essentialisme repose sur l'idée que les femmes ont une « essence féminine » commune, de même que les hommes auraient une « essence masculine ». En un mot, les femmes et les hommes seraient différent·e·s par nature et doué·e·s de qualités et d'aptitudes distinctes. Les spécificités des femmes seraient complémentaires de celles des hommes.

Les revendications des féministes essentialistes vont porter sur la revalorisation des qualités dites « féminines » afin que les femmes soient considérées – professionnellement, socialement, intellectuellement, artistiquement – à égalité avec les hommes.

Comme pour le courant libéral abordé précédemment, l'essentialisme porte donc à la fois la revendication de l'égalité en droit et affirme une complémentarité entre hommes et femmes.

Mères avant tout ?

Le courant essentialiste accorde une importance majeure à la capacité reproductrice des femmes. La « nature féminine » valorisée est directement en lien avec le « pouvoir » qu'auraient les femmes de « donner la vie » et certain·e·s plaident pour le retour d'un « salaire maternel ». La capacité d'avoir des enfants serait ainsi une manière de se réaliser en tant que femme.

Cette vision essentialiste se retrouve aujourd'hui dans plusieurs groupes se revendiquant du féminisme, tels que les « tradwives », les « femellistes », ou encore dans certains groupes se rattachant à l'écoféminisme, même si ce dernier courant ne se réduit aucunement à cela (voir le prochain chapitre !).

L'égalité dans la différence : le différentialisme

Prolongement de l'essentialisme, le courant dit « différentialiste » a émergé dans les années 1970, en particulier par la voix d'Antoinette Fouque (voir chapitre 6) et de Luce Irigaray. Ces féministes revendiquent « l'égalité dans la différence » et la juste reconnaissance des « spécificités féminines ». Elles considèrent qu'il existe le « féminin » d'un côté, et le « masculin » de l'autre et militent pour que tous deux aient la même valeur dans la société.

« Psychépo » et l'influence de la psychanalyse

La distinction entre différentialisme et constructivisme se concrétise dans les premiers mois du Mouvement de libération des femmes. En 1970, Antoinette Fouque crée un groupe de réflexion non mixte appelé « Psychanalyse et politique », abrégé en Psychépo. Comme son nom l'indique, les réunions de ce collectif mêlent réflexion sur soi et théorisation politique. Selon l'historienne Sylvie Chaperon, la volonté d'Antoinette Fouque est de faire émerger la parole et le désir des femmes afin que « chacune puisse lutter contre la part masculine de son propre inconscient ».

Le saviez-vous ?

Antoinette Fouque est aujourd'hui perçue, en France et dans le monde, comme une des militantes et penseuses majeures du mouvement féministe français. Cela peut sembler curieux quand l'on sait qu'elle ne se revendiquait pas comme telle et se positionnait « au-delà » du féminisme. Antoinette Fouque rejetait la pensée de Simone de Beauvoir qu'elle accusait de vouloir copier le modèle des hommes, de vouloir faire des femmes des hommes comme les autres, et de porter un « universalisme intolérant, assimilant et stérile, plein de haine et réducteur pour l'autre ».

Parole de féministe

« Le principe d'égalité est pervers, il dénie la réalité : il y a des femmes et des hommes. L'impensé en amont de la dissymétrie quant à la procréation se retrouve en aval sous forme d'obstacle à l'égalité, et de pénalisation des femmes pour ce qu'elles apportent à l'humanité. Égalité et différence ne sauraient aller l'une sans l'autre ou être sacrifiées l'une à l'autre. Si l'on sacrifie l'égalité à la différence, on revient aux positions réactionnaires des sociétés traditionnelles, et si l'on sacrifie la différence des sexes, on stérilise les femmes, on les prive de leur identité, et on stérilise l'humanité » (Antoinette Fouque, *Il y a deux sexes. Essai de féminologie*, 1995).

« Les femmes sont le génie de l'espèce »

Au-delà de leur capacité à enfanter, les différentialistes défendent une spécificité de la création par les femmes. Dans une interview donnée au *Figaro* en 2013, Antoinette Fouque qualifie par exemple les femmes de « génie de l'espèce ». Hélène Cixous et Luce Irigaray accordent également une place majeure à la revalorisation de l'écriture sur les femmes, par les femmes. Elles dénoncent l'apparente neutralité du langage et de l'écriture – que Cixous qualifie de « phallocentrique ».

Portrait de féministe

Philosophe et psychanalyste, **Luce Irigaray** (née en 1930) soutient sa thèse en 1974 intitulée *Speculum. La fonction de la femme dans le discours philosophique*, dans laquelle elle revisite les théories freudiennes et lacaniennes. Elle conteste ces discours portés sur les femmes par des hommes, imprégnés d'un vécu et d'un mode de représentation « masculins ». Cela entraîne la perte de ses enseignements à l'université de Paris 8, ainsi que son éviction de l'École freudienne de Paris. Dans ses écrits – *Ce sexe qui n'en est pas un* (1977), *Le Temps de la différence* (1989) –, Luce Irigaray s'inscrit dans une conception différentialiste. Elle souhaite valoriser une identité dite « féminine », sans pour autant accorder une place centrale à la capacité reproductrice des femmes. Elle remet en cause la neutralité du langage : « L'émergence de cette identité propre ne peut se faire avec les mots des hommes, "le bâillon sur nos lèvres". » Luce Irigaray promeut une écriture pour les femmes par les femmes.

Un « droit à la différence »

De manière plus contemporaine, ce « droit à la différence » est également porté par la philosophe Sylviane Agacinski.

Parole de féministe

« Je ne suis pas de celles qui rêvent d'effacer les différences, ni d'uniformiser les modes de vie des hommes et des femmes, ni même au fond d'égaliser absolument les conditions des uns et des autres » (Sylviane Agacinski, *La Politique des sexes*, 1998).

Le saviez-vous ?

Les intellectuelles féministes regroupées dans tel ou tel courant ne s'accordent pas forcément sur tous les points. À titre d'exemple, Sylviane Agacinski est contre la gestation pour autrui (GPA), quand Antoinette Fouque était pour (voir chapitre 14).

En résumé, quelques caractéristiques du féminisme différentialiste :

- **Présent dès la première vague du féminisme, le différentialisme connaît un essor certain au début des années 1970, porté par la voix d'Antoinette Fouque, Luce Irigaray ou Hélène Cixous.**
- **Aujourd'hui présenté comme un courant du féminisme, le différentialisme a pourtant été porté et pensé par des théoriciennes qui, pour la plupart, rejetaient la notion de « féminisme ».**
- **Le différentialisme critique le *Deuxième Sexe*, en reprochant à Beauvoir de vouloir faire des femmes « des hommes comme les autres ».**
- **Les différentialistes revendiquent un « droit à la différence » et une identité et des valeurs qui seraient spécifiquement « féminines », c'est-à-dire propres aux femmes (sous-entendu « par nature »), liées notamment au pouvoir de donner la vie.**
- **Le différentialisme se retrouve plutôt dans les domaines spirituel, artistique, littéraire et psychanalytique que dans le militantisme politique.**

Féminisme différentialiste

Un ouvrage de référence : *Il y a deux sexes*, Antoinette Fouque, 1995.

Des maîtresses à penser : Sylviane Agacinski, Hélène Cixous, Antoinette Fouque, Luce Irigaray, Julia Kristeva, Carol Gilligan.

Une association : D'hier : Psychépo... et d'aujourd'hui : des organisations promeuvent un « management au féminin ».

Le féminisme constructiviste : l'inspiration beauvoirienne

Aujourd'hui, la majeure partie des écrits et des prises de position féministes les plus visibles relève d'un féminisme « constructiviste ». De quoi s'agit-il exactement et en quoi se distingue-t-il du différentialisme ?

« La » femme n'existe pas

Le féminisme constructiviste s'oppose à toute conception s'appuyant sur la biologie pour affirmer que le sexe d'une personne déterminerait de manière naturelle des qualités, rôles et valeurs propres. Tout argument renvoyant à la « nature » est rejeté parce qu'il contribue à justifier la tradition et la hiérarchie patriarcale. Pour ces féministes, il n'y a pas non plus d'« essence féminine ». Elles considèrent que la perspective essentialiste légitime, en le naturalisant, l'enfermement des femmes dans des stéréotypes et des rôles de sexe.

En un sens, la théorie de la « construction sociale » conteste le fait de rattacher les femmes à une identité dite « féminine » : « LA femme » n'existe pas, et « L'Homme » n'existe pas.

Parole de féministe

> *« [...] selon moi, la féminité n'est pas une essence ni une nature : c'est une situation créée par les civilisations à partir de certaines données physiologiques. »*
>
> Simone de Beauvoir, *La Force de l'âge*, 1960.

Ouvrir le champ des possibles

L'analyse constructiviste des inégalités entre les sexes vise à rendre les femmes et les hommes libres de leurs choix, quel que soit leur sexe.

Féminisme constructiviste

Un ouvrage de référence : *Le Deuxième Sexe*, Simone de Beauvoir, 1949.

Des maîtresses à penser : Simone de Beauvoir, Betty Friedan, Chimamanda Ngozi Adichie.

Une association : d'aujourd'hui : l'immense majorité des associations féministes françaises actuelles se réfèrent à une position constructiviste.

L'universalisme *versus* relativisme culturel

On assimile souvent « universalisme » et « constructivisme ». Et on lit souvent qu'il existe une opposition entre « différentialisme » et « universalisme ». En fait, l'« universalisme » est une notion différente. Elle qualifie ce qui concerne toutes les femmes, partout dans le monde. Estimant que toutes ont un vécu commun car le patriarcat est présent sur l'ensemble du Globe, l'universalisme ne tolère aucune justification des inégalités ou des violences sous prétexte qu'il s'agit d'une culture à un moment donné ou dans un lieu déterminé. Autrement dit, il ne peut y avoir de féminisme à géométrie variable : l'égalité des droits, la liberté de disposer de son corps, le droit de choisir sa sexualité sans être victime de discriminations, l'accès à l'éducation, au travail, à un salaire et à une retraite égale, à des services publics de qualité… sont des droits universels qui ne peuvent être remis en cause pour des raisons religieuses ou culturelles (procédé que l'on appelle « relativisme culturel »). L'universalisme est donc plus une valeur qu'une théorie ou un courant féministe.

Le féminisme aujourd'hui : constructivisme 1 – essentialisme 0

On imagine aisément que les courants différentialistes et constructivistes puissent connaître d'importantes dissensions. Elles se produisent notamment lors des mobilisations féministes, en particulier dans les années 1970 (voir chapitre 6).

Que reste-t-il du différentialisme aujourd'hui ?

La conception différentialiste a désormais largement reculé dans les réflexions féministes en France. Il n'en reste pas moins que l'idée d'une « complémentarité » entre les sexes persiste.

Le saviez-vous ?

On pourrait résumer le concept de « complémentarité » par l'expression : « La nature fait bien les choses. » Estimer que les femmes et les hommes sont complémentaires revient à dire que les femmes possèdent des talents et qualités propres, que ne possèdent pas les hommes. Et vice-versa.

Par conséquent, l'alliance d'un homme et d'une femme permettrait un équilibre. Si l'on pousse le raisonnement jusqu'au bout, cela veut dire qu'une femme ne pourrait pas être épanouie et heureuse sans un homme à ses côtés, qu'il manquerait quelque chose aux enfants qui grandissent sans l'un des deux parents, ou encore qu'un couple de même sexe ne serait pas « complet ».

Il est utile d'avoir cette notion à l'esprit car le différentialisme et l'idée qu'hommes et femmes seraient complémentaires se retrouvent régulièrement dans des débats, en dehors du mouvement féministe, notamment sur :

» **La place des femmes en politique :** certain·e·s plaident pour un partage des places entre hommes et femmes sous prétexte que les femmes y apporteraient plus d'empathie, de dialogue ou de sincérité.

» **La place des femmes dans les entreprises :** des arguments en faveur de la mixité femmes-hommes ou dans la gouvernance des entreprises prétendent que cela permettrait une plus grande harmonie, les femmes permettant un apaisement des conflits dans les équipes de travail.

» **L'éducation des enfants :** enfin, il n'est pas rare d'entendre dire que les mères apporteraient douceur et écoute, notamment dans la petite enfance, quand les pères seraient un repère en matière de discipline et d'autorité à l'adolescence. C'est un bel exemple du concept, tant critiqué par les féministes, de la complémentarité. « Un papa, une maman », ça ne vous rappelle rien ? C'est le slogan scandé par la « Manif pour tous » en 2013 contre l'ouverture du mariage et de l'adoption aux couples de même sexe !

Le « féminisme intégral » : reprendre les codes du féminisme pour brouiller les pistes

Ironie de l'histoire ou illustration du renouveau que connaît le féminisme, des intellectuelles et journalistes développent un discours critique du féminisme. La division suscitant de l'audience, elles sont régulièrement invitées sur les plateaux télé. C'est le cas par exemple d'Eugénie Bastié, journaliste au *Figaro*, qui pourfend ce qu'elle nomme les dérives du « néoféminisme contemporain » ou de Marianne Durano, philosophe. Toutes deux ont rédigé un « Manifeste pour un féministe intégral », publié en 2018 dans la revue écologiste d'inspiration chrétienne *Limite*. Critiques de Simone de Beauvoir, soutiens de la « Manif pour tous », défenseuses des schémas traditionnels familiaux et de la « différence des sexes », les partisanes du « féminisme intégral » reprennent à leur compte la terminologie féministe pour défendre un ordre que l'on pourrait qualifier de patriarcal.

La journaliste Élisabeth Lévy et la sexologue belge Thérèse Hargot sont proches de ce positionnement.

Événement marquant

En 2012, en Tunisie suite aux révolutions dites du Printemps arabe, l'Assemblée nationale constituante travaillait sur la nouvelle Constitution. Une commission parlementaire adopte alors un article inscrivant la notion de « complémentarité » :

« L'État assure la protection des droits de la femme, de ses acquis, sous le principe de complémentarité avec l'homme au sein de la famille et en tant qu'associée de l'homme dans le développement de la patrie. » Un texte contre lequel se sont insurgées de nombreuses associations féministes tunisiennes et au-delà, dénonçant une remise en cause de l'égalité femmes-hommes. Et elles ont obtenu son retrait !

La conception constructiviste est aujourd'hui dominante, en particulier en France. On pourrait même s'avancer à dire que, au sein du mouvement féministe, les arguments défendant l'égalité au nom de la complémentarité ou valorisant des « qualités féminines » ne sont plus considérés comme « féministes ».

Courants marquants du constructivisme

Le féminisme constructiviste a inspiré les courants marquants du féminisme actuel, qu'ils viennent le prolonger ou le remettre en question.

Le féminisme radical

Le féminisme radical émerge aux États-Unis au début des années 1970, notamment par la voix de Kate Millett, ou de la Canadienne Shulamith Firestone. C'est une période marquée par le marxisme et des thèses radicales en général : on rebat toutes les cartes ! Selon l'historienne Christine Bard, c'est cette dernière qui utilise pour la première fois l'expression *radical feminism*, dans son livre *Notes From the Second Year*, en 1970.

Le saviez-vous ?

L'adjectif radical est un dérivé de « racine ». Il est utilisé pour désigner des idées ou des actions révolutionnaires, ou pour qualifier péjorativement quelque chose ou quelqu'un « qui va trop loin ». Les féministes radicales veulent combattre le patriarcat à la racine et se réapproprient les critiques qui leur sont faites par les détracteurs du féminisme d'être trop… « radicales », justement. Ce courant majeur du féminisme se retrouve largement dans les thématiques et les réflexions portées, en France, par le Mouvement de libération des femmes. Il reste central dans les théories féministes actuelles.

L'héritage de Simone de Beauvoir et Betty Friedan

Les féministes radicales s'inscrivent dans la continuité du *Deuxième Sexe* (1949) et de *La Femme mystifiée* (1963) et de la conception constructiviste des inégalités entre les femmes et les hommes que ces deux ouvrages développent.

Les féministes radicales vont marquer une étape supplémentaire dans la réflexion féministe :

» **en définissant les femmes en tant que « classe » (ce que faisaient déjà en partie les féministes socialistes) ;**

» **en considérant qu'aucune question n'est épargnée par le patriarcat et que « le privé est politique » ;**

» **en revendiquant une véritable libération des femmes ; elles ne veulent pas de réforme du système patriarcal ou que des concessions leur soient faites, elles veulent abolir cette domination.**

« Nous les femmes »

Le féminisme radical considère que toutes les femmes ont une expérience et un vécu spécifiques et communs. Ce qui n'exclut pas qu'elles puissent aussi subir, de manière concomitante, des oppressions non communes, de race, de classe, de sexualité. Pour le féminisme radical, les femmes doivent prendre conscience qu'elles constituent une « classe » et s'unir pour mener un combat commun.

Le saviez-vous ?

Le féminisme radical prône des espaces et des collectifs non mixtes pour que les femmes puissent échanger librement. « L'hymne des femmes », devenu chant de ralliement du MLF, est d'ailleurs un appel à l'union des femmes, désignées par le « nous » (voir chapitre 6).

Étendre le domaine de la lutte jusqu'à la chambre à coucher

Pour les féministes radicales, tout ce qui organise la société doit être décortiqué et déconstruit. La sexualité n'y échappe pas. Elle est même au cœur de nombreux écrits et réflexions remettant en cause la suprématie du désir des hommes et le fait que des relations de pouvoir et de violence soient assimilées à la sexualité.

Parole de féministe

« Quant au sexe lui-même, j'avancerais que tous les changements ont été dans l'intérêt des hommes et non des femmes. Tous les avantages pour les femmes ont été accidentels. L'assouplissement des mœurs concernant le comportement sexuel des femmes a été à LEUR avantage. Ils ont obtenu une offre sexuelle plus importante à un coût plus bas, ou gratuitement » (Shulamith Firestone, *Notes from the First Year*, 1968).

Le saviez-vous ?

Le groupe punk féministe Le Tigre a écrit la chanson « FYR » en hommage à Shulamith Firestone. Le titre est l'acronyme du chapitre « Fifty Years of Ridicule » de son ouvrage *The Dialectic of Sex : The Case for Feminist Revolution*, paru en 1970 (« La dialectique du sexe ») et considéré comme une référence majeure du féminisme radical.

Les violences masculines

Le féminisme radical considère que les violences masculines, et en particulier les violences sexuelles (détaillées dans le chapitre 13), constituent le ciment du patriarcat. Elles considèrent que le viol, la prostitution, la pornographie et les violences au sein du couple sont les armes de la « guerre des sexes » que les hommes mènent contre les femmes.

Plusieurs d'entre elles ont consacré une grande partie de leurs travaux à ces questions :

» **Catherine MacKinnon est à l'origine de la définition du harcèlement sexuel aux États-Unis.**

» **Kate Millett s'attache – dans son principal ouvrage *La Politique du mâle* – à analyser la littérature antique, mais aussi des fictions contemporaines très populaires. Elle montre que celles-ci regorgent de scènes sexuelles qui sont en fait des scènes de violences.**

Portrait de féministe

Kate Millett (1934-2017), écrivaine et artiste originaire des États-Unis, est une des références du féminisme radical, notamment par l'apport de son livre *Sexual Politics*. Véritable best-seller aux États-Unis, il est publié en France, en 1983, sous le titre *La Politique du mâle*. Elle réalise plusieurs films, dont *Not a Love Story : A Film About Pornography* (1981), *Des fleurs pour Simone de Beauvoir* (2007) et publie une dizaine de romans parmi lesquels *Flying* (« En vol »), son autobiographie qui paraît en 1974, ou encore *Sita*, récit d'un amour lesbien. Souvent comparée à Simone de Beauvoir, elle est l'une des figures du féminisme de la deuxième vague aux États-Unis.

» **Andrea Dworkin a beaucoup étudié les mécanismes des violences masculines, en particulier le viol, la prostitution et la pornographie. En 1983, lors d'une conférence organisée par la *National Organisation for Changing Men* (Organisation nationale pour changer les hommes, qui réunit des hommes engagés contre le sexisme), elle prononce devant les 500 participants un discours désormais connu sous le titre de « Je veux une trêve de 24 heures durant laquelle il n'y aura pas de viol » :**

Parole de féministe

« Et je veux un jour de répit, un jour de pause, un jour au cours duquel de nouveaux corps ne s'amoncelleront pas, un jour au cours duquel aucune nouvelle agonie ne s'ajoutera aux anciennes, et je vous demande de me le donner. Et comment pourrais-je vous en demander moins – c'est si peu. Et comment pourriez-vous m'en offrir moins – c'est si peu. Même dans les guerres, il y a des jours de trêve. Allez-y et organisez une trêve. Faites obstacle à votre camp pour un jour. Je veux une trêve de 24 heures durant laquelle il n'y aura pas de viol. Je vous mets au défi d'essayer. J'exige que vous essayiez. Je suis prête à vous supplier d'essayer. Que pourriez-vous bien faire d'autre ici ? Qu'est-ce que votre mouvement pourrait bien signifier d'autre ? Qu'est-ce qui pourrait avoir autant d'importance ? Et ce jour-là, ce jour de trêve, ce jour où pas une femme ne sera violée, nous commencerons la pratique réelle de l'égalité, parce que nous ne pouvons pas la commencer avant ce jour-là. Avant ce jour-là, elle ne veut rien dire parce qu'elle n'est rien ; elle n'est pas réelle ; elle n'est pas vraie. Mais ce jour-là, elle deviendra réelle. Et alors, plutôt que le viol, pour la première fois dans nos vies – tant les hommes que les femmes –, nous commencerons à faire l'expérience de la liberté » (Andrea Dworkin, 1983).

Et en France ?

Le féminisme radical occupe une place de premier plan dans la deuxième vague du féminisme, au début des années 1970. Les tracts, les écrits, les sujets de discussions de la multitude de collectifs qui se développent à cette époque, et même les slogans, sont radicaux. Cela se retrouve tant dans les propos que dans l'appel continu à la révolte des femmes – et parfois même à la révolution.

Événement marquant

En 1977, sous l'égide de Simone de Beauvoir, directrice de publication, plusieurs femmes engagées au sein du MLF et par ailleurs écrivaines et chercheuses (Christine Delphy, Colette Capitan-Peter, Emmanuèle de Lesseps, Nicole-Claude Mathieu et Monique Plaza) fondent la revue *Questions féministes*. Première revue de recherche féministe en France, elle devient un véritable laboratoire d'idées et de nombreux concepts novateurs émaneront des articles – pour certains devenus cultes – publiés dans les 8 numéros parus entre 1977 et 1980. Le style est accessible, souvent teinté d'un humour incisif et le propos d'une actualité déconcertante aujourd'hui. Le positionnement est clairement affiché dès l'édito du premier numéro qui s'intitule : « Une revue théorique féministe radicale » (*Questions féministes*, n° 1, novembre 1977).

Pour aller plus loin

Suite à des divergences de point de vue au sein du comité de rédaction liés à des débats sur le lesbianisme et l'hétérosexualité, *Questions féministes* cesse de paraître en 1980. La revue *Nouvelles Questions féministes* (« NQF ») est fondée dans la foulée par Simone de Beauvoir, Christine Delphy, Claude Hennequin et Emmanuèle de Lesseps. C'est aujourd'hui une revue franco-suisse qui publie deux numéros par an : http://nouvellesquestionsfeministes.ch.

En résumé, quelques caractéristiques du féminisme radical :

» **Pour les féministes radicales, les femmes forment une « classe de sexe », elles sont unies par un vécu commun, et la non-mixité est un moyen pour mener le combat.**

» **Elles interrogent tous les espaces, les expériences et les âges de la vie des femmes au prisme du féminisme : les questions de sexualité, la famille, le mariage, le travail, les violences sexuelles… tout y passe.**

» **Le lesbianisme politique est issu de cette réflexion, considérant que l'hétérosexualité ne peut permettre une libération pleine et entière des femmes.**

Féminisme radical

Un ouvrage de référence : *La Politique du mâle*, Kate Millett, 1971.

Des maîtresses à penser : Andrea Dworkin, Kate Millett, Monique Wittig, Shulamith Firestone, Catherine MacKinnon, Nicole-Claude Mathieu.

Une association : d'hier : Les Gouines rouges… et d'aujourd'hui : Osez le féminisme !.

Toutes radicales ?

Le mouvement féministe français actuel – aussi bien le monde militant que la recherche – est largement influencé par le féminisme radical. Le lesbianisme politique et le féminisme matérialiste sont des courants qui en découlent.

Le saviez-vous ?

Le *black feminism* est aussi issu du féminisme radical. Il en prolonge les réflexions et notamment la jonction avec le système d'oppression raciste, en partant du vécu des femmes racisées (nous en parlerons plus en détail dans le chapitre 11).

Le lesbianisme politique

Le lesbianisme politique se développe dans les années 1980. Les autrices et militantes qui s'en revendiquent dénoncent l'hétérosexualité en tant que norme sociale et institution politique qui empêchent l'émancipation des femmes. Pour elles, le lesbianisme est, plus qu'une orientation sexuelle, un moyen politique pour les femmes d'échapper à l'oppression masculine car il contribue à les libérer de tout rapport de dépendance aux hommes.

Portrait de féministe

Monique Wittig (1935-2003) est une écrivaine, militante et théoricienne du mouvement féministe. Elle publie, à 29 ans, *L'Opoponax* qui décrit l'enfance et l'adolescence d'une jeune fille et la découverte d'un amour lesbien. Ce livre reçoit le Prix Médicis en 1964 et l'écrivaine Marguerite Duras salue « un chef-d'œuvre ».

Dans *Guerillères* (1969), qu'elle publie après avoir constaté la suprématie persistante des hommes dans les mouvements de Mai 68, et dans le *Corps lesbien* (1973), elle dénonce l'hétérosexualité comme un régime politique à combattre et fait de son lesbianisme un sujet central de ses écrits et de son engagement.

Elle développe le concept de « pensée *straight* » pour décrire l'hétérosexualité en tant que système politique qui divise la population de façon binaire en deux sexes distincts, aux rôles sociaux bien définis et conditionnés à être attiré·e·s sexuellement par l'autre sexe.

Pour elle, être féministe désigne « quelqu'un qui lutte pour les femmes en tant que classe et pour la disparition de cette classe ». Elle milite pour le dépassement de la pensée *straight* et des catégories binaires.

Selon elle, le mot « femme » étant intrinsèquement lié à un rapport de dépendance avec les hommes, Monique Wittig le rejette et considère le lesbianisme comme une brèche dans l'ordre patriarcal. On retient souvent de Wittig une citation restée célèbre, issue d'une conférence à New York en 1979 :

« Les lesbiennes ne sont pas des femmes. »

Parole de féministe

« La lesbienne est le seul concept que je connaisse qui soit au-delà des catégories de sexe parce que le sujet désigné n'est pas une femme, ni économiquement, ni politiquement, ni idéologiquement » (Monique Wittig, *La Pensée straight*, 2001).

Le saviez-vous ?

Paru aux États-Unis sous le titre *The Straight Mind*, le recueil a influencé des philosophes féministes comme Judith Butler, autrice de *Trouble dans le genre* (1990), et le courant *queer* (voir chapitres 3 et 7).

Le féminisme matérialiste

Le concept de « féminisme matérialiste » est formulé en 1975 notamment par Christine Delphy (voir portrait dans le chapitre 6). Ce courant émerge dès le Mouvement de libération des femmes par la voix et les écrits de féministes marxistes révolutionnaires.

Événement marquant

On trouve les fondements de la théorie matérialiste dans l'article de Christine Delphy, paru en novembre 1970 dans la revue *Partisan*, intitulé « L'ennemi principal ». Cet article sera le point de départ de ses réflexions et travaux sur l'exploitation économique des femmes.

Des rapports sociaux de classe aux rapports sociaux de sexe

L'originalité de cette théorie est qu'elle utilise et critique le vocabulaire et la grille d'analyse propres au marxisme pour analyser la domination masculine.

La notion de « rapports sociaux de classe », détaillée par Marx et Engels, désigne l'exploitation du travail productif du prolétariat par la bourgeoisie, dans le cadre du système capitaliste.

Les matérialistes vont, quant à elles, développer le concept de « rapports sociaux de sexe » pour analyser l'exploitation du travail reproductif et domestique des femmes par leurs maris.

Cette exploitation domestique des femmes par les hommes se traduit par le fait que :

» **les femmes assurent la grande majorité des tâches domestiques et parentales, et ce travail est gratuit ;**

» **cela est particulièrement le cas dans les couples de travailleur·euse·s indépendant·e·s. Les femmes d'agriculteur, de pharmacien ou de garagiste effectuent des tâches liées à l'activité professionnelle de leur mari, mais ne sont pas rémunérées.**

Parole de féministe

« Une énorme masse de travail, le travail domestique, est effectuée gratuitement par les femmes, [ce] travail est invisible, [il] est réalisé non pas pour soi mais pour d'autres et toujours au nom de la nature, de l'amour ou du devoir naturel » (Danièle Kergoat, *Se battre disent-elles…*, 2012).

Le saviez-vous ?

La dénomination de « féminisme matérialiste » est inspirée par la « conception matérialiste de l'histoire », théorisée par Karl Marx et que l'historienne Sylvie Chaperon résume de la façon suivante : « Être matérialiste, c'est placer la production matérielle de l'existence ("comment on gagne sa croûte") au fondement de l'organisation sociale » (*Travail, genre et sociétés* n° 4, octobre 2000).

« Prolétaires de tous les pays, qui lave vos chaussettes ? »

Alors que les différentialistes vont plutôt chercher à revaloriser le travail et les compétences des femmes, les matérialistes considèrent, elles, le « travail domestique » comme le nœud central de la domination masculine et ont largement contribué à faire du non-partage des tâches domestiques une question politique (sur cette question, voir le chapitre 14).

Ces féministes questionnent donc la définition même du travail, cantonné, à la fin des années 1960, au travail productif. Elles interrogent également la définition de la lutte des classes : pour qui ? Par qui ?

Le matérialisme suscitera débats et critiques au sein de la gauche, notamment parce qu'il avance deux idées centrales :

» **l'exploitation de la « classe des femmes » par la « classe des hommes » n'est pas moins prioritaire ou moins grave que celles des travailleur·euse·s par les patrons, dans le système capitaliste ;**

» **la domination masculine sert le capitalisme et lui préexiste : abroger la propriété privée et l'exploitation capitaliste ne libérera pas les femmes.**

Cela signifie, concrètement, que des femmes « bourgeoises » peuvent être exploitées par leur mari et que des prolétaires peuvent, eux aussi, être les exploiteurs du travail de leur femme.

Pour Christine Delphy, c'est le « patriarcat », et non le capitalisme, qui est « l'ennemi principal » des femmes.

Penser l'imbrication des rapports sociaux de sexe, de classe et de race

Les principales théoriciennes du féminisme matérialiste pensent que les catégories de sexe, comme celles de classe ou de race, sont des construits sociaux, et qu'elles sont liées les unes aux autres.

Aussi bien Christine Delphy, Colette Guillaumin, Paola Tabet, Danièle Kergoat que Nicole-Claude Mathieu vont s'attacher à analyser les ponts et les imbrications entre l'oppression patriarcale, l'oppression capitaliste et l'oppression raciste.

En résumé, quelques caractéristiques du féminisme matérialiste :

» **Il émerge au début des années 1970 et est conceptualisé par Christine Delphy en 1975 dans *Pour un féminisme matérialiste.***

» **C'est une théorie constructiviste.**

» **Inspirée, tout en étant critique, du marxisme, le matérialisme développe l'idée qu'il existe, en parallèle du travail productif, un travail domestique et reproductif effectué gratuitement par les femmes, au profit des hommes.**

La libération des femmes n'ira pas de soi avec l'abolition du capitalisme. La lutte féministe ne doit donc pas être occultée au profit de la lutte des classes.

Féminisme matérialiste

Un ouvrage de référence : *Pour un féminisme matérialiste*, Christine Delphy, 1975.

Des maîtresses à penser : Christine Delphy, Colette Guillaumin, Danièle Kergoat, Emmanuèle de Lesseps, Nicole-Claude Mathieu, Paola Tabet, Monique Wittig.

Une association : d'hier : Les Féministes révolutionnaires… et d'aujourd'hui : Les effronté·es.

DANS CE CHAPITRE

Des femmes à l'intersection des rapports de domination

•

« Femme blanche, écoute ! »

•

L'écoféminisme

•

Femme lesbienne : la double peine ?

Chapitre 11

Au-delà du genre : croiser le sexisme avec d'autres systèmes d'oppression

Le féminisme, comme son nom l'indique, s'intéresse aux femmes et les concerne en premier lieu. Cela paraît logique : celles-ci sont les premières à pâtir d'une société sexiste et des inégalités qu'elle entraîne.

Mais ni les femmes ni le sexisme ne sont isolé·e·s du reste du monde et des autres dominations : capitalisme, racisme, lesbophobie,... Les femmes peuvent se trouver à l'intersection de plusieurs systèmes d'oppression : en tant que femme et pauvre, en tant que femme et noire, en tant que femme et lesbienne, en tant que femme et handicapée, parfois en tant que femme pauvre noire lesbienne handicapée. Et entre femmes ou entre féministes, aussi, peuvent exister des dominations basées sur la classe sociale, la prétendue « race », l'orientation sexuelle, etc.

Il est crucial de reconnaître cela pour construire un féminisme qui vise l'égalité entre toutes les femmes et tous les hommes. Cela passe par une attention constante à la pleine participation de toutes les femmes au mouvement, et par une écoute active de la diversité des situations et des revendications. Penser la convergence des luttes et la solidarité entre tous les mouvements visant l'égalité, cela va de pair avec le féminisme !

Des femmes à l'intersection des rapports de domination

La grande révolution féministe des années 1970 a été la prise de conscience, par les femmes, qu'elles partageaient un vécu commun. Pour autant, les femmes ne sont évidemment pas un groupe parfaitement homogène. Des mouvements, des analyses et des études relativement récentes ont permis de mieux connaître les situations spécifiques des femmes qui se situent à l'intersection de plusieurs rapports de domination – et notamment ceux du sexe, de la race et de la classe.

Années 1970 en France : penser l'analogie entre les rapports de classe, de race et de sexe

Dès le XIXe siècle, Flora Tristan ou Louise Michel font le constat que plusieurs systèmes d'oppression, et notamment la classe et le sexe, fonctionnent de manière comparable : ils divisent la population en deux catégories distinctes et les hiérarchisent. Elles montrent également qu'au sein des prolétaires, les femmes sont à la fois soumises à la domination bourgeoise et à la domination masculine.

Le saviez-vous ?

Ce parallèle est également très présent dans les années 1970, sous l'influence de la doctrine marxiste. Les féministes, en particulier les féministes qui se revendiquent du courant « matérialiste », montrent que les rapports sociaux de sexe ne sont pas plus naturels que les rapports sociaux de race et de classe (voir chapitre précédent). De la même manière que la division en classes sociales et leur hiérarchisation sont construites par la société et ne sont pas naturelles, la division en deux sexes hiérarchisés l'est aussi. Cette analyse permet de montrer que le féminisme est aussi central pour l'émancipation de toutes et tous que la lutte des classes ou les combats anti-racistes.

Portrait de féministe

Colette Guillaumin (1934-2017) est une sociologue française. Elle a consacré une grande partie de ses recherches à l'analyse du racisme et de la domination masculine. Elle compte parmi les bâtisseuses de *Questions féministes* (voir chapitre 10) et a également publié dans la revue *Sexe et Race* de l'université Paris VII. On retient surtout son livre *L'Idéologie raciste*, en 1972, dans lequel elle analyse la race et le sexe en tant que constructions sociales qui viennent légitimer – *a posteriori* – l'exploitation des dominé·e·s. On lui doit, enfin, le concept de « sexage » (construit sur le modèle d'« esclavage » et « servage ») pour décrire le système d'appropriation globale des femmes par les hommes.

Peut-on parler de « race » ?

De la même manière que les catégories de sexe et de classe sont des constructions sociales, en sociologie, parler de race ne renvoie en aucun cas à l'existence d'une race par nature, ou à des différences biologiques de naissance, mais bien à une réalité sociale fondée sur le partage d'une expérience de racisme.

Que signifie « personnes racisées » ?

Dans le sillage notamment des travaux de Frantz Fanon et de Colette Guillaumin, la politologue et militante féministe Françoise Vergès, parle de « racisation » dans son livre *Le Ventre des femmes. Capitalisme, racialisation, féminisme* (2017) : « Racisée, racisé, racisation, racialisée, racialisé, racialisation : si, bien évidemment, la "race" n'existe pas, des groupes et des individus font l'objet d'une "racisation", c'est-à-dire d'une construction sociale discriminante, marquée du négatif, à travers l'histoire. »

L'utilisation qui est faite du terme « race » ou « femmes racisées » dans cet ouvrage s'inscrit dans ces analyses portées depuis près de 50 ans. Il désigne les femmes « non blanches » au sens large : noires, arabes, métisses, asiatiques, latino-américaines…

Parole de féministe

> ***« C'est très exactement la réalité de la "race". Cela n'existe pas. Cela pourtant produit des morts. »***
>
> Colette Guillaumin, 1981.

Aux États-Unis : naissance du concept d'intersectionnalité

En France, du fait de l'influence du marxisme, l'analyse des croisements a d'abord concerné les rapports sociaux de classe et de sexe. Aux États-Unis, dans la continuité du mouvement pour les droits civiques dans les années 1950 et 1960 et compte tenu de l'importance des mouvements anti-racistes, l'articulation entre les dominations liées au sexe et celles liées à la race a fait l'objet de nombreuses recherches et de réflexions au sein du mouvement féministe. C'est dans ce contexte que Kimberlé Crenshaw formule le concept d'« intersectionnalité », en 1989.

Qu'est-ce que l'intersectionnalité ?

L'intersectionnalité désigne la situation de personnes qui se trouvent au croisement de plusieurs systèmes d'oppression. Elle a été développée pour mettre en relief le fait que les femmes noires se trouvent à l'intersection du racisme et du sexisme. Si toutes les femmes ont une expérience de la domination masculine, celle-ci peut s'exercer de manière différente et se combiner à d'autres discriminations.

Le saviez-vous ?

Avant l'apparition du concept d'« intersectionnalité » aux États-Unis, la sociologue française Danièle Kergoat utilise, elle, la notion de « consubstantialité » dès la fin des années 1970 pour « articuler » le sexe et la classe, en partant de l'expérience des ouvrières. Cette articulation est également décrite à la même époque par Colette Guillaumin qui se concentre sur l'analogie entre racisme et sexisme.

Portrait de féministe

Kimberlé Williams Crenshaw, née en 1959, est une juriste féministe états-unienne, professeure de droit à l'université de Los Angeles (UCLA, Californie) et à la *Columbia Law School* de New York, où elle dirige le *Center for Intersectionality & Social Policy Studies* qu'elle a créé en 2011. Elle est spécialiste du droit constitutionnel et des questions de race et de genre. Elle forge la notion d'« intersectionnalité » dans un article qui fera date, intitulé « Cartographies des marges : intersectionnalité, politique de l'identité et violences contre les femmes de couleur ».

C'est à partir du cas d'une femme noire, Emma DeGraffenreid, que Kimberlé Crenshaw a développé ce concept. En 1976, Emma DeGraffenreid attaque en justice le constructeur automobile General Motors pour discrimination raciste et sexiste. Elle part du constat que l'entreprise a mis en place une division du travail basée sur une ségrégation par la race et le sexe : les emplois de bureau – de secrétaires, par exemple – étaient occupés par des femmes blanches, ceux de l'atelier par des hommes noirs. En tant que femme noire, elle ne rentrait dans aucune case et n'avait aucune chance d'être embauchée. Pourtant, sa plainte pour discrimination ne lui a pas permis d'obtenir gain de cause : elle devait choisir de dénoncer ou bien une discrimination liée au sexe (ce qui ne pouvait être prouvé puisque des femmes étaient bien embauchées) ou bien une discrimination liée à la race (or, des hommes noirs travaillaient à l'usine).

Partant de l'histoire de cette femme à l'intersection de deux motifs de discriminations, Kimberlé Crenshaw développe progressivement son analyse de l'intersection du racisme et du patriarcat.

Pour aller plus loin

Crenshaw Kimberlé Williams et Bonis Oristelle, « Cartographies des marges : intersectionnalité, politique de l'identité et violences contre les femmes de couleur », 2005 (traduit en 2005, publié en 1991 et issu d'une analyse formulée en 1989).

Parole de féministe

Dans son article « Cartographie des marges », Kimberlé Crenshaw explique qu'aussi bien les organisations féministes qu'anti-racistes échouent à prendre en compte les discriminations spécifiques vécues par les femmes racisées :

» **D'un côté, le féminisme est un facteur de division au sein des communautés non blanches et peine à intégrer les mouvements anti-racistes : « Selon certains, le féminisme n'a pas sa place dans les communautés de couleur, la question du genre est un facteur de division interne et l'aborder dans des communautés non blanches revient à importer les préoccupations des femmes blanches dans un contexte où elles sont non seulement déplacées, mais aussi néfastes. »**

» **De l'autre, les discriminations et les inégalités spécifiques vécues par les femmes racisées ne sont pas non plus prises en compte dans les mouvements féministes : « Parce que les femmes de couleur ne vivent pas toujours le racisme sur le même mode que les hommes de couleur, ni le sexisme sur des modes comparables à ceux que dénoncent les femmes blanches, les conceptions dominantes de l'antiracisme et du féminisme restent forcément limitées, y compris au regard de leurs propres exigences. »**

Kimberlé Crenshaw le résume ainsi :

> ***« Ce qui est dit du genre l'est à partir de l'expérience des bourgeoises blanches ; ce qui est dit de la race l'est à partir de l'expérience des Noirs de sexe masculin. »***

Pour aller plus loin

La vidéo de la conférence Ted donnée en 2016 par Kimberlé Crenshaw intitulée « L'urgence de l'intersectionnalité » est très éclairante. Elle appuie sa démonstration sur l'invisibilisation des femmes noires victimes de violences policières, dont ni les noms ni les visages ne sont connus du grand public. « Dire leur nom », c'est tout l'objet de la mobilisation autour du hashtag #SayHerName qu'elle appelle à faire connaître en conclusion de sa prestation.

L'intersectionnalité pour quoi faire ?

Pour Crenshaw, l'intersectionnalité vise à analyser le parcours de la combattante auquel font face les femmes racisées. Un parcours semé d'embûches, que la sociologue Deborah King désigne, en 1998, sous l'expression de « péril multiple ». L'approche intersectionnelle permet aussi de pointer le manque d'inclusivité des organisations politiques, féministes ou anti-racistes, dans leurs modes d'actions, leurs revendications et leurs priorités. *In fine*, l'objectif est d'ajuster et de renforcer la lutte contre les inégalités et/ou les violences sexistes, pour toutes les femmes.

L'intersectionnalité trouve son origine dans l'analyse de la situation des femmes noires. Mais ce concept est aujourd'hui mobilisé – dans la recherche et dans les organisations – plus largement pour penser l'imbrication du sexisme avec notamment :

» **L'hétéronormativité : système qui érige l'hétérosexualité en norme et légitime les discriminations et violences contre les personnes perçues comme déviantes par rapport à cette norme.**

» **Le validisme : discrimination et dévalorisation, à un niveau institutionnel ou individuel, des personnes handicapées.**

» **Le système de classe.**

» **Ou encore les discriminations territoriales subies par des personnes vivant en zone très rurale ou dans des quartiers des banlieues urbaines.**

L'intersectionnalité est une approche aujourd'hui revendiquée par de très nombreuses associations, organisations et intellectuel·le·s féministes.

Violences conjugales : prendre en compte les vulnérabilités spécifiques des femmes racisées

Dans son article de référence « Cartographie des marges », Kimberlé Crenshaw prend l'exemple des femmes racisées – noires et hispaniques – victimes de violences conjugales, pour montrer que leur vécu spécifique (précarité, barrière de la langue pour les non-anglophones, octroi de papiers *via* le conjoint pour les femmes immigrées, racisme…) peut entraîner un parcours plus compliqué que pour des femmes blanches pour sortir de cette situation. La non-prise en compte de ces vulnérabilités particulières par les pouvoirs publics et les associations de soutien aux victimes induit un déficit de financement pour répondre aux besoins, et, *in fine*, un accompagnement peu adapté à tous les profils de femmes.

Le saviez-vous ?

En France, c'est au milieu des années 2000 que se diffuse le concept d'intersectionnalité, d'abord dans la recherche universitaire. Trois événements marquants ponctuent cette émergence :

» **En 2005, la revue *Les Cahiers du genre* publie un numéro consacré au thème « penser la pluralité ».**

» **Cette même année, des journées d'études sur le thème « Le genre au croisement d'autres rapports de pouvoir » sont organisées par EFiGiES (association d'étudiant·e·s, jeunes chercheur·euse·s et doctorant·e·s en études féministes, genre et sexualités) en femmage à Colette Guillaumin.**

» **En 2008, le manuel sur les études de genre *Introduction aux gender studies* contient un chapitre entier consacré aux « Intersections » (Laure Bereni, Sébastien Chauvin, Alexandre Jaunait, Anne Revillard).**

Si l'analyse des oppressions multiples est relativement ancienne dans la théorie féministe et désignée par plusieurs concepts comparables, la notion d'« approche intersectionnelle » est aujourd'hui celle qui semble privilégiée dans les milieux académiques et militants pour désigner l'articulation des inégalités multiples.

L'intersectionnalité

Deux ouvrages/articles de référence : *Sexe, race et pratique du pouvoir. L'idée de nature*, Colette Guillaumin, iXe éditions,1992.

« De l'usage épistémologique et politique des catégories de sexe et de race dans les études sur le genre », Elsa Dorlin, *Les Cahiers du genre*, n° 39, 2005.

Des maîtresses à penser : Kimberlé Crenshaw, Elsa Dorlin, Colette Guillaumin, bell hooks, Danièle Kergoat, Christelle Hamel, Deborah King.

Une association d'aujourd'hui : Féministes contre le cyberharcèlement.

Au croisement du féminisme et de l'anti-racisme : l'afroféminisme

Alors même que les femmes noires ont toujours été partie prenante des luttes féministes, leurs écrits et même leurs noms restent largement invisibilisés dans le mouvement féministe tel qu'il nous est conté. Où sont les femmes… noires ?

Le féminisme noir (ou « afroféminisme » en France) s'attache à leur redonner la place qu'elles méritent et à faire entendre les revendications des femmes noires dans les luttes actuelles. Outre le sexisme et le racisme, les théories afroféministes axent également leurs réflexions sur l'anti-capitalisme et l'anti-impérialisme.

Naissance du *black feminism* aux États-Unis

Les premières voix d'un féminisme noir ont émergé aux États-Unis au XIXe siècle, à la suite de l'abolition de l'esclavage. Des mobilisations revendiquent alors le droit de vote des Noirs – sous-entendus des « hommes noirs » puisque seuls les hommes avaient le droit de vote – et le droit de vote des femmes – sous-entendus des « femmes blanches » puisque les personnes noires n'avaient pas le droit de vote. Certaines organisations souhaitent mener les deux combats conjointement. Cela suscitera nombre de débats sur la priorité à accorder à l'un ou l'autre. Les femmes noires ne sont alors ni entendues, ni représentées *de facto* par l'un ou l'autre des mouvements (voir chapitre 1).

Considérer que les femmes seraient prioritaires par rapport aux Noirs (et vice-versa) revient à supposer que toutes les femmes sont blanches et que tous les Noirs sont des hommes. Mais dans ce cas, qui s'intéresse au sort de celles qui sont concernées par les deux luttes, à savoir les femmes noires ?

Le saviez-vous ?

Toutes les femmes sont blanches, tous les hommes sont noirs, mais nous sommes quelques-unes à être courageuses est d'ailleurs le titre d'un ouvrage collectif publié en 1982 aux États-Unis par Gloria Hull, Patricia Bell Scott et Barbara Smith.

Ce déni des problématiques spécifiques rencontrées par les femmes noires donnera lieu à la naissance, aux États-Unis, du *black feminism* (« féminisme noir »).

La philosophe française Elsa Dorlin a coordonné, en 2008, l'ouvrage *Black Feminism, anthologie du féminisme africain-américain (1975-2000)*. Elle en donne la définition suivante :

Parole de féministe

« Par *black feminism*, il ne faut pas entendre les féministes "noires", mais un courant de pensée politique qui, au sein du féminisme, a défini la domination de genre sans jamais l'isoler des autres rapports de pouvoir, à commencer par le racisme ou le rapport de classe, et qui pouvait comprendre, dans les années soixante-dix, des féministes "chicanas", "natives américaines", "sino-américaines", ou du "tiers-monde" » (Elsa Dorlin, *Black feminism*, 2008).

Ce courant compte de très nombreuses figures telles que Audre Lorde, Angela Davis ou encore bell hooks.

Portrait de féministe

Gloria Jean Watkins, connue sous son nom de plume **bell hooks**, est née en 1952 aux États-Unis, dans une famille pauvre et noire. Elle a enseigné, entre autres, l'anglais à l'université de Californie du Sud, les études africaines et afro-américaines à l'université de Yale mais aussi les « études féminines » à Oberlin College. C'est surtout la publication, en 1981, de son ouvrage – débuté alors qu'elle n'avait que 19 ans – *Ne suis-je pas une femme ? Femmes noires et féminisme* qui la fait accéder à la notoriété et lui a permis d'occuper aujourd'hui une place d'intellectuelle et militante féministe et anti-raciste de premier plan.

La traduction française de cet ouvrage majeur du féminisme n'est disponible que depuis 2015. Elle est préfacée par Amandine Gay, sociologue et réalisatrice, notamment du documentaire *Ouvrir la voix* qui tend le micro à 24 femmes noires en France. Le titre du livre fait référence au discours « Ain't a Woman ? » (« Ne suis-je pas une femme ? »), prononcé en 1851 par Sojourner Truth, célèbre abolitionniste noire américaine, encore trop méconnue en France (voir chapitre 1).

bell hooks est un nom de plume formé à partir des noms de sa mère et de sa grand-mère et délibérément écrit systématiquement en minuscule, car elle estime que le plus important dans ses travaux est la « substance des livres, pas ce qu'[elle est] ».

La déclaration du Combahee River

Événement marquant

Le féminisme noir prend une nouvelle ampleur aux États-Unis dans les années 1970, avec la création à New York en 1973 de la *National Black Feminist Organization* (NBFO). La NBFO ne perdure que deux ans, mais permet la création du Combahee River, collectif de féministes noires et lesbiennes radicales, en 1974 à Boston.

La Déclaration que le collectif publie en 1979, traduite en 2016 par la sociologue Jules Falquet, résume le positionnement politique de cette organisation pionnière du féminisme Noir :

Parole de féministe

« La définition la plus générale de notre politique actuelle peut se résumer comme suit : nous sommes activement engagées dans la lutte contre l'oppression raciste, sexuelle, hétérosexuelle et de classe et nous nous donnons pour tâche particulière de développer une analyse et une pratique intégrées, basées sur le fait que les principaux systèmes d'oppression sont imbriqués [*interlocking*]. La synthèse de ces oppressions crée les conditions dans lesquelles nous vivons. En tant que femmes noires, nous voyons le féminisme noir comme le mouvement politique logique pour combattre les oppressions multiples et simultanées qu'affronte l'ensemble des femmes de couleur » (déclaration du Combahee River Collective, 1977).

Parmi les militantes qui ont mené de front les combats anti-raciste et féministe, Angela Davis est une figure incontournable.

Portrait de féministe

Angela Davis est une philosophe et militante anti-raciste, révolutionnaire et féministe états-unienne. Née en 1944 dans l'État de l'Alabama, encore régi par les lois ségrégationnistes qui séparaient les Noir·e·s des Blanc·he·s, elle s'engage très jeune dans le mouvement pour les droits civiques. Dans son autobiographie parue en 1975, Angela Davis décrit le sexisme qu'elle a subi au cours de son engagement politique et sa volonté d'articuler les luttes marxiste, anti-raciste et féministe. Accusée d'être impliquée dans la tentative d'évasion de trois prisonniers qui se solda par la mort d'un juge californien et de quatre détenus en 1970, le FBI la met sur la liste des dix criminel·le·s les plus recherché·e·s. Pendant les seize mois que dure son incarcération, un important mouvement, dont le slogan est « Free Angela ! », s'organise partout sur la planète pour exiger sa libération, avec notamment le soutien de Louis Aragon, Jean-Paul Sartre ou encore Yoko Ono. Les Rolling Stones lui consacrent la chanson « Sweet Black Angel ». Finalement acquittée en 1972, elle publie ensuite de nombreux ouvrages contre le racisme ou le système carcéral et développe une analyse croisée des systèmes d'oppression, en particulier dans son livre *Femmes, race et classe* paru en 1981. Sa brillante carrière universitaire fut consacrée par l'obtention du poste de directrice de département d'études féministes de l'université de Californie. Elle se présenta à deux reprises à la vice-présidence de son pays au nom du Parti communiste, et est aujourd'hui une figure remarquée de l'opposition à Donald Trump.

Pour aller plus loin

Le documentaire *Free Angela* réalisé en 2013 par Shola Lynch retrace le parcours politique de cette femme exceptionnelle.

Et en France ?

Le féminisme noir a émergé et s'est diffusé aux États-Unis bien plus qu'en France. Pour Elsa Dorlin, cela s'explique en grande partie par l'histoire états-unienne, marquée par l'esclavage et la ségrégation raciale.

Parole de féministe

« L'histoire du féminisme africain-américain est indissociablement marquée par l'histoire de l'esclavage nord-américain, dont la spécificité est le développement d'un système plantocratique d'envergure sur le sol même des États-Unis d'Amérique, à la différence des États esclavagistes européens modernes (France, Grande-Bretagne, Espagne, Danemark, Hollande) » (Elsa Dorlin, *Black Feminism*, 2008).

En France, alors que les termes d'« afroféminisme » ou de « féminisme noir » n'étaient pas encore employés, des voix de femmes noires se sont pourtant élevées depuis des décennies... mais n'ont pas toujours été entendues.

Événement marquant

Parmi les nombreux collectifs de femmes noires en France (voir chapitre 6), on peut citer la création, en 1976, de la *Coordination des Femmes noires* qui réunit des femmes antillaises et africaines. Parmi les fondatrices, on compte notamment Awa Thiam, Susy Landeau, Maria Kalalobé, Époupa Mitzipo, Béatrice Elom ou encore Françoise Elom. Elles organisent, le 29 octobre 1977, la première « Journée des femmes noires » qui trouve un certain écho dans la presse. La présidente sénégalaise de la coordination, Awa Thiam, publie un an plus tard l'ouvrage *La Parole aux négresses*, préfacé par Benoîte Groult.

Parole de féministe

« La lutte des femmes noires et celle des femmes blanches ne se situe pas au même niveau. [...] Les premières ont à lutter contre le colonialisme ou le néo-colonialisme, le capitalisme et le système patriarcal. Les dernières luttent uniquement contre le capitalisme et le patriarcat » (Awa Thiam, *La Parole aux négresses*, 1978).

Le *Mouvement pour la défense des droits de la femme noire* (Modefen), créé en 1981 par la camerounaise Lydie Dooh-Bunya, est également une organisation majeure dans l'histoire de l'afroféminisme en France.

Qu'est-ce que l'afroféminisme ?

L'afroféminisme est le terme retenu en France, quand on parle plutôt de féminisme noir aux États-Unis.

L'afroféminisme naît du partage d'expériences de femmes noires, d'origine africaine ou antillaise, qui se réunissent pour faire émerger des questions jusque-là passées sous silence (stérilisations forcées, sexualisation ou santé des femmes noires,...), et se mobilisent au sein des mouvements de femmes. Elles ont la volonté de porter un discours et des revendications qui leur sont propres, car celles-ci ne sont pas suffisamment prises en compte ni par les mouvements anti-racistes ni par les mobilisations féministes. Cette analyse politique se diffuse ensuite dans le champ académique.

Pour les afroféministes, la lutte contre le sexisme ne doit pas être prioritaire par rapport à toutes les autres : les différentes luttes doivent aller de pair.

Pour aller plus loin

Comme relaté dans le chapitre 6, à une même époque – le début des années 1970 – les femmes réunionnaises étaient soumises à des stérilisations et des avortements de masse non consentis, un combat peu relayé en métropole où se jouait alors la bataille pour le droit à l'avortement.

« Aux femmes blanches qui veulent être mon amie »

L'afroféminisme s'intéresse également aux rapports de domination qui peuvent exister entre femmes et entre féministes.

Claire Heuchan, féministe radicale écossaise noire et créatrice du blog « Sister Outrider » a publié, en 2016, un texte adressé aux femmes blanches qui lui disaient vouloir être solidaires des femmes racisées et combattre le racisme, y compris celui qu'elles avaient intériorisé. Dans son *Guide féministe noir de solidarité interracial*, elle répond « aux femmes blanches qui veulent être [son] amie » :

Parole de féministe

« Les femmes blanches qui veulent établir un rapport de confiance et de solidarité avec les femmes racisées doivent d'abord réfléchir à la façon dont elles pensent les femmes racisées, à la façon dont elles nous conceptualisent – est-ce que vous nous considérez comme des sœurs ou comme quelqu'une à qui vous apportez un soutien de façade sans jamais vraiment nous écouter ? Sommes-nous une partie centrale de la lutte féministe, ou une simple case à cocher ? » (Claire Heuchan, *Guide féministe noir de solidarité interraciale*, traduit en 2017 par Révolution sorore).

White woman, listen! (« Femme blanche, écoute ! »)

Un des articles qui compose l'anthologie *Black Feminism*, publiée par Elsa Dorlin, a été écrit par Hazel Carby et s'intitule « Femme blanche écoute ! Le féminisme noir et les frontières de la sororité ». Elle y interpelle les féministes blanches en leur demandant : « Que voulez-vous dire au juste lorsque vous dites NOUS ? », en référence à un « nous les femmes » auquel les femmes non blanches ne s'identifient pas forcément. Il peut aussi exister des rapports de pouvoir entre femmes, même féministes : de la même manière qu'il existe des militants anti-racistes misogynes, se revendiquer féministe n'empêche pas d'être raciste.

Les mots de l'afroféminisme

Qui dit théorie, dit concepts. Les penseuses et militantes afroféministes ont ainsi développé des mots pour analyser, nommer et ainsi rendre visibles les oppressions multiples subies par les femmes noires.

La misogynoir = misogynie + noir

Le terme, dont on attribue la maternité à la chercheuse africaine-états-unienne Moya Bailey, est formé par la contraction de « misogynie » et « noir ». La blogueuse et autrice du livre *Comme un million de papillons noirs*, Mrs Roots, en donne la définition suivante sur son site *mrsroots.fr* :

> **« *La misogynoir est le terme pour qualifier une misogynie spécifique visant les femmes noires, et produite par les hommes en général – indépendamment de leur couleur de peau, donc.* »**
>
> Mrs Roots

Le saviez-vous ?

Sur les réseaux sociaux, les femmes sont beaucoup plus souvent la cible d'insultes, de menaces et de propos sexistes que les hommes. Et les femmes qui ont une parole publique – féministes, politiques, journalistes – sont celles qui en font le plus les frais. Cela est d'autant plus vrai pour les femmes noires qui sont « prises pour cibles de manière disproportionnée » selon le rapport *Toxic Twitter* publié par Amnesty International en 2018. Elles ont 84 % de risques de plus que les femmes blanches d'être citées dans des tweets injurieux ou posant problème. Un tweet sur 10 mentionnant des femmes noires a un caractère violent ou problématique, comparé à un tweet sur 15 pour les femmes blanches.

Faire émerger ce type de constat est souvent difficile car il est rare que les statistiques disponibles croisent différents types de discriminations, en particulier lorsque les statistiques dites « ethniques » sont interdites.

Le saviez-vous ?

La misogynoir se traduit notamment par des injonctions de beauté spécifiques aux femmes noires comme l'éclaircissement de leur peau ou le lissage de leurs cheveux :

» **Héritage du colonialisme et du racisme, le colorisme décrit une forme de hiérarchisation en fonction du degré de la clarté de la peau : plus la peau est claire, plus la personne est valorisée et perçue comme belle. Pour s'éclaircir la peau, des femmes noires utilisent ainsi des produits chimiques de blanchiment, souvent très nocifs pour la santé.**

» La coiffure des femmes noires est également la cible de misogynoir : dans un article intitulé « Miss France et misogynoir », le collectif Afro-fem met en lumière l'ampleur et le racisme des commentaires et insultes reçues par les femmes noires élues « miss » depuis la création du concours et ayant gardé leur coiffure naturelle. Et pose la question : « Devrions-nous défriser nos cheveux, les lisser ou les attacher pour qu'ils soient admis comme pertinents dans le cadre d'un concours de beauté ? »

Pour aller plus loin

Dans le livre *Afro !* publié en 2015, la journaliste et autrice Rokhaya Diallo interroge 110 Parisiens et Parisiennes adeptes des cheveux crépus, frisés, des tresses ou des dreadlocks.

Parole de féministe

« Les femmes noires sont l'un des rares groupes dont l'extrême majorité cache ses cheveux ou les transforme, et je suis allée comprendre pourquoi. »

Rokhaya Diallo, CliqueTV, 13 octobre 2013

Le blantriarcat = patriarcat + blanc

Désigne un système d'oppression basé à la fois sur la suprématie blanche et la domination masculine.

Sistas

Abrégé du mot *sisters* (« sœurs »), *sistas* désigne les femmes noires de manière générale. Son utilisation par les afroféministes développe l'idée d'une solidarité entre sœurs, une sororité entre femmes noires.

Les « faux-semblants de l'universalisme républicain »

Cette expression, employée par Elsa Dorlin en introduction de l'anthologie *Black Feminism*, vise à expliquer en partie pourquoi le féminisme noir n'a pas connu le même écho en France qu'aux États-Unis. L'universel neutre masculin… et blanc est en effet la base du « pacte républicain » français, quand la fraternité est constitutive de la devise nationale. Comme l'analyse la politologue Réjane Sénac dans son livre *Les Non-Frères au pays de l'égalité*, « la République a beau se proclamer une et indivisible, elle n'a cessé de classifier et de hiérarchiser les citoyen·ne·s depuis sa fondation ». Elle ne laisse ni la place, ni la parole aux « non-frères » : les femmes, les personnes non blanches… et donc *a fortiori*, les femmes noires.

L'afroféminisme comme combat

Pour les féministes noires qui ne se sentent ni suffisamment écoutées ni représentées au sein des associations généralistes émerge la nécessité d'un féminisme tourné vers les expériences et les systèmes d'oppression qui leur sont propres.

Parole de féministe

> ***« La question cruciale pour nous était alors : "Pourquoi te bats-tu et peut-on faire alliance ?" davantage que : "Qui suis-je, qui es-tu ?" »***
>
> Barbara Smith, lors de la conférence « Feminism for the 99 % and The New Feminist Wave » à New York, 4 février 2019

En France, les associations qui se revendiquent de l'afroféminisme connaissent aujourd'hui une dynamique nouvelle. Leurs réflexions trouvent un écho certain sur les réseaux sociaux et ces discours se font peu à peu une place dans les médias (voir également chapitre 8).

Parmi les collectifs afroféministes les plus actifs et médiatisés, on trouve Afrofem ou encore Mwasi, créé en 2014.

Événement marquant

En mai 2017, une polémique éclate autour de l'annonce par Mwasi de l'organisation prochaine du festival Nyansapo à Paris. Au programme, trois des quatre ateliers prévus sont réservés à des personnes non blanches. C'est le site d'extrême droite « Français de souche » qui dénonce en premier un festival « interdit aux Blancs » sur Twitter, très vite repris par les représentants du Front national… puis par l'ensemble de la classe politique.

Les débats suscités dans les médias auront permis de rappeler que la non-mixité choisie est une pratique politique qui existe de longue date, pratiquée par les mouvements pour les droits civiques aux États-Unis dans les années 1960, et par les féministes dès le début des années 1970 (voir définition « mixité/non-mixité » dans le chapitre 3 et chapitre 6 sur cette pratique au sein du MLF).

Pour aller plus loin

Mwasi a publié en 2018 un manifeste « Afrofem », dans la collection « Nouvelles Questions féministes ».

La non-mixité comme choix politique

Comme expliqué sur son site *mwasicollectif.com*, Mwasi défend la non-mixité de race et de sexe. Le collectif est uniquement composé de femmes noires et métisses qui échangent, produisent des réflexions et mènent des actions « sur la négrophobie ET la misogynie pour et par les personnes concernées ».

Ce choix, politique, a dû être défendu à de nombreuses reprises par le collectif qui explique notamment (toujours sur son site) :

« Il n'y a aucune hiérarchisation des races dans Mwasi, nous revendiquons uniquement le droit d'avoir un espace entre nous où nous puissions nous sentir en sécurité, et où il nous est possible de mettre notre temps au profit de notre lutte plutôt que de le consacrer à de la pédagogie. »

Au-delà des collectifs, des figures militantes afroféministes – artistes, journalistes, entrepreneuses, activistes sur les réseaux sociaux – ont gagné en visibilité et sont régulièrement présentes sur les plateaux télé. C'est par exemple le cas de l'autrice et poétesse Kiyémis, de la réalisatrice Amandine Gay, de la coach en entreprise Marie Dasylva ou de la journaliste Rokhaya Diallo (voir « Dix personnalités s'adressent à vous », chapitre 20).

Afroféminisme

Un ouvrage de référence : *Black Feminism, Anthologie du féminisme africain-américain 1975-2000*, Elsa Dorlin, 2008.

Des maîtresses à penser : Kimberlé Crenshaw, Marie Dasylva, Angela Davis, Rokhaya Diallo, Amandine Gay, Patricia Hill Collins, bell hooks, Audre Lorde, Alice Walker, Michele Wallace, Mary Ann Weathers.

Une association : d'hier : la Coordination des femmes noires, et d'aujourd'hui : Mwasi.

Le féminisme décolonial

Les études dites « décoloniales » émergent en Amérique latine quand les études dites « post-coloniales » trouvent leur origine dans le monde universitaire anglo-saxon. Les études décoloniales, tout comme les études post-coloniales, s'attachent à étudier l'impact de la colonisation sur les sociétés actuelles, tant d'un point de vue culturel, qu'économique ou politique. En France, les études et le militantisme décoloniaux pointent du doigt « la colonialité », à savoir les traces encore présentes de la colonisation :

» **le racisme institutionnel que symbolisent par exemple les contrôles au faciès ;**

» **le sous-investissement en termes de politiques publiques, par exemple dans les anciens territoires colonisés des outre-mer ;**

» **et plus globalement le racisme à l'encontre des populations racisées.**

On désigne par « féminisme décolonial » ou « féminisme post-colonial » le fait de prendre en compte, dans l'analyse et les actions féministes, les traces laissées par la colonisation et les politiques impérialistes encore à l'œuvre aujourd'hui. Ce courant est lié à l'intersectionnalité puisqu'il s'attache à faire le pont entre patriarcat, capitalisme, racisme et impérialisme. S'il fait l'objet de recherches et de publications en France, il est avant tout mobilisé par les mouvements féministes des pays dits « du Sud ».

Événement marquant

La colonisation française, au-delà des violences et humiliations commises contre les populations autochtones de manière générale, s'est traduite par des exactions particulièrement misogynes contre les femmes. Dans une enquête parue dans le journal *Le Monde* en 2001 intitulée « Le tabou du viol des femmes pendant la guerre d'Algérie commence à être levé », d'anciens appelés témoignent du caractère massif des viols et tortures sexuelles sur les femmes. Les détenues subissaient ces violences « dans neuf cas sur dix ». La médiatisation – par son avocate Gisèle Halimi et Simone de Beauvoir – du cas de Djamila Boupacha, militante du Front national de libération algérien (FLN) victime de nombreux sévices, permettra de faire connaître les méthodes des militaires français en Algérie. Mais l'ampleur de ces violences sexuelles reste encore très taboue.

Gisèle Halimi raconte cette mobilisation dans le livre *Djamila Boupacha* publié en 1962, préfacé par Simone de Beauvoir. Cette dernière souligne : « L'exceptionnel, dans l'affaire Boupacha, ce ne sont pas les faits : c'est leur dévoilement. »

Parole de féministe

« Une Algérienne de vingt-trois ans, agent de liaison du FLN, a été séquestrée, torturée, violée avec une bouteille par des militaires français : c'est banal. Depuis 1954, nous sommes tous complices d'un génocide qui, sous le nom de répression, puis de pacification, a fait plus d'un million de victimes : hommes, femmes, vieillards, enfants, mitraillés au cours des ratissages, brûlés vifs dans leurs villages, abattus, égorgés, éventrés, martyrisés à mort [...] » (préface de Simone de Beauvoir).

Événement marquant

Le féminisme est parfois instrumentalisé au service de l'impérialisme. L'approche décoloniale du féminisme permet notamment de déjouer les stratégies impérialistes qui font de la « libération des femmes » un des prétextes mobilisés pour légitimer les politiques interventionnistes. Dans les années 2000, l'éducation des filles et la liberté des femmes sont ainsi, progressivement, devenues un des arguments justifiant l'intervention des États-Unis et de leurs alliés, dans le cadre de la dénommée « Guerre contre le terrorisme » commencée en 2001 suite aux attentats contre les Twin Towers à New York. Le 29 janvier 2002, le président états-unien G.W. Bush déclare : « Le drapeau américain flotte de nouveau au-dessus de notre ambassade à Kaboul [...]. Aujourd'hui, les femmes sont libres. »

Quarante ans plus tôt, l'émancipation des femmes était aussi un argument mobilisé dans la propagande pour la colonisation française en Algérie. En mai 1958, des cérémonies de dévoilement ont été organisées par l'Armée française – sous couvert d'une association créée par les épouses des généraux Salan et Massu – pour prôner la modernité et la libération que la présence française était censée apporter aux femmes. Des Algériennes se sont d'ailleurs mises à porter le voile à cette époque pour marquer leur refus de la colonisation et de cette volonté de la France de les « libérer ».

Le saviez-vous ?

Dans les pays d'Amérique du Sud, mais aussi au Québec, les féministes sont très mobilisées pour la défense des droits des peuples indigènes, qui sont les descendant·e·s des autochtones qui vivaient sur le territoire avant la colonisation espagnole et portugaise. La colonisation a eu pour effet de largement exterminer ces populations, parmi lesquelles on peut citer les Mapuches, les Quechuas, les Aymaras ou encore les Mohawks et les Innus. Aujourd'hui, elles sont parfois encore victimes de violences et de discriminations spécifiques par l'État et la population. L'articulation entre féminisme et défense des droits des peuples autochtones s'inscrit donc dans une approche décoloniale.

Féminisme sans frontières

Si le féminisme noir états-unien est aujourd'hui mieux connu et étudié, le féminisme « chicano » l'est beaucoup moins.

Le saviez-vous ?

«*Chicanos* » et « *chicanas* » désignent des femmes et des hommes originaires à la fois du Mexique et des États-Unis et peut parfois être mobilisé plus largement, concernant des latino-américain·ne·s.

Les questions de l'intersectionnalité, de la colonisation et du racisme sont très largement évoquées par le féminisme chicano. Parmi les ouvrages marquants de cette abondante production, on peut citer :

- *This Bridge Called My Back : Writings by Radical Women of Color* **(« Ce pont appelé mon dos : essais par des femmes de couleur radicales ») est un recueil de textes (poèmes, essais, contes ou témoignages) édité par les écrivaines chicanas Cherríe Moraga et Gloria Anzaldúa, en 1981.**
- *No se puede descolonizar sin despatriarcalizar* **(« On ne peut pas décoloniser sans dépatriarcaliser ») publié en 2014 par María Galindo, membre du collectif péruvien Mujeres Creando (« Les femmes qui créent »).**

Pour aller plus loin

Dans son livre *Pour un féminisme décolonial* paru en 2019, Françoise Vergès dénonce ce qu'elle nomme « un féminisme civilisationnel » encore empreint de l'héritage de la colonisation et de la volonté de certaines femmes blanches d'émanciper les autres femmes, selon leur seule conception de ce que doivent être la liberté et l'égalité. Selon elle, ces dernières souhaitent calquer leur propre vision de la liberté des femmes, sans s'interroger sur les biais racistes dont elles peuvent elles-mêmes être imprégnées.

Les critiques formulées notamment à l'encontre du MLF par Françoise Vergès ont suscité des débats et des réponses, notamment de Josette Trat, féministe marxiste très active dans les années 1970 ou encore de la journaliste et militante féministe Martine Storti. Dans une tribune intitulée « Le tableau noir du "féminisme blanc" », cette dernière dénonce un procès rétrospectif, des caricatures et des omissions volontaires sur les nombreux actes de solidarité féministe au cours des années 1970 : avec la coordination des femmes noires, avec les femmes au Chili, en Espagne, au Mozambique, en Bolivie, en Palestine, au Vietnam…

Le livre collectif dirigé par Suzy Rojtman *Lutte des femmes, lutte des classes* (2022) revient également sur le MLF et l'histoire méconnue des groupes de femmes immigrées ou dans les populations colonisées. Ce livre offre un éclairage central aux combats des femmes les plus précaires.

Parole de féministe

« Historiquement, [les femmes françaises bourgeoises] ont pu travailler hors de chez elles et prendre des emplois de cadre parce qu'elles pouvaient avoir des femmes qui prenaient soin de leur maison, de leurs enfants. Des femmes qui aujourd'hui nettoient le monde, les bureaux où elles travaillent, les trains qu'elles prennent pour aller en vacances ou à un rendez-vous professionnel, etc. Ces femmes-là sont majoritairement racisées. Pour moi, le féminisme, c'est que toutes les femmes soient libérées, pas que toutes les femmes soient à la tête de grandes compagnies. Avoir une femme à la tête d'Areva n'est pas une fin en soi » (Françoise Vergès, entretien avec Séverine Kodjo-Grandvaux, *Le Monde*, 17 février 2019).

Le saviez-vous ?

L'épisode n° 16 « Féminismes pour toutes » du podcast *Kiffe ta race* animé par Rokhaya Diallo et Grace Ly est également consacré au féminisme décolonial. Grace Ly y relève par exemple que dans le traitement médiatique des féminicides, il existe des écueils propres aux femmes non-blanches : on va parler (à tort) de « crime passionnel » ou de « drame conjugal » pour des meurtres commis au sein de populations blanches et plus souvent de « crime d'honneur », analysés à l'aune de supposées différences culturelles, lorsque ceux-ci ont lieu dans des familles ou des couples non blancs.

Féminisme et enjeux de développement : l'écoféminisme

Peut-être n'avez-vous jamais entendu ou lu ce terme : « écoféminisme » ? Quel rapport entre écologie et féminisme ? Historiquement, les féministes ont plutôt eu tendance à rejeter tout rapprochement entre « la » femme et la « terre mère », compte tenu du risque élevé de naturaliser une « essence féminine » (voir chapitre 10).

Pourtant, l'écoféminisme permet d'envisager une réelle convergence des luttes entre les enjeux écologistes et féministes. De nombreux courants et approches se développent actuellement en France : l'écoféminisme suscite désormais plus d'intérêt que de défiance.

Qu'est-ce que l'écoféminisme ?

L'écoféminisme est un mouvement politique de lutte contre le capitalisme, l'exploitation à outrance des ressources naturelles et le patriarcat, montrant que ces systèmes d'oppression ont des effets délétères à la fois sur l'environnement et sur les femmes.

D'où cela vient-il ?

De nombreuses femmes à travers le monde ont, depuis des décennies, lié la défense de la planète et la lutte contre un système patriarcal et néolibéral. L'écoféminisme, mouvement d'idées et d'actions, trouve son origine aux États-Unis à la fin des années 1970, dans un contexte de mobilisations contre l'énergie nucléaire et pour la paix. Il connaîtra une seconde jeunesse et un nouvel essor dans les années 1990, grâce notamment aux différentes traductions de l'ouvrage devenu LA référence : *Écoféminisme*, écrit à quatre mains par l'Indienne Vandana Shiva et l'Allemande Maria Mies (1993).

Portrait de féministe

Vandana Shiva est née en Inde en 1952. Surnommée la « rock star anti-OGM », elle est une des figures emblématiques du mouvement écoféministe : pour la biodiversité, les droits des peuples autochtones et les droits des femmes. Vandana Shiva a reçu le prix Nobel alternatif en 1993, « pour avoir placé les femmes et l'écologie au cœur du discours sur le développement moderne ».

Cocorico ! Le terme « écoféminisme » apparaît pour la première fois en 1974 dans le livre *Le Féminisme ou la Mort* de la Française Françoise d'Eaubonne, pionnière du mouvement. Pourtant, les théories écoféministes ont mis beaucoup de temps à se diffuser en France, comparativement aux États-Unis ou aux pays dits « du Sud ». Encore aujourd'hui, les travaux de Françoise d'Eaubonne sont très peu connus.

Portrait de féministe

Françoise d'Eaubonne (1920-2005) est une autrice, militante et intellectuelle française. Elle a à la fois une activité littéraire très prolixe (plus de cent livres publiés au cours de sa vie) et un engagement militant sur tous les fronts : soutien du Parti communiste et de la Résistance, opposante à la guerre d'Algérie en 1960, elle sera également présente dès les débuts du Mouvement de libération des femmes, au sein duquel elle anime le groupe « Écologie et féminisme ». Elle est également co-fondatrice du Front homosexuel d'action révolutionnaire (FHAR) en 1971.

Événement marquant

Le 3 mai 1975, favorable à des actions violentes et opposée à l'énergie nucléaire, elle commet, avec d'autres, un attentat contre la centrale nucléaire de Fessenheim, alors en construction. Le commando de femmes qui revendique l'opération argue que cette « industrie de mort provenait d'une société patriarcale ». L'attentat retarde d'un an la mise en service de la centrale.

Parmi les icônes de l'écoféminisme, on peut également citer Erin Brokovich. Élevant seule ses trois enfants, elle découvre que l'eau potable de sa ville en Californie est polluée par la faute d'une grande compagnie, ce qui a des conséquences graves sur la santé des habitant·e·s. Autodidacte, elle décide de mener l'enquête et d'attaquer l'entreprise en justice. Seule contre tou·te·s, elle doit tenir tête au sexisme et au paternalisme et permet aux malades d'obtenir un dédommagement historique. L'histoire de cette femme, devenue militante écologiste, a été mise en image par Steven Soderbergh dans un film qui porte son nom en 2000.

« Ni les femmes ni la Terre ne sont des territoires de conquêtes »

Pour les écoféministes, l'exploitation destructrice de la nature et l'exploitation des femmes (de leurs corps, de leur fonction reproductive, de leur sexualité et de leur travail) sont liées. L'écoféminisme pourrait être résumé à grands traits par ces quelques postulats :

- **Il existe un parallèle entre l'exploitation de la Terre par les humains et l'exploitation du travail domestique et reproductif des femmes par les hommes : la même soif de dominer l'autre et une exacerbation de l'ego. Pour rappel : dans le monde, les femmes effectuent les deux tiers du nombre d'heures de travail (travail domestique et travail rémunéré), produisent plus de la moitié des aliments, mais elles ne gagnent que 10 % du revenu total et possèdent moins de 2 % des terres selon ONU Femmes.**
- **L'idéal économique de la croissance capitaliste s'appuie sur des valeurs virilistes et conquérantes et se fait au détriment des ressources naturelles et des personnes exploitées sur toute la planète.**
- **Le travail productif, tel qu'il est conçu dans les sociétés industrielles, repose sur une vision biaisée du travail qui nie l'apport, tant social qu'économique (puisqu'il est effectué gratuitement), du travail domestique et de toutes les tâches liées aux soins des autres. Tâches encore très largement déléguées aux femmes.**

Le saviez-vous ?

Les grandes manifestations écoféministes se caractérisent par leur côté festif et très démonstratif. Un des plus grands rassemblements écoféministes – le *Women's Pentagon Action* – a eu lieu le 17 novembre 1980, à Arlington (Virginie). Deux mille femmes encerclent de laine le Pentagone en tant que symbole de la puissance impériale et militaire, en se donnant la main, en criant, en chantant et en lançant des sorts au Pentagone. 140 femmes sont arrêtées par la police.

Un an plus tard, 36 femmes habillées en violet et blanc en référence aux suffragistes britanniques organisent une marche jusqu'à la base *Royal Air Force* de Greenham Common en Angleterre pour protester contre l'installation de missiles nucléaires. Elles s'enchaînent aux grilles et réclament un débat à la télévision avec le ministre de la Défense. Leur demande est rejetée. Elles vont s'installer sur place et débuter l'un des plus longs campements de protestation pacifique : de 1981 jusqu'à son démantèlement… en 2000 !

Événement marquant

Lors de la « Marche du siècle » pour le climat qui s'est tenue le 16 mars 2019 en France, de nombreux slogans écoféministes ont également fleuri sur les pancartes, souvent avec humour. Extraits : « Pubis et forêt : arrêtons de tout raser », « Le climat, c'est comme nos clitos : faites-en votre prio ! », « Tuons le patriarcat, pas la planète ! », « + de clito, – de glypho » ou encore « Ni les femmes ni la terre ne sont des territoires de conquêtes ».

Le saviez-vous ?

Ce dernier est la traduction du slogan en espagnol *Ni las mujeres ni la tierra somos territorios de conquista !* qui retentit encore aujourd'hui sur tout le continent latino-américain, porté par des femmes luttant contre l'exploitation des ressources naturelles et la répression des communautés indigènes. Il a d'ailleurs inspiré le titre du documentaire *Ni les femmes, ni la terre !* réalisé en 2019 par Marine Allard, Lucie Assemat et Coline Dhaussy.

Avant la « Marche du siècle », plusieurs événements marquants avaient mis en lumière en France le lien entre écologie et féminisme, notamment lors de la COP21 qui s'est tenue à Paris en décembre 2015.

Le saviez-vous ?

La « COP » est une conférence internationale sur le climat qui réunit chaque année les pays signataires de la Convention Cadre des Nations Unies sur le changement climatique (CCNUCC). En 2015, la 21e édition de la COP est organisée à Paris et clôturée par l'adoption de « l'accord de Paris » qui marque un tournant dans la lutte contre le réchauffement climatique. Cet Accord a affirmé dans son préambule le principe de l'égalité entre les femmes et les hommes comme principe clé de l'action climatique.

Tsunamis, cyclones et ouragans : les femmes premières victimes

« Le risque de décès lors d'une catastrophe naturelle est 14 fois plus élevé pour les femmes et les enfants et en particulier lorsqu'ils et elles sont issu·e·s des communautés les plus pauvres.

Plus de 70 % des personnes décédées suite au tsunami en Asie étaient des femmes.

En 2008, lorsque le cyclone Nargis a dévasté le Myanmar, 55 % des victimes étaient des femmes ; sur le plan économique, le cyclone a entraîné la perte de la principale source de revenus de 87 % des femmes célibataires et 100 % des femmes mariées.

Après l'ouragan au Bangladesh, les familles du village de Barguna ont décidé de marier leurs filles de manière précoce en raison de leurs conditions de vie précaires. 50 % des filles ont ainsi quitté l'école. Dans les villages éloignés, le taux était de 70 à 75 %. »

Extrait de l'appel *Les Femmes, actrices de la lutte contre le dérèglement climatique*, initié par le Haut Conseil à l'égalité et les délégations aux droits des femmes de l'Assemblée nationale et du Sénat, 2015.

Pour aller plus loin

Reclaim est un recueil de textes écoféministes états-uniens, compilés par la philosophe Émilie Hache en 2016. Le mot *reclaim* est un concept essentiel de l'écoféminisme que l'on pourrait traduire par « réhabiliter ». Cet objectif de réhabilitation concerne aussi bien la nature que les occupations majoritairement effectuées par les femmes : le soin aux autres, et notamment aux personnes dépendantes, ainsi que tout le travail réalisé dans la sphère privée de façon invisible… et gratuite.

Événement marquant

En 2021, les primaires écologistes à l'élection présidentielle permettent à l'écoféminisme de percer le mur du son. Ce concept est en effet porté par deux candidates : Delphine Batho et Sandrine Rousseau. Cette dernière se qualifie pour le second tour des primaires et se présente comme une « écoféministe » en lice pour l'Élysée. Dans le débat public, elle dresse des ponts entre exploitation de la nature, exploitation des femmes et sexisme, au risque de déclencher caricatures et polémiques. Ce fut le cas lorsqu'elle a pointé le symbole de virilité que constitue encore le fait de « manger une entrecôte cuite sur un barbecue » et le déséquilibre de la consommation de viande entre hommes et femmes, et donc de leur impact respectif sur le climat.

Peut-on être féministe et manger de la viande ?

C'est la question que pose la journaliste Nora Bouazzouni dans son livre *Faiminisme*, paru en 2017. Elle y montre les imbrications entre l'alimentation (et ses conditions de production) et les rapports entre les femmes et les hommes.

Pourquoi les hommes sont-ils encouragés à manger plus, et surtout de la viande ? Comment et par qui est produite notre alimentation ? Pourquoi dit-on parfois que les femmes sont présentées comme « des bouts de viande » sur les publicités ? Qui cuisine à la maison et qui reçoit les étoiles Michelin ? Nora Bouazzouni montre qu'aucun sujet n'est épargné par la lecture féministe, et notamment nos assiettes !

Parole de féministe

« Notre obsession à tout genrer (et dévaloriser l'un au profit de l'autre) passe également par l'alimentation : les femmes préféreraient le rosé, les sodas light, les cocktails colorés, le poisson, la salade verte... Les hommes, eux, aimeraient la nourriture qui cale, la vraie, et puis les alcools forts, ceux qui ne s'excusent pas d'être là. » Nora Bouazzouni, *Faiminisme. Quand le sexisme passe à table*, 2017

Pour aller plus loin

La différence historique d'accès à la nourriture entre les femmes et les hommes pourrait expliquer la différence de taille entre les femmes et les hommes, selon la chercheuse Priscille Touraille. Cette thèse est développée dans le documentaire réalisé en 2013 par Véronique Kleiner « Pourquoi les femmes sont-elles plus petites que les hommes ? ».

Le saviez-vous ?

De plus en plus de féministes et d'écologistes militant·e·s de la cause animale font le lien entre le féminisme, l'anti-spécisme (le fait de considérer que les humains ne sont pas une espèce supérieure aux animaux) et l'animalisme (qui défend les droits des animaux).

Écoféminisme

Un ouvrage de référence : *Écoféminisme*, Maria Mies et Vandana Shiva, 1999.

Des maîtresses à penser : Isabelle Cambourakis, Françoise d'Eaubonne, Silvia Federici, Yayo Herrero, Catherine Larrère, Laura Pérez Prieto, Alicia Puleo, Ariel Salleh, Vandana Shiva, Starhawk Vandana Karen J. Warren.

Une association : d'hier : Écologie-Féminisme, et d'aujourd'hui : Adéquations.

Croiser tous les systèmes d'oppression pour mieux les combattre

L'approche qui consiste à croiser le féminisme et les différents systèmes d'oppression se retrouve sur bien d'autres sujets. C'est par exemple le cas de la sexualité et des analyses relatives à la lesbophobie. Les analyses féministes issues du lesbianisme politique sont abordées dans le chapitre 11.

« Le terme lesbophobie, apparu récemment, désigne les formes d'homophobie qui visent spécifiquement les lesbiennes. C'est une combinaison d'homophobie et de sexisme. C'est une forme de stigmatisation sociale à l'égard des lesbiennes ou des femmes considérées comme telles » (SOS Homophobie).

On peut également citer les réflexions et productions de plus en plus nombreuses qui font le lien entre validisme et sexisme, notamment parce que les femmes en situation de handicap sont exposées à des discriminations et violences spécifiques et plus fréquentes. Selon le Conseil français des personnes handicapées pour les questions européennes, 80 % des femmes handicapées seraient victimes de violences.

Qu'est-ce que le validisme ?

Le Collectif lutte et handicaps pour l'égalité et l'émancipation (CLHEE) le définit ainsi : « Le validisme se caractérise par la conviction de la part des personnes valides que leur absence de handicap et/ou leur bonne santé leur confère une position plus enviable et même supérieure à celle des personnes handicapées. » Manifeste du CLHEE, 2016.

DANS CE CHAPITRE

Du militantisme à la recherche

•

Des « affaires de bonnes femmes »

•

Des « études sur les femmes »... aux « études sur le genre »

Chapitre 12

De la rue aux amphis : comment le féminisme s'est imposé dans les universités

Les études féministes émergent suite au Mouvement de libération des femmes, au début des années 1970. Moment d'ébullition intellectuelle et militante, le MLF a suscité des vocations chez de très nombreuses militantes qui commençaient leurs études pour la plupart. Certaines d'entre elles souhaitaient poursuivre et approfondir, après leurs études, leur militantisme féministe, par l'écriture et la création artistique, d'autres dans un cadre universitaire et par la recherche.

Des collectifs féministes aux associations de chercheur·euse·s, la lecture féministe du monde et l'approche critique de l'ensemble des disciplines se font progressivement une place à l'université, non sans embûche. D'abord intitulées « études sur les femmes », elles sont peu à peu rebaptisées « études féministes » ou « études sur le genre ».

Reconnue désormais comme un champ de recherche à part entière, l'analyse théorique des inégalités femmes-hommes constitue un apport majeur pour les politiques publiques, dans tous les domaines.

Du militantisme à la recherche

Jusqu'à la fin des années 1970, il paraissait inconcevable que les questions féministes puissent être enseignées à l'université, et encore moins qu'elles fassent l'objet de thèses. Les militantes féministes elles-mêmes y sont assez réticentes et leur mode de fonctionnement est éloigné des codes universitaires : les groupes de réflexion et les collectifs sont, pour la plupart, autogérés et sans « cheffe », les textes sont signés de manière collective, parfois par un prénom (pour marquer le refus du nom hérité du père ou du mari) ou par un pseudonyme. Le MLF ne valorise pas la recherche, ni les initiatives individuelles et est entièrement tourné vers l'action collective.

Étudier et enseigner le féminisme : une « trahison » ?

Au début des années 1980, une fois l'apogée du mouvement passée, une question se pose pour les militantes du MLF : doit-on se battre en dehors des institutions ou les infiltrer ? Cette problématique, qui se retrouve encore aujourd'hui au sein du mouvement féministe, crée alors des tensions. Les chercheuses féministes sont parfois accusées de « récupérer » le mouvement pour leur profit personnel.

Parole de féministe

Comme le résume l'historienne Christine Bard dans un article intitulé « Jalons pour une histoire des études féministes en France » (2003) : « Le mouvement, à ses débuts, ne valorise pas la recherche. [...] Certaines ont une position anti-intellectuelle et Beauvoir n'est pas pour toutes un modèle ou une référence. Des adeptes de la féminitude peuvent au contraire se tenir éloignées de toute pensée ou connaissance, sous prétexte que la raison serait d'essence masculine. »

Rentrer dans le rang ou changer le système de l'intérieur ?

Pour certaines militantes, vouloir proposer des analyses féministes au sein du monde universitaire serait contraire au caractère subversif et radical de la lutte féministe. Ce serait « rentrer dans le rang » et compromettre le mouvement, voire le trahir, en cherchant une notoriété individuelle, « sur le dos » des militantes.

Parole de féministe

« Pour soutenir une thèse féministe dans les années 1970, on pouvait être accusée de faire de la "promotion individuelle", de s'intégrer aux institutions patriarcales, de faire carrière sur le dos du Mouvement, de vendre la lutte des femmes à l'Université... » (Françoise Picq, 2005).

Portrait de féministe

Françoise Picq est une militante féministe qui a participé au MLF. D'abord actrice du mouvement, elle en deviendra ensuite observatrice en tant que spécialiste de l'histoire du féminisme. Sociologue et maîtresse de conférences en sciences politiques à l'université Paris-Dauphine, elle a notamment écrit l'ouvrage de référence *Libération des femmes. Les Années-Mouvements*. Françoise Picq est une des pionnières de la promotion des études féministes et de leur institutionnalisation : elle crée l'Association nationale des études féministes et est très active dans l'organisation du colloque « Femmes, Féminisme et Recherches » en 1982, évoqué un peu plus loin.

La situation est doublement inconfortable pour les « intellectuelles » : en porte à faux par rapport au Mouvement et non reconnues par les milieux universitaires.

Les infiltrées : l'émergence de groupes féministes de recherche au sein des universités

De très nombreux collectifs de chercheuses, souvent informels, émergent alors. Ils permettent à ces femmes d'échanger, de travailler ensemble sur des publications, de se mobiliser collectivement pour obtenir des heures de cours ou des postes dédiés aux questions féministes au sein des universités et, tout simplement, de se serrer les coudes face aux résistances de ceux qui détiennent le pouvoir dans l'enseignement supérieur.

Études « féminines » ou « féministes » ?

Certains de ces groupes de recherches mettent en avant dans leur intitulé l'expression d'« études féminines » ou leur sujet d'études (« les femmes »). C'est le cas du « Centre d'études féminines de l'université de Provence » (CEFUP) créé en 1972, du « Centre d'études féminines » de Paris 8 qui voit le jour en 1978 ou du « Groupe de recherches interdisciplinaire d'étude des femmes », né à Toulouse en 1979. Ces groupes sont composés essentiellement d'enseignantes et de chercheuses et se démarquent du monde militant.

D'autres, à l'inverse, affichent clairement la couleur. C'est le cas du « Groupe d'Études féministes » (GEF) de Paris 7 créé en 1975, du « Centre lyonnais d'études féministes » (CLEF) qui se forme à Lyon en 1976 ou encore du « Centre de recherches, de réflexion et d'informations féministes » (CRIF), qui voit le jour à Paris en 1982. Constitués de chercheuses qui souhaitent garder un pied dans le militantisme, ils ouvrent aussi leurs portes à des étudiantes et des associations de terrain.

Événement marquant

Le colloque « Les femmes et les sciences humaines » organisé à Aix-en-Provence par le Centre d'études féminines de l'université de Provence en 1975 est pionnier. D'autres suivront, tels que le colloque « Les femmes et la classe ouvrière » en 1978 à Paris 8-Vincennes et « Les femmes et la question du travail » porté, à Lyon, par le Centre lyonnais d'études féministes.

Des cours sur les questions féministes se développent dans certaines universités, sous l'impulsion d'enseignantes, souvent isolées les unes des autres. Ils rencontrent un grand succès auprès des étudiantes... mais ne bénéficient d'aucune reconnaissance de la part des universités.

Études féministes, de quoi parle-t-on ?

Les recherches féministes s'attachent à mieux connaître les inégalités entre les femmes et les hommes, en s'appuyant notamment sur des statistiques sexuées.

Ces travaux vont aussi chercher à comprendre l'origine des inégalités et des différences observées et à identifier les mécanismes qui les causent et les perpétuent. Ils analysent notamment les stéréotypes et les rôles de sexe. Ils concernent tous les domaines et s'intéressent aussi bien aux femmes qu'aux hommes.

Un domaine de recherche trop engagé ?

Les féministes qui souhaitent investir les bancs de l'université ne sont pas accueillies à bras ouverts par l'institution universitaire et les autres enseignants-chercheurs. Perçue comme militante ou trop politique, et aussi parce qu'elle est essentiellement portée par des femmes, l'analyse des rapports sociaux de sexe peine à se faire une place en tant que discipline sérieuse et légitime. Elle serait « idéologique »...

Étonnamment, les enseignements qui reproduisent les stéréotypes sur les femmes ne subissent pas le même procès. Ils sont pourtant bien le fruit de l'idéologie sexiste !

Christine Bard le souligne : « La matière est explosive », et beaucoup de chercheuses d'aujourd'hui évoquent un électrochoc, un déclic à la suite d'un cours ou une lecture qui leur a donné envie de prolonger leur formation sur ce sujet.

Des « affaires de bonnes femmes »

Les jeunes intellectuelles, qui se spécialisent sur les questions qui concernent les femmes et cherchent à analyser et déconstruire les rôles de sexe, font face à de nombreux obstacles : très peu de financements, un certain mépris voire des moqueries de la part de la hiérarchie universitaire (souvent monopolisée par les hommes)… et de leurs collègues. Leur carrière ne décolle jamais, ou si rarement.

Un des premiers freins à l'entrée à l'Université des études sur les femmes, c'est que les femmes, justement, y sont minoritaires, et très peu présentes dans les instances décisionnaires. Comme l'analyse la sociologue Rose-Marie Lagrave en 1990, les recherches menées sont souvent moquées comme étant des affaires de bonnes femmes, et pire encore, de féministes !

Parole de féministe

« Du doyen aux conseils scientifiques, aux collègues, le rire a comme fonction sociale de faire tomber dans le registre des "ouvrages de dames", du "travail de broderie", les recherches sur les femmes et de rappeler qu'elles dérogent aux règles qui définissent les objets légitimes » (Rose-Marie Lagrave, 1990).

Les chercheuses qui investissent ces questions vont donc s'attacher à se défaire de l'étiquette militante et chercher à prouver leur rigueur scientifique. Elles vont devoir accepter les exigences académiques, sans se couper du mouvement militant. Caméléonnes, elles vont faire preuve de stratégies pour se faire une place et jouer le jeu de l'institution : se présenter aux élections internes, participer à toutes les réunions, aller négocier des heures d'enseignement et des financements en frappant à toutes les portes, etc.

Hors les murs

Les chercheuses féministes se sont appuyées sur l'élaboration de revues et l'organisation de rencontres afin de diffuser leurs analyses au-delà des universités et d'en conserver une trace. Dès les années 1970, ces publications sont nombreuses et diverses. On peut citer pêle-mêle et de façon non exhaustive : *Les Cahiers du Groupe de recherche et d'information féministes* (GRIF), *La Revue d'en face*, *Pénélope*, *Cahiers pour l'histoire des femmes*, *Parole !* ou encore le *Bulletin d'information des études féminines*.

Ces revues n'existent plus aujourd'hui, mais constituent une part importante du patrimoine – ou plutôt du « matrimoine » ! – de la recherche féministe. Un certain nombre de leurs archives sont aujourd'hui conservées par la bibliothèque Marguerite-Durand.

Le saviez-vous ?

La bibliothèque Marguerite-Durand est la seule bibliothèque municipale parisienne spécialisée sur l'histoire des femmes et du féminisme. Elle est créée en 1931 par la ville de Paris pour recevoir les dons de la journaliste et militante féministe Marguerite Durand, qui avait réuni depuis 1897 – date de la création de son journal *La Fronde* – de nombreuses archives féministes. Située pendant près de cinquante ans dans la mairie du Ve arrondissement parisien, la bibliothèque Marguerite-Durand est aujourd'hui installée au sein de la médiathèque Jean-Pierre Melville dans le XIIIe arrondissement.

Enfin une reconnaissance institutionnelle et universitaire ?

Les analyses féministes, perçues jusqu'alors par les pontes universitaires comme des élucubrations de militantes, acquièrent progressivement une légitimité scientifique et une reconnaissance politique.

À partir des années 1980, face à l'obstination des chercheuses et à l'intérêt suscité par la thématique, quelques heures éparses d'enseignement sur le féminisme sont intégrées aux cursus universitaires. Ce n'est en revanche pas encore le cas des instituts de recherche ou du ministère de la Recherche : il n'existe alors pas de poste de maître·sse·s de conférence ni de financement de thèses sur ce sujet.

Événement marquant

L'arrivée de la gauche au pouvoir en 1981 et, surtout, la nomination de la première ministre des Droits de la femme, Yvette Roudy (voir portrait chapitre 7), va marquer un tournant.

Le mouvement féministe associatif, les chercheuses de plus en plus organisées et des femmes politiques, qui gagnent des galons à ce moment-là, s'allient. Elles vont amorcer l'institutionnalisation des études féministes. Cette « ligue » à trois têtes est récurrente dans les luttes féministes, on l'appelle « le triangle de velours ».

Le triangle de velours : s'unir à tous les niveaux et dans tous les domaines pour faire avancer l'égalité

Le « triangle de velours » est une notion forgée par Alison Woodward en 2004 pour décrire les stratégies mises à l'œuvre par des féministes, issues de trois types de secteurs, pour faire avancer la question de l'égalité entre les femmes et les hommes et l'installer comme une politique publique à part entière.

Les trois pointes de ce triangle sont :
- les activistes du mouvement associatif ;
- les chercheur·euse·s ;
- les responsables politiques (élu·e·s ou personnes travaillant dans les institutions), que l'on désigne également parfois sous le terme de « fémocrates » ou de féministes d'État.

Un colloque fondateur : Toulouse, 1982

L'organisation du colloque « Femmes, féminisme, recherche » en 1982 à l'université Toulouse-le Mirail (devenue Toulouse-Jean-Jaurès) est un véritable accélérateur. Préparé par des chercheuses, il est financé et soutenu par le gouvernement, et notamment par le ministère d'Yvette Roudy.

C'est aussi un énorme succès : plus de 800 participantes (et quelques participants) ont fait le déplacement, venu·e·s de toute la France ! 144 communications de chercheuses sont présentées. Il y aura un « avant » et un « après » pour la recherche féministe en France.

Le saviez-vous ?

Le discours d'ouverture de l'anthropologue Maurice Godelier, qui est aussi directeur du département des « Sciences de l'homme et de la société » du Centre national de la recherche scientifique (CNRS), en est une illustration :

« Ce colloque marque une date historique. Il constitue une étape désormais irréversible dans le mouvement qui a mené à la reconnaissance du caractère légitime et nécessaire des recherches portant sur les rapports hommes/femmes, des recherches faites dans un esprit militant, des recherches féministes destinées non seulement à expliquer un état de fait, mais à le transformer. Il signifie également que quelque chose a changé et va encore changer dans le fonctionnement des organismes de recherche, dans les institutions officielles de la recherche en France » (Maurice Godelier, 1982).

Un premier projet de recherche

À la suite du colloque de Toulouse, le CNRS lance le premier programme de financement sur le thème « Recherches féministes, recherches sur les femmes » qui permet le déploiement de 68 recherches sur quatre ans. L'argent est, déjà, le nerf de la guerre pour les chercheuses qui se débrouillent avec des « bouts de chandelle » depuis plus de dix ans. C'est un bond décisif pour la recherche féministe, qui se voit également dotée de quatre postes spécialisés « études féministes ». Des quatre premiers postes, trois ont été pourvus : « études féministes » en sociologie à l'université de Paris VII, « droit social-égalité professionnelle » à l'université de Rennes II et « études féministes » en histoire à l'université de Toulouse-Le Mirail.

Même si cela peut sembler peu et si ces chercheuses font face à un milieu hostile, cela marque un début de reconnaissance pour ces thématiques.

En 1985, la première chaire universitaire sur l'égalité entre les femmes et les hommes est créée à l'université de Rennes, sous l'impulsion de la ministre Yvette Roudy. Le poste est attribué à Annie Junter, juriste et maîtresse de conférences en droit privé.

S'unir pour grandir

Sept ans après le colloque de Toulouse, en 1989, une association de chercheuses se crée avec un but précis : l'institutionnalisation des études féministes. L'Association nationale des études féministes (ANEF) est née.

Ses objectifs ? Les statuts de l'association les détaillent : « la promotion des études et recherches féministes, sur les femmes et sur les rapports de sexe et de genre », la « création d'enseignements féministes à tous les niveaux d'enseignement, la création de postes, d'équipes et de programmes de recherche dans les organismes publics, parapublics et privés d'enseignement, de formation et de recherches ». Et pour les atteindre ? Le rapport au politique et aux institutions n'est plus tabou et l'association promeut « l'action concertée auprès des pouvoirs publics, régionaux, nationaux et internationaux ».

Le saviez-vous ?

Des initiatives associatives et des groupes de recherche émergent et tentent de faire perdurer l'élan collectif du MLF. Néanmoins, le travail de recherche et les difficultés auxquelles font face les chercheuses les contraignent à se centrer sur leur trajectoire professionnelle : écrire une thèse, un livre ou un article sont des passages obligés pour se faire une place. La distance entre mouvement social et les études sur les femmes se creuse.

Des « études sur les femmes » ou « études féministes »... aux « études sur le genre »

Symbolique du changement sémantique qui s'amorce à partir des années 1980 aux États-Unis et 1990 en France, le colloque « Sexe et genre » est organisé en 1989 pour clore le programme thématique du CNRS commencé six ans plus tôt.

En effet, le concept de genre (détaillé dans le chapitre 3), issu des *gender studies* des pays anglo-saxons, devient une référence dans le monde universitaire. Le terme de « genre » permet de mieux rendre compte de la diversité des objets d'études de la recherche féministe : ils ne concernent pas seulement les femmes, mais aussi les rapports femmes-hommes et s'élargissent progressivement aux études sur les sexualités gays et lesbiennes (voir chapitre 18).

C'est également un terme perçu alors comme plus « scientifique » et moins militant par les institutions que ne l'est la dénomination d'« études féministes », en pleine période de ressac du féminisme à la fin des années 1980.

Parole de féministe

Pour Françoise Picq néanmoins « le genre, comme catégorie d'analyse n'est pas spontanément mobilisé par les associations œuvrant pour la défense du droit des femmes et se référant aux cadres de pensée féministes » et témoigne « du fossé d'incompréhension qui se creuse entre les chercheuses et les militantes » (*Études féministes, gender studies et féminisme*, 2012).

Événement marquant

Les années 1990 sont celles de la structuration des recherches féministes, alors même que le mouvement féministe est, lui, dans le creux de la vague. De nombreuses revues spécialisées voient le jour et sont toujours actives aujourd'hui : *Les Cahiers du genre* (1991), *CLIO Femmes, Genre, Histoire* (1995) et *Travail, Genre et sociétés* (1999).

« Chausser les lunettes du genre »

Pour décrire la prise en compte des rapports sociaux de sexe et l'analyse féministe, l'expression « chausser les lunettes du genre », popularisée dans la recherche francophone par Nadine Plateau, est souvent utilisée.

Elle désigne le fait d'adopter un point de vue féministe, c'est-à-dire qui remet en question la place des femmes et des hommes, dans tous les pans de la société : politiques, publicité, discours, récit littéraire...

Vous le constaterez certainement par vous-mêmes : une fois qu'on a chaussé les lunettes du genre, il est très difficile de s'en défaire et c'est tout le quotidien qui est passé au crible !

Quand l'Europe joue le rôle de locomotive

Ce second souffle des études féministes s'est en partie fait, en France, sous l'impulsion de l'Europe. En effet, dès 1988, le Parlement européen vote, à l'unanimité, une résolution « Sur la femme et la recherche ». Ce texte encourage les États membres de l'Union européenne à organiser des cours de spécialisation sur les études féministes.

Il reste encore beaucoup à faire en France.

Le saviez-vous ?

En 1992, un rapport du CNRS souligne l'absence de reconnaissance institutionnelle des études féministes :

« Un des talons d'Achille les plus visibles de la recherche française demeure l'étude des femmes et plus généralement celle des rapports sociaux de sexe. C'est pourtant là un champ d'investigation scientifique particulièrement pertinent pour l'analyse des transformations sociétales, tant du long que du court terme. »

Années 2000 : le renouvellement générationnel

Les années 2000 marquent un renouvellement générationnel : les chercheuses qui sont « tombées » dans la marmite du féminisme au moment du MLF sont en fin de carrière. Elles laissent progressivement place aux étudiant·e·s qu'elles ont formé·e·s.

Événement marquant

L'Association des jeunes chercheuses et chercheurs en Études féministes, genre et sexualités (EFiGiES), créée en 2003, est un symbole de l'émergence d'une nouvelle génération. Parmi les activités de l'association, on peut citer :

- **l'animation d'ateliers thématiques (« Genre et médias », « Genre et religions »,...) ouverts à toutes et tous pour dépasser les frontières des disciplines et confronter les approches théoriques ;**
- **l'organisation d'événements scientifiques ;**
- **la gestion de la liste de diffusion efigies-info, accessible sur demande, suivie par près de 3 000 abonné·e·s et qui permet un partage d'articles et d'invitations à des journées d'études.**

Deux instituts, un même objectif : le soutien aux études de genre

Fondés respectivement en 2006 et 2012, l'Institut Émilie du Châtelet et l'Institut du Genre entendent combler le retard de la France en matière d'études sur le genre. Parmi leurs actions : évènements scientifiques valorisant la diffusion des études sur le genre, dispositifs ciblés de soutien à la jeune recherche ou encore recensement des masters genre existant en France.

Les études sur le genre sont dans la place… universitaire

On avance ! À force d'organisation, d'opiniâtreté et grâce aux efforts déployés par les chercheuses pionnières sur ces questions, les études sur le genre se sont fait une place à l'Université, parfois jusqu'aux institutions les plus prestigieuses.

Événement marquant

À titre d'exemple, on peut citer la création, au sein du CNRS, du réseau de recherche « Marché du travail et genre » (MAGE) en 1995 par la sociologue Margaret Maruani. En 1996, c'est au tour de l'Institut national d'études démographiques de se doter de l'unité « Démographie, genre et sociétés ». Sciences Po Paris aussi s'y met, en 2010, avec le Programme de recherche et d'enseignement des savoirs sur le genre (PRESAGE) créé par les économistes Françoise Milewski et Hélène Périvier et, plus récemment, avec la création du « Certificat égalité femmes-hommes et politiques publiques ». Le Conservatoire national des arts et métiers a quant à lui créé la chaire « Genre, mixité, égalité femmes-hommes de l'école à l'entreprise » en 2019.

Parole de féministe

Jacqueline Martin est l'une des chercheuses à l'origine du diplôme spécialisé sur le genre à l'université de Toulouse, en 1993 :

> ***« Nous avons opéré parmi les règles de l'institution, avec détermination et courage. Avec une certaine dose de culot aussi. »***
>
> Jacqueline Martin, citée par Nathalie Lapeyre dans *Un enseignement unique en son genre*, 2014

Il n'en reste pas moins que les chercheur·euse·s manquent toujours de moyens et de reconnaissance au sein des universités et chaque heure d'enseignement gagnée en plus est le fruit d'une négociation ardue avec leur hiérarchie et leurs collègues.

Événement marquant

En 2014, l'Association nationale des études féministes publie le livre blanc « Le genre dans l'enseignement supérieur et la recherche » qui compile dix propositions d'« orientations stratégiques » autour de différents axes : le partenariat recherche/pouvoirs publics, les enseignements et leur recensement, la diffusion des savoirs, les inégalités et enfin la lutte contre les violences sexistes et sexuelles.

Un engouement pour les questions de genre

Il est incontestable que les questions féministes et, avec elles, la recherche féministe, connaissent un engouement nouveau ces dernières années.

Les livres, les colloques, les revues se multiplient et concernent de nombreux domaines de la vie : sexualités, droit, violences, travail, rapport au corps et à la médecine, éducation, urbanisme, etc.

Dans le même temps, les travaux des chercheuses et chercheurs trouvent un écho en dehors des cercles universitaires. Cette diffusion plus « grand public » est le fruit d'un mouvement féministe renouvelé, d'un traitement médiatique qui accorde une plus large place aux questions féministes et tend le micro aux universitaires, ou encore du Haut Conseil à l'égalité entre les femmes et les hommes, qui a mis en lumière ces dernières années de nombreux travaux de recherche, parfois restés dans l'ombre jusqu'alors.

De plus en plus de masters spécialisés

Depuis maintenant 40 ans, les questions féministes sont de plus en plus présentes dans les universités. D'abord concentrées dans les filières de sociologie et d'histoire, elles s'étendent peu à peu à toutes les disciplines.

Des masters proposent également un enseignement 100 % féministe pour former les futur·e·s expertes et experts sur le genre. C'est par exemple le cas à Toulouse, Lyon, Rennes, Bordeaux, à l'École des hautes études en sciences sociales et à Sciences Po Paris.

Pour aller plus loin

L'association EFiGiES a répertorié 22 masters ou diplômes universitaires spécialisés dans sa brochure *Faire des études féministes et de genre en France*, actualisée en 2020. Accessible en ligne, elle recense également : les bibliothèques, les fonds spéciaux des musées, les associations, les revues, les listes de diffusion… c'est une vraie mine d'information ! On y apprend par exemple que la médiathèque Olympe de Gouge de la ville de Strasbourg a mis en place, depuis 2012, un espace « Égalité de genre ». Cet espace, qui compile plus de 800 livres et documentaires, vise à rendre accessibles au plus grand nombre les ressources existantes sur l'égalité femmes-hommes et les questions de genre. Dix « sacs genre », empruntables tout au long de l'année, contiennent 4 livres d'introduction au féminisme et au genre.

Événement marquant

En 1996 s'est tenu à l'université Laval, à Québec, le Congrès international des recherches féministes dans la francophonie (CIRFF) : premier d'une longue série. En France, et depuis 2014, un Congrès international sur les études de genre a également été lancé par l'Institut du Genre. La troisième édition (Toulouse, 2023) avait pour titre « Genre : bouleversements, utopies, impatiences ».

Quels débouchés professionnels ?

La question du genre s'invite désormais dans toutes les politiques publiques et dans tous les secteurs : administrations centrales et locales, associations,... et même au sein des entreprises ! Ces organisations ont besoin de personnes formées sur les questions d'égalité, en mesure de « chausser les lunettes du genre ». À ce stade, les personnes en poste ont souvent plusieurs casquettes (égalité, diversité, lutte contre les discriminations, etc.) et les financements manquent à l'appel.

Former des expert·e·s du genre

La plupart des formations universitaires spécialisées sur les questions de genre orientent les étudiant·e·s vers la recherche. Le master professionnel « Genre, Égalité et Politiques sociales » (GEPS), à l'université Toulouse-Jean-Jaurès, fait office d'exception en développant une approche professionnalisante. Créé en 1993, il offre une approche transversale et globale des rapports sociaux de sexe (travail, santé, sexualités, logement, habitat...). Il devient un master 2 en 2006, complété d'un « M1 » en 2011 et forme chaque année des dizaines d'étudiant·e·s qui se font ensuite une place dans des secteurs très divers : dans les lieux de décisions politiques et les administrations, mais aussi dans les associations.

Le saviez-vous ?

Le Centre national de la recherche scientifique (CNRS) a mis en place de manière pionnière en 2001 une Mission pour la place des femmes (MPDF), prélude à des plans d'action successifs en faveur de l'égalité. Cet engagement de long terme a valu en 2024 à l'organisme de recherche publique de recevoir le Prix européen de l'égalité entre les femmes et les hommes décerné par la Commission européenne.

La France à la traîne ?

Alors que la France figurait parmi les pays pionniers dans le développement de la recherche et de l'enseignement sur le genre, elle a pris, quarante ans plus tard, un sérieux retard par rapport à ses voisins.

Quelques pays ont intégré les questions féministes à leur organisation universitaire, de façon plus pérenne et structurée que la France. Ce sujet d'étude a en effet prospéré dans le monde anglo-saxon et se développe fortement en Inde, en Chine et en Amérique latine, quand la France connaît une certaine stagnation. Aux États-Unis, la quasi-totalité des universités proposent des cursus de *gender studies*. Au Canada, outre les masters et autres formations universitaires spécialisées, plusieurs universités disposent d'un département de recherche spécifique dédié aux études féministes.

En Europe, les pays d'Europe du Nord (Suède, Finlande, Norvège), le Royaume-Uni, la Suisse et l'Espagne sont les pays les plus en pointe.

Dans son avis publié en 2013 sur le projet de loi relatif à l'enseignement supérieur et la recherche, le Haut Conseil à l'égalité souligne :

« Ce retard français est un handicap pour la capacité de notre pays à innover, à être attractif et à répondre aux défis de la société d'aujourd'hui. Qui plus est, le développement de la recherche sur le genre contribuera à mieux répondre aux programmes européens et à renforcer le rayonnement international de nos universités. »

Faire bouger les lignes des grandes disciplines

Les inégalités femmes-hommes concernent tous les domaines, il n'est donc pas étonnant que les recherches sur le genre n'en épargnent aucun ! L'originalité et la force des études de genre, c'est d'aller gratter le vernis prétendument « neutre » de toutes les disciplines. Comme le décrit l'historienne Bibia Pavard « avoir une démarche de genre, c'est avoir une démarche critique ».

Parole de féministe

« Les études sur le genre et le sexe, ne sont pas des thèmes "particuliers", "spécifiques" ou "spécialisés", mais des modes d'approche transversaux qui sont indispensables à une bonne pratique des sciences humaines et sociales et une bonne analyse du social dans sa complexité » (Delphine Gardey, *Enjeux des recherches sur le genre et le sexe*, 2004).

Le genre s'invite dans toutes les disciplines

Cette lecture critique est portée depuis plusieurs décennies par les intellectuel·le·s féministes. Sans prétendre nullement à l'exhaustivité, citons quelques domaines et travaux de recherches marquants :

» **En histoire :** *La Place des femmes dans l'histoire. Une histoire mixte*, Geneviève Dermenjian, Irène Jami, Annie Rouquier et Françoise Thébaud (2010).

» **En sociologie du travail :** *Travail et genre dans le monde. L'état des savoirs*, sous la direction de Margaret Maruani (2013).

» **En droit :** *Genre et droit. Ressources pédagogiques*, Stéphanie Hennette-Vauchez, Marc Pichard, Diane Roman (2016).

» **En urbanisme :** *Utopies féministes et expérimentations urbaines*, sous la direction de Sylvette Denèfle, (2009).

» **En éducation :** *Les métiers ont-ils un sexe ? Pour sortir des sentiers battus de l'orientation des filles et des garçons*, Françoise Vouillot (2014).

» **En médecine :** *Femmes et santé, encore une affaire d'hommes ?*, Catherine Vidal et Muriel Salle (2017).

» **En économie :** *Le Deuxième Âge de l'émancipation : la société, les femmes et l'emploi*, Dominique Méda et Hélène Périvier (2007).

» **Et même dans les neurosciences !** *Cerveau, sexe et pouvoir*, Catherine Vidal (2005).

Ces travaux, dans toutes les disciplines, ont fourni des données statistiques et des analyses pour défendre des politiques publiques à la hauteur des besoins. Ils ont également constitué un appui certain pour les mobilisations féministes.

Événement marquant

En matière de violences faites aux femmes, il faut attendre 2001 et la première enquête nationale sur les violences faites aux femmes en France (ENVEFF) pour que la parole des féministes soit enfin entendue (voir chapitre 13). L'étude révèle alors qu'1 femme sur 10 a déjà été victime de violences psychologiques ou physiques. Les politiques ne peuvent plus faire semblant de ne pas savoir…

Tuyau percé à l'université : une perte de talents !

Si les études féministes peinent, encore aujourd'hui, à se faire une place à la tribune des amphithéâtres, cela tient à la fois à la thématique – perçue comme trop militante ou peu scientifique –, mais aussi aux structures patriarcales à l'œuvre au sein même des universités et des laboratoires de recherche. Le sexisme et les inégalités qui y sont vivaces contribuent à marginaliser les femmes. Il est utile de rappeler qu'en 2022 (MESR, Chiffres clés de l'égalité) :

» 55 % des étudiants sont des étudiantes ;

» 45 % des doctorants sont des doctorantes ;

» 88 % des adjoints administratifs sont des adjointes administratives ;

» 58 % des techniciens sont des techniciennes ;

» 53 % des ingénieurs d'étude sont des ingénieures d'étude ;

» 45 % des maîtres de conférences sont des maîtresses de conférences ;

» 39 % des ingénieurs de recherche sont des ingénieures de recherche ;

» 29 % des chercheurs sont des chercheuses* ;

» 28 % des directeurs de laboratoires sont des directrices ;

» 19 % des présidents d'université sont des présidentes.

Rendre l'action publique plus efficace

La délégation aux droits des femmes et à l'égalité des chances de l'Assemblée nationale a adopté en 2016 un rapport, porté par la députée Maud Olivier et intitulé « Études de genre : les sciences au service de l'égalité réelle ». Il montre, par l'exemple, comment la recherche féministe a permis de traquer les inégalités à l'œuvre dans l'action publique et donne des clés pour la rendre plus efficace. Trois domaines y sont détaillés :

» l'aménagement de la ville ;

» l'éducation ;

» la santé.

Mais l'analyse secteur par secteur, c'est ce qui occupera toute la partie à suivre. Il vaut donc mieux en rester là pour le moment !

Partie 4

Le féminisme en actes : lutter contre les inégalités et les débusquer partout

Dans cette partie . . .

Il s'agira d'aborder les avancées réelles, les combats actuels et les enjeux de demain pour lutter contre toutes les inégalités et les violences contre les femmes dans le champ du travail, dans l'espace public, à l'école ou dans la famille.
Le sexisme est une idéologie qui repose sur l'idée que les femmes sont inférieures aux hommes. Aussi, tout ce qui contribue à favoriser les inégalités, à perpétuer l'exclusion des femmes ou à les dévaloriser, dans quelque secteur que ce soit, doit être combattu, car tous ces aspects maintiennent ou renforcent le système patriarcal. Vous l'aurez compris, la hiérarchisation des luttes n'est pas une option pour construire un monde égalitaire et de fait, tous les chantiers sont prioritaires pour les féministes !

DANS CE CHAPITRE

Quelles sont ces violences contre les femmes ?

•

Comment les éradiquer ?

•

Le féminisme ou le champ des possibles !

•

Et demain, un monde sans violences masculines ?

Chapitre 13

Les violences masculines contre les femmes

En octobre 2017, la déflagration provoquée par « l'affaire Weinstein » est impressionnante, et sa répercussion mondiale. Les hashtags #MeToo et #balancetonporc incitent les femmes à raconter sur les réseaux sociaux les violences qu'elles ont vécues. Des centaines de millions de témoignages affluent. Une nouvelle ère de la lutte des femmes semble s'ouvrir.

Sur le devant de la scène ces dernières années, les violences masculines contre les femmes sont, en fait, au cœur du mouvement féministe depuis des décennies. Car, à la base de toutes les inégalités, se nichent les violences qui structurent et maintiennent le système patriarcal. Les violences contre les femmes constituent donc un chapitre à part entière de cet ouvrage, parce que l'ampleur de celles-ci exige un focus particulier et spécifique.

Définir les violences

Pour commencer, de quoi parle-t-on ? Les violences contre les femmes désignent « tous les actes de violence dirigés contre le sexe féminin, et causant ou pouvant causer aux femmes un préjudice ou des souffrances physiques, sexuelles ou psychologiques, y compris la menace de tels actes, la contrainte ou la privation arbitraire de liberté, que ce soit dans la vie publique ou dans la vie privée ». Issue de la Déclaration sur l'élimination de la violence contre les femmes de l'Assemblée générale de l'Organisation des Nations Unies (1993), cette définition constitue un cadre universel, permettant de définir ce que l'on entend par « violences masculines contre les femmes ».

Le continuum des violences : violences partout, tout le temps ?

Les différentes formes de violences se croisent et se cumulent pour former « un continuum des violences ». Cette expression désigne un système global, dans lequel les femmes sont confrontées aux violences simultanément ou tout au long de leur vie, à différents âges ou dans divers espaces (école, foyer, travail, autres espaces publics...).

Les violences sexistes et sexuelles contre les femmes n'ont ni couleur, ni religion, ni origine, ni classe sociale. Elles sont présentes dans toutes les sociétés et à toutes les époques, sous des formes variées.

Le saviez-vous ?

En 1999, l'Assemblée générale de l'Organisation des Nations Unies proclame le 25 novembre Journée internationale pour l'élimination de la violence contre les femmes. Cette journée est célébrée annuellement, aux quatre coins du monde.

Cette journée vise à rendre « femmage » (terme pour rendre « hommage » aux femmes) aux sœurs Mirabal : Patria, Minerva et María Teresa. Ces militantes politiques dominicaines ont été assassinées le 25 novembre 1960 pour avoir refusé de se soumettre au dictateur Rafael Trujillo. Les trois résistantes, qui avaient pour nom de code *las mariposas* (les papillons), ont connu l'acharnement du dictateur pendant des années. Quand celui-ci tente d'approcher l'aînée, Minerva, elle repousse ses avances. Face au refus de la jeune femme, le dictateur fait emprisonner et torturer leur père. La nuit du 25 novembre 1960, alors que les trois sœurs s'apprêtent à rendre visite à leurs maris emprisonnés, une voiture coupe le chemin des *mariposas*. Les conditions dans lesquelles leurs corps seront retrouvés sont particulièrement horribles. Les trois femmes ont été massacrées à la machette, puis placées dans leur voiture qui a ensuite été poussée dans le vide.

L'île tout entière est choquée par ce crime odieux. Six mois plus tard, le dictateur Trujillo sera à son tour assassiné.

Comment expliquer ces violences contre les femmes ?

Les violences masculines sont les conséquences d'une longue tradition patriarcale qui perpétue des rôles sexués attribués aux femmes et aux hommes (voir chapitre 3). Ces violences ne sont pas des actes isolés ou le seul fait d'individus malades et encore moins de simples faits divers. Elles sont le fruit d'un système qui contrôle les femmes pour leur rappeler ce qu'elles peuvent faire ou non et quelle est leur place. L'usage de la violence physique, psychologique, économique, symbolique et institutionnelle permet de les maintenir dans la peur. Cette volonté de subordonner les femmes par l'usage de la violence est tolérée par la société, malgré les lois. Les statistiques sur l'état des violences contre les femmes dans le monde en sont révélatrices.

Le saviez-vous ?

On parle souvent, à tort, de « femmes battues » alors même que les violences masculines ne se manifestent pas toujours par des coups et ne se produisent pas seulement au sein du couple. Les violences psychologiques et le harcèlement ne laissent pas de bleus, mais ont pourtant un impact majeur sur la santé des femmes qui en sont victimes.

L'ampleur des violences conjugales

En 2022, 321 000 femmes ont été victimes des violences conjugales (physiques ou sexuelles) de la part d'un conjoint ou ex-conjoint. Moins d'1 victime sur 7 déclare avoir porté plainte, et 7 femmes victimes sur 10 déclarent avoir subi des dommages psychologiques plutôt ou très importants.

Des statistiques pour rendre visible la réalité

Il faudra attendre les années 2000 et la première Enquête nationale sur les violences envers les femmes en France (ENVEFF) pour objectiver, par des statistiques, l'ampleur des violences contre les femmes. Commandée par les pouvoirs publics, cette enquête répondait alors aux recommandations de la Conférence mondiale sur les femmes à Pékin de 1995, qui demandait aux États de « produire des statistiques précises concernant les violences faites aux femmes ». Cette première enquête a été un véritable électrochoc pour l'opinion publique. Elle met en évidence que :

- 1 femme sur 10 déclare avoir subi des violences ;
- les femmes victimes de violences gardent le silence, souvent par sentiment de honte ou de culpabilité ; l'entretien mené dans le cadre de l'enquête sera l'occasion pour de nombreuses femmes de s'exprimer pour la première fois sur les violences qu'elles ont vécues ;
- les violences revêtent des formes multiples ;
- elles sont infligées aux femmes dès leur plus jeune âge ;
- elles sont majoritairement le fait d'agresseurs hommes connus de leur victime (père, conjoint, membre de la famille, proches, collègues de travail...) ;
- elles ont lieu partout, dans l'espace public, au sein de la famille, comme sur le lieu de travail.

Ce travail permettra aussi — sans que cela ait été l'objectif recherché — de légitimer les propos des féministes qui faisaient remonter ces constats de terrain depuis très longtemps sans être entendu·e·s, voire en étant parfois soupçonné·e·s d'exagérer le phénomène.

« Pourquoi n'est-elle pas partie avant ? »

Devant l'ampleur de ces chiffres, il n'est pas rare d'entendre des questions, qui ont l'air naïves, mais qui sont en réalité le reflet de la méconnaissance des mécanismes de la violence, et notamment de l'emprise.

Le mécanisme de l'emprise est un processus psychologique complexe. L'emprise s'installe, car après les phases de séduction (propos agréables, valorisants), viennent les actes violents (propos dénigrants d'abord, puis violences). Ce cycle, reproduit sans cesse, a un effet paralysant sur le cerveau et brouille l'esprit critique des personnes sous emprise qui ne savent plus comment et à quel moment réagir.

Le saviez-vous ?

L'emprise, qui est à l'œuvre dans une relation de domination, de contrôle et de violences, n'a donc rien à voir avec ce que peuvent être des disputes, qui se fondent sur un rapport d'égalité et sont normales dans un couple. Il est essentiel de le comprendre pour accompagner correctement les femmes victimes de violences.

« Il y a aussi des hommes battus... »

118 femmes ont été tuées par leur conjoint ou ex-conjoint en 2022, c'est une femme tous les 3 jours. 27 hommes ont également été tués par leur partenaire. Peut-on pour autant parler d'hommes victimes de violences comme on parle de femmes victimes de violences ?

Les chiffres, d'abord, sont éclairants : on sait que 9 d'entre eux étaient des hommes violents, certains ont donc été tués en situation de « légitime défense » (voir « l'affaire Jacqueline Sauvage », chapitre 8). Inutile donc de rappeler que la grande majorité des victimes de violences entre partenaires intimes sont des femmes.

Cela ne veut pas dire que les femmes ne peuvent pas être violentes, mais l'analyse de la violence des femmes et des hommes n'est pas la même. En effet, là où toute la société apprend aux femmes à être douces et gentilles, le système patriarcal, lui, valide et construit la violence des hommes contre les femmes pour maintenir la domination masculine.

Il existe d'ailleurs un terme spécifique pour désigner le meurtre des femmes parce qu'elles sont des femmes tant l'ampleur du phénomène le nécessite : le féminicide.

Féminicide, une qualification pour dire le meurtre des femmes

Théorisé il y a une vingtaine d'années par les féministes Jill Radfort et Diana Russel, le féminicide définit le fait de tuer une femme parce qu'elle est une femme.

Le saviez-vous ?

Plusieurs pays d'Amérique latine ont introduit le terme « féminicide » dans leur Code pénal. Le Mexique fut le premier en 2007, suivi par de nombreux autres pays d'Amérique latine (Costa Rica, Guatemala, Salvador, Brésil, etc.) ou d'Europe (Malte et Croatie, par exemple).

Si, à ce jour, cette avancée juridique ne se traduit pas par une diminution des meurtres ou une augmentation des condamnations dans les pays qui l'ont adoptée, l'usage de la notion de féminicide permet toutefois de rendre compte de l'ampleur des violences contre les femmes par l'emploi d'un terme spécifique qui est entré dans le langage commun sur le continent latino-américain. Ce mot permet de souligner une violence qui vise spécifiquement les femmes.

La situation des femmes de Ciudad Juarez au Mexique (parfois nommée « la ville qui tue les femmes », ou encore « la capitale des filles disparues ») en est un exemple morbide. Entre 1993 et 2013, près de 1 441 femmes et filles ont été tuées, selon le centre universitaire Colegio de la Frontera Norte. D'autres sources estiment que le nombre de disparues pourrait dépasser aujourd'hui 2 500.

Le saviez-vous ?

En France, le mot féminicide n'existe pas dans le Code pénal. Pour combien de temps ? Des revendications féministes se font entendre pour la reconnaissance juridique du terme. Le principe, lui, a été reconnu : depuis 2017 et le vote de la loi « relative à l'égalité et à la citoyenneté », le fait de tuer une personne en raison de son sexe est une circonstance aggravante, notamment des meurtres.

Demande de reconnaissance et de justice ou posture victimaire ?

Malgré l'ampleur attestée des violences contre les femmes, il n'est pas rare que les féministes soient accusées de défendre une approche dite « victimaire », qui consisterait à enfermer les femmes dans un statut de victime. Cette stratégie vise à invalider les revendications et les mouvements féministes et occulte la réalité des violences.

Reconnaître et accepter l'ampleur des violences masculines, ce n'est pas défendre une approche victimaire, c'est acter la réalité. C'est aussi permettre aux femmes de pouvoir reconnaître les violences qu'elles ont subies sans avoir à se justifier et à en porter la responsabilité.

Surtout, il n'y a pas de honte ni de mal à être une « victime » ! Les femmes qui témoignent font au contraire preuve d'un grand courage.

En finir avec « la culture du viol »

Des chiffres pour mieux comprendre

L'enquête VIRAGE (Violences et rapports de genre : contextes et conséquences des violences subies par les femmes et par les hommes), réalisée par l'institut national d'études démographiques (Ined), est lancée en 2015. Les conclusions de cette enquête confirment celles de l'ENVEFF et apportent de nouveaux éclairages, en particulier concernant les violences sexuelles.

Que nous apprend l'enquête VIRAGE ?

Les violences sexuelles prennent des formes variées, concernent principalement les femmes et sont quasi exclusivement le fait d'un ou de plusieurs hommes.

1 femme sur 7 déclare avoir été victime de violences sexuelles au cours de sa vie.

Les filles et les jeunes femmes sont particulièrement exposées : plus d'un quart des femmes déclare que les viols et tentatives de viol ont commencé avant leurs 11 ans, et 40 % avant leurs quinze ans.

Les trois quarts des femmes victimes de viols et de tentatives de viols ont été agressées par un membre de leur famille, un proche, un conjoint ou un ex-conjoint.

Les statistiques des ministères de l'Intérieur et de la Justice confirment ces chiffres. En 2022 :

- près de 9 victimes de violences sexuelles sur 10 sont des femmes ;
- 97 % des mises en cause par la police ou la gendarmerie pour ces infractions sont des hommes ;
- 99 % des personnes condamnées sont des hommes.

Le viol, le crime le plus toléré

Le saviez-vous ?

En France, en 2021, 58 000 femmes ont déclaré avoir été victimes d'au moins un viol, et 89 000 d'au moins une tentative de viol. Selon le Haut Conseil à l'égalité entre les femmes et les hommes, seule 1 femme victime de viol sur 10 porte plainte, et 1 plainte sur 10 aboutit à une condamnation. In fine : 99 % des violeurs sont impunis. Le viol est le crime le plus toléré en France.

La chosification du corps des femmes dans la publicité – qui consiste à utiliser le corps des femmes pour vendre un produit –, la violence dans la pornographie, la banalisation des violences par un langage euphémisant sont autant d'aspects qui favorisent « la culture du viol ».

La culture du viol ?

Le procès des « viols de Mazan », débuté en 2024, représente une affaire judiciaire hors norme. Quarante-neuf hommes sont accusés d'avoir violé la même femme, Gisèle Pélicot, droguée à son insu par son mari, également mis en cause. Ce procès constitue une nouvelle étape dans la prise de conscience de la culture du viol. Cette expression désigne les croyances et comportements qui contribuent à invisibiliser les violences, à déculpabiliser les agresseurs et à culpabiliser les victimes. En l'occurrence, les 49 accusés sont des « Monsieur Tout-le-Monde » majoritairement bien intégrés socialement et sans problème psychologique. Leur défense s'appuie sur des stéréotypes sur la sexualité des hommes ou des femmes, et démontre une très forte influence de l'industrie pornographique. Notons que selon une étude récente, 23 % des hommes reconnaissent avoir été l'auteur d'au moins une situation dans laquelle ils n'ont pas obtenu le consentement de l'autre personne pour engager un acte de nature sexuelle.

Le travail de sensibilisation, d'information et d'écoute réalisé notamment par le Collectif féministe contre le viol (CFCV) a pour objectif d'interpeller l'opinion et les pouvoirs publics sur l'urgence d'agir au niveau de l'éducation, mais aussi au niveau de la loi.

Le désir réciproque, clé de voûte pour des relations respectueuses

Face à l'impunité de ce crime, travailler sur la notion de consentement et sur l'égalité dans la sexualité est un enjeu majeur.

Parole de féministe

« Le consentement, c'est l'acceptation totale et réfléchie. C'est l'acte libre de la pensée par lequel on s'engage entièrement à accepter ou à accomplir quelque chose. On peut en déduire qu'il n'y a pas de consentement sans réflexion, mais surtout, il n'y a pas de consentement sans liberté. » Cette définition donnée par la philosophe et féministe Geneviève Fraisse souligne l'importance de l'éducation à l'égalité.

Dans le cadre de relations intimes, éduquer les jeunes au respect du corps des autres et ainsi faire comprendre aux hommes que « quand une femme dit non, c'est non » est primordial pour l'évolution des rapports femmes-hommes. En réalité, « quand une femme ne dit pas oui, c'est non » ! Car il n'est pas toujours possible de dire « non » : par peur, par sidération, parce que le viol est commis par surprise ou sous la menace (physique ou psychologique), ou dans le cadre du couple, au sein duquel l'idée du « devoir conjugal » est encore bien ancrée. Le « non » d'un des partenaires n'a pas à être explicite : un silence peut valoir un « non ».

Et si on allait encore plus loin en parlant de « désir réciproque » plutôt que de « consentement » ? Que les femmes puissent « consentir à » ou « refuser » une relation sexuelle est essentiel. Mais c'est se contenter de penser que les hommes proposent ou tentent des « avances », et que les femmes y répondent ou non. Parler de « désir réciproque » plutôt que de « consentement », c'est mettre en avant le « grand oui » – ressenti par les deux partenaires — qui devrait motiver toute relation sexuelle.

Le saviez-vous ?

Le viol, défini dans le Code pénal à l'article 222-23, est constitué par « tout acte de pénétration sexuelle, de quelque nature qu'il soit, ou tout acte bucco-génital commis sur la personne d'autrui ou sur la personne de l'auteur par violence, contrainte, menace ou surprise ».

La honte doit changer de camp

Le slogan « La honte doit changer de camp » est un cri de ralliement dans les rangs de la lutte contre les violences sexuelles et sexistes. Des années 1970 à nos jours, il a traversé les générations féministes. Il souligne la nécessité de déplacer la culpabilité des victimes vers les agresseurs, dénonçant une culture qui tend souvent à blâmer les personnes agressées plutôt que ceux qui commettent les actes de violence.

Comment éradiquer ces violences ?

La France, pays des droits de l'homme... et des femmes aussi ?

La France dispose d'un attirail législatif important pour lutter contre les violences et les inégalités entre les femmes et les hommes. Le droit sanctionne en effet de très nombreuses formes de violences contre les femmes. Le harcèlement moral, le harcèlement sexuel, l'inceste, le viol, les violences au sein du couple, les mariages forcés, les mutilations sexuelles, la prostitution, les discriminations salariales sont autant de formes de violences qualifiées dans le Code pénal, le Code civil ou le Code du travail. Ces notions seront développées dans les chapitres suivants. Qu'elles soient qualifiées de délits ou de crimes, les violences sexistes et sexuelles constituent des infractions graves, car elles portent atteinte aux droits fondamentaux de la personne et notamment à l'intégrité physique et psychologique des femmes.

Pourtant, les chiffres et la jurisprudence montrent que l'application du droit dans les cas de violences sexistes et sexuelles reste souvent partielle. Les luttes féministes portent donc de nombreuses revendications pour améliorer la situation. Retour en arrière…

Le privé est politique

Sur le terrain, le Mouvement de libération des femmes (MLF) (voir chapitre 6) a donné une nouvelle dynamique aux revendications féministes. Longtemps considérées comme des affaires de famille – qu'il valait mieux taire et laisser au sein de la sphère privée –, les violences contre les femmes deviennent petit à petit un enjeu social, juridique, politique. « Le privé est politique » est d'ailleurs un des slogans phares des militantes du MLF dans les années 1970.

Des plans de lutte portés au plus haut niveau de l'État

Événement marquant

L'engagement de l'État contre les violences a pris des formes variées ces dernières décennies, d'abord sous la forme de plans d'action dédiés entre 2005 et 2019, aujourd'hui couvert par un plan plus large, avec le plan interministériel pour l'égalité entre les femmes et les hommes 2023-2027.

Le saviez-vous ?

Pour rendre opérationnels ces politiques, l'État s'appuie sur ses services administratifs dans les territoires. Ainsi, en France métropolitaine et dans les territoires d'outre-mer, des directions régionales et des délégations départementales aux droits des femmes et à l'égalité (DRDFE et DDFE) existent. Sous l'autorité du ministère ou secrétariat d'État chargé des Droits des femmes et de l'Égalité, ces services sont chargés notamment du suivi et de la mise en œuvre du plan interministériel au niveau local.

Afin de mieux comprendre et accompagner les femmes victimes, la formation des professionnel·le·s de la justice, de la police, de l'éducation, de la santé et de l'action sociale est essentielle.

3919, la ligne nationale d'écoute, d'information et d'orientation des femmes victimes de violences

Événement marquant

Pour prendre en charge la parole des femmes victimes de violences et pour renseigner leur entourage et les professionnel·le·s, la Fédération nationale solidarité femmes (FNSF) a créé et gère depuis 1992 la ligne téléphonique Violences conjugales femmes Info Service, destinée aux femmes victimes de violences, à leur entourage et aux professionnel·les.

Ouverte 24h/24 et 7J/7, la ligne est accessible partout sur le territoire français, y compris aux personnes sourdes et malentendantes, et l'écoute est possible en plus de 200 langues. Les appels sont anonymes et gratuits.

À l'origine la ligne était ouverte aux femmes victimes de violences conjugales. Depuis 2014, la ligne est ouverte à toutes les femmes, pour toutes formes de violence : les violences physiques, les violences psychologiques et verbales, les violences sexistes ou sexuelles, les violences conjugales, les violences médicales, gynécologiques, obstétricales, les violences économiques ainsi qu'aux femmes victimes de cyberharcèlement. Le 3919 fonctionne en partenariat avec les principales associations luttant contre les violences sexistes et sexuelles. Les femmes sont orientées selon leur département et leur besoin : hébergement, information juridique et soutien psychologique.

Le 3919 n'a pas vocation à se substituer aux services d'urgences que sont la police, les pompiers ou le Samu : c'est un numéro d'écoute, d'information et d'orientation.

Encore un long chemin et peu de moyens...

Bien que la France se soit dotée de politiques publiques en matière de lutte contre les violences faites aux femmes, malgré des avancées législatives réelles, malgré la production de données quantitatives et qualitatives pour rendre visible la réalité des violences contre les femmes, le chemin à parcourir est encore long. Les moyens requis ne sont pas au rendez-vous.

Le saviez-vous ?

Ces 10 dernières années, le budget public contre les violences a été revu à la hausse. Pour autant, il reste en deçà des besoins qui, eux, explosent. La Fondation des femmes, s'appuyant notamment sur l'expertise des associations de terrain, a estimé en 2023 à 2,6 milliards d'euros, contre 184,4 millions actuellement, le budget nécessaire pour la politique contre les violences.

Les conventions internationales : une fonction symbolique, une nécessité opérationnelle

À l'échelle internationale, la Convention pour l'élimination de toutes les formes de discriminations à l'égard des femmes (CEDEF), adoptée en 1979, engage les États signataires à prendre des mesures pour prévenir et lutter contre les violences (voir chapitre 2). Depuis, la lutte contre les violences faites aux femmes s'est imposée comme un enjeu majeur et incontournable pour les instances internationales, notamment lors de la troisième conférence mondiale sur les femmes de l'ONU à Nairobi en 1985.

Dans de très nombreux pays, la réalité des droits des femmes est toutefois assez éloignée des engagements internationaux ratifiés. Ce constat résume assez bien le combat pour l'égalité : beaucoup de grandes déclarations, une volonté politique affichée, peu de moyens mais, malgré tout, des textes nécessaires !

La convention d'Istanbul

Les violences contre les femmes sont protéiformes. Cette compréhension étendue de ce que sont les violences contre les femmes a été permise par différentes conventions, dont le dernier traité du Conseil de l'Europe sur les droits des femmes, appelé « convention d'Istanbul », du nom de la ville dans laquelle elle a été signée, en mai 2011. Le texte, ratifié par la France en 2014, est jugé aujourd'hui comme le cadre juridique contraignant le plus avancé dans le monde pour protéger, prévenir et éliminer toutes formes de violences contre les femmes.

Ce texte donne une définition élargie de ce que sont les violences et porte une attention particulière à la situation des femmes migrantes. L'article 5 de la convention d'Istanbul permet par ailleurs de faire condamner les États qui n'auraient pas suffisamment protégé des femmes victimes de violences.

Cette convention s'est dotée d'un mécanisme de suivi spécifique avec la mise en place d'un « Groupe d'expert·e·s sur la lutte contre la violence à l'égard des femmes et la violence domestique » (GREVIO). Son objectif ? S'assurer que l'engagement des États ne reste pas lettre morte et se traduise dans les faits. Concrètement, les pays signataires doivent permettre au GREVIO de faire des audits et des rapports sur le respect de la convention. La production de données statistiques par chacun des pays est donc considérée comme un enjeu fondamental pour connaître l'état des lieux de la situation et mesurer les réformes à accomplir.

Et demain, un monde sans violences contre les femmes ? Toutes les femmes ?

En matière de violences masculines, les défis sont nombreux pour les mouvements féministes : lutter contre la banalisation et la minimisation de l'impact des violences, remettre à l'endroit les responsabilités des agresseurs, reconnaître les freins et les obstacles majeurs pour les victimes dans leur combat pour la justice et leur reconstruction post-traumatique, disposer de moyens financiers suffisants pour une action efficace et cohérente, prendre en considération la diversité des femmes pour les accompagner de la manière la plus adéquate, etc. Il y a encore beaucoup à faire pour garantir aux filles et aux femmes un monde sans violence !

Les femmes étrangères ou le cumul des oppressions

Se séparer d'un homme violent n'est jamais simple tant le mécanisme de l'emprise est fort et les menaces pesantes. Une fois la décision prise, le parcours de la combattante continue. Ce parcours peut s'avérer encore plus difficile pour les femmes étrangères.

Les femmes entrées en France par le mariage avec un conjoint français ou étranger doivent justifier d'une communauté de vie pour prétendre à la délivrance et au renouvellement de leur titre de séjour. En cas de violences conjugales, il existe des dispositions protectrices, mais elles ne sont pas réellement appliquées. Il est demandé aux femmes des preuves des violences subies, qu'elles ne peuvent généralement pas fournir. Souvent les institutions refusent de reconnaître les violences que connaissent les femmes. Et lorsqu'elles sont en situation irrégulière, leur accès aux dispositifs de protection et d'hébergement est encore plus difficile…

Le saviez-vous ?

La Cimade, une association qui défend la dignité et les droits des personnes réfugiées et migrantes, est la première à avoir développé un accueil et un accompagnement spécifique pour les femmes étrangères.

« Femmes de tous les pays, unissez-vous ! »

L'Amérique latine est traversée par un mouvement féministe d'une force rare. Sur tout le continent des voix s'élèvent et s'organisent contre les violences masculines. Le mouvement est organisé autour du slogan *Ni una menos* (« Pas une de moins »), en référence au mot d'ordre lancé en 1995 par Susana Chávez, militante féministe, qui fut ensuite victime d'un féminicide. Ces mouvements de masse ont la spécificité de mobiliser de très jeunes personnes, majoritairement des femmes, qui portent l'objectif d'une transformation sociale profonde de la société. C'est ainsi que le 3 juin 2015, plus de 150 000 personnes ont défilé dans les rues de Buenos Aires. Deux ans avant l'émergence de #MeToo aux États-Unis et ailleurs, *Ni Una Menos* a catalysé une prise de conscience et une mobilisation sans précédent contre les violences faites aux femmes, entraînant des avancées notables en termes de réformes législatives et de politiques publiques.

Plus proche de nous, la mobilisation contre les violences faites aux femmes est également inédite. Ces cinq dernières années, la France a connu des manifestations massives qui ont mis ce sujet au centre du débat public, tiré notamment par le collectif #NousToutes. Cette dynamique a été alimentée par des « affaires » rendues publiques, touchant notamment à la sphère politique (dénonçant par exemple les agissements de Gérald Darmanin, Nicolas Hulot ou Damien Abad), ou au monde des médias ou du cinéma (dénonçant par exemple les agissements de Patrick Poivre d'Arvor, Roman Polanski, Luc Besson ou Gérard Depardieu).

Conséquences : le nombre de plaintes pour violences conjugales et violences sexuelles a doublé ces 10 dernières années. Pour autant, les sanctions ne suivent pas : 9 cas sur 10 ne font pas l'objet de poursuite et les condamnations restent légères.

Pour aller plus loin

Dans son ouvrage *Impunité* (Le Seuil, 2022), la journaliste Hélène Devynck dénonce les mécanismes de protection des agresseurs sexuels et les dynamiques de domination qui réduisent les victimes au silence.

Les violences sur les enfants, un nouvel iceberg

La prise de conscience autour de l'inceste a vécu un tournant majeur ces dernières années. La publication en 2021 de *La Familia grande* (Le Seuil) de Camille Kouchner, qui dénonce publiquement les agressions commises par son beau-père, a déclenché une vague de révélations similaires, encouragées par le hashtag #MeTooInceste. Des milliers de victimes ont partagé leur histoire, brisant un tabou profond. En réponse, le gouvernement a lancé en 2021 la Commission indépendante sur l'inceste et les violences sexuelles faites aux enfants (CIIVISE) et a notamment allongé les délais de prescription. Cette prise de parole massive et inédite a bouleversé l'opinion publique, mettant en lumière l'ampleur du phénomène et la nécessité de réponses judiciaires et sociales plus adaptées. En France, 160 000 enfants sont victimes de violences sexuelles chaque année et 5,4 millions de femmes et d'hommes adultes en ont été victimes dans leur enfance.

DANS CE CHAPITRE

Mariage, bébé, famille : triptyque gagnant du patriarcat ?

•

Au nom du père, du fils et des tâches ménagères

•

« Faire famille », en toute impunité ?

Chapitre 14

Dans la famille féministe je demande…

Comme l'ont démontré de nombreux ethnologues, parmi lesquels Claude Lévi-Strauss, la famille demeure une « institution » universelle que l'on retrouve dans toutes les sociétés. On peut parler d'institution, car elle est régie par des normes qui disent comment « faire famille » : des règles juridiques, des obligations économiques, des contraintes religieuses, des normes sociales, des droits, des devoirs, des interdits et notamment des interdits sexuels au sein du clan familial.

La notion de famille a, selon les sociétés, une acception plus ou moins large. En Europe et dans les sociétés dites « industrialisées », le modèle qui prédomine est celui de la famille dite « nucléaire » : un espace de vie que se partagent des parents et leurs enfants.

Valorisée comme un espace bienveillant, un havre de paix, qu'en est-il vraiment de la famille une fois passée au crible de la grille de lecture féministe ? Quelles inégalités entre les femmes et les hommes observe-t-on quand on toque à la porte des foyers ?

Mariage, bébé, famille : triptyque gagnant du patriarcat ?

Au fil du temps, les manières de « faire famille » se sont diversifiées. Ces familles sont aujourd'hui recomposées, monoparentales, homosexuelles, etc. S'il est dorénavant fréquent de fonder une famille sans se passer la bague au doigt, il y a peu de temps encore les femmes étaient sous l'autorité absolue du « chef de famille » et le mariage était l'acte qui faisait passer les femmes de l'autorité du père… à celle du mari.

Événement marquant

La loi du 4 juin 1970, qui supprime la notion juridique de « chef de famille », fait partie d'une longue série de conquêtes gagnées par les mobilisations féministes pour débarrasser le Code civil de ses résidus patriarcaux et pour que les femmes deviennent pleinement autonomes, tout au long de leur vie.

Approche familialiste *versus* approche féministe

Au lendemain de la Seconde Guerre mondiale, la Confédération sociale des familles (CSF), fondée en 1959 dans l'idée de défendre les intérêts matériaux et moraux des familles, s'intéresse aux femmes qui élèvent seules leurs enfants. Paule Grall et Françoise Villiers, deux militantes de cette organisation familialiste, créent les premières commissions de mères veuves, célibataires et divorcées sous l'appellation « femmes chefs de famille ».

Ce mouvement défend la cause des femmes, mais ne se revendique pas pour autant du féminisme. En témoigne cette allocution de Paule Grall en 1966 : « Aux femmes trop égalitaires… […] Une égalité qui nierait un aspect important de l'individu serait boiteuse. En l'occurrence, vouloir oublier que la femme est aussi "mère" est erroné. C'est pourquoi, en toute égalité, il faut lui permettre d'être mère pleinement. Voilà comment nous concevons le salaire social à la mère. » Contrairement aux féministes du Mouvement de libération des femmes qui leur succéderont, ces militantes défendent une conception essentialiste du rôle des femmes. Pour elles, la maternité est l'aboutissement logique et naturel pour toute femme, aboutissement qu'il conviendrait donc de rémunérer d'un salaire maternel.

Les différentes formes de familles

Ce schéma est peu à peu mis à mal par les analyses féministes et les revendications homosexuelles. Car les critiques autour du mariage sont aussi venues du mouvement lesbien, notamment des Gouines rouges. Elles remettent en question, au début des années 1970, le monopole de l'hétérosexualité, comme seul schéma toléré pour faire famille : « Femmes qui refusons les rôles d'épouses et de mères, l'heure est venue, du fond du silence, il nous faut parler. »

Événement marquant

En 1999, la création du PACS (pacte civil de solidarité) marque la première reconnaissance de l'union des couples homosexuels. Même si celui-ci n'octroie pas les mêmes droits que le mariage, une partie du mouvement LGBTI (lesbien, gay, bisexuel, trans et inter-sexe) se félicite tout de même de cette avancée, quand d'autres y voient « un contrat civil au rabais ». Le PACS octroie aux partenaires pacsé·e·s les mêmes droits qu'un couple marié en matière fiscale et offre plus de souplesse en cas de séparation et de donation. Le PACS n'ouvre cependant pas de droit à l'adoption. Ainsi, un couple homosexuel ne peut pas adopter : seul l'une des deux personnes peut en faire la demande de manière individuelle. Cela veut dire que le lien de filiation est établi uniquement avec l'adoptant·e, sans que l'autre partenaire puisse jouir d'une autorité parentale : il ou elle n'a aucun lien juridique avec l'enfant.

La seconde étape pour les associations LGBTI et féministes sera progressivement la revendication de la légalisation du mariage aux couples de même sexe. Elles obtiendront de François Hollande, candidat à la présidentielle de 2012, qu'il en fasse un engagement de sa campagne.

Parole de féministe

Quelques rares voix dissonantes vis-à-vis du « mariage pour tous » se font entendre dans le camp progressiste. C'est le cas de la féministe Marie-Jo Bonnet, une des fondatrices des Gouines rouges et du MLF, qui se positionne contre le mariage pour les couples de même sexe en défendant l'idée que « avec le mariage, outre l'adhésion au schéma patriarcal et l'abandon de la contre-culture gay, on se réfère à un modèle qui n'a pas été fait pour les homosexuels, qui a été fait pour la famille, pour les enfants. Les gays sont condamnés à devenir des hétéros, à rentrer dans le modèle hétérosexuel et donc à perdre tout ce qui faisait l'intérêt de leur différence, qui était une richesse pour la société ».

Dans le camp conservateur, on voit plutôt ces nouvelles revendications et ces nouvelles recompositions de la famille comme une mise en danger du modèle familial dit traditionnel. Ces mouvements réactionnaires se regrouperont sous la bannière de « La Manif pour tous ».

La famille nucléaire vraiment en danger ?

En 2013, lorsque les discussions autour du projet de loi visant à instituer « le mariage pour les couples de même sexe » débutent, des manifestations « anti-mariage pour tous » voient le jour. Sous les slogans « Un papa, une maman » et « Non à la démolition de la famille », les opposant·e·s se mobilisent plusieurs mois durant dans la rue et sur les réseaux sociaux. Leurs arguments d'un autre temps sont relayés dans l'hémicycle par des parlementaires. Christiane Taubira, alors garde des Sceaux et porteuse du projet de loi, fera l'objet d'attaques sexistes et racistes sans précédent. Le fait qu'elle soit une femme, noire et, de surcroît, une brillante oratrice en fera la cible de toutes les crispations.

Événement marquant

Finalement adoptée par l'Assemblée nationale en mai 2013, la loi reconnaît les mêmes droits au mariage – et donc à l'adoption – aux couples homosexuel·le·s et hétérosexuel·le·s. C'est aussi une victoire féministe !

Néanmoins, cette loi n'ira pas au bout de sa promesse d'égalité, à savoir l'ouverture de la procréation médicalement assistée (PMA) pour les femmes lesbiennes. C'est la loi bioéthique du 2 août 2021 qui mettra fin à la discrimination d'accès à la PMA aux femmes non mariées et aux couples lesbiens.

Le saviez-vous ?

La popularité du mariage n'a cessé de diminuer au fil des décennies. En 2023, 235 000 mariages ont été célébrés en France (7 000 concernaient des couples homosexuels). C'était 305 234 en 2000 et 416 521 en 1972. Ainsi, en l'espace de 50 ans, le nombre de mariage a été quasiment divisé par deux !

Du nom du père à celui du mari

Il existe en France une tradition selon laquelle les femmes changent de nom lorsqu'elles se marient et adoptent celui de leur mari. Cette tradition du changement de nom découle du fait, qu'historiquement, une femme, en quittant son père, passait sous l'autorité d'un autre homme : son mari. En toute logique patriarcale, elle devait abandonner le nom hérité de son père à la naissance pour épouser le nom de son mari.

Le saviez-vous ?

Mais l'on oublie souvent que même s'il est choisi, le nom du mari n'est pour l'épouse qu'un nom d'usage, et qu'elle ne « change » pas véritablement de nom. En effet, la loi du 23 août 1794 (il y a plus de 200 ans !) établit qu'« aucun citoyen ne pourra porter de nom ni de prénom autres que ceux exprimés dans son acte de naissance ».

Aujourd'hui, les mentalités évoluent vers l'usage du double nom de famille, mais cela se fait très lentement.

Le saviez-vous ?

Il n'existe aujourd'hui aucune statistique fiable permettant de savoir combien de femmes font usage de leur nom de naissance, qu'elles soient ou non mariées. Si un eurobaromètre de 1995 indiquait qu'en France, 91 % des femmes mariées utilisaient alors le nom de leur époux, Caroline Bovar, autrice en 2020 d'une thèse consacrée au « nom des femmes », souligne que « le décompte est plus compliqué [aujourd'hui], parce que l'usage est devenu beaucoup plus souple. C'est un nom à la carte. Certaines femmes ne prennent pas du tout le nom du mari, d'autres tout le temps. Et beaucoup l'utilisent de temps en temps, à l'école ou chez le médecin avec les enfants, mais pas au travail. »

La minorité de femmes qui choisissent d'accoler le nom de leur mari au leur motive ce choix par la volonté de transmettre les deux noms aux enfants, dont le leur.

Au quotidien, « changer » de nom complique la vie administrative, sociale et professionnelle des femmes. Comment retrouver une amie d'enfance sur les réseaux sociaux si elle a changé de nom depuis ? Comment « se faire un nom » dans son milieu professionnel si, justement, on en change ?

Le saviez-vous ?

Selon l'Insee, pour les naissances en 2022 :

- **79 % des bébés portent le seul nom du père (contre 83 % en 2014),**
- **6 % reçoivent le nom de leur mère (dans l'immense majorité des cas, l'enfant n'a pas été reconnu à la naissance par son père),**
- **14 % portent un double nom (contre 10 % en 2014). Mais même dans le cas du double nom, c'est celui du père qui apparaît en premier dans 3 cas sur 4.**

Encore un (gros) effort pour faire plier les traditions inégalitaires !

Appelez-moi Madame

Le 21 février 2012, une circulaire enjoint les administrations à supprimer les termes « mademoiselle », « nom de jeune fille », « nom patronymique », « nom d'épouse » et « nom d'époux » des formulaires et correspondances des administrations. Une telle décision contribue à lutter contre les stéréotypes et les rôles sexués à travers le langage. Une victoire à mettre au compteur des féministes ! (voir chapitre 19).

Le saviez-vous ?

Madame, mademoiselle. Monsieur, damoiseau ? Et non l'équivalence n'existe pas.

Flatteur le « mademoiselle » ? Sous son air anodin, il rend public le statut civil des femmes et indique, en fait, si elles sont mariées ou… supposées disponibles !

Le mariage, une institution bourgeoise et conservatrice ?

Inspirées notamment par les écrits de Simone de Beauvoir, les théories féministes se sont attachées à montrer combien le mariage est une institution bourgeoise et la famille une structure conservatrice peu émancipatrice pour les femmes :

» **une institution bourgeoise, car elle repose principalement sur le patrimoine et les revenus du mari ;**

» **une institution conservatrice parce qu'elle est le lieu de la reproduction de toutes les inégalités et notamment celle de l'enfermement des femmes dans la sphère du privé, où elles sont vouées à s'occuper des enfants.**

Parole de féministe

Dans *Le Deuxième Sexe* (1949), Simone de Beauvoir juge que le mariage affadit même les relations sexuelles ! « Le principe du mariage est obscène parce qu'il transforme en droits et devoirs un échange qui doit être fondé sur un élan spontané : il donne aux corps en les vouant à se saisir dans leur généralité un caractère instrumental, donc dégradant ; le mari est souvent glacé par l'idée qu'il accomplit un devoir, et la femme a honte de se sentir livrée à quelqu'un qui exerce sur elle un droit. »

Elles se marièrent et eurent beaucoup d'enfants…

Se marier est encore perçu comme la première étape vers une suite naturelle et logique, voire incontournable… celle d'enfanter. En atteste la lecture de cet article du Code civil par l'officier·e d'état civil lors du passage des marié·e·s à la mairie : « Article 213 : Les époux assurent ensemble la direction morale et matérielle de la famille. Ils pourvoient à l'éducation des enfants et préparent leur avenir. » Les religions ont largement influencé cette idée. Et oui, que serait un mariage sans enfants ?

Aussi, en toute logique, si le mariage interroge les féministes, la maternité aussi ! C'est une question fondamentale dans l'histoire du mouvement des femmes, qui fait l'objet de divergences d'analyses au sein des différents courants féministes (voir chapitre 10).

Parole de féministe

> *« Les deux piliers de la domination masculine résident dans le contrôle social de la fécondité des femmes et dans la division du travail entre les deux sexes. »*

Françoise Héritier, extrait de la revue *Le Monde de l'éducation* - Juillet-Août 2001

Comment pourrait-il en être autrement ? Puisque ce qui distingue les femmes et les hommes et qui est à la base de toutes les inégalités est précisément le rôle des femmes dans la reproduction et le fait que « les femmes ont le pouvoir de donner la vie au même et au différent », selon l'anthropologue et féministe Françoise Héritier.

Le congé maternité, paternité, parental : on fait le point

Le partage des tâches relatives à l'éducation et au soin des enfants est un enjeu important pour l'égalité femmes-hommes. Il a un impact direct sur l'organisation de la famille, mais aussi sur le travail. Le recours aux congés liés à la naissance d'un enfant reste encore confronté aux stéréotypes sur les rôles des femmes et des hommes au sein de la famille et dans la société.

- Comme son nom l'indique, le congé maternité est prévu pour la mère. Il est de 16 semaines (6 avant l'accouchement, 10 semaines après) pour un premier ou un deuxième enfant. Pendant ce congé, la mère salariée conserve une partie de son salaire. Ce congé maternité peut être allongé à 26 semaines (8 avant et 18 après) en fonction du nombre d'enfants que la mère a déjà. Ce droit a été étendu aux mères travailleuses indépendantes, cheffes d'entreprise et conjointes collaboratrices.
- Le congé paternité et d'accueil de l'enfant, créé en 2002 et étendu en 2021, est prévu pour le père et/ou la personne avec qui la mère de l'enfant vit en couple. Il comprend 28 jours dont 4 jours obligatoires pour accueillir le nouveau bébé. Selon une enquête réalisée en 2021, 71 % des pères y ont recours (contre 68 % en 2013).
- Enfin, le congé parental d'éducation (de quelques mois à plusieurs années) est théoriquement accessible à chacun des deux parents, qui peuvent le prendre en même temps ou séparément. Ces dernières années, le congé parental est régulièrement remanié au nom d'une meilleure égalité entre les femmes et les hommes (2015, 2021, nouvelle réforme annoncée en 2024). Dans les faits, outre les substantielles économies budgétaires réalisées, cela n'a encore aucun effet incitatif ou contraignant pour les pères. Seules 13,7 % des femmes utilisent le

congé parental – contre 0,8 % des hommes. Les faibles rémunérations perçues durant ce congé dissuadent bon nombre de parents d'y avoir recours.

De l'importance du congé paternité…

Que les pères changent autant les couches que les mères est une revendication féministe ancienne. La non — ou moindre — implication des pères dès la naissance de l'enfant a un impact durable sur les relations femmes-hommes au sein du couple, mais aussi sur la carrière des femmes et sur leur vie sociale. Aujourd'hui cette revendication est triple : rendre le congé paternité obligatoire, mieux rémunéré et plus long.

Espagne : un « congé de naissance et de soin à l'enfant » de 16 semaines pour les deux parents, intransférable et payé à 100 % du salaire

Dans le sillage de pays pionniers tels que la Norvège (1993), depuis le 1er janvier 2021, l'Espagne est devenue le premier pays au monde où les deux parents – qu'ils soient femmes ou hommes – ont droit à un congé de naissance égal, de 16 semaines, intransférable et payé à 100 % du salaire. Les 6 premières semaines d'accueil de l'enfant sont obligatoires pour chacun des parents. La mise en œuvre de la réforme du « congé de naissance et de soin à l'enfant » (*permiso por nacimiento y cuidado de menor*) – qui remplace les congés de maternité et de paternité – a été progressive. La réforme est menée par le ministère du Travail, qui considère notamment son impact en matière d'employabilité et de non-discrimination sur le marché du travail pour les femmes, et d'articulation des temps de vie et d'implication dans le secteur des soins pour les hommes.

Mais qu'en est-il des couples qui ne peuvent pas avoir d'enfant spontanément du fait de difficultés médicales, de leur orientation sexuelle ou de leur situation familiale ?

PMA-GPA : deux sigles, deux combats différents

PMA pour toutes ?

La procréation médicalement assistée (PMA) désigne un ensemble de techniques médicales visant à provoquer une procréation pour une femme célibataire ou pour un couple qui n'y arrive pas spontanément.

Le saviez-vous ?

La première « bébé-éprouvette » française, Amandine, est née d'une FIV (fécondation in vitro), réalisée par le professeur René Frydman en 1982. Aujourd'hui, 1 bébé sur 30 est issu d'une PMA.

Depuis 1994, en France, les couples hétérosexuels ont accès à la PMA. Pour cela, ils doivent justifier d'une vie en couple depuis au moins deux ans et des problèmes de fertilité médicalement constatés. Ces problèmes de fertilité concerneraient 1 couple sur 10. Quatre tentatives sont prises en charge par la Sécurité sociale. Au-delà de 42 ans révolus pour la mère, la PMA n'est plus remboursée.

Face à la discrimination que représente l'exclusion des couples lesbiens (discrimination en raison de la sexualité) et des femmes célibataires (discrimination en raison de la situation de famille), des associations féministes se sont mobilisées pendant des années pour faire changer la loi.

Événement marquant

Victoire (enfin) ! La loi de bioéthique du 2 août 2021 ouvre la PMA aux femmes célibataires et aux couples lesbiens. Le vote de cette loi est intervenu après pas moins de 468 heures de débats parlementaires et à la suite des avis favorables de plusieurs institutions consultatives (Haut Conseil à l'égalité entre les femmes et les hommes et Défenseur des droits dès 2015, Comité consultatif national d'éthique en 2018).

Chez les opposant·e·s à cette réforme de la PMA, la menace d'une porte ouverte à la légalisation de la GPA a souvent été brandie dans les débats. Or, PMA et GPA sont deux pratiques bien distinctes du point de vue des droits humains.

GPA ou la location des ventres

La gestation pour autrui (GPA) est le fait de porter un·e enfant pour le compte d'un homme, d'une femme (qui ne souhaite ou ne peut pas mener une grossesse) ou d'un couple (hétérosexuel ou homosexuel). « La mère porteuse » se voit implanter l'embryon issu d'une fécondation à laquelle elle n'a pas participé, mène la grossesse à son terme, accouche et remet l'enfant au couple, le plus souvent contre une somme d'argent et sans aucun lien juridique avec cet enfant.

Le saviez-vous ?

La loi bioéthique du 29 juillet 1994, confirmée en 2011, interdit la gestation pour autrui au nom du principe « d'indisponibilité du corps humain ». Cette pratique soulève en effet de nombreuses questions éthiques comme :

» le risque de marchandisation du corps des femmes ;

» la question de la filiation ;

» une exploitation des pauvres par les riches ;

» **le risque de marchandisation des enfants et l'atteinte à la dignité de l'être humain.**

Le Collectif national pour les droits des femmes (CNDF) et la Coordination des associations pour le droit à l'avortement et à la contraception (CADAC) rappellent ces risques dans un communiqué de presse publié en septembre 2018 :

Parole de féministe

« La PMA ouvrira la possibilité, en France, à toutes les femmes qui le souhaitent, de mettre au monde un enfant ; ce sont elles qui porteront leur futur enfant ; elles décideront pour elles-mêmes et engageront leur corps, leur santé. La GPA, interdite en France, autorisée ou tolérée dans certains pays, conduit à instrumentaliser le corps des femmes ; elle ouvre à un grand marché commercial avec de nombreux intermédiaires (médecins, cliniques, avocats, lobbies...) et nécessite un contrat entre les parties où la femme porteuse se soumet pendant plus de 9 mois à la fabrication d'un enfant contre rémunération ou compensation financière. Comme dans la prostitution, on achète le corps des femmes ; de surcroît, dans la GPA, on vend et on achète un enfant. »

Au nom du père, du fils et des tâches ménagères !

Avant les années 1950-1960, l'absence d'autonomie financière des femmes limitait fortement leur horizon... et leurs perspectives d'émancipation. Mais qu'en est-il aujourd'hui, alors que 7 femmes sur 10 âgées de 15 à 64 ans sont sur le marché du travail ?

Ces 30 dernières années, les rôles au sein des familles ont sensiblement évolué. L'expression « les nouveaux pères » suggère même qu'une révolution des mentalités s'est opérée. Il est vrai que l'entrée massive des femmes dans le monde du travail à partir des années 1960 a du amener à repenser la répartition des rôles femmes-hommes dans la sphère privée. Mais que se passe-t-il réellement derrière les fourneaux ?

Laver le linge sale de la famille, c'est l'affaire des femmes

Une étude de l'INSEE de 2015 sur la répartition des tâches ménagères fait état d'inégalités encore très fortes, malgré l'impression que « les choses bougent » :

» les femmes consacrent en moyenne deux fois plus de temps que les hommes aux tâches domestiques et aux enfants : 3 h 03 par jour au travail domestique et 1 h 35 aux enfants, soit un total de 4 h 38 ;

» les hommes y passent, eux, 2 h 26 en moyenne par jour : 1 h 45 dédiées au travail domestique et 41 minutes aux enfants.

Et si on regarde dans le détail, ces tâches demeurent très sexuées : aux femmes les tâches ingrates du quotidien (le ménage, le linge et la cuisine) ; aux hommes des tâches plus occasionnelles et ludiques comme le bricolage et le jardinage. Même chez les plus jeunes, il y a peu d'évolution.

Et au-delà du temps consacré à l'exécution de ces tâches, il faut prendre en compte le temps de leur anticipation et organisation : c'est la « charge mentale », ce fléau qui épuise les *wonder women* ! (voir Chapitre 3).

Pour aller plus loin

Des féministes ont développé des théories pour montrer en quoi « la famille est un lieu d'oppression pour les femmes ». Christine Delphy, dans son œuvre en deux tomes, *L'Ennemi principal*, parue dans la collection « Nouvelles questions féministes » en 1998 et 2001, décrit le travail domestique, un travail gratuit et exécuté entre 70 % à 80 % par les femmes, comme une exploitation. Une double, voire une triple exploitation pour celles qui mènent en parallèle une vie professionnelle, assument le rôle de « la ménagère » et s'occupent des enfants.

Les bons comptes font les bons... couples

L'essai de Titiou Lecoq, *Le couple et l'argent – Pourquoi les hommes sont plus riches que les femmes* (L'Iconoclaste, 2022), aborde les inégalités économiques au sein du couple et décrypte leur fabrication, le plus souvent inconsciente. Résultat... l'écart de patrimoine entre les femmes et les hommes a pratiquement doublé ces dernières années ! Le plus souvent, les femmes sont du côté du don et les hommes du pouvoir. L'essai offre des solutions pratiques pour enfin régler nos comptes.

La famille, encore le lieu de toutes les impunités ?

« Le privé est politique » est sans aucun doute le slogan du MLF qui résume le mieux ce qui était l'urgence des années 1970 et qui reste une absolue nécessité pour la sécurité des femmes et des enfants : faire entrer le législateur au sein de l'espace privé et de la famille pour y dire ou redire le droit. Souvent présenté comme un havre de paix, le cocon familial est pourtant un espace où les femmes et les enfants sont le plus victimes de violences (voir chapitre 13).

Mariée de force

En situation d'immigration ou dans certaines familles conservatrices et religieuses, perpétuer les traditions, rester entre soi ou maintenir des relations avec le pays d'origine passe par le mariage des enfants… de gré ou de force.

Le saviez-vous ?

Le mariage forcé est un mariage civil, religieux ou traditionnel, célébré contre la volonté d'une ou des personnes. En droit français, l'absence de consentement est une cause de nullité du mariage (article 180 du Code civil). Contraindre une personne à se rendre à l'étranger pour l'y marier de force, éventuellement en lui cachant le vrai motif de son voyage, est un délit passible de 3 ans d'emprisonnement et de 45 000 euros d'amende.

Au milieu des années 2000, les pouvoirs publics commencent à s'intéresser au mariage forcé. L'intervention des autorités françaises est néanmoins limitée pour les jeunes ayant une double nationalité, souvent marié·e·s dans le pays d'origine des parents. Des plans de prévention et de sensibilisation aux mariages forcés sont donc mis en place directement dans les écoles. Des associations féministes assurent dorénavant un accompagnement destiné aux filles et aux femmes victimes ou menacées de mariage forcé : le Planning familial, le GAMS ou encore Voix de femmes. Le 3919, numéro national d'écoute pour toutes les femmes victimes de violences, peut également être appelé à ce sujet.

Le saviez-vous ?

Selon l'INED (2008), 4 % des femmes immigrées vivant en France et 2 % des filles d'immigré·e·s nées en France âgées de 26 à 50 ans ont subi un mariage forcé.

Femmes enceintes, femmes sans craintes ?

Si la grossesse peut être une période formidable de la vie des femmes qui l'ont choisie, elle peut aussi constituer un moment de vulnérabilité particulièrement important pour d'autres.

Le saviez-vous ?

La Haute Autorité de santé (2024) souligne que le risque de violences au sein du couple est augmenté pendant la grossesse et dans la période postpartum. Dès 2001, une enquête de l'Agence de santé publique canadienne révélait que 21 % des femmes victimes de violences ont subi des violences lorsqu'elles étaient enceintes, et que, pour 40 % de ces femmes, la violence a débuté au cours de la grossesse.

Comment l'expliquer ?

» **La grossesse vient rompre le lien exclusif de l'homme avec « sa » femme.**

» **La femme devient le centre des attentions et l'homme ne le supporte pas.**

» **La grossesse peut réveiller le passé de l'homme, celui d'un enfant témoin de violences intra-familiales et qui les reproduit.**

Les violences ont des conséquences très préoccupantes — à court, moyen et long terme — pour la santé de la mère et de l'enfant selon l'Organisation mondiale de la santé.

D'où l'urgence de remédier au manque de formation des professionnel·le·s sur ce sujet (médecins, infirmier·e·s, sages-femmes, et de tou·te·s les professionnel·le·s impliqué·e·s dans le suivi), à la saturation des hôpitaux et au déficit de personnel. Et ce d'autant plus que la grossesse est une période où les femmes sont amenées à avoir un suivi médical régulier : cela permet de détecter plus facilement de potentielles violences. Rappelons que souvent, le moyen le plus efficace de dépister une situation de violences... c'est de poser la question !

Le saviez-vous ?

La maternité de l'hôpital de Saint-Denis a développé une réelle expertise dans la détection et la prise en charge des femmes enceintes victimes de violence. En 2016, à l'initiative de la docteure Ghada Hatem-Gantzer, l'hôpital a ouvert une « Maison des femmes ». Afin de permettre une prise en charge globale, efficace et coordonnée, ce lieu d'accueil, de consultation, de prévention et d'orientation comprend aussi une consultation du Planning familial quasi accolée à l'hôpital. À la Maison des femmes, les femmes trouvent ce qui n'existe pas ou plus chez elles : un lieu de repos et de respect.

L'inceste, un interdit universel passé sous silence

C'est au sein de leur foyer que les femmes sont les plus en danger, c'est également le cas des enfants. Les chiffres ne sont pas nouveaux, mais il aura fallu attendre le début des années 2020 pour qu'ils fassent – temporairement – la une des médias.

Événement marquant

Trois ans après le début du mouvement #MeToo, Camille Kouchner publie *La Familia grande* en janvier 2021, dans lequel elle évoque l'inceste imposé par son beau-père Olivier Duhamel à son frère et les mécaniques du silence qui entoure ce crime. Son livre déclenche une vague de témoignages autour du hashtag #Metooinceste, associé à plus de 80 000 témoignages en moins de 48 heures.

Inspirée par les travaux de la Commission indépendante sur les abus sexuels dans l'Église (CIASE) et à la suite du choc collectif provoqué par *La Familia grande*, la Commission indépendante sur l'inceste et les violences sexuelles faites aux enfants (CIIVISE) est installée par le Président de la République en janvier 2021.

Des statistiques alarmantes

Loi du silence, impunité, déni de la situation…, l'inceste est beaucoup plus répandu qu'on ne le croit et est commis dans tous les milieux sociaux. Selon le rapport rendu public par la CIIVISE en 2023 :

- **160 000 enfants sont victimes de violences sexuelles chaque année en France. Autrement dit, un enfant est victime d'un viol ou d'une agression sexuelle toutes les 3 minutes.**
- **Dans 81 % des cas, l'agresseur est un membre de la famille : le père, le frère et l'oncle le plus souvent.**
- **Les victimes d'inceste avaient en moyenne 7 ans et demi au moment des premiers passages à l'acte.**
- **74,4 % des victimes (hommes et femmes) ayant subi l'inceste par un membre de leur entourage ont confié avoir eu confiance en leur agresseur.**

Pour reprendre les mots de l'anthropologue Dorothée Dussy, qui publiait dès 2013 une restitution de l'enquête qu'elle a menée auprès d'hommes condamnées pour inceste, l'inceste est le « berceau des dominations », « outil de formation à l'exploitation et à la domination de genre et de classe ».

Pour aller plus loin

Le podcast documentaire en 6 épisodes *Ou peut-être une nuit* est consacrée au silence qui entoure l'inceste. Crée et présenté par Charlotte Pudlowski, ce podcast prend pour point de départ la révélation de l'inceste subie par sa mère.

À propos des mères en lutte

Dès les premiers mois de son installation en 2021, la Commission indépendante sur l'inceste et les violences sexuelles faites aux enfants (CIIVISE) est alertée par des centaines de mères – dont l'enfant a révélé des violences sexuelles de la part de son père – et qui sont suspectées de manipuler leur enfant pour nuire à leur conjoint, en les accusant d'inceste, le plus souvent dans le contexte d'une séparation. Dans son premier avis intitulé « À propos des mères en lutte », la CIIVISE appelle à en finir avec la présomption de culpabilité des mères et formule des recommandations pour une véritable culture de la protection des enfants.

L'inceste dans le Code pénal

L'inceste fut pendant deux siècles « l'innommé du Code pénal », un « fantôme juridique », pour reprendre les termes d'un rapport d'expertise collective du CNRS, dirigée par la chercheuse Sylvie Cromer pour améliorer les connaissances sur l'inceste.

Depuis la loi du 21 avril 2021, les infractions autonomes d'agression sexuelle incestueuse et de viol incestueux ont été créées (articles 222-29-3 et 222-22-3 du Code pénal).

Violences sexuelles contre les enfants

Les violences sexuelles commises sur les enfants sont massives, et les agresseurs font majoritairement partie de l'entourage proche de l'enfant. Mais toutes ne sont pas incestueuses : entraîneurs sportifs, référents religieux, réalisateurs... De courageux témoignages de victimes ont contribué à lever la chape de plomb qui pèse sur ces violences, et à dénoncer l'impunité des agresseurs.

Événement marquant

En 2017, la médiatisation de procès pour viols dans lesquels des enfants de 11 ans ont été jugées consentantes à des relations sexuelles avec des adultes a scandalisé l'opinion publique. Ce coup de projecteur a permis de relancer le débat sur l'âge du consentement et sur l'imprescriptibilité des violences sexuelles commises sur mineur·e·s.

Qu'est-ce que la prescription ?

Les délais de prescription pour une victime mineure au moment des faits est de 10 ans pour les délits (harcèlement sexuel, agression sexuelle...) et de 30 ans pour les crimes (viol). Le délai de prescription commence à courir à partir de ses 18 ans : la victime peut donc porter plainte jusqu'à ses 28 ans pour une agression sexuelle et jusqu'à ses 48 ans pour un viol.

L'imprescribilité consiste à laisser à la victime la possibilité de porter plainte sans limite de temps après les faits. À ce jour, seuls les crimes contre l'humanité sont aujourd'hui imprescriptibles en France.

Un nouveau seuil d'âge de présomption de non-consentement de l'enfant

Depuis la loi du 21 avril 2021 visant à « protéger les mineurs de crimes et délits sexuels et de l'inceste », tout contact sexuel est interdit entre une personne majeure et une personne mineure de 15 ans ou moins, lorsque la différence d'âge entre le majeur et la victime mineure est d'au moins 5 ans, ou si les faits sont commis en échange d'une rémunération, d'une promesse de rémunération, de la fourniture d'un avantage en nature ou de la promesse d'un tel avantage. C'était une recommandation du Haut Conseil à l'égalité entre les femmes et les hommes depuis 2016, à l'instar de ce qui existait déjà en Angleterre ou en Belgique.

DANS CE CHAPITRE

Éduquer égalitaire dès le berceau

L'école ou la fabrique des inégalités

Les corps en jeux, enjeux pour la République

Chapitre 15
De la crèche à l'école, éduquer féministe

« C'est une fille ou un garçon ? » Dès la grossesse, la construction de l'identité de l'enfant est un enjeu conscient ou inconscient pour les futurs parents et leur entourage. Chacune et chacun porte sa vision du monde, ses représentations de ce qui est bien ou non, de ce qui est adapté aux filles et aux garçons. Tout le monde a son idée sur la manière dont doit se comporter chacun des deux sexes pour être conforme aux attentes de la société.

Éduquer égalitaire de la naissance à la crèche

Les stéréotypes sont partout. Distinguer les filles et les garçons doit se voir et s'entendre ! Dans le choix des vêtements, des couleurs, des jouets, dans l'usage de l'espace géographique, mais aussi dans le langage utilisé par et pour chacun des deux sexes. Mais d'où nous viennent ces injonctions à marquer la différence entre filles et garçons ? Pourquoi le rose pour les filles et le bleu pour les garçons ? En a-t-il toujours été ainsi ?

Les inégalités sont renforcées par l'attitude et les attentes différenciées des parents à la maison et de tous les adultes que côtoient les enfants. Ces inégalités sont bien concrètes et se matérialisent dans les espaces éducatifs : crèche, garderie, cour d'école... Les jeux et les livres sont aussi deux canaux de diffusion des stéréotypes particulièrement efficaces !

À quoi tu joues ?

Le saviez-vous ?

Une des explications du renforcement de la différenciation filles-garçons serait liée à l'émergence des premières échographies dans les années 1970. Comme il fut alors possible de connaître le sexe de l'enfant à naître, il devint plus facile de préparer son arrivée et de choisir le mobilier, la couleur de la peinture de la chambre, les vêtements, mais aussi les jouets prétendument adaptés à son sexe.

La faute à la société de consommation !

Selon Jo B. Paoletti, professeure à l'université Maryland de Washington, « plus on individualise le vêtement, plus on le vend ». Dans son ouvrage *Pink and Blue : Telling the Boys from the Girls in America* (*Rose et bleu : différencier les garçons des filles aux États-Unis*) paru en 2012, elle montre comment la société de consommation a renforcé la mode enfantine « genrée » dans les années 1970. Le concept est simple : si chaque jouet ou vêtement comporte une version pour filles et une autre pour garçons, on en vend plus ! Il sera par exemple difficile, voire quasi impossible, de céder le vélo rose au petit frère au risque de le stigmatiser aux yeux de ses camarades et de la société. Donc vous en achèterez un autre !

C'est pour une fille ou pour un garçon ?

Progressivement, les jouets initialement mixtes, rangés dans les magasins par types d'activités (artistique, scientifique,...) sont devenus des jouets ciblés par sexe. Même Lego, dont les briques de construction amusent aussi bien les filles que les garçons, propose désormais une déclinaison « pour filles » ! Et les grands magasins de jouets sont pour la plupart séparés en deux rayons : les « filles » d'un côté, les « garçons » de l'autre.

Qu'y trouve-t-on ?

» **Pour les filles : costumes de princesses, poupées, dînettes, balais et aspirateurs en plastique... pour faire comme maman ! Le tout, en rose bien sûr.**

» **Pour les garçons : jouets de construction, armes en plastique, costumes de super-héros et jeux scientifiques favorisant l'éveil et la curiosité.**

Peu surprenant qu'ensuite, ils et elles ne jouent pas ensemble.

Le monde économique ne s'est pas fourvoyé dans sa stratégie. Elle a parfaitement fonctionné, et même avec des parents qui n'avaient pourtant pas connu cette distinction sexuée dans leur enfance.

« Marre du rose ! »

Sous ce slogan, Osez le féminisme !, les Chiennes de garde et Pépite sexiste pointent la responsabilité des fabricants et magasins de jouets : « Pour doubler son chiffre d'affaires, l'industrie du jouet décline des jeux en rose et en bleu enfermant filles et garçons dans des rôles totalement périmés. Sa responsabilité est immense ! »

Les campagnes de sensibilisation des féministes ont permis une réelle prise de conscience : certaines marques ont repensé leur catalogue de jouets, voire l'organisation de leurs magasins.

Qu'est-ce que tu lis ?

Les stéréotypes se retrouvent aussi en nombre dans les livres pour enfants. La littérature de jeunesse a pourtant pour objectif de favoriser l'imagination et de faire rêver les plus petit·e·s. Mais si on l'analyse avec une grille de lecture féministe, on peut douter du fait qu'elle ouvre les mêmes horizons à toutes et tous. Il suffit pour cela de se poser quelques questions : les personnages femmes s'expriment-ils ? Les filles y ont-elles de l'ambition ? Sont-elles des moteurs de l'intrigue ou sont-elles cantonnées à la cuisine ? Y a-t-il des héroïnes parmi les personnages ?

La vague de contestation féministe qui a émergé dans les années 1970 dénonçait déjà les stéréotypes sexués présents dans les livres jeunesse. Depuis, de nombreuses études ont montré que, dans la littérature de jeunesse, la majorité des personnages principaux sont des garçons ou des hommes. Les femmes occupent rarement les rôles d'héroïnes, mais sont plutôt reléguées aux rôles secondaires. Elles sont grands-mères, mères, sœurs, partenaires des… héros.

Événement marquant

Depuis leur création en 2005, les éditions Talents Hauts ont l'ambition de revisiter les personnages et les normes transmises dans la littérature jeunesse. Leur objectif ? Permettre aux enfants d'avoir en référence des modèles plus égalitaires et diversifiés.

Cette réflexion sur le poids de la transmission des stéréotypes liés au système de genre et le travail de déconstruction à mener concerne également les profession-nel·le·s de la petite enfance.

L'école maternelle ou le poids des mots

Si le choix des couleurs et des jouets peut contribuer à enfermer garçons et filles dans des cases, la dénomination choisie pour définir certains lieux qui nous sont familiers n'est pas anodine non plus !

Le saviez-vous ?

En 2013, lors des discussions autour du projet de réforme de l'Éducation nationale, Sandrine Mazetier, alors députée, propose au gouvernement de renommer « l'école maternelle » (qui fait référence à la mère) par un nom neutre, tel que « petite école » ou « première école ». Sa motivation était la suivante : « C'est une école, pas un lieu de soins, de maternage. C'est un lieu d'apprentissage. Changer le nom en "petite école" ou "première école", c'est neutraliser d'une certaine manière la charge affective maternante du mot maternelle. » Son idée ne sera pas retenue, mais elle aura permis d'interpeller l'opinion publique sur la charge et la fonction symbolique de notre langue (voir chapitre 19). En attendant le changement dans la loi, on peut modifier l'usage et préférer « petite école » ou « école pré-élémentaire » à « école maternelle ».

L'école, ou la fabrique des inégalités ?

Jusqu'à la Révolution française, l'instruction publique est confiée aux prêtres. Elle n'est alors pas obligatoire et exclut les petites filles. Certaines jeunes filles de la bourgeoisie et de la noblesse se voyaient toutefois dispenser une éducation privée, à domicile.

Une école d'abord pour les garçons

En 1882, l'école devient obligatoire par la promulgation de la loi de Jules Ferry. Mais les programmes scolaires restent toutefois différenciés jusqu'en 1924. La finalité de ces apprentissages n'est pas la même pour les filles et pour les garçons. Dans les esprits, subsiste l'idée que les filles sont destinées avant tout à être de bonnes mères et de bonnes épouses ! « Bonnes à marier » comme on dit.

La fondation de l'école républicaine à la fin du XIXe siècle a été pensée comme un lieu de formation des futurs citoyens. Des citoyens… et non des citoyennes. Les femmes étant exclues de la citoyenneté, il allait de soi qu'elles soient exclues du savoir (voir chapitre 1). L'héritage de l'école est donc celui d'un espace où les filles ont été progressivement tolérées, davantage qu'un espace où elles ont eu une place à part entière, et à égalité avec les garçons. Reste-t-il quelque chose de cet héritage ? En quoi et comment l'école peut-elle être émancipatrice pour tous les enfants quel que soit leur sexe ?

Le saviez-vous ?

Selon l'Unicef, 32 millions de filles ne seraient toujours pas scolarisées à travers le monde. Pour l'ONG Plan international, qui milite pour l'éducation des filles dans le monde, les principaux obstacles sont liés :

- **aux mariages précoces et forcés (10 millions de filles en sont victimes chaque année) ;**
- **aux grossesses précoces, qui contraignent les adolescentes à quitter l'école ;**
- **à la pauvreté et la ruralité ;**
- **aux violences subies (150 millions de filles de moins de 18 ans ont subi un viol ou toute autre forme de violence sexuelle) ;**
- **au nombre d'heures consacrées aux tâches ménagères, nettement plus élevé pour les filles que pour les garçons.**

Parole de féministe

« Prenons nos livres et nos stylos. Ce sont nos armes les plus puissantes. Un enfant, un professeur, un livre et un stylo peuvent changer le monde ! » Ces paroles sont celles de Malala Yousafzai, militante pakistanaise, qui obtint à 17 ans, le prix Nobel de la paix, devenant ainsi la plus jeune femme à le recevoir (voir son portrait, chapitre 2).

La mixité, une évidence pas si évidente !

Revendiquée par le mouvement féministe, la mixité scolaire devient obligatoire dans toutes les filières en 1975, avec le vote de la loi Haby. Voulue comme un outil au service de l'égalité, la mixité n'a pourtant pas été pensée comme un levier pédagogique qui favoriserait l'égalité entre les filles et les garçons. Cette mesure répondait plus à une préoccupation économique : par manque de place dans les écoles, il fallait augmenter la capacité d'accueil de chaque classe et la mixité filles-garçons tombait à point nommé !

Les problématiques posées par la mixité en matière d'égalité filles-garçons ne seront vraiment soulevées qu'à partir des années 1980. Et depuis, régulièrement, ce débat refait surface.

Des inégalités de la cour d'école à la classe

L'école est souvent le premier lieu de socialisation des enfants après la sphère familiale. Filles et garçons y passent en moyenne 30 heures par semaine pendant au minimum 16 ans de leur vie. Les élèves y apprennent notamment les règles de la vie en communauté, à lire, à écrire et à compter. Mais l'école n'est pas une oasis libérée du sexisme. Parmi les inégalités que l'on voit peu mais qui ont un impact, on peut citer :

» **l'occupation différenciée de l'espace scolaire, notamment dans la cour d'école ;**

» **la distribution de la parole dans la classe.**

Le saviez-vous ?

Selon la professeure de sciences de l'éducation Nicole Mosconi, les enseignant·e·s interagissent plus fréquemment avec les garçons (56 %) qu'avec les filles (44 %). Le différentiel serait lié aux prises de parole spontanées des garçons.

Dans son rapport sur la « Formation à l'égalité filles-garçons des personnels enseignants et d'éducation » (2016), le Haut Conseil à l'égalité ajoute que les enseignant·e·s mobilisent également filles et garçons dans des objectifs différents : « Les enseignant·e·s appellent davantage les filles en tant qu'auxiliaires (pour aider les autres élèves) ou pour calmer les garçons, lesquels sont davantage sollicités pour faire des démonstrations en cours d'éducation physique et sportive. Les bonnes élèves sont souvent amenées à rappeler des connaissances déjà vues, tandis que les garçons sont, souvent, plus sollicités à l'oral lors de l'apprentissage de nouveaux savoirs. »

La cour pour les garçons

Inégalités au tableau… et dans la cour de récré ! Depuis la fin des années 1990, plusieurs études ont montré que filles et garçons n'occupent pas non plus la cour d'école de la même manière. Quand les garçons jouent au football et à la course-poursuite au milieu de la cour, les filles sont cantonnées dans l'espace restant : les coins. Elles y discutent, jouent à l'élastique ou à la corde à sauter.

Pour aller plus loin

Consultez les travaux pionniers de la géographe Édith Maruéjouls avec son livre *Faire je(u) égal : penser les espaces à l'école pour inclure tous les enfants*, ou avec la vidéo *La Cour de récréation* sur Matilda.education (site de ressources pédagogiques).

Les cours oasis à Strasbourg : un jeu d'enfant pour plus d'égalité !

La ville de Strasbourg est engagée de longue date pour l'égalité femmes-hommes. Pour s'attaquer aux inégalités à la racine, la ville a voté en 2021 le programme des « cours oasis ». Le constat de départ est que, généralement, dans les cours où le terrain de foot est central et minéral, 80 % de l'espace de la cour est utilisé par 20 % des élèves et qu'on observe une forte inégalité d'accès à l'espace entre filles et garçons, entre les plus petits et les plus grands.

La ville réaménage et végétalise donc les cours d'écoles pour s'adapter au changement climatique, reconnecter les enfants à la nature et, enfin, favoriser un usage égalitaire des espaces. Afin que le réaménagement des espaces soit l'occasion d'interroger les pratiques professionnelles et de poser de nouvelles règles du jeu plus égalitaires entre enfants, une urbaniste experte du genre – Lucile Biarrotte – sensibilise les profession-nel·le·s de l'éducation.

Dans les manuels scolaires : maman fait la cuisine, papa lit le journal

Ce schéma un peu dépassé correspond pourtant à ce que l'on trouve dans de très nombreux manuels scolaires pour les jeunes enfants ! Ne font-ils que refléter la réalité de la société (ce qui reste en soi problématique) comme s'en défendent certaines maisons d'édition ? Ou au contraire, contribuent-ils à renforcer les stéréotypes, comme le regrettent des féministes ?

Le saviez-vous ?

En 2015, le Centre Hubertine Auclert (Centre francilien de ressources pour l'égalité femmes-hommes) a mené une étude portant sur 22 manuels scolaires de cours préparatoire de dix maisons d'éditions différentes. Le résultat est accablant. Tous les clichés s'y retrouvent :

- **61 % des personnages représentés sont des hommes et 39 % des femmes ;**
- **67 % des personnages qui pratiquent une activité sportive sont des hommes pour seulement 33 % des femmes ;**
- **30 % des personnes représentées en situation de faire le ménage ou la cuisine sont des hommes... et 70 % des femmes;**
- **et en toute logique sexiste, 97 % des personnes représentées et occupant un métier scientifique sont des hommes pour 3 % de femmes seulement !**

Comment transmettre une réelle culture de l'égalité quand les manuels scolaires véhiculent de tels clichés sur la place des femmes et des hommes dans la société ?

Ouvrir le champ des possibles

L'analyse féministe de ces manuels scolaires a aussi permis de mettre en lumière d'autres inégalités. La majorité des personnages représentés (femmes et hommes) sont des Blancs. Prendre en compte le sexe, la couleur de peau, l'origine ou encore la classe sociale, c'est permettre une plus juste représentation de la réalité de la société dans laquelle vivent les enfants. Leur permettre de s'identifier à des personnages, c'est leur permettre de s'identifier à la société dans laquelle elles et ils vivent et donc de se sentir partie prenante du projet scolaire.

Une orientation un peu désorientante !

Les filles, premières de la classe

Les dernières données statistiques du ministère de l'Éducation nationale (2018) en matière d'égalité filles-garçons le disent : les filles réussissent mieux à l'école. 84 % des filles décrochent le baccalauréat, alors que c'est dix points de moins pour les garçons. Elles obtiennent par ailleurs nettement plus de mentions « bien » ou « très bien » que les garçons. On serait tenté·e·s d'en conclure que l'école est plus défavorable aux garçons. En réalité, il conviendrait de dire que les filles réussissent mieux envers et contre tout.

En toute logique, la meilleure réussite scolaire des filles devrait se traduire dans le monde du travail. Eh bien, ce n'est pas le cas. Dès la fin du collège et plus encore à l'entrée à l'université, l'orientation des filles et des garçons n'échappe pas aux rôles de sexes et aux stéréotypes. Au point que plusieurs études confirment que les filles s'engagent dans les filières les moins rémunératrices professionnellement. Dans l'enseignement général, les filles sont moins orientées que les garçons dans les filières scientifiques alors que leurs résultats le leur permettraient. Dans l'enseignement professionnel, elles se concentrent dans les spécialités tertiaires.

Le saviez-vous ?

Alors que la France se place au 1er rang pour le niveau d'éducation des filles depuis plusieurs années, selon le classement du Forum économique mondial, les femmes ne représentent que 27 % des étudiantes en formation d'ingénieur·e·s et 28 % en sciences fondamentales et applications.

Ce paradoxe s'explique en partie par le poids des représentations qui pèsent encore sur la division sexuée des métiers, c'est-à-dire la très faible mixité qui caractérise la grande majorité des métiers. Il n'est pas rare, aussi, que des filles optent pour « l'auto-censure » comme mécanisme de protection : elles anticipent les pressions ou les discriminations sexistes à venir. *In fine*, les femmes sont privées ou empêchées d'accéder à des métiers à grandes responsabilités, mieux rémunérés ou valorisés socialement.

L'orientation est cruciale : c'est un enjeu personnel et professionnel, mais qui a aussi un impact sur la dynamique sociale, politique et économique du pays. Favoriser une meilleure orientation des filles et des garçons nécessite donc, encore une fois, de déconstruire les stéréotypes sexistes et les idées reçues sur les métiers accessibles à chacun des deux sexes.

Allez les filles !

L'association Femmes ingénieures intervient dans les établissements scolaires afin de faire connaître et d'attirer les jeunes filles vers des métiers réputés réservés aux hommes. La sensibilisation par des bénévoles de l'association, elles-mêmes ingénieures, permet de favoriser l'identification des filles à des modèles, leur prouvant que c'est possible.

É comme École, Éducation et Égalité

Pour atteindre l'objectif d'égalité à l'école, pas moins de six conventions interministérielles se sont succédé depuis 1984.

Enseigner l'égalité, cela s'apprend

L'inscription de l'égalité femmes-hommes comme une mission centrale de l'école a été reconnue dans la loi pour la Refondation de l'école du 8 juillet 2013. Différents plans d'action et circulaires en découlent. Ils prévoient que la question de l'égalité filles-garçons soit intégrée, tout au long de la formation initiale et continue des enseignant·e·s, tout comme de celle des personnels d'encadrement.

Le saviez-vous ?

Dans les faits, le Haut Conseil à l'égalité constate que la formation à l'égalité ne bénéficie qu'à une minorité des 900 000 personnels enseignants et non-enseignants qui travaillent dans les écoles, les collèges et les lycées. Pour les futurs personnels d'éducation, elle reste optionnelle dans les enseignements proposés au sein des 32 Instituts nationaux supérieurs du professorat et de l'éducation (INSPÉ). Pour les personnels déjà en poste, seules 1 % des journées de formation continue concernaient l'égalité femmes-hommes, selon la dernière évaluation du HCE.

La seule incantation de la devise républicaine ne suffit donc pas pour honorer la promesse d'égalité républicaine.

Comme le souligne la chercheuse Isabelle Collet :

Parole de féministe

> ***« Enseigner est un métier qui s'apprend, enseigner de manière égalitaire s'apprend également. »***

De nombreuses études et expériences ont permis de montrer que la formation des enseignant·e·s à l'égalité filles-garçons et la mise en place d'une pédagogie consciente anti-sexiste ont un réel impact positif sur les enfants.

L'éducation à la sexualité à l'école, toute une histoire !

L'égalité entre toutes et tous passe aussi par une éducation à la sexualité pour toutes et tous.

L'histoire de l'éducation à la sexualité dans les écoles est intimement liée à l'évolution de la société. En 1918, on trouve déjà traces de prises de position en faveur de l'éducation à la sexualité à l'école. Mais la réelle impulsion se fera au début des années 1970. Au lendemain de Mai 68, de la légalisation de la contraception et du mouvement de libération sexuelle, la société connaît une révolution des mœurs qui facilite l'évocation de certains sujets. Il s'agit surtout de prévenir les grossesses non désirées et de faire connaître aux jeunes les moyens de contraception.

Dans les années 1980, avec l'apparition du SIDA, l'approche pédagogique défendue jusqu'alors se trouve renforcée : il faut prévenir « les risques », informer les jeunes, les protéger.

Aujourd'hui, l'approche pédagogique affichée traduit davantage la volonté d'informer et d'éduquer à l'égalité filles-garçons. L'éducation à la sexualité et au désir réciproque est aussi un formidable moyen pour prévenir les violences sexuelles.

Le saviez-vous ?

En 2024, dans son rapport « Éduquer à la vie affective, relationnelle et sexuelle », le Conseil économique, social et environnemental pointe que : « L'éducation à la vie affective, relationnelle et sexuelle (EVARS) est essentielle à toutes les étapes du développement des individus. Elle se déploie de manière formelle ou informelle dans tous les contextes de la vie quotidienne, de la famille à l'école en passant par d'autres espaces sociaux fréquentés par les jeunes. Les lacunes dans cette éducation sont souvent mises en lumière à travers des événements tragiques comme les violences faites aux femmes, aux enfants, aux personnes LGBTQIA+, les suicides d'adolescentes et d'adolescents ou plus banalement l'augmentation du sexisme. Ces événements montrent en creux l'importance du respect de soi et d'autrui, de l'égalité entre les individus et de la compréhension mutuelle. »

L'éducation à la sexualité consiste donc à répondre à la fois à des questions de santé publique (grossesses précoces non désirées, infections sexuellement transmissibles dont le VIH/SIDA), à prévenir les mariages forcés, mais aussi à aborder les enjeux liés aux relations entre filles et garçons (les violences sexuelles, la pornographie, la lutte contre les préjugés sexistes, la lutte contre les comportements homophobes et lesbophobes, la prévention des cyber-violences sexistes et sexuelles).

Le saviez-vous ?

Dès l'école primaire, l'éducation à la sexualité est placée sous la responsabilité du·de la professeur·e des écoles. Ces temps doivent être clairement identifiés et intégrés aux enseignements. La loi du 4 juillet 2001 prévoit au minimum trois séances annuelles dans toutes les classes, dans les écoles, les collèges et les lycées. Dans les faits, beaucoup reste à faire pour que tous les élèves puissent en bénéficier.

Des associations féministes en appui à l'école

Quand elles sont mises en place, les séances d'éducation à la sexualité sont organisées par du personnel volontaire (professeur·e·s, conseiller·e·s principaux·ales d'éducation, infirmier·e·s, etc.). Ces derniers font également beaucoup appel à des associations.

Le saviez-vous ?

Plusieurs associations féministes ont un agrément national pour intervenir dans les établissements scolaires en matière d'éducation à la sexualité mais aussi, plus globalement, sur les questions d'égalité filles-garçons. C'est par exemple le cas du Mouvement français pour le planning familial, des centres d'information sur les droits des femmes et des familles (CIDFF), de la Fédération nationale solidarité femmes, de l'association Femmes ingénieurs ou Femmes et sciences, du Mouvement du nid ou encore du Centre Hubertine Auclert.

Les corps en jeu, enjeux pour la République

Le corps des femmes est au fondement même des enjeux féministes. Aussi, la controverse à son sujet est historique, dans et hors de l'école.

« Le foulard de la dispute »

Cette expression de la féministe Françoise Gaspard résume en quelques mots l'un des débats actuels les plus virulents au sein du mouvement féministe : le voile et, notamment, le port du voile à l'école.

Pour le comprendre, il faut revenir aux sources du débat. En 1989, dans un collège de Creil, 3 collégiennes sont expulsées parce qu'elles portent un foulard islamique. Les féministes, qu'elles soient pour ou contre, se saisissent du débat au nom de l'égalité femmes-hommes.

Le saviez-vous ?

Certain·e·s envisagent l'interdiction du voile islamique comme un moyen d'émancipation des filles vis-à-vis de possibles contraintes qu'elles pourraient subir de la part de leurs familles. D'autres considèrent comme paradoxal d'interdire à des filles, au nom de l'égalité, l'accès à un lieu où elles pourraient justement faire l'expérience de l'égalité et dénoncent le risque qu'elles soient scolarisées dans des établissements privés, qui autorisent le voile. Les commentateurs et/ou les hommes politiques d'alors ignorent, quant à eux, totalement ces arguments. Comme le souligne la sociologue Jacqueline Costa-Lascoux (1991), « le débat sur la laïcité fut des plus riches… celui sur le sexisme fut totalement absent. »

En effet, jusqu'en 2002, les arguments visent surtout à faire valoir la nécessité de neutralité de l'école, au nom du principe de la laïcité. Celui de la défense de l'égalité des sexes sera mobilisé à partir de 2002, en pleine campagne pour l'élection présidentielle.

Événement marquant

En mars 2004, la loi « encadrant, en application du principe de laïcité, le port de signes ou de tenues manifestant une appartenance religieuse dans les écoles, collèges et lycées publics » est votée par le parlement. Cette loi interdit le port de signes religieux au sein des établissements scolaires. Dans le langage commun, il n'est pas rare d'entendre parler de la « loi sur le voile islamique » à l'école.

Un emballement médiatique sans précédent

L'emballement médiatique et politique autour de la question du voile a pris une tournure assez manichéenne (pour ou contre), exacerbée par le contexte politique post-11 septembre 2001 et les attentats contre le World Trade Center. Question clivée et clivante, une simple analyse partisane gauche/droite ne suffit pas à comprendre les positionnements des un·e·s et des autres. Au plus fort des débats, les féministes dites « pro-voile » ou « anti-voile » donneront de la voix dans leurs tribunes respectives.

Quelques années plus tard, en 2010, l'interdiction de dissimuler son visage dans les lieux publics est votée. Cette loi vise explicitement le port du voile intégral, communément appelé *burqa*.

Mamans d'élèves et voilées

Événement marquant

En 2012, Luc Chatel, alors ministre de l'Éducation nationale, initie un débat sur les mères voilées accompagnatrices de sorties scolaires à la suite de la sollicitation de chef·fe·s d'établissement. En effet, la loi de 2004 n'y faisant pas mention, le ministre publie une circulaire afin, dit-il, « d'empêcher que les parents d'élèves ou tout autre intervenant manifestent, par leur tenue ou leurs propos, leurs convictions religieuses, politiques ou philosophiques lorsqu'ils accompagnent les élèves lors des sorties et voyages scolaires ».

Cette circulaire a fait l'objet d'une saisine du Défenseur des droits. Le Conseil d'État a tranché en 2013 : « Les parents accompagnateurs de sorties scolaires ne sont ni des agents ni des collaborateurs du service public mais des usagers du service public qui ne doivent pas se soumettre au principe de neutralité religieuse. » Pour autant, la circulaire Chatel n'a pas été déboutée. La décision est donc à ce jour laissée à la libre appréciation des directeurs et des directrices d'école.

Le saviez-vous ?

En 2015, un professeur de l'université de Paris 13 est suspendu pour avoir refusé de faire cours face à une étudiante voilée. Le débat est alors lancé pour savoir si le voile doit être autorisé ou non dans les universités françaises. Mais la loi française est aujourd'hui très claire : aucun texte n'interdit à ce jour le port du voile pour des étudiantes de l'université.

ABC… Danger ?

Ces dernières années, le féminisme s'est régulièrement invité à l'école : avec la question du voile donc, et plus récemment, autour de la mise en place des « ABCD de l'égalité ». Cette polémique a été l'occasion d'une mobilisation importante du mouvement féministe face à des groupes réactionnaires agitant le chiffon rouge d'un péril imminent pour les enfants ! Quel danger peut-il bien se cacher derrière ces quatre lettres ? Enquête…

À la rentrée 2013, sous l'impulsion de la ministre des Droits des femmes Najat Vallaud-Belkacem, 600 classes de primaires expérimentent les « ABCD de l'égalité », un programme qui vise à lutter contre les stéréotypes sexistes. Les enseignant·e·s ont à leur disposition « une boîte à outils » pour aborder de manière ludique et pédagogique des sujets tels que l'égalité dans le sport, les centres d'intérêt des élèves ou la possibilité d'exercer tous les métiers sans distinction de sexe.

Événement marquant

En janvier 2014, alors que la France sort de plusieurs mois de débats virulents sur « le mariage pour tous » (voir chapitre 14) et que, depuis la rentrée 2013, les « ABCD de l'égalité » sont testés dans quelques écoles, des centaines de parents d'élèves, un peu partout en France, se voient notifier par SMS des messages d'alerte sur le danger de la prétendue « théorie du genre » (voir chapitre 1). Une menace serait nichée dans les contenus pédagogiques des ABCD : on y apprendrait aux enfants à se masturber à l'école, et on les inciterait à devenir homosexuel·le·s. Rien que ça !

Un vent de panique s'empare de certains parents d'élèves. C'est ainsi que naît la « journée de retrait de l'école » (JRE). Le mode d'action proposé est simple : retirer son enfant de l'école, une fois par mois, pour protester contre la prétendue « théorie du genre ».

Propagande réactionnaire

La militante politique Farida Belghoul est cheffe de file de ce mouvement. Figure historique du « mouvement Beur » des années 1980, elle s'allie à d'autres militant·e·s politiques pour porter cette attaque. Le mélange des genres est surprenant : des groupuscules proches de l'extrême droite côtoient des mouvements anti-mariage égalitaire issus de différentes religions et des mouvements dits conspirationnistes (comme La Manif pour tous, Égalité et réconciliation ou le Printemps français). Un slogan est alors largement relayé par la Manif pour tous : « Touche pas à mes stéréotypes ! »

À la rentrée 2014, face aux attaques répétées, ce programme est abandonné par le ministre de l'Éducation nationale d'alors, Benoît Hamon. Depuis, et régulièrement, ces mouvements font parler d'eux et mènent des campagnes de désinformation. Tout cela est largement orchestré par des vidéos mensongères diffusées sur les réseaux sociaux.

Parole de féministe

Pour Joan W. Scott, historienne et féministe américaine, « quoiqu'en disent les catholiques [...] il n'y a pas de "théorie de genre". La "théorie du genre" est une invention qui a remplacé le communisme dans la rhétorique du Vatican. »

DANS CE CHAPITRE

Le fait du prince

•

Parité partout, égalité assurée ?

•

Les femmes politiques, des hommes politiques comme les autres ?

Chapitre 16

Femmes et pouvoir

Liberté, égalité, fraternité : une République qui exclut les femmes ?

Placardée sur les frontons de toutes les mairies et de toutes les écoles, la devise de la République française, adoptée en 1848, fait aujourd'hui partie de notre quotidien. Elle nous rappelle les valeurs qui doivent être partagées par toutes et tous, depuis le plus jeune âge et tout au long de la vie, pour « faire France ». Et de la théorie à la pratique, il n'y a qu'un pas... un grand pas pour les femmes !

Le saviez-vous ?

Au XIXe siècle déjà, la suffragiste Hubertine Auclert dénonçait la manière dont les hommes organisaient l'exclusion des femmes des lieux de décision. Elle n'a eu de cesse de démontrer combien les femmes ont été instrumentalisées pour mener à bien la Révolution, pour ensuite être exclues des bénéfices de celle-ci.

Parole de féministe

« Le droit politique est le clou de notre émancipation : voilà pourquoi il rencontre une si grande hostilité parmi les hommes ; car, il faut bien le dire, la plupart des hommes, même les meilleurs, caressent l'idée généreuse de voir notre esclavage se prolonger encore un siècle. »

Hubertine Auclert, 1881

Liberté, égalité… adelphité !

Le terme « fraternité » désigne l'amitié fraternelle, c'est-à-dire entre frères. Et les sœurs, alors ? Des voix féministes s'élèvent pour faire prendre conscience du sexisme de notre devise, voire pour la modifier.

Parole de féministe

Pour la politiste et féministe Réjane Sénac, autrice de l'ouvrage *Les Non-Frères au pays de l'égalité* (2017) : « Il est intéressant de discuter du remplacement du principe de fraternité par celui d'adelphité. Celui-ci a l'avantage de dire l'union, le lien, sans charrier des exclusions héritées. Il est dérivé du terme adelphique (du grec *adelphos*), qui qualifie les personnes nées d'une même mère, qu'elles soient frères ou qu'elles soient sœurs. »

En 2018, le Haut Conseil à l'égalité entre les femmes et les hommes suggère aussi dans son *Avis pour une Constitution garante de l'égalité femmes-hommes*, de réfléchir à remplacer « Liberté, Égalité, Fraternité » par « Liberté, Égalité, Adelphité ».

Le droit de vote accordé aux femmes

Après plusieurs projets de loi rejetés (près d'une soixantaine !), le droit de vote et d'éligibilité des femmes est enfin accordé aux femmes sous le gouvernement provisoire du général de Gaulle le 21 avril 1944. Cette avancée majeure, fruit d'un amendement du communiste Fernand Grenier, se formalise pourtant par un simple article dans une ordonnance.

Parole de féministe

La chercheuse Réjane Sénac le résume ainsi :

> ***« L'entrée des femmes dans la République s'est faite par une porte dérobée. »***

Cette petite porte dérobée ouvre la voie vers un long et périlleux chemin emprunté par les femmes en politique : en marge, plutôt que sur un pied d'égalité.

Le droit de vote et d'éligibilité des femmes constitue la première étape de leur entrée dans la citoyenneté, mais il ne suffit pas. La présence des femmes à des postes importants et stratégiques repose encore souvent aujourd'hui sur la volonté d'un seul homme : patron, président de la république, chef de parti, chef d'entreprise, directeur de fédération sportive…

La Ve République : deux femmes Premières ministres en 65 ans

Le 15 mai 1991, Édith Cresson devient la première femme Première ministre en France, sous la présidence de François Mitterrand. Elle constitue alors un gouvernement avec six femmes ministres, une première ! Même si elle n'a été Première ministre que durant 10 mois, son passage éclair sera largement suffisant pour mesurer la violence des attaques misogynes. Les murs de l'Assemblée nationale se souviennent encore de ce jour où, alors qu'elle s'apprête à faire son discours de politique générale dans l'hémicycle, un député lance: « On nous envoie la Pompadour » (en référence à la favorite du roi Louis XV).

À ce jour, elles ne sont que deux à avoir occupé ce poste – avec Élisabeth Borne plus récemment – (parmi les 28 Premier·e·s ministres qu'a compté·e·s la France depuis les débuts de la Ve République en 1958).

Ces nominations, et tant d'autres, relèvent plutôt du fait du prince et ne suffisent pas à générer une véritable dynamique.

Un bilan en demi-teinte

Du côté du Parlement :

- **En 1993, on compte 6,1 % de députées à l'Assemblée nationale, soit à peine plus qu'au sortir de la Seconde Guerre mondiale.**
- **Aujourd'hui, elles composent 36 % de l'hémicycle, en léger recul par rapport aux législatures précédentes (37 % en 2022, 39 % en 2017).**

Du côté des collectivités locales :

- **À l'issue des élections régionales en 2021, 6 des 18 régions sont présidées par une femme (33 %). Elles composent en revanche 48 % des vice-présidences. Comment l'expliquer ? C'est obligatoire !**
- **Au niveau des départements, à l'issue des dernières élections en 2021, 50 % des sièges étaient occupés par des conseillères. Mais seules 20 femmes ont pu accéder à la présidence pour un total de 96 départements (soit 20 %).**
- **80 % des mairies sont dirigées par un homme, c'est-à-dire que seules 20 % des maires sont des femmes.**
- **En 2020, on ne comptait que 11 femmes élues à la tête de villes de plus de 100 000 habitant·e·s. Soit 11 femmes sur 42.**

Le compte n'y est pas encore, mais des progrès importants ont été réalisés. Grâce à quoi ? la parité !

La parité, un outil au service de la démocratie

La question de la participation des femmes à la vie politique est un débat aussi vieux que celui de la démocratie. Les discussions autour de la parité, elles, sont plus récentes.

Une histoire récente

C'est dans les années 1990 qu'émerge le débat :

- **Le mot « paritaire » aurait fait son apparition lors d'un séminaire du Conseil de l'Europe en novembre 1989. Le terme est ensuite repris et défendu par les associations féministes.**
- **Le mot « parité » apparaît en tant que tel en 1992, dans la déclaration finale du premier sommet européen à Athènes « Femmes au pouvoir » : « Parce que les femmes représentent plus de la moitié de la population, la démocratie impose la parité dans la représentation et l'administration des nations. »**
- **En 1995, la parité est à l'ordre du jour de la 4e conférence mondiale de l'ONU sur les femmes, à Pékin. Au même moment en France, plusieurs associations ont fait de ce sujet leur cheval de bataille (voir chapitre 7).**

Une idée nouvelle en milieu patriarcal

La parité, c'est 50/50 !

La parité est un outil autant qu'une fin qui vise le partage entre les femmes et les hommes du pouvoir de représentation et de décision dans l'ensemble des sphères citoyennes, qu'elles soient politiques, économiques ou sociales (voir chapitre 3).

L'idée est tellement révolutionnaire qu'elle provoquera (et provoque toujours) des débats à la hauteur des espoirs et des transformations qu'elle doit générer, faisant son chemin dans les mentalités.

Embarquons pour un petit tour d'horizon des débats qui se sont tenus dans les années 1990.

Les vertus de la parité

Les tenant·e·s de la loi sur la parité font le pari que celle-ci accélérera le changement des mentalités. Qu'elle permettra de montrer que l'exercice du pouvoir est bien plus une question d'éducation que de biologie. La parité remet en question les règles d'un jeu organisé par et pour les hommes et qui aboutit à leur accaparation du pouvoir… à tous les coups !

Parole de féministe

« L'exigence de parité revêt d'abord un aspect symbolique. Elle exprime, avec force, la nécessité d'une démocratie paritaire et, au-delà, d'une société cogérée par les femmes et les hommes. Elle est conçue comme devant avoir des effets pratiques. Elle ne concerne pas que le pouvoir politique, mais aussi les conseils et comités consultatifs, les organes de gestion (conseils d'administration des hôpitaux et des offices HLM par exemple), l'administration, les entreprises, les organisations de la société civile. Elle obligera à repenser fondamentalement le partage sexué des tâches dans la sphère publique comme dans la sphère privée » (Françoise Gaspard, femme politique et féministe française).

Portrait de féministe

Françoise Gaspard, sociologue et femme politique, est née le 7 juin 1945 à Dreux. En 1977, elle est élue maire de Dreux sous l'étiquette du Parti socialiste et devient députée d'Eure-et-Loir en 1981, après avoir été députée européenne entre 1979 et 1981. De janvier 1998 à 2000, elle est nommée représentante de la France à la « Commission de la condition de la femme » de l'ONU. Elle devient ensuite experte au sein du comité de suivi de la « Convention sur l'élimination de toutes les formes de discriminations à l'égard des femmes » (CEDAW). Elle sera porteuse d'une réflexion particulièrement forte et singulière lors des débats sur le voile et la parité femmes-hommes.

Parce que c'est important, ça discute fort…

Le débat sur la parité a été difficile. Trois grands enjeux ont été soulevés :

- **la peur d'une fragilisation du modèle dit « universaliste républicain à la française » ;**
- **le risque d'essentialisation des femmes ;**
- **le supposé non-désir des femmes à s'engager en politique.**

L'universalisme français, vraiment en danger ?

L'universalisme français est un principe fondamental de la République, qui doit être « une et indivisible » et exclure tout traitement différencié au nom de particularismes locaux, historiques, ethniques, religieux, ou… au nom du sexe ? Les opposant·e·s à la loi sur la parité affirment que les femmes ne peuvent être considérées ni comme une catégorie à part, ni comme une minorité. L'imposer par la loi serait contraire à l'esprit français. Mais comment d'un côté défendre l'universalisme, donc l'égalité entre toutes et tous, et dans le même temps, ne pas voir qu'en 1997, l'Assemblée nationale française ne compte que 10,8 % de femmes députées, se plaçant alors à l'avant-dernière place des pays d'Europe !

Les femmes politiques, des hommes comme les autres ?

Le débat sur la parité a conduit à des propos particulièrement essentialisant sur les femmes. Certains soutenaient en effet que la parité permettrait de faire entrer en politique des femmes, qui « font de la politique autrement », cautionnant ainsi l'idée que les femmes auraient des qualités biologiquement inhérentes, comme la douceur, la patience, etc.

À cela, Françoise Giroud avait une réponse bien connue aujourd'hui (donnée lors d'une interview au journal *Le Monde*, le 11 mars 1983) :

Parole de féministe

> ***« La femme sera vraiment l'égale de l'homme le jour où, à un poste important, on désignera une femme incompétente. »***

Cette citation de Françoise Giroud est sans doute la plus populaire, mais aussi la plus instrumentalisée, pour discréditer aujourd'hui la présence des femmes en politique. C'est vrai quoi, des incompétentes en politique ça ne manque pas, c'est donc que l'égalité est là ! Mais cette citation de Françoise Giroud (alors secrétaire d'État à la Condition féminine), prononcée en 1974, portait davantage une interpellation ironique sur la compétence des hommes en politique, celle que personne ne vient jamais interroger alors que pourtant, l'Histoire nous donne matière à… ! Ainsi, on dira plus souvent d'un homme politique qu'on a un désaccord avec son projet, alors que la femme politique sera, elle, très vite désignée comme incompétente… si ce n'est niaise ou stupide.

Portrait de féministe

Françoise Giroud est née Léa France Gourdji, à Lausanne (Suisse), en 1916. Elle commence sa carrière en étant tour à tour secrétaire de l'écrivain André Gide, scripte auprès de Marc Allégret et de Jean Renoir et, enfin, scénariste de Jacques Becker, cette fois sous le nom de Françoise Giroud. La guerre interrompt ses activités et elle rejoint la Résistance en tant qu'agente de liaison, jusqu'à son arrestation par la Gestapo et son emprisonnement à Fresnes en 1944. À la sortie de la guerre, elle est engagée par Hélène Lazareff comme directrice de la rédaction du nouveau magazine *Elle*, qu'elle vient de créer. Entre 1953 et 1974, elle dirige *L'Express*, qu'elle a co-fondé avec Jean-Jacques Servan-Schreiber. Elle est nommée secrétaire d'État chargée de la Condition féminine de juillet 1974 à août 1976, puis à la Culture d'août 1976 à mars 1977. Par la suite, Françoise Giroud écrit plusieurs ouvrages : *La Comédie du pouvoir* en 1977, *Le Bon Plaisir* en 1983. Pendant les vingt années suivantes, elle poursuit son activité d'écrivaine et est éditorialiste au *Nouvel Observateur*. Elle décède en 2003.

La politique, ça n'intéresse pas les femmes ?

Un autre argument opposé à la parité fut le supposé non-désir des femmes à s'engager en politique, et donc « le manque de vivier » disponible.

Le saviez-vous ?

Selon un sondage Médiaprism en 2014, 32 % des Françaises se disent tentées par des responsabilités politiques, soit près de 10 millions de femmes.

Dans les années 1990, le mouvement féministe a montré la pluralité de ses approches. Les unes exigent une loi. Certaines estiment que cela ne changera rien à la vie quotidienne des femmes. D'autres se montrent plus sceptiques vis-à-vis des quotas.

Un observatoire pour faire avancer le débat

Après avoir prêté l'oreille aux associations féministes, et reconnaissant qu'il s'agit d'un enjeu démocratique et de société, Jacques Chirac alors président de la République, soutient la création d'un Observatoire de la parité pour aider à la réflexion.

Créé en 1995 par décret, l'Observatoire de la parité est rattaché au Premier ministre et, par délégation, à la ministre en charge des Droits des femmes.

Cette institution a alors pour mission l'expertise et l'évaluation des politiques publiques visant à favoriser l'égalité entre les femmes et les hommes dans les domaines politique, économique et social. Pour cela, il procède à l'analyse sexuée des résultats électoraux, il réalise un travail qualitatif fondé sur l'audition des différents acteurs et actrices impliqué·e·s.

Sans surprise, les travaux de l'Observatoire confirment l'exclusion des femmes des sphères de pouvoir.

Et la loi fut…

Événement marquant

Il aura donc fallu une première révision constitutionnelle en 1999, qui précise que « la loi favorise l'égal accès des hommes et des femmes aux mandats électoraux et aux fonctions électives » pour que des lois d'application puissent ensuite être votées. La première loi sur la parité est adoptée en juin 2000, et de nombreuses lois vont suivre, pour que l'égalité gagne du terrain, pas à pas. En 2008 une nouvelle réforme constitutionnelle, concerne, elle, l'égal accès des femmes et des hommes aux responsabilités professionnelles et sociales, et permettra quelques années plus tard, de prévoir des quotas dans les conseils d'administration des entreprises.

La parité, partout ?

Après la politique, les conseils d'administration des entreprises sont en ligne de mire pour faire progresser l'égalité professionnelle femmes-hommes.

La parité au CAC 40

Lors de sa promulgation en 2011, la loi relative à « la représentation équilibrée des femmes et des hommes au sein des conseils d'administration et de surveillance et à l'égalité professionnelle », dite aussi loi Zimmermann-Copé, fixe un quota minimum de 40 % de chaque sexe dans les conseils d'administration des grandes entreprises (500 salarié·e·s ou 50 millions d'euros de chiffre d'affaires), à compter du 1er janvier 2017. En 2014, le seuil déterminant les entreprises concernées passe de 500 à 250 salarié·e·s.

Si les 40 % de chaque sexe ne sont pas atteints, les nominations ne sont pas valides, et le versement des jetons de présence des membres du conseil d'administration doit être suspendu. Quelle est la réalité de ces sanctions ? Aucune idée ! En effet, le contrôle de l'application de la loi n'a pas été prévu…

Le saviez-vous ?

Pour autant, ça progresse ! En 2022, la part des femmes dans les conseils d'administration du CAC 40 est de 46,4 % de femmes, soit 4 points de plus qu'en 2018.

La parité dans les associations

La participation des femmes et des hommes à des activités associatives est relativement semblable : 27 % d'entre elles et 28 % d'entre eux se déclarent bénévoles. En revanche, elles n'y occupent pas les mêmes places : en 2018, les femmes ne représentent que 35 % des président·e·s d'association. Et cela varie grandement selon les domaines d'activité : l'équilibre est presque atteint dans le secteur de l'hébergement social (48 % de femmes présidentes), alors que l'écart est important dans le secteur économique (22 % de femmes présidentes) ou dans celui du sport (24 % de femmes présidentes).

Et les stéréotypes jouent, ici aussi, à plein : les hommes président davantage les associations de sport et de loisirs, alors que les femmes sont à la tête dans les domaines de l'éducation populaire et de la santé.

La parité, la diversité... et puis quoi encore ?

Si le débat autour de la parité a permis de mettre en lumière l'absence des femmes des sphères de pouvoir, il a aussi permis de faire émerger dans les années 2000 une nouvelle préoccupation, celle de « la diversité ». Bien que les statistiques dites « ethniques » soient interdites en France et rendent donc difficile l'objectivation de l'absence de diversité en politique, une simple photographie des assemblées politiques permet de constater qu'entre les principes républicains et la réalité... il n'y a pas cinquante nuances de couleur.

Le saviez-vous ?

En 2007, le président de la République Nicolas Sarkozy a « ouvert » son gouvernement à la diversité. Rama Yade, Fadela Amara et Rachida Dati seront les premières femmes dites « de la diversité » à occuper des postes ministériels. Ce qu'il faut remarquer dans cette nouveauté, c'est l'ingéniosité patriarcale qui consiste à faire cumuler deux critères alors en débat : femme + diversité.

Cette stratégie sera reprise par beaucoup de partis politiques au niveau local, et surtout lors des élections municipales. La parité sera donc, dans la mesure du possible, associée à la diversité. Puisqu'il faut désormais partager les places occupées jusqu'alors majoritairement par des hommes blancs, alors autant le faire avec des femmes de la diversité et de préférence issues de ladite « société civile » !

La parité, un gadget entre des mains patriarcales ?

15 ans après le vote de la révision constitutionnelle sur la parité, force est de constater que lorsque la loi est contraignante, les espaces politiques sont désormais paritaires, ou presque. Et lorsque ce n'est pas le cas, le compte n'y est pas !

Plutôt payer que laisser sa place

D'abord, lorsque les contraintes sont seulement incitatives, elles peuvent être détournées et la parité n'est pas au rendez-vous.

Depuis 2000, les partis politiques ont l'obligation de présenter autant de candidates que de candidats aux élections législatives, sans quoi leur financement public est amputé. Mais plutôt que de désigner des femmes candidates, certains « grands » partis politiques — ayant beaucoup d'élu·e·s — préfèrent perdre une somme conséquente de leur financement. Grâce à la loi de 2014 pour l'égalité réelle entre les femmes et les hommes, la retenue financière encourue a donc été doublée.

Le saviez-vous ?

En 2024, pour ne pas avoir désigné suffisamment de femmes candidates aux élections législatives, les pertes d'aides publiques s'élèvent à près de 2 millions d'euros pour le micro-parti d'Éric Ciotti, et à 1 million d'euros pour Les Républicains, le Rassemblement national et le Parti socialiste. D'autres partis en revanche respectent les règles (notamment Les Verts, La France insoumise ou le MoDem) : est-ce grâce à une autre conception de l'égalité femmes-hommes ou par pure nécessité financière ?

Second round : la lutte pour une parité qualitative !

Au-delà de la parité en termes de nombre de femmes et d'hommes élu·e·s (parité quantitative), se pose la question de la parité qualitative : qui occupent les postes de n° 1 et quelle est la répartition des délégations ?

Le plafond de verre

Il existe toujours un plafond de verre pour accéder aux postes de présidentes de l'Assemblée nationale, du Sénat, d'intercommunalités ou de maire. Les femmes restent exclues des têtes de l'exécutif, qui ne sont pas visées par la loi. Ainsi, 80 % des collectivités locales (régions, départements et villes) sont aujourd'hui présidées par un homme.

Des délégations très stéréotypées

Quand elles accèdent à des portefeuilles thématiques, les femmes sont encore très souvent cantonnées à des compétences conformes aux stéréotypes et aux rôles de sexe traditionnels. Elles sont le plus souvent en charge de la famille, de l'éducation, des affaires sociales ou de la culture.

Le sexisme en politique

Parmi les stratégies d'épuisement des femmes politiques, il y a le fait de les reléguer à des petits portefeuilles, de les enfermer dans des délégations très stéréotypées, de leur octroyer peu de budget, voire leur faire comprendre qu'elles ne sont pas les bienvenues par des remarques et des comportements sexistes. Car contrairement aux idées reçues, évoluer dans les sphères de pouvoir ne protège pas de la violence masculine.

Florilège sexiste en milieu hostile

« Il n'y a qu'à proposer une chose simple : toutes les femmes qui veulent avoir l'investiture doivent être baisables ! » : Charles Pasqua en 1998, alors ministre, lors de l'investiture interne du Rassemblement pour la République (RPR) pour les élections législatives.

« L'élection présidentielle n'est pas un concours de beauté » : Jean-Luc Mélenchon, alors sénateur PS, à propos de Ségolène Royal qui souhaite se présenter à la primaire socialiste en 2005.

« Mais qui va garder les enfants ? » : Laurent Fabius, lors de la candidature de Ségolène Royal à la présidence de la République en 2007.

« #NVB suce son stylo très érotiquement » : Hugues Foucault, député UMP, sur Twitter, en juin 2013, alors qu'il aperçoit la ministre Najat Vallaud-Belkacem machouiller son stylo.

« C'est bien la parité en politique, mais c'est bruyant » : Nicolas Sarkozy, ancien président de la République, s'adressant en 2015 à Valérie Pécresse, alors députée.

Le saviez-vous ?

Une étude publiée en 2018 par l'Union interparlementaire (UIP) et l'Assemblée parlementaire du Conseil de l'Europe (APCE) révèle que :

- les actes de sexisme, d'abus et de violences contre les femmes sont fréquents au sein des parlements en Europe : 85 % des femmes parlementaires ont été victimes de violences psychologiques ;
- les femmes de moins de 40 ans sont plus susceptibles d'être harcelées ;
- le personnel parlementaire est encore plus exposé aux violences sexistes.

Preuve, s'il en fallait, que la misogynie transcende tous les partis politiques…

À force de polémiques et de violences verbales, voire d'agressions sexuelles, des femmes peuvent être découragées, et évitent de mettre les pieds dans un espace où elles ne sont pas les bienvenues. Sans parler de la charge des tâches domestiques et parentales qu'elles doivent généralement continuer à assumer !

Les collaboratrices et journalistes aussi

Les femmes politiques, les collaboratrices d'élu·e·s et les journalistes femmes en savent quelque chose et certaines s'organisent pour le dénoncer.

Pour aller plus loin

La mobilisation contre les violences contre les femmes dans le monde politique a pris de l'ampleur. Depuis 2021, l'Observatoire des violences sexistes et sexuelles en politique dénonce notamment, sur les réseaux sociaux et sur leur site **https://observatoirevsspolitique.fr**, les stratégies de défense des personnalités politiques mises en cause, les réactions insuffisantes des partis politiques et le manque de structure d'écoute et de soutien.

Événement marquant

Les collaboratrices ne sont pas en reste. Début 2019, deux ans après le Sénat, l'Assemblée nationale annonce la création d'une cellule d'écoute pour les victimes de harcèlement sexiste et sexuel, après que le collectif Chair collaboratrice, aujourd'hui disparu, a rendu public des chiffres édifiants :

- une collaboratrice sur deux a été l'objet de blagues sexistes ou sexuelles ;
- une sur trois a été victime d'injures sexistes ou « d'attitudes insistantes et gênantes » comme des « regards » ou le mime d'« actes sexuels » ;
- une sur cinq a été victime d'une agression sexuelle.

« Nous, femmes journalistes politiques et victimes de sexisme… »

Manifeste publié le 4 mai 2015 dans le journal *Libération*. Parmi la quarantaine de journalistes signataires, on retrouve notamment : Carine Bécard (France Inter), Hélène Bekmezian (*Le Monde*), Anne Bourse (France 3), Lenaïg Bredoux (*Mediapart*), Laure Bretton (*Libération*)… Extraits :

« […] Aux "Quatre-Colonnes", la petite salle où circulent députés et bons mots au cœur de l'Assemblée nationale, c'est un député qui nous accueille par un sonore: "Ah mais vous faites le tapin, vous attendez le client." Ou un autre qui nous passe la main dans les cheveux en se réjouissant du retour du printemps. Au Sénat, c'est un parlementaire qui déplore que nous portions un col roulé et pas un décolleté. C'est un candidat à la primaire face à une grappe de micros masculins qui décide de nous répondre un jour d'été "parce qu'elle, elle porte une jolie robe". […] À table, c'est un ministre qui plaisante avec nos collègues hommes sur les ambitions des uns et des autres "le matin en se rasant » avant de se tourner vers nous: "Et vous, vous rêvez de moi la nuit ?" Il y a aussi les soupirs condescendants qui accompagnent nos interrogations en conférence de presse: "Ça, c'est bien une question de fille." Les textos –classiques, récurrents, insistants– nous mettant le marché en main: "Une info, un apéro." […]

Mais le fait que ces pratiques, qui sont le décalque de ce qui se passe tous les jours dans la rue, les usines ou les bureaux, impliquent des élus de la République chargés de fabriquer la politique nous pousse aujourd'hui à les dénoncer. Ils sont issus de toutes les familles politiques sans exception, naviguent à tous les niveaux du pouvoir et n'ont droit à aucune impunité. Comme les autres. »

DANS CE CHAPITRE

Une paradoxale émancipation des femmes par le travail

•

Des lois, en veux-tu, en voilà

•

Souriez, vous êtes exploitées !

•

Le soin, cette pratique qui se conjugue au féminin

Chapitre 17
Le travail des femmes

Le travail occupe une place centrale dans nos vies. Les conditions de travail ou de non-travail conditionnent fortement la vie familiale, amicale, amoureuse, la santé, l'estime de soi. Contrairement aux idées reçues, les femmes ont toujours travaillé, que ce soit au champ, à l'usine, ou à la maison. L'évolution de leurs droits n'a pas été une conquête linéaire, mais plutôt un parcours semé d'embûches, avec des périodes plus propices à leur émancipation, et d'autres plus régressives, faisant de l'histoire du travail des femmes une histoire en pointillé.

Les femmes, variable d'ajustement sur le marché du travail

En temps de guerre, pour pallier le manque de main-d'œuvre – les hommes étant au front –, les femmes ont été, temporairement, considérées comme aptes à occuper tous les postes. Leurs statuts et leurs droits ont alors évolué.

Deux poids deux mesures

Événement marquant

Pendant la Première Guerre mondiale, les femmes de soldats ont assumé les fonctions de cheffes de famille. La loi du 3 juin 1915 leur transfère pour cela la « puissance paternelle » pendant la durée du conflit.

Pendant la Seconde Guerre mondiale, l'interdiction de travailler dans l'administration pour les femmes mariées prévue par le régime de Vichy en 1940 est abrogée. Une nécessité sous la pression de l'effort de guerre, alors que deux ans auparavant, en temps de crise et de pénurie de travail, les femmes avaient été accusées de voler le travail des hommes et renvoyées aux fourneaux, priées de bien vouloir repeupler la France !

Et les travailleuses, camarades ?

La lutte des femmes pour trouver leur place sur le marché du travail ne date pas du XXe siècle. Depuis le XIXe, elles font face à de nombreux obstacles, alors que le socialisme – qui représente le mouvement ouvrier dans les partis politiques comme dans les syndicats – a une priorité claire : la lutte des classes sociales.

Événement marquant

En 1879, lors du congrès socialiste de Marseille, Hubertine Auclert, militante féministe et une des sept femmes alors présentes, exhorte ses camarades à penser la convergence entre la lutte des femmes et la lutte ouvrière. Elle y tient un discours sur « l'égalité sociale et politique de l'homme et de la femme ». Mais cet enjeu sera ignoré des professions de foi socialistes pendant de longues décennies encore.

Quelques années plus tard, en 1884, la loi Waldeck-Rousseau autorise la création des syndicats, mais les femmes ne pourront y adhérer sans le consentement de leur mari qu'à partir de 1920.

Le saviez-vous ?

En 1910, au sein du syndicat de la CGT des employé·e·s, les femmes créent une section de femmes, prouvant encore une fois qu'elles n'ont jamais attendu que les hommes leur accordent des droits qu'elles ont souvent arrachés au prix fort.

Des grèves et des femmes

Dans les années 1970, la visibilité des femmes en lutte s'est faite plus importante encore, notamment à travers des mouvements de grève : en 1971 aux Nouvelles Galeries de Thionville, en 1974 à la Poste, dans les banques et dans le secteur des télécommunications… Ces mouvements permettront d'interroger plus fortement la place des femmes dans les syndicats.

Événement marquant

En 1973, les ouvrier·e·s de l'usine de l'horloger LIP à Besançon entament une grève. Les femmes seront le fer de lance de la mobilisation car 84 % des ouvriers spécialisés sont alors des ouvrières.

Le féminisme s'invite à l'usine

Toutes ces grèves sont concomitantes avec les années de foisonnement du Mouvement de libération des femmes. Des militantes saisissent l'occasion pour aller dans les usines soutenir les femmes. Les féministes se montrent solidaires de leurs luttes et souhaitent les sensibiliser aux liens qui existent entre luttes sociales et combat féministe. Leur réalité, à la maison, a aussi un impact sur leurs conditions de travail : les questions de non-répartition des tâches domestiques et les violences masculines s'invitent alors jusque dans l'usine.

Pour aller plus loin

Les écrits de la revue *Les Pétroleuses*, et les films de la réalisatrice Carole Roussopoulos, tels que *LIP : Monique* ou *LIP : la marche de Besançon*, ont gardé en mémoire la complexité et la teneur des débats durant ces luttes collectives sur les conditions de travail, ainsi que la réalité des femmes dans la sphère privée.

Syndicats et parité : des progrès à marche forcée

À l'image des autres sphères de pouvoir, les syndicats ont pendant longtemps fonctionné dans un entre-soi masculin. Cela n'a pas été sans conséquences directes sur la vie professionnelle des femmes, puisque les questions liées aux droits à la parentalité, à la garde des enfants ont souvent été ignorées dans les revendications syndicales.

Aujourd'hui, les femmes représentent entre un tiers et la moitié des adhérent·e·s des syndicats de salarié·e·s. En 1999, la CGT a été la première organisation syndicale à imposer la parité au sein de ses instances de direction. Elle a été suivie en 2014 par la CFDT. Ce n'est pas un hasard si aujourd'hui ces deux centrales syndicales sont dirigées par des femmes. Sophie Binet est devenue en 2023 la 1re femme secrétaire générale de la CGT. La même année Marylise Léon devenait quant à elle la 2e femme secrétaire générale de la CFDT, après Nicole Notat (de 1992 à 2002). Dix ans plus tôt, c'est Carole Couvert qui ouvrait la voie des femmes à la tête de la CFE-CGC (2013-2015). Dans les syndicats, comme ailleurs, le chemin de l'égalité est long et non linéaire.

Événement marquant

Depuis 1997, à l'initiative de la CGT, de la FSU et de Solidaires, des journées intersyndicales femmes sont organisées autour du 8 mars, Journée internationale de lutte pour les droits des femmes (voir chapitre 5). Ces journées sont devenues indispensables pour penser l'articulation entre féminisme et syndicalisme et pour croiser les regards d'universitaires et de syndicalistes.

Ces dernières années, chaque 8 mars, un appel à la grève est porté par cette intersyndicale, en partenariat avec des associations féministes, en même temps que d'autres grèves partout dans le monde.

Des lois, en veux-tu, en voilà !

Le saviez-vous ?

L'égalité professionnelle est le fait pour les femmes et les hommes d'avoir les mêmes droits et avantages en matière d'accès à l'emploi, d'accès à la formation professionnelle, de qualification, de salaire, de promotion et de conditions de travail. L'égalité de rémunération entre les femmes et les hommes est obligatoire pour un même travail ou un travail de valeur égale.

« À travail égal, salaire égal ! »

Événement marquant

Le principe « à travail de valeur égale, salaire égal » a été énoncé pour la première fois dans la *Déclaration universelle des droits de l'homme* de 1948, à l'article 23, puis inscrit dans le code du travail français en 1972. Les féministes se le réapproprieront comme slogan pour exiger du législateur le respect de ses engagements après le vote d'une quinzaine de lois sur l'égalité professionnelle entre les femmes et les hommes.

La structure employeuse doit donc respecter plusieurs règles, dont : la production et la mise à disposition de données chiffrées relatives à l'égalité femmes-hommes au sein de l'organisation de travail, des négociations avec les partenaires sociaux et des mesures préventives et correctrices, par exemple contre le harcèlement sexuel au travail.

Pour tenter de faire appliquer ces principes, le législateur a mis en place de nombreuses lois, très nombreuses, depuis longtemps déjà.

Le saviez-vous ?

Une institution spécialisée a, depuis 1983, pour rôle de faire des propositions aux pouvoirs publics. Il s'agit, au sein du Haut conseil à l'égalité entre les femmes et les hommes, de la formation spécialisée en matière d'égalité professionnelle (ex-conseil supérieur à l'égalité professionnelle entre les femmes et les hommes).

Avec l'affirmation de ces principes et le vote de tant de lois, la France devrait être championne du monde de l'égalité professionnelle entre les femmes et les hommes, n'est-ce pas ? Que nenni ! L'égalité n'est pas encore au rendez-vous pour les femmes qui travaillent ou celles qui le souhaiteraient (au chômage ou en temps partiel imposé)… ni d'ailleurs pour les retraitées.

Les dates clés des lois en faveur de l'égalité professionnelle

1907 : libre disposition de leur salaire pour les femmes mariées.

1945 : suppression de la notion de « salaire féminin ».

1965 : libre exercice d'une profession sans l'autorisation de leur mari pour les femmes mariées.

1972 : le principe « à travail de valeur égale, salaire égal » entre dans le code du travail.

1975 : interdiction des discriminations à l'embauche et des licenciements fondés sur le sexe, « sauf motif légitime ». Les employeurs n'ont pas le droit de rédiger une offre d'emploi réservée aux hommes ou aux femmes.

1983 : création du Rapport de situation comparée (RSC), qui mesure les inégalités professionnelles et propose des actions pour les réduire. Des plans d'égalité professionnelle sont désormais obligatoires (loi Roudy).

1992 : sanction du harcèlement sexuel dans les relations de travail.

2001 : développement du dialogue social sur l'égalité femmes-hommes dans la branche et l'entreprise (loi Génisson).

2006 : interdiction d'interrompre la période d'essai pour raison de grossesse.

2008 : adaptation des lois françaises au droit communautaire contre les discriminations. La maternité, y compris le congé maternité, est reconnue comme un motif interdit de discrimination.

2011 : obligation d'atteindre 40 % de femmes dans les conseils d'administration et de surveillance des plus grandes entreprises (loi Zimmerman-Copé).

2012 : obligation d'atteindre 40 % de femmes parmi les nominations aux plus hauts postes de la fonction publique (loi Sauvadet).

2014 : interdiction de candidater aux marchés publics pour les entreprises qui ne respectent pas leurs obligations en matière d'égalité professionnelle.

2015 : création d'une base de données dans l'entreprise concernant notamment l'égalité professionnelle (loi Rebsamen). Est également créé le délit d'« agissement sexiste » pour sanctionner, dans le Code du travail, les manifestations du sexisme dit « ordinaire ».

2018 : obligation pour les entreprises d'au moins 50 salarié·e·s de rendre public chaque année leur « index de l'égalité femmes-hommes » (loi pour la liberté de choisir son avenir professionnel).

2021 : diverses mesures sont prises pour accélérer l'égalité économique des femmes, tant dans la vie quotidienne des femmes qu'à la tête des entreprises privées ou dans l'enseignement supérieur et la recherche (loi Rixain).

2023 : dans les emplois supérieurs et de direction de la fonction publique, 50 % (au lieu de 40 %) de femmes pour les primo-nominations (parité en flux), et 40 % de femmes minimum dans les « stocks ». Quota de 50 % dans les cabinets ministériels et à la Présidence de la République. Et l'obligation de publier un index de l'égalité professionnelle s'étend à la fonction publique.

Souriez, vous êtes exploitées !

La progression de la part des femmes dans le monde du travail rémunéré n'a pas entraîné l'égalité de salaires, ni des conditions de travail.

Le saviez-vous ?

Selon l'INSEE, dans le privé, l'écart des salaires entre femmes et hommes est de 24 %, au détriment des femmes, tous postes et tous temps de travail confondus. À temps plein, il est de 18,6 %. Enfin, à postes et compétences égales, il demeure un écart de 9 %, soit une discrimination pure au détriment des femmes… et au bénéfice des hommes. Pour tout comprendre de cet écart, visionnez la courte vidéo YouTube de l'INSEE, « Les salaires, épisode 4 : les écarts de salaire femmes-hommes ».

Plancher collant et plafond de verre

Les expressions « plafond de verre » et « plancher collant » désignent les obstacles que rencontrent les femmes dans l'évolution de leur carrière et les freins pour accéder à des postes à responsabilités, mais aussi dans leurs tentatives d'évolution de carrière (voir chapitre 2).

Quand « femme » rime avec « précarité »

L'entrée des femmes sur le marché du travail se conjuguant souvent avec travail précaire et temps partiel, la pauvreté des femmes est bel et bien une réalité.

Le saviez-vous ?

- **Les femmes représentent 53 % des personnes pauvres.**
- **70 % des travailleurs et travailleuses pauvres sont des femmes.**
- **Les femmes occupent 82 % des emplois à temps partiel et 62 % des emplois non qualifiés.**

Cette précarité est encore plus forte chez les femmes âgées, les mamans dites « solos » ou encore pour les femmes vivant dans des territoires relégués : en 2012, dans les quartiers, 47 % des femmes sont en situation d'inactivité (+ 5 points en 4 ans) contre 33 % des femmes en dehors.

Pour aller plus loin

Plongez-vous dans le Rapport EGAliTER, HCE, 2014 consacré à l'égalité femmes-hommes dans les quartiers populaires et les territoires ruraux isolés.

Métiers essentiels : « Ségur » la vie… vers une revalorisation depuis la crise du Covid-19 ?

Les femmes ont été en première ligne durant la crise du Covid-19 : à l'hôpital, dans les Ehpad, pour des soins à domicile, dans les distributions alimentaires ou encore dans la confection des masques artisanaux pour parer à l'urgence. À 20 heures, les français et françaises ont été des millions à applaudir chaque jour les soignant·e·s. Beaucoup ont pris conscience que leurs salaires et conditions de travail sont loin d'être à la hauteur de leur utilité sociale.

Un début de reconnaissance s'est matérialisé par les accords du Ségur de la santé du 13 juillet 2020. Cela a notamment permis une hausse de salaire mensuelle nette de 183 € des soignant·es à l'hôpital. Le 4 juin 2024, un accord étend le « Ségur » au secteur sanitaire, social, et médico-social privé à but non lucratif. Le curseur de ce que l'on valorise ou non comme essentiel est une des clés majeures de l'égalité professionnelle femmes-hommes.

La santé des femmes en jeu

Les femmes vivent plus longtemps que les hommes : leur espérance de vie est de 85,7 ans, contre 80 ans pour les hommes. Mais l'écart se resserre si l'on parle d'espérance de vie en bonne santé. Quant aux femmes précaires, elles renoncent plus souvent aux soins que les hommes, principalement pour des raisons financières : 6 personnes sur 10 qui les reportent ou y renoncent sont des femmes. En zone urbaine sensible, plus de 1 femme sur 4 déclare avoir déjà renoncé à des soins.

La pénibilité du travail des femmes et ses conséquences

Le rapport du HCE intitulé « La santé et l'accès aux soins : une urgence pour les femmes en situation de précarité » (2017) révèle que « les conditions de travail des femmes précaires — principalement dans le secteur tertiaire, avec des horaires fractionnés, en tant qu'assistantes maternelles, aides à domicile, employées de maison, hôtesses de caisse — sont pénibles et stressantes et les exposent à des risques, psychosociaux notamment, des maladies professionnelles, des accidents du travail et de trajet. Or, ces enjeux sont encore trop souvent absents des dispositifs de prévention et de compensation des risques et de la pénibilité au travail ».

Ce rapport préconisent, tout comme l'Agence nationale de l'amélioration des conditions de travail, de mieux prendre en compte cette pénibilité féminine « hors radar », notamment dans leur salaire.

Aux origines des inégalités

Les femmes et les hommes travaillent : en 2023, 71,2 % des femmes sont « en activité » et 76,8 % des hommes. Mais leurs conditions et contraintes de travail ne sont pas vraiment les mêmes :

» **Les femmes évoluent moins vite dans la hiérarchie et accèdent moins aux postes à responsabilité, notamment parce que les critères retenus par les ressources humaines (ancienneté, disponibilité) leur sont défavorables.**

» **Hommes et femmes travaillent, mais pas dans les mêmes métiers : certaines professions sont encore très largement occupées par des femmes (enseignante, sage-femme, aide-soignante, infirmière, employée de maison, secrétaire, etc.), quand d'autres comptent plus de 90 % d'hommes (métiers du bâtiment, ouvrier de l'industrie, agent de maîtrise dans l'électricité ou la maintenance, éboueur, etc.).**

» **Les femmes se chargent toujours de l'essentiel des charges familiales et domestiques. Leur cumul avec une activité professionnelle représente une contrainte sur leur temps de travail (périodes de travail discontinu ou temps partiel).**

» **Les femmes sont exposées à des risques et une pénibilité qui diffèrent des hommes et qui restent invisibles ou peu prises en compte : port répété de petites charges (pour les caissières), exposition aux produits ménagers, multiples trajets pour se rendre sur différents lieux de travail (pour les employées de ménage et les aides à domicile), horaires atypiques (quelques heures de garde d'enfants ou de ménage très tôt le matin et/ou très tard le soir).**

» **Elles sont exposées au sexisme et aux violences sexuelles. Plus elles sont précaires, plus elles sont vulnérables.**

Promotion patriarcale : 2 journées pour le prix de 1

L'histoire de l'articulation des temps de vie des femmes s'inscrit dans une histoire politique et sociale qui a de tout temps considéré le travail des femmes comme une main-d'œuvre d'appoint. Aussi, que le travail des femmes soit à temps partiel, discontinu, voire gratuit (comme l'est le travail domestique), rien de plus « normal » ! Mais il peut aussi être tout cela à la fois ! C'est ce qu'on appelle la double journée des femmes, à savoir le cumul entre le travail rémunéré d'un côté et le travail domestique et familial de l'autre.

Parole de féministe

Comme l'avance Christine Delphy, « le fait que le "travail ménager" pèse quasi exclusivement sur les femmes est une question épineuse pour tous les mouvements féministes ; c'est dans ce domaine que l'on constate une absence quasi totale de changement ».

Paie ton ménage !

Parole de féministe

« Faire coûter toujours plus cher le travail, et le travail ménager en particulier, ne signifie pas institutionnaliser ce rôle, c'est-à-dire vouloir maintenir inchangées nos conditions de travail, nos conditions de vie, notre rôle. [...] Et ce n'est pas un hasard si ces "interprétations aberrantes" sont adressées aux femmes, ouvrières à la maison 24 heures sur 24, qui commencent à demander un salaire » (Silvia Federici, enseignante et féministe italienne, dans l'ouvrage collectif *Wages against Housework* paru en 1975, et traduit en français en 1977 sous le titre *Le Foyer de l'insurrection*).

Ces réflexions s'inscrivent dans le mouvement « Un salaire pour le travail ménager » animé aux États-Unis par Selma James dans les années 1970. Un courant très contesté au sein du mouvement féministe de la seconde vague.

Le *care* ou l'art du soin

À la maison ou à l'extérieur, il est attendu des femmes qu'elles soient « naturellement » dévouées aux autres. Les femmes sont d'ailleurs majoritaires dans les métiers « du soin ». Ces métiers sont mal rémunérés alors que ce sont des tâches difficiles, répétitives, nécessitant à la fois minutie, patience et rapidité.

Et vous voulez des enfants ?

Entre 25 et 40 ans, les femmes sont pénalisées pour leur possibilité (réelle ou supposée) ou par leur désir (le non-désir n'étant souvent même pas envisagé) d'avoir des enfants. Avant même l'arrivée d'un·e enfant, elles peuvent être questionnées par leur employeur potentiel ou actuel sur leur volonté d'avoir des enfants et sur la période à laquelle la grossesse est envisagée.

Le saviez-vous ?

Toute question liée au fait d'avoir des enfants ou de programmer une grossesse est interdite ! Que ce soit lors de l'entretien d'embauche ou d'évaluation, en période d'essai, en contrat à durée déterminée, ou durant l'exécution de son contrat, une salariée ne peut subir de discrimination liée à la grossesse (le Code du travail article L 1132-1 énonce clairement le principe de non-discrimination). La discrimination pour grossesse constitue un délit, passible de sanctions pénales, jusqu'à trois ans d'emprisonnement et 45 000 euros d'amende.

En cas de difficulté, une salariée peut se tourner vers le Défenseur des droits qui a pour vocation de combattre tous les agissements ou attitudes discriminatoires, notamment au travail et peut apporter son soutien en justice, au civil ou au pénal.

Ces pratiques ont aussi pour conséquences le fait que les femmes se voient proposer moins de postes à responsabilité que les hommes. Et parfois, face au poids des tâches domestiques et de la charge mentale (voir chapitre 14), elles se retrouvent elles-mêmes contraintes de refuser un poste ou de ne pas postuler à d'autres offres.

Dur dur d'être maman !

Dans les années 1960 à 1980, le développement d'offres d'accueil de la petite enfance a facilité le travail à temps plein des femmes.

Et pourtant, comme le dit si bien le proverbe « quand on se regarde on se désole, quand on se compare on se console ».

Le saviez-vous ?

En France, l'école est obligatoire dès 3 ans et, sous certaines conditions, il est possible de scolariser son enfant dès 2 ans. Avant l'école, la France se distingue de la plupart de ses voisins européens par une offre relativement développée et diversifiée de solutions d'accueil. Dans les faits, il y a 2 millions d'enfants de moins de 2 ans en France et seulement 488 000 places en crèche. Face à cette pénurie, le choix s'opère entre un·e assistant·e maternel·le, la solidarité familiale ou l'un des deux parents :

- **seul·e un·e enfant de moins de trois ans sur 10 est gardé·e en crèche et le recours à un·e assistant·e parental·e ou à une nourrice est souvent trop onéreux,**
- **63 % des enfants sont gardés par un des parents. Dans la majorité des cas… leur mère.**

Événement marquant

En 2019 est créée l'association Parents & Féministes. Le plaidoyer en faveur d'un véritable service public de la petite enfance est une de ses activités centrales. L'association rappelle que « l'objectif de 200 000 nouvelles places en crèche, pourtant déjà affiché dans la campagne présidentielle de 2017, a été repoussé à 2030 avec un objectif intermédiaire de 100 000 nouvelles places "d'accueil" d'ici 2027 ». L'enjeu principal est budgétaire…

Femmes cheffes de famille

Dans les années 1970, face à l'augmentation du nombre de personnes élevant seules des enfants, les pouvoirs publics créent le terme de « familles monoparentales ». En réalité, ce sont, dans la grande majorité des cas, des femmes cheffes de familles.

Le saviez-vous ?

En France, 1 famille sur 4 est monoparentale, c'est-à-dire composée de l'un des deux parents, qui élèvent seul·e un·e ou plusieurs enfants. Et dans 8 cas sur 10, ce « parent seul·e » est une femme. Or, ces familles sont nombreuses à faire face à une série d'obstacles qui riment bien souvent avec précarité.

Ces familles sont par exemple deux fois plus exposées à la discrimination dans la recherche d'un logement qu'une famille biparentale. Ou encore, les difficultés de mode de garde sont accrues pour ces mères, qui doivent jongler avec toutes les responsabilités familiales, domestiques, administratives, souvent avec des moyens financiers réduits. Résultat : le taux d'emploi des mères de familles monoparentales est de plus de 20 points inférieur à celui des mères en couple.

Les invisibles de la République

Lors de la mobilisation des « gilets jaunes » en novembre 2018, les femmes gilets jaunes se sont organisées pour faire entendre leur voix et la grande précarité dans laquelle vit la majorité d'entre elles. Beaucoup sont des femmes cheffes de familles monoparentales, jusqu'alors invisibilisées dans la société.

Parmi leurs difficultés, les impayés des pensions alimentaires. Selon l'Agence de recouvrement des impayés de pensions alimentaires (Aripa) créée en 2017 sous l'impulsion de la ministre Laurence Rossignol, près de 40 % des pensions alimentaires, fixées par les juges aux affaires familiales et dues pour l'entretien des enfants, ne sont pas versées. Depuis, un nouveau service d'intermédiation financière géré par la CAF ou la MSA (mutualité sociale agricole) a été mis en place pour sécuriser les versements et éviter les conflits entre les parents.

La Collective des mères isolées

Cette association féministe est née en 2020 à l'initiative de mères de la commune de Montreuil, à la suite du constat d'une iniquité dans la facturation de la cantine scolaire entre les mères isolées et les couples en concubinage. Dans une tribune publiée dans le journal *Le Monde*, la Collective des mères isolées souligne que 40,5 % des familles monoparentales vivent en dessous du seuil de pauvreté. Ces femmes plaident pour la « création d'un statut de parent isolé et décline dix propositions en vue de la reconnaissance des droits les plus fondamentaux afférents en matière de santé, d'éducation, de culture et notamment de logement ».

Violences sexistes et sexuelles au travail

Le travail est le premier espace où les femmes subissent du harcèlement sexuel. Ce harcèlement s'inscrit dans un continuum de violences sexistes et sexuelles qui va des agissements sexistes (« blagues », remarques, attitudes...) jusqu'au viol.

Ces violences peuvent entraver les carrières professionnelles des femmes, comme en ont témoigné des journalistes, des avocates, des professionnelles de la santé, des femmes militaires ou pompières, des collaboratrices parlementaires, des agentes de nettoyage, des militantes syndicales, des salariées du milieu de la publicité, de la communication, ou dans le milieu universitaire... Petites et grandes entreprises, public comme privé, aucun secteur n'est épargné.

Le harcèlement sexuel

Le harcèlement sexuel est interdit par le Code du travail, le Code général de la fonction publique et puni par le Code pénal.

Le saviez-vous ?

Selon l'article 222-33 du Code pénal, le harcèlement sexuel est notamment caractérisé par « le fait d'imposer à une personne, de façon répétée, des propos ou un comportement à connotation sexiste ou sexuelle qui soit portent atteinte à sa dignité en raison de leur caractère dégradant ou humiliant, soit créent à son encontre une situation intimidante, hostile ou offensante ».

Concrètement, le harcèlement sexuel peut se traduire par : des regards appuyés sur les seins, des commentaires sur le physique connotés sexuellement, des questions sur la vie intime et/ou sexuelle de la victime, des confidences imposées sur la vie intime et/ou sexuelle de l'auteur, des gestuelles à connotation sexuelle (jeux de langue, actes sexuels mimés…), l'exposition à des images ou objets pornographiques dans un bureau ou un vestiaire…

Le harcèlement sexuel peut viser une personne en particulier ou être « environnemental ». Ce n'est donc pas le but recherché par le harceleur qui compte, mais les conséquences sur la ou les victimes.

En ce qui concerne le chantage sexuel au travail, pour une promotion ou une augmentation par exemple, le fait n'a pas besoin d'être répété : il suffit d'une fois. Exemple ? « Si tu veux cette promotion, il va falloir être gentille… »

Le harcèlement sexuel : les chiffres parlent enfin

En 2014, le Défenseur des droits (DDD) publiait pour la première fois en France des chiffres nationaux sur le harcèlement sexuel au travail. Depuis, #MeToo est passé par là et les enquêtes se sont multipliées, secteur par secteur, organisation par organisation. Toutes convergent sur le caractère massif du phénomène. Entre 1 femme sur 3 et 1 femme sur 2 ont déjà fait face à du harcèlement sexuel au cours de leur vie professionnelle. En conséquence, les obligations des employeurs ont été renforcées pour mieux prévenir, traiter et sanctionner ces violences.

Le rôle clé de l'AVFT

L'association européenne contre les violences faites aux femmes au travail (AVFT) a été créée en 1985. Elle est spécialisée dans la défense des victimes de violences sexistes et sexuelles au travail et accompagne les femmes dans leurs démarches judiciaires. L'AVFT valorise son expertise de terrain auprès des pouvoirs publics et est notamment à l'origine des jurisprudences sur le « harcèlement sexuel environnemental » et sur l'acte unique de harcèlement sexuel.

L'association met par ailleurs en place des actions de prévention et élabore des outils de formation et d'information.

Le saviez-vous ?

Alors qu'on estime que 1 million de femmes auraient été ou sont victimes de harcèlement sexuel au travail, selon les chiffres du ministère de l'Intérieur, seules 2 815 plaintes ont été déposées en 2022 et 223 ont abouti à une condamnation. Cela se passe de commentaires.

DANS CE CHAPITRE

Corps sous pression

•

Achetées, vendues, violées...

•

Juste pour le plaisir

•

L'injonction à l'hétérosexualité

Chapitre 18
Corps et Sexualités

Corps sous pression

Corps vendus, violés, exploités, voilés, dévoilés, mutilés... Les qualificatifs pour parler de la violence contre les corps des femmes ne manquent pas. Et dans le même temps, ces corps de femmes sont souvent des corps glorifiés, des corps chosifiés, des corps parfaits exhibés, des corps fertiles sacralisés. Au plus fort de la lutte féministe, dans les années 1970, la revendication des femmes à maîtriser leur fécondité, à pouvoir avorter et donc, à pouvoir disposer de leur corps, est centrale. Un slogan émerge : « Mon corps m'appartient. »

Les religieux n'aiment pas les femmes

Les religions sont un espace, parmi d'autres, de la galaxie patriarcale dans laquelle les hommes ont façonné le discours à leur avantage : la sexualité et la fidélité des femmes devraient être sous contrôle, parce que les femmes seraient par essence impures, comme en témoigne le sang menstruel qui les souillerait. Vous vous dites que tout cela se passait au Moyen Âge ? Et pourtant !

Parole de féministe

« Les religions ont toutes un problème avec les femmes. »

Delphine Horvilleur, l'une des 3 rabbines en France

Ève la tentatrice

Dans les sociétés occidentales par exemple, à forte culture judéo-chrétienne, l'idée de la faiblesse des femmes, de la tentation dangereuse qu'elles représentent ou du corps impur, a notamment été entretenue par la construction politique de la figure d'Ève, la pécheresse par qui tout bascule. Cette histoire, tout le monde ou presque la connaît : parce qu'Ève mange « le fruit défendu » et donc désobéit, c'en est fini du « paradis sur terre », par sa faute !

Sans revenir sur les multiples interprétations possibles de la Genèse, cet épisode structure encore, et de manière profonde, nos sociétés. Faible, tentatrice, impure, désobéissante... Si on s'en remet à cet imaginaire, la légitimité des hommes à vouloir contrôler les femmes, leur corps, leur choix, trouverait presque un peu de crédit, n'est-ce pas ? Et cela, les religions l'ont parfaitement compris.

Tu as tes règles ou quoi ?

De tout temps, dans toutes les cultures, le sang menstruel a été dénigré et invisibilisé. Les menstruations ont été un prétexte d'exclusion des femmes.

C'est ainsi que, par exemple, durant leurs règles, au Népal, les femmes peuvent être condamnées à l'« exil menstruel ». L'arrivée des règles, c'est aussi la possibilité pour les filles d'enfanter. Donc organiser leur exclusion permet de mieux les contrôler.

Le saviez-vous ?

Les publicités n'échappent pas au tabou. Il faudra attendre 2018, pour qu'une publicité intitulée « les règles, c'est normal, les montrer devrait l'être aussi », représente le sang par un liquide rouge et non pas bleu comme c'était le cas jusqu'alors.

Endométriose, une maladie trop longtemps ignorée

L'endométriose est une maladie gynécologique causée par la présence de cellules de l'endomètre en dehors de l'utérus. Elle se caractérise le plus souvent par de fortes douleurs pendant les règles et peut entraîner des problèmes de fertilité.

S'il existe aujourd'hui des moyens pour endiguer l'évolution de la maladie, en revanche, le diagnostic intervient souvent trop tard. En moyenne, les femmes atteintes d'endométriose errent 7 ans avant que le diagnostic ne soit posé. Selon l'INSERM, 1 femme sur 10 en âge de procréer serait concernée, soit entre 2 à 4 millions de femmes.

Pour aller plus loin

« Si je pleure, ce n'est pas parce que j'ai mes règles… Je ne peux pas croire qu'un film sur les règles ait gagné un Oscar ! » En 2019, la réalisatrice irano-américaine Rayka Zehtabchi reçoit l'Oscar du meilleur court-métrage pour son film *Period. End of sentence* (*Les Règles de notre liberté*, titre français). Elle n'en revient pas elle-même. Ce film de 26 minutes montre comment le tabou des règles en Inde entrave l'accès à l'éducation des filles, et en quoi l'arrivée d'une nouvelle machine dans le village va changer la donne…

Le Graal de la virginité

Dans la Grèce antique, l'obsession pour la virginité des femmes reposait en partie sur l'envie, pour le mari, d'authentifier sa descendance. Il s'agissait alors de s'assurer qu'il était bien le père biologique de l'enfant ! Une explication bien pratique pour continuer à enfermer les femmes à l'intérieur du foyer, celui du père, puis celui du mari et garder ainsi le contrôle sur leur corps ! Une pratique datée ?

Le saviez-vous ?

Aujourd'hui encore, dans les faits ou dans les têtes, l'hymen, cette fine membrane censée rompre lors du premier rapport sexuel d'une femme, fait l'objet de nombreuses idées reçues. En effet, l'hymen n'est pas forcément déchiré à la suite d'une pénétration. Il peut aussi s'être déjà déchiré en faisant du vélo, de l'équitation ou de la gymnastique. Et enfin, il existe de nombreuses variations anatomiques de l'hymen.

En revanche, une chose est sûre : il n'a jamais été demandé de « certificat de puceau » aux hommes ! Les « tests de virginité » sont, eux, encore couramment pratiqués par des médecins dans plusieurs pays tels que le Maroc, l'Égypte, le Brésil, l'Inde, la Turquie, ou encore en Jamaïque, comme le dénonçent régulièrement l'OMS, ONU Femmes et le Conseil des droits de l'homme des Nations unies.

L'hyménoplastie

Pour composer avec le patriarcat, et pour se protéger de représailles, les femmes redoublent de stratégies pour faire croire en leur virginité. L'une des techniques est l'hyménoplastie, une intervention chirurgicale qui reconstitue l'hymen. Cette pratique existe aussi en France et elle est demandée par des femmes d'origines très diverses (sénégalaises, tunisiennes, libanaises ou encore vietnamiennes).

Corps idéal, injonction patriarcale

À travers les époques, les mensurations du « corps idéal » n'ont cessé d'évoluer. Hanches étroites ou larges, petits seins ou seins pulpeux, petites ou grosses fesses, lèvres fines ou charnues… à chaque époque son diktat. Mais il y a toujours eu une constante, c'est l'injonction faite aux femmes de se conformer à des standards « de beauté ». À travers le monde, les concours de Miss célèbrent ces injonctions. Ces dernières années, quelques initiatives surprenantes, voire paradoxales, ont vu le jour.

Le saviez-vous ?

En 2017, au lieu de citer leurs mensurations (tour de poitrine, de taille et de hanches), les 23 finalistes du concours de Miss Pérou ont annoncé d'autres chiffres, ceux des actes de violences sexuelles contre les femmes : « Mon nom est Samantha Batallanos, je représente Lima, et mes mensurations sont : une fillette meurt toutes les dix minutes à cause de l'exploitation sexuelle ».

Exit les concours de Mini Miss !

En 2012, Chantal Jouanno, alors sénatrice UDI, se voit confier une étude sur l'hypersexualisation des petites filles. Cela aboutira à l'inscription de l'interdiction des concours de miss de moins de 15 ans dans la loi du 4 août 2014 pour l'égalité réelle entre les femmes et les hommes.

Le culte de la maigreur, qui pèse particulièrement sur les femmes, fait des dégâts considérables. Selon différentes études menées à l'échelle européenne, 7 femmes sur 10 se trouvent trop grosses. Pas étonnant quand les mannequins qui défilent sur les podiums enfilent une taille 34, voire moins, alors que la taille moyenne des femmes est le 42. Rares sont les femmes pour qui l'essayage en cabine n'entraîne pas une litanie de reproches intérieurs et de complexes. Cet idéal impossible à atteindre n'est pas sans conséquence : mal-être, régimes à répétition, parfois dès l'adolescence, chirurgie bariatrique (anneau gastrique ou réduction de l'estomac), voire pensées suicidaires (voir question 6 du quiz, chapitre 2).

La grossophobie

La minceur à tout prix implique une discrimination dont on parle peu : la grossophobie.

Le collectif féministe Gras Politique a pour ambition de lutter contre la maltraitance médicale, la discrimination à l'embauche, la précarisation des personnes grosses, refusant d'être considéré·e·s comme des citoyen·ne·s de seconde zone. Expos photo, défilé, rencontres... ces dernières années, la mairie de Paris a également fait de la grossophobie un de ses chevaux de bataille.

L'IVG : la tentation du recul permanent

Si les Françaises ont obtenu le droit à l'IVG en 1975, ce droit reste bien fragile si on en croit les régressions au niveau mondial. Les attaques de groupes religieux, de groupes de pression anti-IVG sont incessantes, de plus en plus violentes et structurées.

La nécessité d'obtenir un droit universel à avorter est une priorité. L'impressionnante mobilisation féministe à travers le monde le prouve, en Espagne, en Irlande, en Pologne, en Argentine, aux États-Unis... L'importance de la laïcité – qui permet de dissocier la loi et la foi – n'est plus à démontrer : droits des femmes et avortement en particulier, sont les premières cibles des religions (voir chapitres 2 et 6).

Rappelons qu'en France, une femme sur trois avorte dans sa vie, faisant de l'IVG un acte médical relativement courant !

L'IVG dans la Constitution

En 2024, la France est devenue le premier pays au monde à inscrire explicitement dans sa Constitution l'interruption volontaire de grossesse (IVG). L'engagement est certes symbolique et les féministes regrettent l'ajout de la précision « la liberté garantie des femmes de recourir à » l'IVG, mais l'inscription de l'avortement dans la Constitution rend plus complexe une remise en question de ce droit, auquel 1 femme sur 3 recourt au cours de sa vie.

Corps fertiles

La maternité ou la non-maternité a toujours été et est toujours un des enjeux majeurs du contrôle du corps des femmes.

Le saviez-vous ?

Selon l'Insee, en France, en 2023, le taux de fécondité est de 1,68 par femme. Les femmes accouchent de leur premier enfant plus tard qu'avant. Cette même année, l'âge de la première maternité était de 31 ans pour les femmes.

Quid de la fertilité des hommes ?

Étrangement, on mesure moins régulièrement et on connaît bien moins les statistiques sur l'âge du premier enfant ou du nombre d'enfants par homme. Pourquoi ? Parce qu'ils n'accouchent pas ? Parce qu'ils ne reconnaissent pas et ne vivent pas forcément avec les enfants qu'ils ont eus ? Pour laisser planer l'idée de leur fertilité éternelle ? Sans doute un peu de tout cela.

Le saviez-vous ?

Et pourtant, après 34 ans, la fertilité des hommes diminue, jusqu'à être divisée par 2 entre 55 et 59 ans. L'âge du géniteur n'est donc pas sans importance. Il peut avoir des conséquences sur les fausses-couches, le risque d'anomalies chromosomiques pour l'enfant, etc.

Pendant ce temps, les femmes continuent à vivre une pression forte et une injonction à la maternité avant la « date de péremption » du capital fertilité. C'est la fameuse « horloge biologique ».

Événement marquant

En 2021, la loi de bioéthique met fin à une discrimination et ouvre enfin la PMA aux femmes seules et aux couples lesbiens, après des années de mobilisation. La loi légalise également l'auto-conservation des ovocytes pour les femmes âgées de 29 à 37 ans. Jusqu'à présent, la congélation par les femmes de leurs ovocytes était soumise à des conditions médicales ou conditionnée au fait d'en donner une partie.

Paye ton utérus

Parce qu'il concerne à la fois le corps des femmes et la maîtrise de leur fécondité, le suivi gynécologique et obstétrical est aussi empreint de sexisme. Lancé sur Twitter en 2014, le hashtag #PayeTonUtérus a fait émerger plus de 7 000 témoignages de femmes en 24 heures dénonçant par exemple des propos porteurs d'injonction sur leur physique ou leur volonté ou non d'avoir un enfant et leur orientation sexuelle, des examens brutaux ou pratiqués sans leur consentement (examens vaginaux ou épisiotomie), jusqu'à des violences sexuelles. À lire : « Les actes sexistes durant le suivi gynécologique et obstétrical : des remarques aux violences, la nécessité de reconnaître, prévenir et condamner le sexisme » (HCE), qui constitue le premier rapport institutionnel sur le sujet.

Pour aller plus loin

Longtemps taboue, la ménopause n'est plus un angle mort des luttes féministes, du débat public et du grand écran ! Dans *Aurore*, film *feel-good* réalisé par Blandine Lenoir, Agnès Jaoui incarne une célibataire, drôle et touchante, à l'épreuve de la ménopause. Et en 2024, Élise Thiébaut publie *Ceci est mon temps : ménopause, andropause et autres aventures climatiques* (Au Diable Vauvert).

Connais-toi par corps !

Outre-Atlantique, des féministes ont porté une attention toute particulière à la nécessité de connaître son propre corps et de se le réapproprier, notamment face à la possible maltraitance des soignant·e·s et de leur abus de pouvoir sur le corps des femmes. C'est la naissance du *self help* (littéralement « s'aider soi-même »).

Notre corps, nous-mêmes

Publié en 1971 *Our Bodies, Our selves* (« Notre corps, nous-mêmes ») est un ouvrage de référence qui compile des informations pratiques sur la sexualité, l'orientation sexuelle, le contrôle des naissances, l'avortement ou les violences. Il y est notamment suggéré d'assumer le plaisir procuré par la sexualité, ainsi que de renforcer la connaissance de sa propre anatomie. Des photos montrent comment observer son sexe en se servant d'un miroir, seule ou avec l'aide d'une amie. Un livre révolutionnaire pour l'époque ! Élaboré par un collectif de femmes et traduit dans plus de 29 langues, la dernière impression de *Notre corps, nous-mêmes* en France remonte à 1990. Un collectif travaille actuellement à une version réactualisée qui devrait être publiée fin 2019.

Événement marquant

Le courant du *self help* s'est matérialisé par l'ouverture de plusieurs centres de santé de femmes aux États-Unis et à Genève en mai 1978. Rina Nissime, féministe suisse est une figure de ce mouvement en Europe. À Genève, le centre, créé par des femmes pour les femmes, a fonctionné de 1978 à 1987.

La sexualité est politique

La sexualité est une question éminemment politique, car elle peut être source de domination, de violence, mais aussi de désir, de jouissance, de pratiques nouvelles et variées.

« Quand les femmes s'aiment, les hommes ne récoltent pas »

Il est courant de parler de l'après-Mai 68 comme étant des années de « libération sexuelle », portant notamment la revendication de vivre librement des relations entre femmes. Le slogan féministe « quand les femmes s'aiment, les hommes ne récoltent pas » qui semble avoir vu le jour à l'occasion du 8 mars 1975, dénonce avec humour la manière dont le lesbianisme impacte les hommes.

Parole de féministe

En 1978, lors d'une conférence sur « la pensée *straight* » (voir Chapitre 10), Monique Wittig (1935-2003), autrice et lesbienne, prononce un discours qui aura un fort retentissement : « Qu'est-ce que la femme ? [...] Franchement c'est un problème que les lesbiennes n'ont pas, simple changement de perspective, et il serait impropre de dire que les lesbiennes vivent, s'associent, font l'amour avec des femmes, car la femme n'a de sens que dans les systèmes de pensée et les systèmes économiques hétérosexuels. Les lesbiennes ne sont pas des femmes. »

Le lesbianisme et le fait, pour les femmes, d'avoir des relations amoureuses et/ou sexuelles... sans les hommes sont donc une remise en question, en soi, du patriarcat. Dans les médias, les discours, dans la rue et dans la famille, les réactions peuvent être violentes et les lesbiennes font face à ce que l'on appelle la « lesbophobie ».

Le saviez-vous ?

Pour la Coordination lesbienne de France, la lesbophobie se traduit par « l'effacement des relations amoureuses entre les femmes. Cette forme de sexisme qui nie la sexualité féminine conduit à l'invisibilité des lesbiennes. Quand elle est perçue, la sexualité entre femmes est souvent considérée comme secondaire, accessoire, car privée de la référence majeure au phallus. Elle est utilisée de manière réductrice et caricaturale dans la pornographie comme objet de fantasme et de voyeurisme. La lesbophobie se traduit enfin par la peur et la haine envers les lesbiennes parce qu'elles transgressent les rôles féminin/masculin, et sont indépendantes des hommes sexuellement, et en partie économiquement. Elle se révèle être ainsi une discrimination selon le genre ».

La jouissance entre femmes fait peur ou fait fantasmer. Sans doute est-ce parce que le seul organe des femmes qui sert uniquement au plaisir a été longtemps ignoré des relations hétérosexuelles... le clitoris !

Un organe juste pour le plaisir

Le saviez-vous ?

Il semblerait pourtant que Colombo l'ait découvert dès le XVIe siècle. Non, pas le grand navigateur, mais l'anatomiste italien Realdo Colombo ! Celui-ci revendique cette découverte et décrit le clitoris comme « un organe si joli et tellement utile ». Un autre spécialiste du XVIe siècle, Fallopio (le même qui décrira précisément les trompes de Fallope), la lui dispute. Mais pour mettre tout le monde d'accord, on devrait pouvoir affirmer sans trop de risque que les femmes sont, sans aucun doute, les premières à avoir compris sa principale fonction !

Le clitoris, quésako ?

Le clitoris est un organe qui possède une tête avec un gland et se prolonge jusque dans le vagin. Il mesure entre 10 à 13 cm et possède pas moins de 8 000 terminaisons nerveuses ! Il est érectile, et ne sert qu'à une seule chose : prendre du plaisir !

Le saviez-vous ?

Selon un rapport sur l'éducation à la sexualité du Haut Conseil à l'égalité entre les femmes et les hommes (2016), « un quart des filles de 15 ans ne savent pas qu'elles possèdent un clitoris et 83 % d'entre elles ignorent sa fonction érogène ».

Comment ne pas faire le lien avec le fait que, sur les huit manuels de sciences de la vie de la terre des élèves de 4e, un seul représente correctement le clitoris ?

En 2016, Odile Fillod, chercheuse en sociologie des sciences et spécialiste des questions de genre, s'associe avec la réalisatrice Marie Docher pour créer la première représentation en 3D du clitoris. Depuis cette représentation en 3D, de nombreuses initiatives ont vu le jour pour déconstruire les idées reçues sur le clitoris et pour le faire connaître.

Événement marquant

Dès 2011, la campagne de sensibilisation de l'association Osez le féminisme ! « Osez le clito » avait permis de populariser le sujet. Elle avait alors suscité de nombreuses réactions, parfois violentes. Les médias titraient alors : « Avec la campagne Osez le clito : l'association Osez le féminisme ! va-t-elle trop loin ? » (*Marie-Claire*), « Osez le clito : la campagne agressive d'Osez le féminisme ! » (*Les Inrocks*) ou encore « Osez le clito : une bonne idée, une com'terrible » (*Madmoizelle*). Que de chemin parcouru depuis !

Pour aller plus loin

» **Voir *Clitoris*, un court-métrage d'animation de la réalisatrice québécoise Lori Malépart-Traversy**

» Suivre le compte Instagram @GangDuClito, géré par le collectif qui a lancé, en 2019, une pétition en ligne afin d'en finir avec « l'analphabétisme sexuel » et la méconnaissance du clitoris.

En finir avec l'excision

En plus d'être invisibilisé, le clitoris est parfois mutilé. Dans certaines cultures, la pratique de l'excision, qui consiste en l'ablation du clitoris, existe encore. Pourtant, comme le mentionne la convention d'Istanbul (voir chapitre 13), « aucune raison liée à la culture, la coutume, la religion, la tradition ou le prétendu "honneur" ne saurait justifier les mutilations sexuelles féminines ». Les données disponibles estiment que 53 000 femmes vivant en France sont excisées.

Le saviez-vous ?

Les mutilations sexuelles sont punies de 10 ans d'emprisonnement et de 150 000 euros d'amende. La peine encourue est portée à 15 ans si la mutilation permanente est commise sur un·e mineur·e de moins de 15 ans, à 20 ans si la personne qui la pratique est un·e ascendant·e ou parent·e légitime, naturel·le ou adoptif·ive ou par toute personne ayant autorité sur le ou la mineure, à 30 ans si la mutilation a entraîné la mort sans intention de la donner.

Corps et sexualités au pluriel

Depuis les années 1970, la dénonciation par les mouvements féministes et homosexuels d'un système patriarcal dominant et excluant a laissé place à une réflexion profonde réfutant les divisions binaires homme/femme, masculin/féminin, hétérosexuel/homosexuel. De plus en plus de personnes refusent aujourd'hui de rentrer dans ces cases préétablies et revendiquent d'autres possibles. Cette demande sociale de visibilité et d'inclusion pour toutes les personnes, quelle que soit la manière de se définir par rapport au sexe, aux normes de genre et aux sexualités, s'est traduite par l'émergence de nouveaux termes. L'acronyme LGBTQIA + est aujourd'hui le terme inclusif de plus en plus utilisé (voir chapitre 3).

Le saviez-vous ?

Aux États-Unis, de plus en plus de voix se font entendre pour ajouter « non binaire » comme troisième option d'assignation de sexe à l'état civil au-delà des deux options « homme » ou « femme » (*male* and *female* en anglais). Cette revendication est également de plus en plus soutenue en France.

Disposer de son corps, à tout prix ?

Les revendications féministes autour du « droit à disposer de son corps » ne se traduisent pas par les mêmes analyses pour toutes.

Prostitution, pornographie : une industrie lucrative

La prostitution et la pornographie font partie de ce qui est communément nommée « l'industrie du sexe ». En revanche, le vocabulaire utilisé par les féministes diverge selon leur position politique sur ces sujets.

Le saviez-vous ?

Les féministes dites « abolitionnistes » évoquent plutôt ces sujets en termes de traite des êtres humains à des fins d'exploitation sexuelle, de viols tarifés, de violences sexuelles, d'achat de l'impunité des violeurs, parlant de « victimes de la prostitution » ou de « personnes mises en prostitution ». Les féministes qui s'auto-nomment « pro-sexe » parleront plutôt de « travailleuses du sexe », des conditions de travail, d'échanges économico-sexuels.

La conférence de Pékin, les prémices d'un débat toujours aussi vif

La rupture entre les féministes a été consommée lors de la Conférence mondiale sur les femmes, dite « conférence de Pékin », en 1995. Une distinction est alors faite dans les textes entre « prostitution libre » et « prostitution subie », et le terme de « travailleurs/travailleuses du sexe » fait son apparition. Ce choix sémantique est critiqué par une partie des féministes, qui refusent de reconnaître la prostitution comme un travail et contestent l'association de l'idée de liberté à ce qu'elles considèrent comme une violence.

Événement marquant

Depuis le 24 février 2014, par le vote du rapport de l'eurodéputée Mary Honeyball intitulé *L'exploitation sexuelle et la prostitution et leurs conséquences sur l'égalité entre les hommes et les femmes*, l'Union européenne considère la prostitution comme une violence contre les femmes.

Des approches politiques différentes des États vis-à-vis de la prostitution :

Au niveau international, trois conceptions politiques des États vis-à-vis de la prostitution coexistent :

- Les États prohibitionnistes (les États-Unis, le Maroc, la Chine, l'Iran...) interdisent pénalement la prostitution. Les prostituées, les proxénètes et les clients sont considéré·e·s comme des délinquant·e·s.
- Les États réglementaristes (l'Allemagne, les Pays-Bas...) considèrent que la prostitution est une activité comme une autre, qu'il faut réglementer et réguler, en protégeant les droits des « travailleurs et travailleuses » et en prévenant les abus des employeurs.
- Les États abolitionnistes (la France, la Suède, l'Islande...) défendent l'idée que la prostitution est en soi une violence parce que le désir ne peut s'acheter et qu'elle est un obstacle à l'égalité femmes-hommes, qu'il convient d'abolir en tant que système. Les « clients » et proxénètes y sont pénalisés, les personnes prostituées peuvent bénéficier d'un accompagnement social et de protection contre les représailles.

Le saviez-vous ?

Le 1er janvier 1999, au nom de la lutte contre les violences faites aux femmes et de la dignité des êtres humains, la Suède est devenue le premier pays au monde à pénaliser l'achat de services sexuels (amendes proportionnelles aux salaires) et à reconnaître comme victimes les personnes prostituées.

En France, le choix d'une loi abolitionniste globale

Depuis de nombreuses années, des associations comme le Mouvement du nid et l'Amicale du nid accompagnent sur le terrain des femmes en situation de prostitution et mènent des actions de plaidoyer. En avril 2011, une mission d'information sur la prostitution en France est menée par les député·e·s Danielle Bousquet et Guy Geoffroy. Afin que ce rapport parlementaire aboutisse à un projet de loi, 62 associations se constituent en collectif : la plateforme Abolition 2012 est née. Ce collectif dénonce la prostitution comme un système marchand, classiste, raciste et sexiste qui vend et échange les femmes à travers le monde pour satisfaire le désir des « clients ».

Le saviez-vous ?

En 2011, quelques hommes francophones créent le réseau international Zéromacho pour dire publiquement non au machisme, en particulier sous sa forme extrême qu'est la prostitution. La militante féministe Florence Montreynaud est la marraine de leur association.

Voici un extrait de leur manifeste : « Nous refusons de vivre notre sexualité au travers de rapports marchands, et nous nous opposons au système prostitueur. Nous considérons donc qu'il faut responsabiliser et pénaliser les prostitueurs ("clients"). Nous pensons qu'il faut assurer la protection des femmes et des hommes dans la prostitution, et nous affirmons que toute personne est digne de respect : elle ne peut donc pas être un instrument de plaisir unilatéral, et elle ne se réduit pas à un corps dont on pourrait acheter l'intimité. Choisit-on d'être exploi-té·e ? Quel choix éclairé pourraient faire la plupart des personnes dans la prostitution, qui se trouvent au contraire dans une situation de contraintes, entre manque d'argent, rêves illusoires d'un bonheur matériel et ignorance de ce qui les attend ? Nous disons OUI à la liberté sexuelle ! OUI au désir et au plaisir partagés ! »

Événement marquant

En avril 2016, la France a adopté une loi visant à « renforcer la lutte contre le système prostitutionnel et accompagner les personnes prostituées ». Le vote de cette loi met la France en conformité avec ses positions historiques en faveur de l'abolition de la prostitution. On change complètement de paradigme ! La loi reconnaît la prostitution comme une violence et donc les prostituées comme des victimes et non plus comme des délinquantes. Cette loi, qui se décline en quatre axes (lutte contre le proxénétisme, éducation à la sexualité, interdiction de l'achat d'actes sexuels, parcours de sortie de la prostitution), est le fruit d'un travail rapproché entre parlementaires et associations féministes.

Événement marquant

La loi fixe désormais l'interdiction d'achat d'un acte sexuel : le fait de solliciter ou d'obtenir des relations de nature sexuelle en échange d'une rémunération ou d'un service (un logement par exemple) est puni d'une amende de 1 500 euros, et 3 750 euros en cas de récidive.

La pornographie, un instrument du patriarcat ?

Autre point de discussion : la pornographie. Certaines féministes considèrent que la pornographie revient à filmer et montrer des viols ou des scènes de violences et non de sexe. D'autres, au contraire, affirment qu'il s'agit d'un espace où les femmes peuvent, au nom de la libération sexuelle, se réapproprier leur sexualité. En cela, le débat sur la pornographie se pose, à peu de chose près, dans les mêmes termes que celui sur la prostitution.

Le saviez-vous ?

L'étymologie du mot « pornographie » nous vient du grec *pornographos*, de *pórnê* (prostituée) et de *graphô* (écrire). Il n'y a rien d'étonnant à ce que des mouvements féministes établissent un lien entre prostitution et pornographie.

Regarder du porno... puis acheter des femmes ?

Dans une enquête réalisée par le Mouvement du nid auprès de jeunes âgé·e·s de 15 à 24 ans, 20 % des garçons jugent que la pornographie est un bon moyen d'apprendre à faire l'amour (contre 4 % des filles). De manière générale, l'étude montre que les jeunes hommes qui regardent régulièrement de la pornographie ont tendance à penser qu'ils pourront un jour acheter un acte sexuel et que la prostitution n'est pas un frein à l'égalité femmes-hommes.

Le saviez-vous ?

D'après les chiffres publiés par l'Arcom, 55 % des hommes, mais aussi 51 % des garçons de 12 ans, se rendent en moyenne chaque mois sur un site pornographique, avec un âge de première exposition, souvent involontaire, dès 10 ans.

L'influence de la pornographie sur les plus jeunes

Une enquête de la plateforme Fil Santé Jeunes indique que :

» 66 % des filles interviewées pensent que les films pornographiques donnent une image négative de la femme, car elle y est traitée comme un objet.

» Et plus de la moitié pense que les hommes s'y comportent en dominateur.

Les conséquences de la pornographie sont croissantes sur la vie intime de toutes et tous. Pour les jeunes en particulier, elle constitue trop souvent un support d'apprentissage de la sexualité, tout en diffusant des diktats : épilation intégrale du pubis, *sextapes* (vidéo érotique ou pornographique amateure destinée à un visionnage privé), pratiques violentes, etc.

L'information sur la pornographie est prévue dans le cadre des programmes d'éducation à la sexualité dans les écoles. Mais la formation des enseignant·e·s sur ces sujets sensibles est très insuffisante (voir chapitre 13).

La pornographie peut-elle être féministe ?

Usant de la rhétorique du droit à disposer de son corps, du côté des féministes se revendiquant « pro-sexe », émerge un courant revendiquant la production d'un « porno féministe ».

La pornographie dite « féministe » prétend vouloir défendre des règles plus éthiques, notamment vis-à-vis des conditions de travail des actrices (rémunération raisonnable, accès à un suivi médical), mais aussi de leur consentement, qui devrait être sollicité à chaque étape, et par des films moins centrés sur le plaisir des hommes.

Pour aller plus loin

En 2020, le *New York Times* pointe la responsabilité du géant de l'industrie PornHub dans la diffusion – à leur insu – de vidéos de femmes, parfois mineures, victimes de *revenge porn*. En France, les investigations du journal *Le Monde* révèle que les sites internet French Bukkake et Jacquie et Michel masquent de vastes réseaux de proxénétisme et des contenus qualifiés de « viols déguisés ». Dans son rapport « Pornocriminalité : Mettons fin à l'impunité de l'industrie pornographique », le HCE pointe en 2023 ceci : « Dans l'industrie pornographique, des femmes et des filles sont massivement victimes de violences physiques et sexuelles. Les femmes, caricaturées des pires stéréotypes sexistes et racistes, sont humiliées, objectifiées, déshumanisées, violentées, torturées, subissant des traitements contraires à la fois à la dignité humaine et… à la loi française. »

On est loin de la sexualité désirée et source de plaisir…

Prostitution, pornographie… viol tarifé

Andrea Dworkin fait partie des féministes qui ont travaillé sur le lien entre viol, pornographie et prostitution.

> ***« Quand ton viol devient distraction, ta destruction est absolue. »***

Portrait de féministe

Essayiste américaine, **Andréa Dworkin** (1946-2005) est une féministe radicale (voir chapitre 10). Dans ses travaux, elle s'intéresse en particulier aux mécanismes des violences masculines, notamment dans l'industrie de la prostitution et de la pornographie.

« Mon corps m'appartient »

Aujourd'hui, le slogan « mon corps m'appartient » ne cesse encore de questionner. Il est brandi pour formuler de nombreuses revendications, parfois diamétralement opposées. Si les féministes partagent toutes un même idéal, celui de l'abolition du patriarcat, de l'égalité entre les femmes et les hommes, de la liberté des femmes à décider pour elles-mêmes, les modalités pour atteindre cet objectif diffèrent, tout comme l'analyse des mécanismes d'oppression. Les notions de libre arbitre, de consentement éclairé et de liberté sont passées au crible des luttes féministes, sociales et anti-racistes, sans pour autant aboutir aux mêmes conclusions.

Corps chassés, corps en luttes

Face à la domination masculine toujours vivace, des nouvelles formes de luttes viennent réinterroger le contrôle des corps des femmes.

Les Femen

Le mouvement féministe Femen, né en Ukraine et aujourd'hui présent dans plusieurs pays, développe une réflexion et des actions non violentes basées sur la provocation. Leur arme ? Inscrire des messages politiques sur leurs corps torse nu. C'est ce qu'elles nomment : le sextremisme.

Parole de féministe

« Que le corps devienne sujet. Un sujet qui crie, un sujet actif, un sujet qui exprime sa révolte et la jette aux visages des patriarches. [...] Nous nous réapproprions ce corps qui nous a été confisqué et déconstruisons les stéréotypes en exposant notre nudité dans un contexte politique » (Femen, *Manifeste*, 2015).

Pour mener ces actions coups de poing, les Femen se préparent mentalement, mais aussi physiquement pour riposter contre les forces de l'ordre ou des hommes qui les agressent durant leurs performances militantes.

Elles pointent un paradoxe. Alors même que des femmes sont représentées nues partout, dans les films, les magazines ou sur les publicités dans le métro, l'usage de la nudité comme moyen d'action politique dérange :

> ***« Le patriarcat n'a pas peur de nos seins s'ils se trouvent dans son lit ou dans une publicité, au service de son plaisir ou de ses intérêts mercantiles. »***

Et dénoncent un double standard. Il n'y a aucun problème à ce que des hommes soient torse nu sur les plages, en ville ou lors de compétitions sportives. Par contre, les tétons sont régulièrement censurés sur les réseaux sociaux, la tenniswoman Alizé Cornet a été sanctionnée en 2018 pour avoir laissé entrevoir sa brassière lors d'un match et l'ex-Femen Éloïse Bouton a été condamnée en 2019 pour « exhibition sexuelle ».

Auto-défense féministe

L'usage d'un discours guerrier ou de la force physique par les féministes en réponse aux violences masculines n'est pourtant pas une nouveauté... bien que les livres d'histoire ne les évoquent que rarement.

Événement marquant

Le 18 novembre 1910, en Grande-Bretagne, un rassemblement des suffragettes devant le Parlement est très violemment réprimé par la police. Plus de 200 femmes sont arrêtées, et nombreuses sont blessées : deux mourront des conséquences de leurs blessures. Après cet évènement tragique, les militantes durcissent encore leurs modes d'actions : casse de vitrines, caillassage de voitures des ministres, grèves de la faim... Elles se forment également aux arts martiaux afin de pouvoir se défendre, contre les violences policières ou contre les hommes dans la foule, lorsqu'elles sont sur scène ou dans des manifestations. Édith Garrud, petite femme de 1,50 mètre, sera la professeure attitrée des suffragistes. Elles seront appelées, ironiquement, les « Jiu-jitsuffragettes » !

Face à l'ampleur des violences masculines contre les femmes, l'action violente ou la violence des femmes nécessite sans aucun doute d'autres grilles d'analyse. La violence des femmes est encore aujourd'hui un impensé social, car elle trouble l'assignation de genre faite aux femmes, censées être douces, faibles et vulnérables...

Pour aller plus loin

- **Dans leurs travaux, les chercheuses Coline Cardi et Geneviève Pruvost cherchent à dénaturaliser, historiciser et re-politiser la violence des femmes : « Il s'agit bien pour nous de penser la violence des femmes et non de la prôner. » À lire : *Penser la violence des femmes*, La Découverte, 2012.**
- **Dans le podcast « Les combattantes » de la série « Un podcast à soi » sur Arte Radio, la parole est donnée à des femmes boxeuses et à la philosophe Elsa Dorlin pour son ouvrage *Se défendre, une philosophie de la violence* (2017).**

DANS CE CHAPITRE

L'espace public et ses injonctions patriarcales

•

Sports pour toutes

•

Culture sans elles

•

Aux grandes dames, la Matrie reconnaissante !

Chapitre 19
L'espace public

La lutte contre les inégalités professionnelles et les violences sont des combats féministes bien connus maintenant. Mais chausser les lunettes du genre, c'est aussi débusquer les inégalités entre les sexes partout où elles se nichent, notamment dans les espaces publics : c'est-à-dire tous les espaces que l'on fréquente ou que l'on traverse en dehors de chez soi. Les espaces du travail et de la politique ont été traités dans des chapitres précédents. Place maintenant aux rues, aux loisirs, à la culture et aux médias qui font notre quotidien.

Circulez, il n'y a rien à voir !

Insultes, sifflements, déshabillage du regard, exhibitionnisme… toutes les femmes en ont certainement fait l'expérience dans la rue ou les transports en commun. Longtemps tu, ce phénomène a aujourd'hui un nom : c'est le harcèlement dit « de rue ».

Harcèlement de rue ou harcèlement dans la rue ?

L'expression « harcèlement de rue » pose problème. D'une part, elle laisse entendre que c'est la rue qui harcèle et non pas des hommes. D'autre part, elle laisse entendre que la rue aurait le monopole de ces comportements, alors qu'ils sont aussi une réalité dans les transports ou dans tout type d'espaces publics.

Peu importe l'heure du jour ou de la nuit, la tenue qu'elles portent, le harcèlement des femmes fait trop souvent partie de leur quotidien, au point que toutes les femmes à travers le monde ont fait, font ou vont faire l'expérience d'agressions dans l'espace public.

La rue est à nous... aussi !

Longtemps passés sous silence, les violences et les comportements sexistes dans l'espace public ont été mis en lumière par des militantes féministes et des témoignages individuels. Depuis quelques années, elles sont très nombreuses à dénoncer cette violence du quotidien qui n'est pas sans conséquence sur leurs déplacements.

Une entrave à la liberté des femmes désormais punie

Une grande enquête de l'IFOP, publiée en 2018, met en lumière l'ampleur et le caractère multiforme des atteintes sexistes et sexuelles subies par les femmes dans l'espace public :

» Au cours de leur vie, 8 Françaises sur 10 ont déjà été confrontées à au moins une forme d'atteinte ou d'agression sexuelle dans la rue ou dans les transports en commun.

» Les sifflements (68 %) et les regards insistants (68 %) sont les comportements les plus répandus puis viennent les gestes grossiers à connotation sexuelle (32 %) et les remarques sexistes (34 %).

On sait par ailleurs que les femmes de moins de 30 ans, personnes racisées ou encore LGBTQIA+, sont surexposées à ces violences.

Sous l'impulsion de la secrétaire d'État Marlène Schiappa, l'outrage sexiste a été créé par la loi du 3 août 2018. Aujourd'hui, « l'outrage sexiste et sexuel » est une contravention punie de 1 500 euros d'amande ou, en cas de circonstance aggravante, un délit puni d'une amende maximale de 3 750 euros. De 2018 à 2023, 11 300 outrages sexistes ont été enregistrés par la police et la gendarmerie.

Événement marquant

En 2012, une étudiante belge, Sofie Peeters, met en ligne le documentaire *Femme de la rue*. Pendant une journée, elle filme en caméra cachée ce qu'elle vit dans la rue : des insultes et des agressions sexuelles nombreuses. Sa diffusion fait parler jusqu'en France. Dans la foulée, en mai 2014, la Belgique vote une loi sur le sexisme dans l'espace public.

Le harcèlement dit « de rue » a des incidences considérables sur la vie des femmes, tant il est quotidien. Les femmes se voient parfois obligées d'adopter des stratégies multiples pour tenter d'y échapper : changer de tenue vestimentaire – chaussures à talons *versus* baskets, robe *versus* pantalon –, changer d'itinéraires, faire semblant de téléphoner, avoir des écouteurs en permanence, etc.

En France, de nombreuses initiatives et organisations ont vu le jour sur ce sujet : Paye ta shnek, Stop harcèlement de rue, ou encore la campagne « Take back the metro » d'Osez le féminisme !.

Le premier rapport institutionnel sur le sujet est publié en avril 2015 par le Haut Conseil à l'égalité entre les femmes et les hommes. Il aboutira, quelques mois plus tard, à un plan gouvernemental qui prévoit notamment une campagne d'information dans les transports publics, l'expérimentation de « l'arrêt à la demande » pour les bus dans certaines villes, ou encore la formation des agent·e·s dans les stations.

Harcèlement de rue : sujet à toutes les fausses bonnes idées ?

Pour éviter les agressions, revenons à la non-mixité femmes-hommes ? C'est le retour en arrière pratiqué par certaines grandes villes à travers le monde ou par des compagnies de taxis qui se spécialisent avec des conductrices ne conduisant que des femmes. Effet pervers relevé à Mexico : les femmes qui fréquentent les wagons mixtes sont présumées être consentantes au fait d'être « tripotées »…

Le vrai sujet du harcèlement de rue est aussi l'objet de fausses informations quant au fait que ce phénomène serait majoritairement commis par des personnes étrangères. Si les chiffres du ministère de l'Intérieur démontrent le contraire, cela n'empêche pas de voir ressurgir régulièrement dans le débat public une instrumentalisation raciste du sujet.

Dans la rue et en ligne, les mêmes insultes sexistes

Les occasions d'insulter les femmes – en particulier du qualificatif de « salope » ou « pute » – ne manquent pas : à l'attention de celles qui ne sont pas conformes aux injonctions sexistes, de celles qui portent des vêtements jugés trop aguicheurs, des femmes libres, de celles qui refusent les avances ou qui « osent » répondre à un agresseur… ou tout simplement de celles qui « osent » sortir de chez elles !

Et quand un homme insulte un autre homme, il l'est souvent de « fils de pute ». Encore une fois, ici, c'est la femme, la mère qui est prise à partie.

Par ces insultes qui leur sont adressées directement ou indirectement, les filles et les femmes restent un territoire à posséder, de quelque manière que ce soit. C'est à travers elles qu'est jugé l'honneur du clan.

Événement marquant

Certaines féministes ont choisi de se réapproprier ces insultes pour les dénoncer. C'est le cas de la Slutwalk (« la marche des salopes »), une marche qui a eu lieu la première fois en 2011, à Toronto. Elle est, depuis, devenue un mouvement international, qui dénonce les violences sexistes et sexuelles contre les femmes.

Sexisme sur la Toile

L'avènement des réseaux sociaux a aussi fait émerger une nouvelle forme de violence sexiste : la cyber-violence. Elle se traduit par des injures, du harcèlement, des menaces, de l'atteinte à la vie privée, dans l'espace numérique. Les filles et les femmes qui s'expriment sur les réseaux sociaux sont plus exposées à des rappels à l'ordre sexistes, voire à du harcèlement sous forme de « raids numériques ». Des femmes publiques, aux premiers rangs desquelles celles se revendiquant féministes, en font régulièrement l'expérience. C'est le cas de la youtubeuse Marion Seclin qui a reçu plus de 40 000 messages après avoir posté une vidéo sur le harcèlement de rue. C'est l'une des quatre femmes de quatre pays différents suivies dans le documentaire des réalisatrices québécoises Léa Clermont-Dion et Guylaine Maroist *Je vous salue salope : la misogynie au temps du numérique* (2023).

Les conséquences sont massives et parfois dramatiques, en particulier chez les plus jeunes. En 2016 à Lisieux (Calvados), Juliette, âgée de 15 ans, s'est jetée sous un train. Des photos d'elle dénudée circulaient de portable en portable dans tout le lycée, elle était victime de cyberharcèlement et de chantage.

Le saviez-vous ?

Le cyberharcèlement est un délit, punissable de peines de prison et d'amendes. Il peut prendre la forme d'un harcèlement moral, harcèlement scolaire ou harcèlement sexuel et est un élément aggravant de ces types d'harcèlement. Ces dernières années, des lois sont venues spécifiquement interdire certaines des manifestations du cybersexisme, tel que les raids de harcèlement ou encore le *revenge porn*. Le *revenge porn* consiste à mettre en ligne ou à diffuser, sans le consentement de la victime, des photos ou vidéos à caractère intime ou sexuel, souvent dans un but de vengeance après une rupture, ou pour faire du chantage à propos des contenus détenus. Le fait que la victime ait elle-même envoyé ses photos à celui qui fut son copain à une époque n'y change rien.

Pour aller plus loin

Le collectif Féministes contre le cyberharcèlement lutte contre cette forme de violence et propose sur son site des articles pour comprendre le phénomène. Les militantes rappellent aussi le cadre législatif et les procédures à suivre en cas de harcèlement sur leur site Internet.

Voyager en étant une femme seule

Dans ces conditions, pas étonnant que, lorsqu'une femme souhaite voyager seule, elle recueille des réactions apeurées, consternées, ou au contraire d'admiration appuyée du fait du risque envisagé ou imaginé. L'organisation patriarcale est efficace : elle présente le monde comme un danger pour les femmes qui s'y aventurent seules.

Mais depuis fort longtemps déjà, les femmes explorent les contrées lointaines, à la recherche d'aventures, bravant les stéréotypes et les interdits. Les noms de grands voyageurs et d'aventuriers sont aujourd'hui plus connus que ceux des grandes voyageuses. Pourtant elles existent, elles ont juste, là aussi, été invisibilisées.

Portrait de féministe

Née en 1868 et décédée à l'âge de 101 ans, **Alexandra David-Neel** est difficile à catégoriser tant elle était une femme extraordinaire. Elle fut exploratrice, aventurière, chanteuse d'opéra, journaliste, anarchiste, féministe. Elle réalise l'exploit de pénétrer, en 1924, dans la ville tibétaine de Lhassa, alors interdite d'accès aux étranger·e·s, après plus de 2 000 kilomètres de marche. Elle écrit aussi dans le journal féministe *La Fronde*, fondé par la journaliste et actrice Marguerite Durand.

Faites un test, prenez n'importe quel guide de voyage, de n'importe quel pays ou ville et regardez le nombre de femmes illustres mentionnées dans celui-ci... Oui, c'est souvent décevant.

Pour aller plus loin

Afin de voyager tout en découvrant des femmes qui ont marqué l'histoire d'une ville ou d'un pays, n'hésitez pas à rechercher une visite guidée féministe du lieu où vous êtes ! Ces visites se multiplient et rendent « femmage » aux femmes jusqu'alors invisibilisées ou oubliées. Les journées du « Matrimoine » sont aussi l'occasion de rééquilibrer notre histoire collective.

Sport pour tous, loisirs pour toutes ?

Comme nous l'avons vu dans le chapitre précédent, de tout temps, le contrôle du corps des femmes a été une obsession de la domination masculine. Et s'émanciper de ce contrôle a été un enjeu féministe majeur. Il n'est donc pas étonnant que la pratique du sport par les femmes se soit heurtée à de nombreuses représentations sexistes.

Femmes et hommes font du sport, mais...

Selon les chiffres de l'INJEP, en 2022, en France :

» 59 % des femmes pratiquent régulièrement une activité sportive (une fois par semaine) contre 62 % des hommes. L'écart sexué de pratique sportive a été divisé par deux entre 2018 et 2022, tant sur la pratique occasionnelle que régulière.

» La marche, la course ou les sports aquatiques et nautiques sont quasiment pratiqués par autant de femmes que d'hommes.

» En revanche, les femmes pratiquent plus souvent que les hommes des activités de forme et de gymnastique, quand les hommes pratiquent plus souvent des sports collectifs (football, rugby, handball...) ou des sports de cycles.

» Enfin, les femmes sont moins nombreuses à participer à des tournois et compétitions ou à disposer d'une licence (22 % des femmes pratiquantes contre 33 % des hommes).

Pour aller plus loin

Deux films évoquent avec émotion et justesse les barrières que doivent surmonter les filles et les garçons pour s'affranchir des stéréotypes de sexe. Dans le mythique film *Billy Elliot* (1999), le jeune Billy, poussé par son père, fait de la boxe mais, en réalité, c'est la danse classique qui le passionne. Dans le percutant film *Marinette* (2023), la réalisatrice Virginie Verrier revient sur la vie, la carrière footballistique exceptionnelle et les courageux combats de la footballeuse Marinette Pichon. Et pendant ce temps-là, la Fédération française de football n'accorde toujours pas le statut de joueuse professionnelle aux femmes de l'équipe de France...

Le sport qui met en jeu les corps est la face émergée des représentations et des normes en termes de beauté, de sexualité ou de maternité. Les gymnases et les stades ne sont pas épargnés... la manière de filmer ou de commenter les compétitions sportives non plus !

Le saviez-vous ?

De 2012 à 2022, le temps d'antenne consacré à la retransmission de compétitions sportives entre femmes n'a progressé que de 10 %. Et selon l'ARCOM (2023), quand les médias audio et TV traitent de sport, on compte seulement 20 % de femmes parmi les journalistes et ces dernières n'ont la parole que durant 12 % du temps...

Des lois et des femmes !

Face à ces constats, à partir des années 1990, les pouvoirs publics s'intéressent à la question de la pratique sportive des femmes. Des tentatives de réponses politiques se succèdent, portées notamment par des femmes.

Le saviez-vous ?

En l'espace de 25 ans (de 1993 à 2024), la France a compté pas moins de 10 femmes ministres des Sports : Michèle Alliot-Marie, Marie-George Buffet, Roselyne Bachelot, Rama Yade, Chantal Jouanno, Valérie Fourneyron, Najat Vallaud-Belkacem, Laura Flessel, Roxana Maracineanu et Amélie Oudéa-Castéra. La grande majorité d'entre elles se sont revendiquées féministes et ont affiché la volonté d'agir pour une meilleure prise en compte des femmes dans le sport.

Quelques dates clés des politiques publiques ministérielles en faveur de la pratique sportive des femmes

1994 : la première conférence internationale sur les femmes et le sport se tient à Brighton, à l'initiative du British Sport Council. 280 représentant·e·s de gouvernements et d'ONG participent, mais la France ne délègue aucun officiel.

1999 : les premières assises du sport féminin, initiées par la ministre Marie-Georges Buffet, réunissent 500 personnes et aboutissent aux premiers financements de projets sur le thème « Femmes et sport ».

2004 : à la demande du gouvernement, le premier rapport institutionnel intitulé « Femmes et Sport » est remis par Brigitte Deydier, ancienne championne de judo. Elle y pointe notamment la nécessité de « contraintes réglementaires et financières » pour garantir la présence de femmes à tous les niveaux de responsabilités.

2005 : depuis 2005, le ministère de la Santé et des Sports et le Comité national olympique et sportif français, organisent les « concours Femmes et sport » dont l'objectif est de promouvoir l'image, la place et le rôle des femmes dans les pratiques physiques et sportives.

2012 : à la suite de la réunion d'un comité interministériel aux droits des femmes et à l'égalité, le ministère en charge du Sport recense dans sa « feuille de route » toutes les actions qu'il mène ou s'engage à mener pour favoriser l'égalité dans le sport.

2013 : les fédérations sportives sont contraintes de mettre en place des plans de féminisation.

2013 : le ministère des Sports débloque 1 million d'euros par an pour soutenir la médiatisation des compétitions sportives de femmes et handisport.

2014 : la loi pour l'égalité réelle entre les femmes et les hommes instaure des obligations paritaires pour les fédérations sportives, proportionnelles à la part d'hommes et de femmes parmi les licencié·e·s de chaque discipline.

2022 : la loi visant à « démocratiser le sport en France » renforce les obligations paritaires des instances dirigeantes fédérales (objectif 50/50 dès 2024) et les étend à leurs organes régionaux ainsi qu'aux bureaux des comités nationaux olympiques et paralympiques.

Les médias, vecteurs d'une culture de l'égalité ?

Ceux que l'on désigne comme étant le « quatrième pouvoir » ne sont pas toujours des porte-voix du féminisme. À qui tendent-ils le micro et quelle image des femmes et des hommes nous donnent-ils à voir ?

Chassez le sexisme par la porte, il revient par la fenêtre...

Dans son rapport annuel 2024 sur la représentation des femmes à la télévision et à la radio, l'ARCOM (ex-CSA) révèle ceci :

» Les femmes restent minoritaires en plateau à la télévision et à la radio, quoique plus nombreuses : 43 % en 2023 contre 38 % en 2016. Des progrès notables concernent en particulier la part des femmes expertes (+13 points depuis 2016), alors que la chute avait été spectaculaire au moment de la crise du Covid-19 (seulement 9 % de femmes expertes dans les médias en mars 2020).

» Mais les hommes conservent 66 % du temps de parole, et cette situation empire même de 2 points entre 2019 et 2023 !

» Les déséquilibres sont particulièrement patents s'agissant des femmes et hommes politiques, et s'agissant des programmes sportifs.

Prenons la Une... dès le réveil !

L'association de journalistes Prenons la Une agit pour une plus juste représentation des femmes dans les médias et l'égalité au sein des rédactions. Elle succède ainsi à l'Association des femmes journalistes (1981-2014). Son travail de réalisation d'enquêtes, de soutien aux victimes de sexisme, de formation ou encore d'interpellation publique est essentiel. C'est, par exemple, grâce au travail de l'association qu'un coup de projecteur a été mis en 2017 sur les « mati-mâles » des six radios nationales les plus écoutées de France : le 4 septembre 2017, jour de l'enquête, aucune femme n'était alors aux manettes de la tranche 7 heures-9 heures en semaine. Et malheureusement, ce jour-là était un jour ordinaire...

Sexisme à la rédac

Et le sexisme est également très présent. En 2019, trois associations – Prenons la Une, Nous Toutes et Paye ton journal – ont mené une enquête auprès de femmes journalistes. Les résultats sont édifiants : 67 % des répondantes ont déjà été victimes de propos sexistes et 13 % d'agressions sexuelles au sein de leur rédaction. Une étude, *Women in News*, de l'université de Londres (2022) indique quant à elle que 40 % des femmes journalistes auraient vécu une forme de harcèlement sexuel.

Événement marquant

Le 14 février 2019, plus de 900 journalistes publient une tribune dans *Le Monde* pour dénoncer un « sexisme systémique qui ronge la profession ». Cette prise de position fait écho à l'affaire de la « Ligue du LOL » qui éclatait quelques jours plus tôt révélant le harcèlement sexiste à l'encontre de femmes, mené par un groupe de journalistes et publicitaires durant plusieurs années (voir chapitre 8).

Quelle image des femmes nous montrent les médias ?

La publicité et les programmes télé peuvent contribuer à diffuser des stéréotypes sexistes, voire des propos et des comportements violents contre les femmes. Celles-ci sont souvent réduites à quelques rôles : sujets passifs, mères disponibles et dévouées, second rôle ou objets sexuels.

Depuis la loi du 4 août 2014 sur l'égalité réelle entre les femmes et les hommes, l'ARCOM (ex-CSA) s'est vu confier une mission de veille : « d'une part, à une juste représentation des femmes et des hommes dans les programmes des services de communication, d'autre part, à l'image des femmes qui apparaît dans ces programmes, notamment en luttant contre les stéréotypes, les préjugés sexistes, les images dégradantes, les violences faites aux femmes et les violences commises au sein du couple ». Il est également possible de déposer plainte *via* un formulaire disponible sur le site internet de l'ARCOM !

Événement marquant

Le 7 décembre 2016, dans l'émission « Touche pas à mon poste », l'animateur Cyril Hanouna a conduit une chroniqueuse, qui avait les yeux fermés, à poser sa main sur son sexe. Après avoir reçu de nombreuses plaintes de téléspectateur·rice·s et d'associations féministes, le CSA (désormais ARCOM) a sanctionné la chaîne C8 de deux semaines d'interdiction de diffusion de publicité. L'argent, toujours le nerf de la guerre… Depuis, et face à des manquements graves et divers, les sanctions se sont multipliées contre l'émission et son animateur vedette, notamment à la suite d'insultes sexistes ou d'agressions sexuelles en plateau. En 2024, l'ARCOM décide de ne pas renouveler l'autorisation de diffusion sur la TNT à C8.

Stop aux pubs sexistes !

« Que cherche à vendre cette pub ? » On se pose souvent la question face à de nombreux spots ou affiches qui représentent une femme dénudée, sexualisée, parfois tournée en ridicule. Il faut dire que le procédé est courant et révolte les féministes depuis longtemps. Depuis 1999, l'association Les Chiennes de garde, dénonce régulièrement les publicités sexistes et interpellent les marques. Plus récemment, le compte twitter @PepiteSexiste a été créé dans le but de compiler un florilège de publicités sexistes. Par la mobilisation des internautes et le *bad buzz*, les féministes parviennent, parfois, à faire retirer certaines d'entre elles !

« Les mots tuent »

« Ivre, il frappe sa femme pour des grumeaux dans la pâte à crêpes », « crime passionnel », « drame familial », « morte d'avoir été trop belle », « par jalousie, il assassine son infirmière » : voilà des exemples (véridiques) de titres d'articles que l'on peut trouver dans la presse nationale ou régionale.

Inversion de la culpabilité, récit romantique, voire humoristique, des causes supposées des coups ou d'un féminicide, ce traitement médiatique contribue à banaliser, voire à excuser les violences. Des mots qui tuent une deuxième fois.

Des initiatives féministes se multiplient pour dénoncer ces pratiques et proposer des mots plus justes. C'est par exemple le cas de l'association de femmes journalistes Prenons la Une qui propose aux rédactions 11 bonnes pratiques pour mieux parler des violences contre les femmes, inspirées de médias espagnols. Exemples ?

» **bannir les termes « crime passionnel » ou « drame familial » ;**

» **écarter les verbes « avouer » et « reconnaître » lorsque l'on rapporte les déclarations d'une victime ;**

» **ne pas confondre « harcèlement sexuel », « agression sexuelle » et « viol » ;**

» **traiter le meurtre conjugal et les violences sexuelles comme un problème de société et non comme un fait divers.**

Parole de féministe

L'historienne Christelle Taraud, autrice du livre *Féminicides : une histoire mondiale* (éditions La Découverte, 2022) affirme que « le *crime passionnel* n'existe pas, c'est une construction issue des systèmes patriarcaux. C'est une expression extrêmement problématique qui est en train de disparaître du paysage social, mais aussi du paysage médiatique. »

Culture sans elles

En octobre 2017 éclate « l'affaire Weinstein », du nom d'une des personnalités les plus influentes d'Hollywood. 93 femmes artistes de renommée internationale accusent le réalisateur de viols et/ou d'agressions sexuelles. La déflagration provoquée par cette affaire est impressionnante, sa répercussion mondiale. Pour révéler que bien d'autres femmes ont été victimes et que les agresseurs sont nombreux, le hashtag #MeToo diffusé par l'actrice Alyssa Milano incite les femmes à raconter sur les réseaux sociaux ce qu'elles ont vécu (voir chapitre 8).

Si le monde de la culture n'a certainement pas le monopole des violences contre les femmes, il n'est pour autant pas surprenant que ce soit dans ce secteur que la dénonciation ait pris un nouvel essor. En effet, que ce soit à la télévision, au cinéma, au théâtre, dans la musique, les arts plastiques ou visuels, les femmes artistes n'échappent pas aux injonctions en tous genres, quand elles ne sont pas tout simplement rayées du scénario ! C'est bien connu : les hommes créent, les femmes procréent !

Ces hommes qui font leur cinéma

Selon le ministère de la Culture (2023) :

- **56 % des courts-métrages sont réalisés par des hommes, et cela grimpe à 70 % pour les longs-métrages. Cela évolue très lentement au cours de la dernière décennie.**

Événement marquant

En 2018, après l'affaire Weinstein, l'association Le Deuxième Regard devient le Collectif 50/50 et rassemble des professionnelles du cinéma et de l'audiovisuel. Leur première action collective, menée par Agnès Varda et Cate Blanchett, prend place sur le tapis rouge du Festival de Cannes pour dénoncer le plafond de verre.

César et Palmes : la très lente reconnaissance des femmes

- Moins d'un film sur dix primé aux César a été réalisé par une femme, depuis 1976.
- 95 % des Palmes d'or ont été décernées à des hommes, depuis la création du Festival international de Cannes en 1945.
- Seules trois femmes réalisatrices ont reçu la Palme d'or : Jane Campion en 1993 pour *La Leçon de piano* (elle était ex-æquo avec le réalisateur chinois Chen Kaige !) ; Julia Ducournau en 2021 pour *Titane* ; et Justine Triet en 2023 pour *Anatomie d'une chute*.

Parole de féministe

« Pourquoi accepter que cet art que nous aimons tant, cet art qui nous lie soit utilisé comme une couverture pour un trafic illicite de jeunes filles ? Parce que vous savez que cette solitude, c'est la mienne, mais également celle de milliers dans notre société. Elle est entre vos mains. Nous sommes sur le devant de la scène. À l'aube d'un jour nouveau. Nous pouvons décider que des hommes accusés de viol ne puissent pas faire la pluie et le beau temps dans le cinéma. » **Judith Godrèche**, actrice et réalisatrice, extrait de son discours lors de la cérémonie des César 2024, en pleine vague #MeToo dans le cinéma.

Quand la musique sonne, sonne... mâle !

Que ce soit la musique classique, le jazz, l'opéra, le rap, etc., la musique n'échappe pas aux mécanismes observés dans d'autres domaines : ségrégation des choix d'instrument et des métiers, inégalités en termes de salaires, financements, programmation et récompenses.

Hyacinthe Ravet, musicologue et sociologue, s'intéresse par exemple au « sexe des instruments ». Elle montre que, dès le plus jeune âge, filles et garçons ne jouent pas des mêmes instruments : aux garçons la trompette ou la batterie, aux filles la harpe, la flûte traversière... ou la voix !

Le saviez-vous ?

En 2019, l'Association française des orchestres publie un bilan peu rassurant : en 10 ans, la part des femmes parmi les 25 orchestres enquêtés a à peine augmenté, passant de 33 % à 36 %. Pour faire émerger de nouveaux talents, la Philharmonie de Paris et le Paris Mozart Orchestra organisent depuis 2020, et tous les deux ans, le concours international de cheffes d'orchestre « La Maestra ».

Les musiques actuelles (rock, électro, pop...), pourtant perçues comme plus « modernes » n'échappent pas non plus aux inégalités femmes-hommes. Une étude menée par le Haut Conseil à l'égalité sur les plus gros festivals français montrait que les têtes d'affiche sont bien souvent... des hommes :

- **seulement 19 % des artistes programmé·e·s en solo sont des femmes ;**
- **93 % des groupes sur scène sont composés majoritairement ou exclusivement d'hommes et 5 % sont mixtes ;**
- **les groupes majoritairement ou exclusivement composés de femmes sont l'exception : ils représentent 2 % des groupes programmés.**

Pour aller plus loin

La militante féministe et journaliste Éloïse Bouton a créé le site internet « Madame Rap », dédié aux femmes dans le hip-hop, afin de recenser et de rendre visible les femmes artistes dans cette discipline, pour lutter contre les représentations qui sont véhiculées sur le rap et les rappeuses dans les médias.

Les artistes féministes sont dans la place !

De plus en plus d'artistes, comédiennes, chanteuses, réalisatrices, humoristes, plasticiennes, etc., revendiquent leur engagement féministe et cela se ressent dans leur art. Dans le milieu des arts plastiques, même si la visibilité des plasticiennes est encore faible, Niki de Saint Phalle, Orlan, Miss Tic ou Louise Bougeois, ont réussi à se faire un nom.

Le saviez-vous ?

Le collectif Guerilla Girls lutte depuis 1984 contre la sous-représentation des femmes dans le monde de l'art à travers des affiches, des performances et des actions. S'inscrivant dans un courant intersectionnel (voir chapitre 11), elles privilégient l'action directe et l'anonymat par le port de masques de gorille.

Du côté des humoristes et des comédiennes, après que Muriel Robin ou encore Florence Foresti ont ouvert la voie, une nouvelle génération de femmes engagées, brillantes et drôles prennent la scène. L'humour aussi est un outil de lutte féministe et elles préfèrent en rire et faire rire pour éveiller les consciences. Il n'en demeure pas moins que la parité dans le domaine de l'humour reste encore une vaste blague : on compte 1 femme pour 6 hommes dans le stand-up.

Les politiques d'égalité femmes-hommes dans la culture

Depuis le milieu des années 2000, la question de la place des femmes a fait son entrée dans la politique culturelle… une petite entrée ! Les actions concrètes ont commencé à se démultiplier très récemment.

En 2018, plus de dix ans après deux rapports fondateurs – les rapports Reine Prat (voir encadré ci-après) –, le Haut Conseil à l'égalité a publié le rapport *Inégalités entre les femmes et les hommes dans les arts et la culture – Acte II : après 10 ans de constats, le temps de l'action*. Il souligne notamment que l'articulation des temps de vie professionnelle et personnelle est particulièrement difficile dans le secteur culturel, du fait notamment :

- **des horaires atypiques (les spectacles et tournage de nuit, etc.) ;**
- **de « la culture du présentéisme et de l'irremplaçabilité », notamment pour représenter la structure auprès des différents publics ou partenaires en dehors des horaires de travail habituels, empiétant sur la vie privée ; l'idée que les postes à responsabilité et la maternité sont difficilement conciliables est encore prégnante.**

D'autres enjeux sont pointés : la lutte contre les représentations dénigrantes, dégradantes ou violentes des femmes, la lutte contre les violences – qui passe notamment par la communication sur les numéros d'écoute et d'orientation pour les victimes de violences (3919 notamment) –, ou encore le travail de mémoire concernant la contribution des femmes à l'histoire de l'art, pour valoriser le matrimoine !

Le saviez-vous ?

Le ministère de la Culture est un des premiers à avoir appliqué la démarche d'éga-conditionnalité prônée par le Haut Conseil à l'égalité. Cette démarche vise à conditionner l'accès aux financements publics à des objectifs d'égalité femmes-hommes. Le Centre national du cinéma a ainsi instauré un « bonus parité » pour les films dont les équipes sont paritaires, ou encore a conditionné ses aides financières à une formation obligatoire concernant le harcèlement sexuel.

Quelques dates clés des politiques publiques ministérielles pour améliorer la place des femmes dans le monde des arts et de la culture

2006 et 2009 : Reine Prat, inspectrice générale du ministère de la culture rend deux rapports qui contribuent à rendre visibles les très fortes inégalités femmes-hommes dans le secteur de la culture, en particulier du spectacle vivant.

2013 : création d'un Observatoire de l'égalité au ministère de la Culture et de la Communication. Une circulaire prévoit que la nomination des dirigeant·e·s des organismes subventionnés du spectacle vivant et des arts plastiques, la composition des jurys de sélection de ces dirigeants et que la composition des listes restreintes des candidat·e·s pré-sélectionné·e·s soient paritaires.

Juillet 2016 : la loi relative à la liberté de création, à l'architecture et au patrimoine (LCAP) prévoit dans son article 3 que « la politique en faveur de la création artistique favorise l'égalité entre les femmes et les hommes dans tous les domaines de la création artistique ».

Février 2018 : remise du rapport du Haut Conseil à l'égalité sur les inégalités dans le secteur culturel à Françoise Nyssen, ministre de la Culture. Le rapport promeut la démarche d'éga-conditionnalité des financements publics.

Septembre 2018 : premières assises sur l'égalité dans le cinéma. Le Centre national du cinéma propose un bonus financier pour les films dont les équipes techniques sont mixtes.

Mars 2019 : déploiement de l'éga-conditionnalité ; 15 médias signent la charte « Les médias s'engagent contre le harcèlement sexuel et les agissements sexistes » ; 38 écoles supérieures de la culture ont signé une charte d'égalité.

Aux grandes dames, la Matrie reconnaissante !

Comme l'écrivait l'autrice Virginia Woolf dans *Une chambre à soi* en 1929 : « Le plus souvent dans l'histoire, "anonyme" était une femme. » Cette citation pourrait résumer à elle seule l'invisibilisation, voire l'effacement, des femmes de notre histoire.

Maintenant que Simone veille...

Depuis la Révolution française, la France honore les personnes qui ont contribué au rayonnement de la « patrie » à travers la science, les arts, la philosophie ou la politique. C'est notamment le cas au Panthéon, à Paris. « Aux grands hommes, la Patrie reconnaissante » peut-on lire sur son fronton. Elle a tenu parole : les hommes y sont largement honorés. Les femmes y sont tout juste tolérées... : on y dénombre environ 1 femme pour 10 hommes.

En 1907, Sophie Berthelot est la première femme à entrer au Panthéon. Elle y est en qualité « d'épouse de » Marcellin Berthelot, homme politique et chimiste, car les époux ne voulaient pas que la mort les sépare. En 1995, c'est au tour de Marie Curie, double prix Nobel de chimie et de physique, d'entrer au Panthéon, 60 ans après sa mort.

Le saviez-vous ?

En 2012, le Collectif pour des femmes au Panthéon lance une pétition à l'adresse du président de la République d'alors, François Hollande, afin que des femmes entrent au Panthéon.

Depuis, davantage de place aux femmes est accordée dans les décisions de panthéonisations. C'est ainsi que, ces dernières années, de grandes femmes ont eu la reconnaissance de la patrie : Germaine Tillion, Geneviève de Gaulle-Anthonioz, Simone Veil, Joséphine Baker ou encore Mélinée Manouchian.

Événement marquant

Face à cette invisibilisation des femmes, l'association HF, qui dénonce les inégalités entre les femmes et les hommes dans les milieux de l'art et de la culture, a été, en septembre 2015, à l'initiative des premières « journées du matrimoine », qui se sont déroulées en même temps que les 32es journées du patrimoine.

Patrimoine et matrimoine

Le mot « patrimoine » tire son origine du latin et désigne l'« ensemble des biens, des droits hérités du père ». Afin de ne pas passer sous silence l'héritage artistique, historique et politique laissé par les femmes, les féministes se sont réappropriées le terme de « matrimoine ».

Le masculin l'emporte sur le féminin… Vraiment ?

Le masculin ne l'a pas toujours emporté sur le féminin en grammaire. Jusqu'au XVIIe siècle, tous les noms de métiers et fonctions exercé·e·s par des femmes étaient accordé·e·s au féminin (marchande, abbesse, administeresse, enchanteresse, doctoresse, charpentière).

Le saviez-vous ?

Ce sont les réformes des grammairiens et lexicographes qui ont imposé la règle du « neutre masculin » ou encore du « masculin l'emporte sur le féminin ». L'argument alors avancé par l'académicien Claude Favre de Vaugelas est révélateur : « Le masculin est plus noble que le féminin. »

Si l'on y regarde de plus près, alors qu'user du féminin ne pose aucun problème pour certains métiers (infirmières, institutrices, actrices, boulangère…), cela se corse quand on touche aux fonctions valorisées socialement. Il est plus rare de lire ou d'entendre procureure, rectrice, maîtresse de conférences, chercheuse… ou encore autrice !

Événement marquant

Les circulaires du 11 mars 1986 et du 6 mars 1998 relatives à la féminisation des noms de métier, fonction, grade ou titre, ont été les premières mesures institutionnelles pour inciter les administrations à systématiquement accorder celles et ceux-ci au sexe de la personne qui les occupent.

Parler des hommes… et des femmes

Les mots sont importants. Le langage est porteur de normes et de représentations, il exprime notre vision du monde et il a la puissance d'agir sur nos pensées, nos représentations, nos émotions. Notre manière de parler et d'écrire n'est pas neutre : si elle est porteuse de sexisme aujourd'hui, elle peut être un vecteur d'égalité demain. C'est pourquoi de nombreuses féministes ont décidé de mener cette bataille culturelle.

« Écriture inclusive » ou « communication égalitaire » ?

Écriture égalitaire ou épicène, communication non sexiste, non discriminante ou inclusive, quelle que soit la formulation choisie, l'objectif est le même : écrire et parler en rendant visibles, à l'écrit, aussi bien les femmes que les hommes.

Soyons précis ! Promouvoir l'égalité dans l'écriture et le langage permet de mieux tenir compte de la réalité :

» **Lorsque l'on parle de femmes et d'hommes : dire « ils sont arrivés » pour parler de 99 femmes et 1 homme est inexact.**

» **Débuter un discours en lançant un « Bonjour à tous » quand on s'adresse à une audience majoritairement composée de femmes est excluant !**

Parole de féministe

« Ce changement ne consiste pas seulement à ajouter des points ici et là ou à admettre la féminisation de certains titres. En attirant l'attention sur les modalités de l'expression, sur le fonctionnement de l'outil qui nous sert à penser et à écrire, sur les lieux parfois bien obscurs où se cache le sexisme, l'écriture inclusive jette une lumière crue sur les mécanismes de la domination ordinaire » (Éliane Viennot, linguiste et historienne, autrice de *Non, le masculin ne l'emporte pas sur le féminin*, 2017).

Pour aller plus loin

Le *Guide pratique pour une communication sans stéréotype de sexe* publié par le Haut Conseil à l'égalité en novembre 2015 et édité en 2017 par la Documentation Française, propose 10 recommandations pratiques pour communiquer de manière égalitaire.

Quelques astuces pour bien inclure !

– Accorder systématiquement les dénominations de métiers, de fonction et de grade au genre de celle ou de celui qui l'occupe ou en est titulaire. Ex. : directeur, directrice/chercheur, chercheuse/ingénieur, ingénieure

– Accorder dans la correspondance, les noms de titre au genre de celui ou celle qui en est titulaire. Ex. : Préférez « Madame la maire » à « Madame le maire » ; préférez « Madame la préfète » à « Madame le préfet ».

– User du féminin et du masculin lorsque le message s'adresse à toutes et tous. Ex. : les citoyens et les citoyennes, les femmes et les hommes. Et si cela est trop long, il y a une autre solution, choisissez un mot englobant : le peuple, les humains.

La pérille mortelle !

« Prenant acte de la diffusion d'une "écriture inclusive" qui prétend s'imposer comme norme, l'Académie française élève à l'unanimité une solennelle mise en garde. [...] Plus que toute autre institution, l'Académie française est sensible aux évolutions et aux innovations de la langue, puisqu'elle a pour mission de les codifier. En cette occasion, c'est moins en gardienne de la norme qu'en garante de l'avenir qu'elle lance un cri d'alarme : devant cette aberration "inclusive", la langue française se trouve désormais en péril mortel, ce dont notre nation est dès aujourd'hui comptable devant les générations futures. » (Extrait de la déclaration sur l'écriture inclusive adoptée à l'unanimité des membres de l'Académie française, le 26 octobre 2017.)

« Péril mortel ». Rien que ça ! Mais face aux arguments des féministes, l'Académie fera marche arrière... ou en avant toute : en février 2019, elle reconnaît enfin l'usage du féminin dans les titres de fonctions... Mieux vaut tard que jamais ?

Pour aller plus loin

« La pérille mortelle » est un spectacle de la comédienne et autrice Typhaine D que vous pourrez retrouver sur son compte YouTube. L'occasion de revenir de manière humoristique sur des débats qui secouent l'actualité, et de faire entendre d'autres possibles pour la langue, et l'égalité !

Vous aussi vous vous dites que l'écriture inclusive, c'est lourd ? Que c'est difficile à adopter ? Que c'est moche ? Et si on vous disait que tout ce livre a appliqué l'ensemble des recommandations citées plus haut ? Cela vous a-t-il dérangé·e ? Non ? Alors, vous voyez bien, l'égalité c'est pas « sorcière » !

Partie 5

La partie des Dix

Dans cette partie . . .

Pas de livre « pour les Nuls » sans la fameuse partie des Dix. Vous trouverez dans cette partie des ressources pour aller plus loin, prendre les bons réflexes au quotidien, pratiquer le féminisme en chantant ou en (re)regardant de grands films féministes ! Et 10 personnalités féministes qui s'adressent à vous !

Chapitre 20
Dix personnalités s'adressent à vous

Michelle Perrot

Biographie

Michelle Perrot (née à Paris en 1928) est historienne. Après l'agrégation (1951), elle enseigne dans le secondaire, soutient un doctorat (1971) sur « les ouvriers en grève ». Elle mène ses recherches sur le travail et le monde ouvrier, la marginalité et la prison, et surtout l'histoire des femmes, qu'elle développe vigoureusement à l'université Paris 7-Jussieu, où elle est nommée professeure en 1974. Elle codirige avec Georges Duby *L'Histoire des femmes en Occident. De l'Antiquité à nos jours* (Paris, Plon, 1991-1992, 5 volumes), traduite en une quinzaine de langues. Parmi ses ouvrages personnels, on citera *Les Femmes ou les Silences de l'histoire* (Flammarion, 1998) ; *Histoire de chambres* (Le Seuil, 2009, Prix Femina Essai) ; *Mélancolie ouvrière* (Grasset, 2011), histoire d'une ouvrière en soie de l'Isère, dont Gérard Mordillat a tiré un film éponyme (2018) et *Le Temps des féminismes* (Grasset, 2023).

Témoignage

– Comment êtes-vous devenue féministe ?

– Élevée par des parents progressistes, étudiante dans la Sorbonne d'après-guerre relativement égalitaire, je n'ai pas éprouvé de difficultés particulières dans mes choix intellectuels et professionnels. J'ai été très tôt une admiratrice de Simone de Beauvoir, de sa vie libre et créatrice et une lectrice de ses œuvres, notamment *Le Deuxième Sexe* (1949). Je suis devenue féministe engagée par le Mouvement de libération des femmes des années 1970. À la fois dans les manifestations pour les libertés de contraception, d'avortement de ces années tumultueuses ; et par les enseignements et recherches que j'ai pu développer à Jussieu où j'étais professeure. En 1973, nous avons lancé un cours, « Les femmes ont-elles une histoire ? », qui rompait avec le silence sur l'histoire des femmes qui régnait à l'Université. Début d'une longue aventure, marquée notamment par la publication de *L'Histoire des femmes en Occident. De l'Antiquité à nos jours* (5 volumes, 1991-92), qui a fait date. Les travaux se sont multipliés, un véritable champ de recherches s'est développé où le féminisme tient une place de choix.

– Que diriez-vous à une petite fille ou un petit garçon d'aujourd'hui ?

– Je leur dirais : soyez libres, soyez bien dans votre corps de fille ou de garçon. Aucun espace, aucun jeu, aucun sport, aucun savoir ne vous sont interdits. Jouez ensemble ou séparément selon votre envie. Mais respectez l'autre, quels que soient son sexe ou sa couleur de peau. Et puis sachez que décidément non, même en orthographe : « Le masculin ne l'emporte pas sur le féminin ».

– Quel est l'enjeu d'avenir majeur pour le féminisme selon vous ?

– Le féminisme est une des plus grandes forces de transformation sociale. Il lui faut se battre pour une égalité des sexes inachevée et toujours menacée et qui est la condition d'une véritable liberté amoureuse, hétéro ou homosexuelle. En France et en Europe qui ouvre beaucoup de virtualités pour les femmes et les rapports de sexes, dans le monde où il y a tant à faire pour lutter contre les obscurantismes persistants. En dépit de réels progrès, les femmes demeurent les principales victimes d'un système patriarcal oppresseur.

Le féminisme, c'est l'avenir du monde.

Leila Slimani

Biographie

Née en 1981 à Rabat (Maroc), diplômée de l'Institut d'études politiques de Paris et de l'ESCP, **Leïla Slimani** est une journaliste et écrivaine franco-marocaine. Elle a notamment publié deux romans aux Éditions Gallimard : *Dans le jardin de l'ogre* et *Chanson douce*, pour lequel elle a obtenu le prix Goncourt (2016). Elle est la 12e femme à avoir remporté ce prix créé en 1903. Elle est également l'autrice d'une bande dessinée, *Paroles d'honneur*, et d'un essai, *Sexe et mensonges : la vie sexuelle au Maroc*, parus aux Éditions Les Arènes. En 2017, elle publie *Simone Veil, mon héroïne* (Éditions de l'aube) et co-écrit en 2024 le spectacle de la cérémonie d'ouverture des Jeux olympiques de Paris.

Témoignage

« Avant d'être féministe, j'ai été misogyne. Quand, enfant, j'ai compris que les filles avaient moins de liberté que les garçons, quand j'ai entendu pour la centième fois les gens plaindre mon père de ne pas avoir d'héritier mâle, j'ai voulu être un garçon moi aussi. Et puis l'adolescence est venue. J'ai lu Virginia Woolf et Simone de Beauvoir. J'avais 13 ans quand des étudiantes algériennes ont été assassinées pour avoir refusé de porter le voile. Au temps du déni ont succédé celui de la colère puis celui du combat. Au Maroc, où j'ai grandi, les femmes pouvaient à l'époque être répudiées, perdre la garde de leurs enfants, se voir imposer par leur mari une deuxième épouse. J'avais 23 ans quand cette loi fut modifiée. Aujourd'hui encore, elles n'ont pas le droit d'avorter et sont supposées arriver vierge à leur nuit de noces puisque les relations sexuelles hors mariage sont interdites.

Être féministe pour moi c'est évidemment m'élever contre cette injustice, refuser que le fait de naître femme ait pour conséquence aliénation, dépendance et infériorité juridique. Mais être féministe c'est, de manière plus générale, refuser toute forme d'injustice, toute discrimination, toute humiliation, que celle-ci soit motivée par le genre, la couleur de la peau, les choix sexuels ou la classe sociale.

En tant que femme, je porte en moi la mémoire tremblante de siècles de domination, de violence, et je crois que cette sensibilité-là doit se mettre au service de tous ceux qui souffrent, elle doit exprimer le refus d'un monde où la liberté des uns s'épanouit aux dépens de celle des autres. »

Christine Delphy

Biographie

Née le 9 décembre 1941 à Paris, **Christine Delphy** obtient une licence de sociologie en 1961.

En 1962, elle bénéficie d'une bourse d'échange entre l'université de Paris et l'université de Chicago. Acceptée à l'université de Berkeley, elle suit, pendant l'année 1963, des cours de sociologie, en particulier avec le professeur Goffman, avant d'être embauchée au sein de la section locale de Washington D.C. de The National Urban League, qui militait contre les discriminations commises envers les Noirs.

À la fin de l'été 1964, elle rentre en France et obtient, en 1965, un poste de « vacataire » dans un laboratoire du CNRS, le Centre de sociologie rurale. Figure importante de ce qui deviendra le Mouvement de libération des femmes, elle participe en 1968 à la création du groupe Féminin, masculin, avenir, et fonde avec Monique Wittig les Gouines rouges, mouvement radical féministe lesbien.

En 1970, elle devient « chercheur » au CNRS. Puis « directrice de recherches », toujours au CNRS, en 2003.

Parmi ses ouvrages majeurs, on retient *L'Ennemi principal – Tomes 1 et 2* (Syllepse, 1998 et 2001). En 2011, elle coordonne l'ouvrage *Un troussage de domestique* (Syllepse) analysant les réactions à l'arrestation de Dominique Strauss-Kahn à New York.

Témoignage

– Comment êtes-vous devenue féministe ?

– Je suis devenue féministe très tôt, mais sans connaître le mot. Je me plaignais souvent des choses qui nous étaient interdites et de celles qui nous étaient prescrites parce que nous étions des filles. Un jour, mon père m'a dit : « Ne sois pas féministe ! », comme il m'aurait dit : « Ne mets pas tes doigts dans ton nez ! »

Mes parents étaient tous les deux pharmaciens et travaillaient durant les mêmes heures. Cependant, à la maison, c'était ma mère qui faisait la cuisine et le ménage. Dès l'âge de 11 ans, j'étais révoltée contre cette injustice.

Nos parents ne nous ont en revanche jamais parlé de mariage. Ils nous trouvaient très intelligentes et ne nous parlaient que des études que nous allions faire, surtout ma mère.

Je n'ai donc jamais perçu les garçons ou les hommes comme mes supérieurs, mais j'étais consciente qu'eux se croyaient supérieurs, ce qui m'horripilait.

En 1968, j'ai rejoint un petit groupe qui s'appelait Féminin Masculin Action- ouvertement féministe. En 1968, ayant rencontré d'autres groupes, nous créions le MLF.

– *Quel est l'enjeu d'avenir majeur pour le féminisme selon vous ?*

– Dans le MLF, nous passions notre temps à nous dire les unes aux autres : « Mais telle action ou telle campagne ne suffira pas ! » Et c'était vrai bien sûr : le patriarcat est un système, ou, d'une façon plus imagée, un château fort ; toutes les issues en sont bien gardées, et si par hasard on trouve une porte ouverte, on est vite rattrapées.

Et surtout, chaque inégalité est soutenue par les autres : ainsi non seulement l'inégalité sur le marché du travail soutient-elle le non-partage du travail domestique, qui elle-même soutient la première, mais la domination sexuelle fait de même – dans laquelle il faut inclure les viols, mais aussi la prostitution, les « blagues » sur les femmes, la discrimination à l'embauche, etc.

Elle est elle-même soutenue par l'idéologie, freudienne ou pas, de la complémentarité. Un système, ça tourne. C'est quasiment impossible de trouver LE fil qui serait à son origine : on ne peut pas le démêler comme une pelote.

Aussi ne préconiserais-je aucune mesure ou campagne dirigée vers tel ou tel but : aujourd'hui je dirais qu'il faut tout attaquer en même temps – et si ce même temps ne peut être ainsi dispersé, attaquer « dans le désordre ». C'est un système bien rond, bien fermé, et tout ce qui peut l'affaiblir, en quelque partie que ce soit de sa carapace, est bon à prendre. Les dénonciations du harcèlement sexuel n'ont pas des effets limités à cette campagne. Celle-ci rend toutes les femmes plus sûres d'elles-mêmes, plus indignées et plus dignes, plus fortes pour le prochain combat.

Sylvie Fofana

Biographie

Sylvie Fofana est une activiste féministe née dans les années 1960 en Côte d'Ivoire. C'est en 1992 qu'elle arrive en France enceinte de 5 mois. Elle est hébergée par son oncle, qui la met à la porte alors que son enfant n'a que 8 mois. En janvier 1995, elle s'oriente vers le métier de garde d'enfants.

Après avoir été exploitée par plusieurs employeurs, elle crée en octobre 2009 l'Association des nounous d'Île-de-France. Constatant l'absence de syndicat, elle fonde au mois d'avril 2012, avec 35 nounous, le premier syndicat de la branche : le Syndicat national des auxiliaires parentales (SNAP), qui s'affilie à l'UNSA en septembre 2012. Le SNAP assure ses permanences à la bourse du travail à Paris X^{e}, métro République.

Elle reçoit la médaille de l'Ordre national du mérite en France en 2016 et en Côte d'Ivoire en 2017.

Témoignage

– Comment êtes-vous devenue féministe ?

– En 1986 alors que j'étais enceinte de mon premier fils, mon employeur d'alors me licencie sans indemnités. Selon lui je n'avais pas le droit de tomber enceinte parce que je venais juste de commencer à travailler dans sa pharmacie. Cette injustice m'est restée en travers de la gorge pendant plusieurs années.

Aussi depuis ma plus tendre enfance, j'ai souvent vu autour de moi beaucoup de violences faites aux femmes : mariage forcé des mineures, excision, polygamie (j'en ai été victime deux fois), non-scolarisation des jeunes filles en milieu rural, violences conjugales (j'en ai été victime également), et les licenciements abusifs des femmes parce qu'elles sont enceintes...

Je me suis donc dit qu'il était temps d'agir. J'ai trop mal au cœur lorsque je vois une femme souffrir. Je m'évertue aujourd'hui à faire comprendre aux femmes et aux filles que rien ne doit justifier les violences dont elles sont victimes. Et surtout leur expliquer qu'elles ne peuvent et ne doivent pas être responsables des violences qu'elles subissent.

– Que diriez-vous à une petite fille ou un petit garçon d'aujourd'hui ?

– Je dirais à une petite fille d'aujourd'hui qu'elle a les mêmes droits que le petit garçon. Qu'elle a le droit de jouer avec les petites voitures. Qu'il n'y a pas de jouets réservés spécialement aux garçons. Qu'il n'y a pas non plus des métiers réservés qu'aux personnes du sexe masculin. Qu'elle peut être aussi pilote de ligne, mécanicienne, pompier et j'en passe.

– Quel est l'enjeu d'avenir majeur pour le féminisme selon vous ?

– L'enjeu majeur d'avenir pour le féminisme est que les femmes partout dans le monde devront toujours continuer à relever des défis afin de préserver les acquis au sein de la société. Les enjeux, bien que d'ordre socio-culturel et institutionnel, ne sont pas les mêmes à travers le globe. En Afrique, les femmes subissent des violences au quotidien, depuis des abus physiques et sexuels aux violences sociales (mariage précoce et forcé, polygamie, mutilations génitales, rites du veuvage...). Les femmes doivent donc investir les lieux institutionnels nationaux et internationaux pour mener des actions en direction des décideurs tout en travaillant à la base au niveau de la masse pour changer les mentalités. L'espoir est permis ! »

Anne-Cécile Mailfert

Biographie

Anne-Cécile Mailfert est née en 1984 à Nancy. Elle est diplômée de l'IEP de Lille et de l'université de Salamanque (Espagne). Elle est la présidente de la Fondation des femmes, qu'elle a créée en 2016. La Fondation collecte des dons pour soutenir les initiatives en faveur des droits des femmes. D'abord engagée au sein du Mouvement du nid de 2009 à 2013, elle fut ensuite présidente et porte-parole d'Osez le féminisme ! de 2013 à 2015. Elle a publié *Ils ne décideront plus pour nous* (2015) et *Tu seras une femme* (2017).

Témoignage

– Comment êtes-vous devenue féministe ?

– Assez naturellement, je m'engage contre les injustices que je vois, quelles qu'elles soient. Mais on peut dire que je suis devenue féministe à l'adolescence, lorsque j'ai ressenti le besoin de me rebeller par rapport à la place qui m'était assignée en tant que femme. C'était mal vu– ça l'est toujours – pour une fille de sortir du rang. Par la suite, les événements de ma vie n'ont fait que confirmer qu'être femme, c'est avoir un destin particulier, plein d'obstacles. À vingt-cinq ans, il m'est devenu évident que, si je devais consacrer mon engagement à une cause, ce devait être la cause des femmes, celle que je vis.

– Que diriez-vous à une petite fille ou un petit garçon d'aujourd'hui ?

– Dans *Tu seras une femme*, j'essaie de transmettre des éléments simples d'analyse féministe à la génération qui arrive, ce qui m'aurait peut-être aidé, il y a quelques années, à traverser des épreuves. Si je résume en quelques mots, les inégalités sont toujours là et rien n'est acquis en matière de droits des femmes. La première chose à faire est d'être honnête avec soi-même et les autres sur ce point.

– *Quel est l'enjeu d'avenir majeur pour le féminisme selon vous ?*

– L'enjeu majeur du féminisme aujourd'hui, c'est de gagner ! Cela ne concerne pas seulement une thématique car la force du féminisme, c'est qu'il touche à tous les domaines de la société. Le féminisme, c'est aussi bon pour tout le monde. Il porte en lui-même des solutions aux problématiques actuelles : environnement, économie, racisme... J'aimerais que la génération qui vient ne soit plus seulement celle qui alerte, qui dénonce, mais celle qui fait de l'égalité une réalité.

Rokhaya Diallo

Biographie

Rokhaya Diallo est une journaliste, autrice et réalisatrice reconnue pour son travail en faveur de l'égalité raciale, de genre et religieuse. Elle est chroniqueuse dans plusieurs émissions télévisées françaises et dans la presse internationale.

Depuis 2018, elle réalise avec Grace Ly le podcast *Kiffe ta race*, diffusé sur la plateforme Binge Audio. Rokhaya Diallo a également produit plusieurs documentaires, dont *De Paris à Ferguson : coupables d'être noirs*, tourné en France et aux États-Unis. Elle est autrice de plusieurs livres, dont *Racisme : mode d'emploi* (Larousse, 2011).

Témoignage

– *Comment êtes-vous devenue féministe ?*

– En classe de seconde, j'ai choisi l'option sciences éco. J'ai eu un choc lorsque notre enseignante nous a énoncé une vérité sociologique : « Les diplômes dévalorisent les femmes sur le marché matrimonial. » Plus une femme était diplômée, moins elle avait de chances de se marier. Cette choquante injustice plaçait les femmes ayant un certain capital intellectuel comme peu désirables. À l'époque, j'avais tempéré cette donnée en l'analysant comme valide uniquement sur le marché hétérosexuel. Je sais aussi aujourd'hui que la vie n'est pas que simple binarité.

– *Que diriez-vous à une petite fille ou un petit garçon d'aujourd'hui ?*

D'apprendre à se connaître et à s'écouter. De suivre ses désirs et ses envies, même si elles ne sont pas conformes à ce que l'on attend de nous. Si l'on est dans une position dominante et donc pas visée par le sexisme, il faut prendre conscience des avantages que cela procure. De la même manière, il faut apprendre aux petites filles à dire « non », à ne pas accepter ce qu'elles ne veulent pas pour plaire.

Je dirais à une petite fille ou à un petit garçon : « Tu es valable parce que tu es toi, quels que soient tes facilités, tes difficultés, tes choix, ta personne mérite le respect. »

– Quel est l'enjeu d'avenir majeur pour le féminisme selon vous ?

L'éradication des violences, c'est ce qui cause le plus de dommages aux femmes à tous les niveaux. Elles sont en permanence exposées, aux violences, verbales, sexuelles et physiques qui parfois les mènent à la mort. C'est la culture du viol, les attitudes qui normalisent les agressions contre les femmes et remettent en cause la nécessité de leur consentement, dont il faut venir à bout. Dès l'enfance, il faut prévenir les éléments culturels qui favorisent cette violence.

Melissa Plaza

Biographie

Ex-joueuse professionnelle de football, internationale, **Melissa Plaza** est également diplômée d'un doctorat en psychologie du sport et spécialiste des questions d'égalité femmes-hommes et des stéréotypes de genre. Désormais cheffe d'entreprise, elle s'attache à transmettre, au travers de ses conférences, les valeurs qui lui sont chères : la liberté individuelle et le mieux-vivre ensemble. Elle est l'autrice du livre *Pas pour les filles ?*, publié en mai 2019 aux Éditions Robert Laffont.

Témoignage

– Comment êtes-vous devenue féministe ?

– Féministe, je le suis d'abord devenue par la force des choses. Quand on est confrontée au sexisme et à la misogynie dès son plus jeune âge, qu'on refuse autant la fatalité que le manque de discernement, c'est inexorable. Et c'est tant mieux. Je suis aussi devenue féministe par choix. En refusant de me conformer aux diktats de la société et en mettant tout en œuvre pour réaliser un rêve qu'on me disait impossible. Finalement, être footballeuse professionnelle et féministe, c'est une évidence. Presque un pléonasme.

– Quel est l'enjeu d'avenir majeur pour le féminisme selon vous ?

– La prise de conscience féministe, à l'instar de celle environnementale, est une nécessité absolue et ne peut plus attendre. Les gens doivent comprendre que le progressisme se cristallise précisément dans les questions d'égalité femmes-hommes.

Tous ces crimes, toutes ces violences encore commises impunément contre et envers les femmes partout dans le monde sont insupportables ! Et ce silence assourdissant qui les entoure et les conforte, l'est plus encore !

Tous ces gens inaccomplis, qui ne sont ou ne font pas, qui n'aiment ou ne rêvent plus, sont juste en quête de liberté. Alors j'aimerais que nous puissions, femmes et hommes, faire ensemble l'expérience d'une liberté réelle, où chacun·e peut s'épanouir pleinement.

– *Que diriez-vous à une petite fille ou un petit garçon d'aujourd'hui ?*

– Aux petites filles d'aujourd'hui je leur dirais d'être sorores et de ne laisser personne leur dicter la vie qu'elles doivent mener. Je dirais aux petits garçons d'éviter le piège de la masculinité toxique, du jeu des ego et de développer le plus possible leur sensibilité.

Noémie de Lattre

Biographie

Née en 1977, **Noémie de Lattre** est actrice depuis 30 ans. Elle a écrit des pièces de théâtre, des sketchs télévisés, des chroniques radio, des saynètes théâtrales, des courts-métrages, des poèmes, des nouvelles, des scénarios, des projets de séries. En 2016, elle publie l'essai *Un homme sur deux est une femme*, aux Éditions Flammarion, puis *Journal : l'histoire de mon cœur et de mon cul* (Albin Michel, 2022). Elle interprète sur scène le spectacle *Féministe pour homme* à partir de 2017, puis *L'Harmonie des Genres* depuis 2023.

En 2024, elle reçoit le prix Nouveau Talent humour – one woman show de la Société des auteurs et compositeurs dramatiques.

Témoignage

– *Comment êtes-vous devenue féministe ?*

– Je suis devenue féministe lorsque j'ai compris que tout ce qui me mettait en colère, les injustices que je subissais et les inégalités que j'observais, était lié à mon genre.
Je suis devenue féministe énervée lorsque je suis tombée enceinte.
Je suis devenue féministe accomplie lorsque je suis montée en scène.

– Quels enjeux pour le féminisme à l'avenir ?

Pour l'instant, on considère encore les femmes comme une catégorie (au même titre que les homos, les personnes âgées, les chômeurs, les handicapés ou les migrants par exemple), alors que les femmes représentent plus de la moitié de la population mondiale et qu'on en trouve dans toutes ces catégories ! Il y a des femmes migrantes et des femmes âgées, et même des femmes homos ET handicapées ET chômeuses !, ce qui fait qu'on a tendance à considérer le féminisme – qu'on devrait d'ailleurs plutôt appeler « lutte contre les sexismes et la gynophobie » (LSG) ou « lutte pour l'égalité des sexes » (LES) – comme un « combat de niche ».

Non : les rapports de domination d'un genre sur l'autre ne sont pas un détail ! C'est même à mon avis un des enjeux majeurs des prochaines années. Mais pour cela, je pense qu'il faut cesser de catégoriser les sujets d'inégalité (« l'excision, c'est plus grave que le harcèlement de rue »), et même cesser de considérer séparément les sujets.

En fait, en s'attaquant indépendamment aux salaires, à l'obstétrique, à la langue, à l'éducation, etc., c'est comme si on voulait éteindre la lumière dans un immeuble en dévissant chaque ampoule au lieu d'aller directement au disjoncteur !

Considérer le problème de la domination masculine (et blanche, valide, riche, hétéro, etc.) dans son ensemble, au lieu de s'attaquer à mille problèmes séparément, est à mon sens la prochaine étape que le « féminisme » doit franchir : allons au disjoncteur ! (Jamais je n'avais autant parlé d'électricité !)

Victoire Tuaillon

Biographie

Victoire Tuaillon, diplômée de Sciences Po Paris, est journaliste et autrice. Elle a travaillé au journal télévisé de France 2, élevé des chèvres dans une communauté andalouse, lu des centaines d'ouvrages pour une émission littéraire télévisuelle. Elle est aujourd'hui rédactrice en chef à Binge Audio, qui produit son podcast *Les Couilles sur la table*, dans lequel elle interroge depuis 2017 les masculinités en compagnie d'expert·e·s généralement universitaires. Elle en a tiré un livre, paru chez Binge Éditions en 2019.

En 2021, elle lance son nouveau podcast *Le Cœur sur la table*, également adapté en livre.

Témoignage

– *Quel est l'enjeu majeur d'avenir pour le féminisme selon vous ?*

– Je dirais que c'est : comment réussir à ce que les savoirs créés par des militant·e·s et expert·e·s féministes soient enfin pris en compte pour révolutionner nos institutions et nos politiques publiques ? Car ce ne sont pas des savoirs abstraits ou qui n'auraient vocation à n'être utilisés que dans un cadre privé : le féminisme nous force à repenser entièrement le monde dans lequel nous vivons : nos politiques internationales, notre Code du travail, notre système d'aides sociales, etc. Quelles politiques mener pour que le travail de *care* – c'est-à-dire s'occuper des vieux, des enfants, des personnes malades, de la maison – qui échoit toujours en majorité aux femmes, cesse d'être effectué gratuitement ou mal rémunéré ? Comment parvenir à la création d'un congé obligatoire et rémunéré pour le second parent, d'une durée suffisante pour favoriser un véritable partage des tâches et empêcher les discriminations liées à l'embauche des femmes ? Comment changer notre système judiciaire et pénal pour que les violences sexuelles soient enfin prises au sérieux ? Comment aménager des villes féministes ? L'enjeu est donc aussi idéologique, pour faire prendre conscience au plus grand nombre que les problématiques féministes nous concernent absolument toutes et tous ; ce ne sont pas des problèmes de femmes. Cela implique que ceux qui s'identifient comme hommes doivent aussi être partie prenante de cette lutte et devenir des alliés.

Léa Lejeune

Biographie

Journaliste, entrepreneuse et autrice, **Léa Lejeune** a également co-fondé l'association Prenons la Une, qui réunit des femmes journalistes et plaide pour un meilleur traitement médiatique des violences sexistes et sexuelles et l'égalité professionnelle dans les rédactions. Spécialiste des sujets écos, elle publie en 2021 *Féminisme Washing : quand les entreprises récupèrent la cause des femmes* (Seuil). Elle a co-fondé la newsletter et application « Plan Cash », centrée sur l'éducation financière et l'investissement, et destinée aux femmes.

Témoignage

– Comment êtes-vous devenue féministe ?

– J'ai grandi dans une famille où chacun collait parfaitement aux stéréotypes de genre. Grand, brun, autoritaire, mon père était « grande gueule » et exerçait un métier physique. Douce, organisée, discrète, ma mère lui laissait prendre toute la place. Je n'ai jamais correspondu aux assignations de genre : j'avais un avis sur tout, j'aimais faire des bêtises (des expériences ?), j'étais bordélique. Très jeune, j'ai senti un traitement différencié des garçons et des filles à l'école et une éducation différente entre mon frère et moi. Lui échappait aux corvées et pouvait sortir sans encombre. J'avais beau être bonne élève, je collectionnais les punitions. En fac de philosophie à 17 ans, j'ai lu Simone de Beauvoir et j'ai compris que cette injustice pouvait se réparer grâce au féminisme.

– Que diriez-vous à une petite fille ou un petit garçon d'aujourd'hui ?

– Sens-toi libre de faire ce que tu veux, de t'exprimer comme tu veux, toutes les portes te sont ouvertes.

– Quel est l'enjeu d'avenir majeur pour le féminisme selon vous ?

– La prochaine étape est d'éduquer les petits garçons. On est en train de former des générations de femmes au féminisme, de leur expliquer qu'elles peuvent s'approprier les attributs dits « masculins ». Mais on a laissé les hommes de côté. Ils ont encore des difficultés à exprimer leurs émotions, à écouter, à s'occuper des enfants, du *care*. Cela contribue à créer des couples hétérosexuels malheureux où les attentes des uns et des autres sont déçues. Sans parler des amitiés dysfonctionnelles et des managers bancals…

Chapitre 21
Dix films à voir absolument

Depuis plus d'un siècle, le cinéma façonne notre imaginaire collectif. Il raconte (ou masque) la diversité des réalités. Le cinéma nous fait rêver, détend, révolte, permet l'évasion, réveille les consciences, émeut, érige des modèles, ouvre l'horizon des possibles, fait voyager, permet de comprendre l'autre… Et, comme toute production humaine, le cinéma n'est pas neutre. Tout est question de regards et de partis pris. Et jusqu'à présent dans le cinéma, c'est en général un mâle qui tient la caméra et les premiers rôles, à de rares exceptions près. Cela évolue, mais encore trop lentement pour parvenir à un véritable partage du pouvoir dans le 7e art.

Le saviez-vous ?

Aujourd'hui en France, les hommes dirigent 4 sociétés de production cinématographiques sur 5 et réalisent 4 films sur 5. Par une logique d'entre soi et de cooptation, cela s'amplifie en matière de reconnaissance et de récompenses. Dans l'histoire des César, deux femmes ont reçu celui de la meilleure réalisation : Tonie Marshall pour *Vénus Beauté (Institut)* en 2000 et Justine Triet en 2024 pour *Anatomie d'une chute*, soit moins de 1 % de statuettes attribuées à des femmes. Au-delà, qui tient les premiers rôles ? Quelles images des femmes et des hommes, positives et négatives, stéréotypées ou diverses sont montrées à l'écran ? Quelles problématiques, quelles matières à réfléchir sont mises en avant ? Le féminisme en tant que mouvement social et politique est-il porté à l'écran ? Concernant cette dernière question, c'est récemment surtout que des réalisatrices ont porté l'engagement féministe en tête d'affiche. Comment parler de cinéma sans rendre hommage aux grandes réalisatrices qui ont su s'imposer dans un monde d'hommes et ainsi contribuer à l'héritage cinématographique ? Parmi les Françaises, citons les pionnières Alice Guy-Blaché, Agnès Varda, Nicole Garcia, Coline Serreau, Ariane Mnouchkine, Danièle Thompson…

Cette sélection de 10 films répond à la volonté d'être paritaire, de traverser les continents – de la Grande-Bretagne à l'Arabie Saoudite en passant par la France, l'Inde ou les États-Unis –, de proposer une diversité de genres cinématographiques et de sujets et de s'intéresser davantage à des trajectoires collectives qu'individuelles. Vous ne retrouverez donc pas ici les biopics féministes sur Frida Kahlo, Violette Leduc, Françoise Sagan, Chavela Vargas, Coco Chanel, Ruth Bader Ginsburg, Mary Shelley et tant d'autres. En fin de chapitre, et pour aller plus loin, retrouvez d'autres références de films, séries, super-héroïnes… Bons films !

Les Suffragettes (2015)

De la réalisatrice britannique Sarah Gavron (1 h 47). Un film aussi fort qu'informatif sur l'alliance de femmes de toutes conditions début 1900 pour conquérir le droit de vote en Angleterre. L'action commence en 1912, le droit de vote sera obtenu en 1918. *Les Suffragettes* nous rappelle combien ces femmes pionnières ont usé d'actions radicales, au péril de leur vie parfois, pour conquérir un droit dont elles pensaient être le premier pour atteindre l'égalité des sexes dans toutes les sphères : le droit à une citoyenneté pleine et entière. La violence est prégnante, celle des conditions de travail des ouvrières, comme celle dont doivent user des militantes pour se faire entendre et gagner l'espace public, ou celle encore de la répression policière et sociale à laquelle elles font face. Meryl Streep joue Emmeline Pankhurst, l'une des fondatrices du mouvement suffragiste anglais. Une scène mémorable porte à l'écran le moment historique en 1913 où la suffragette Emily Davison meurt en se jetant sous les sabots d'un cheval, lors d'une course hippique importante. Ce film aurait été un « sans-faute » s'il avait également rendu hommage au rôle joué à l'époque au sein du mouvement suffragiste par les femmes indiennes, nombreuses alors en Angleterre et dans l'empire britannique. L'alliance des femmes et des causes est indispensable, de toutes les femmes et de toutes les causes.

Portrait de la jeune fille en feu (2019)

Quatrième film de la réalisatrice française Céline Sciamma (2 h). Avec Adèle Haenel et Noémie Merlant. *Portrait de la jeune fille en feu* retrace une histoire d'amour lesbienne à la fin du XVIIIe siècle. Marianne, interprétée par Noémie Merlant, est peintre et doit réaliser le portrait de mariage d'Héloïse (Adèle Haenel), jeune femme de la noblesse qui résiste à son destin d'épouse en refusant de poser. Marianne est donc présentée à Héloïse comme dame de compagnie et doit l'observer pour mémoriser ses traits. Les femmes, leur sororité et leurs destins contraints crèvent l'écran de ce film 100 % *female gaze*.

Portrait de la jeune fille en feu a notamment reçu le prix du scénario et la Queer Palm au Festival de Cannes 2019, ainsi que le César de la meilleure photographie aux César 2020.

We are coming, chronique d'une révolution féministe (2023)

Réalisé par Nina Faure, le documentaire *We Are Coming* mêle récit de l'intime et chronique sociale, capturant les questionnements et apports d'une décennie de luttes féministes. Tout commence en 2014, lorsque deux amies, Nina et Yéléna, explorent les tabous autour du plaisir sexuel des femmes et l'invisibilisation de l'anatomie du clitoris. Ce questionnement personnel s'élargit à une réflexion sociale et politique, alimentée par des rencontres avec des sociologues, activistes et enseignantes, et l'organisation de groupes de parole réunissant des femmes de tous horizons.

Le film suit l'engagement croissant des deux amies dans le combat féministe, révélant les connexions entre violences sexuelles, exploitation du travail des femmes, enjeux de classe et de race. En déconstruisant la binarité femmes-hommes et en politisant le corps et la sexualité, *We Are Coming* offre des récits émancipateurs porteurs d'espoir. Ce documentaire, drôle, émouvant et rassembleur, témoigne d'une génération en quête de justice et célèbre le plaisir collectif d'abattre les structures patriarcales.

Les Figures de l'ombre (2016)

Du réalisateur états-unien Theodore Melfi (2 h 07). Ce film n'est assurément pas sorti un 8 mars par hasard. Prenez l'histoire incroyable mais pourtant méconnue de trois mathématiciennes noires américaines employées par la NASA, la course spatiale entre l'URSS et les États-Unis, et l'inégalable savoir-faire d'Hollywood : vous avez un film réussi.

Le saviez-vous ?

Ce film populaire et politique, tiré du livre de l'écrivaine noire américaine Margot Lee Shetterfly (2016), rend justice à des femmes scientifiques dans un monde d'hommes, des noires dans un monde de blancs. Le titre français euphémise la réalité : leur contribution à la conquête spatiale a volontairement été cachée, comme l'indique le titre américain *Hidden Figures*. On suit, on s'attache et on admire ces trois femmes brillantes, conquérantes et fières, au gré de leurs actes courageux. Le film n'est pas simpliste, mais tout en nuances, à l'image de la réalité, et c'est tant mieux !

Pour aller plus loin

Black feminism, l'anthologie du féminisme africain-américain, 1975-2000, Elsa Dorlin (2008).

Jusqu'à la garde (2017)

Du réalisateur français Xavier Legrand (1 h 34). Ce thriller social magistralement réalisé commence dans les couloirs d'un palais de justice. Antoine et Miriam ont eu deux enfants ensemble, Julien, 11 ans, et Joséphine, bientôt majeure. Les parents sont côte à côte pour une audition devant la juge des enfants relative à la demande par le père d'une résidence alternée. Ce dernier traque le regard de son ex-compagne pendant que celle-ci a le regard dans le vide. Au fil d'un scénario millimétré, dont les violences conjugales sont la toile de fond, le suspense et la tension vous prennent et ne vous lâchent plus. On est embarqués à travers le regard de l'enfant, spectateur malgré lui du déchirement entre ses parents. Un grand film tout en étant extrêmement réaliste. À voir d'urgence !

Thelma et Louise (1991)

Du réalisateur britannique Ridley Scott et de la scénariste états-unienne Callie Khouri, (2 h 09). Embarquez sur les routes de l'Arkansas et de l'Arizona avec Susan Sarandon et Geena Davis, dans les rôles de Louise et Thelma. Premier *road movie* à mettre en scène deux femmes – genre exclusivement masculin jusque-là

–, ce film est devenu iconique et regorge de scènes cultes. Au cours d'un week-end qui devient une cavale pour échapper à la police, Thelma et Louise vont passer du rire aux larmes, abordant futilités et sujets graves. Sexe, alcool, violences et vent d'émancipation sont au rendez-vous.

Le saviez-vous ?

Dans la même veine, le film *L'une chante, l'autre pas* de la grande réalisatrice Agnès Varda raconte une histoire d'amitié indéfectible entre deux femmes des années 1960 en France.

Les Invisibles (2018)

Du réalisateur français Louis-Julien Petit (1 h 42). À la suite d'une décision municipale, l'Envol, centre d'accueil pour femmes SDF, va fermer. Il ne reste plus que trois mois à sa directrice, interprétée par Corinne Masiero, et aux travailleuses sociales pour réinsérer, coûte que coûte, les femmes qu'elles accompagnent : falsifications, pistons, mensonges… Désormais, tout est permis ! Cette comédie est une adaptation du livre de Claire Lajeunie, *Sur la route des invisibles, femmes dans la rue*. Le casting mêle comédiennes professionnelles et amatrices, certaines étant elles-mêmes passées par la rue, et permet de mettre en lumière les difficultés spécifiques des femmes en situation de grande précarité. À la manière des comédies sociales telles que *Pride* ou *Discount*, le résultat est une mise en scène aussi humaine que drôle et touchante.

La Saison des femmes (2016)

De la réalisatrice indienne Leena Yadav (1 h 57). Dans un petit village de l'État du Gujarat au nord-ouest de l'Inde, entre l'aridité de la terre et les entraînantes musiques indiennes, on suit le destin complexe de quatre femmes : Rani, jeune veuve cherchant à négocier le mariage de son fils ; Janaki, la future belle fille amoureuse d'un autre ; Lajjo, l'amie voisine en proie aux coups de son mari et à des problèmes d'infertilité, et enfin Bijli, la charismatique amie danseuse piégée dans la prostitution. En magnifiant, avec simplicité et justesse, l'optimisme, l'ingéniosité et la solidarité de ces femmes et de leurs allié·e·s, la réalisatrice parvient à traiter de thèmes graves avec beaucoup d'énergie. Dépaysant, révoltant et ressourçant.

Wadja (2013)

De la réalisatrice saoudienne Haifaa Al Mansour (1 h 37). On doit à une femme le premier film jamais produit et tourné en Arabie Saoudite. Subtil et bourré d'ironie, il nous raconte les désirs de liberté des femmes saoudiennes à travers le regard et l'audace de Wadja, 12 ans. Bien décidée à ne pas renoncer à ses rêves, elle se rebelle contre l'injustice qui la prive du droit de faire du vélo, considéré comme une menace pour la vertu des filles et des femmes au royaume wahhabite. Preuve de l'impact social, mais aussi politique, que peut avoir le cinéma : quelques mois après la sortie du film, la police religieuse a autorisé les femmes à monter à bicyclette et à moto dans les lieux de loisirs, comme les parcs publics, à condition de revêtir une abaya (longue robe noire traditionnelle) et d'être accompagnées par un homme de leur famille.

Parole de féministe

« Je pense que la bicyclette a fait plus pour l'émancipation des femmes que n'importe quelle chose au monde. Cela donne aux femmes un sentiment de liberté et de confiance en soi. » (Susan B. Anthony, leadeuse féministe américaine, 1896).

Numéro Une (2017)

De la réalisatrice française Tonie Marshall (seule femme à avoir reçu le césar du « meilleur réalisateur ») (1 h 50). Coup de chapeau à Emmanuelle Devos, épatante dans le rôle d'une polytechnicienne, seule femme au comité exécutif de son entreprise. Elle sera bientôt débauchée par le club féministe « Olympe » bien décidé à faire d'elle la première femme PDG d'une entreprise du CAC 40. Ce thriller à suspense porte, pour la première fois à l'écran, le sujet du plafond de verre au plus haut niveau du monde économique. Des tours de La Défense aux dorures des palais de la République, en passant par la promiscuité d'une plateforme offshore, on repère un à un les obstacles que rencontre une femme dans un milieu d'hommes. Les répliques : « J'ai passé toute ma carrière à faire oublier que j'étais une femme et je dois aujourd'hui surjouer ma féminité en créant un club de femmes et en en faisant un argument électoral… » (le personnage principal) ; « Chaque fois que vous ferez une erreur, non seulement vous la paierez cent fois mais elle rejaillira sur toutes vos congénères, et elles vous en voudront » (son concurrent pour le poste). Accéder au pouvoir ou changer le pouvoir ?

À voir aussi

D'autres films : *Papicha, Promising Young Woman, Louise Wimmer, L'Événement, La Nuit du 12, Princesas, Mustang, La Couleur des sentiments, Mon roi, Mad Max : Fury Road, Une séparation, À armes égales, Les Femmes du bus 678, Mommy, À mon âge, je me cache encore pour fumer, Divines, Battle of the Sexes, Erin Brockovich, Bande de filles, Rafiki...*

Des festivals : « Femmes en résistance » consacré aux documentaires féministes, festival de films féministes de Montréal (FFFM), Athena Film Festival.

Des séries : *M'entends-tu ?, I May Destroy You, Mrs. America, Orange Is the New Black, Unorthodox, La Servante écarlate, Borgen, Big Little Lies, Sex Education, Girls, Les Demoiselles du téléphone...*

Des super-héroïnes : *Alien, Wonder Woman.*

Des téléfilms : *La Loi, Le Procès de Bobigny, Un viol, Elles... les filles du Plessis.*

Des films *queer* : *Tomboy, Boy's don't cry, Carol, The Danish Girl, Laurence Anyway.*

Chapitre 22

Dix titres pour une playlist féministe

Un chapitre à lire en écoutant la playlist « Féminisme pour les nul·le·s en chansons », disponible sur la chaîne YouTube « Féminisme pour les nul·le·s », qui contient plus de 50 titres !

Respect, Aretha Franklin (1967)

Une reprise sous forme d'hymne féministe

Saviez-vous que cette chanson culte d'Aretha Franklin était en fait une reprise ? Écrite par Otis Redding en 1965, la version originale n'était pas vraiment féministe : un homme exige du respect à sa femme quand il rentre chez lui… parce qu'il lui donne tout son argent. Deux ans plus tard, et à seulement 25 ans, Aretha Franklin lui donne une tout autre teinte : le cri d'une femme qui exige du respect. Plus qu'une reprise, dans la bouche d'Aretha Franklin, « R-E-S-P-E-C-T » devient l'exigence d'une femme qui ne veut pas qu'on lui marche sur les pieds. Devenu un véritable hymne féministe, la chanson consacre le début de la carrière internationale de la « Queen de la soul », militante des droits civiques des Noir·e·s et pour l'émancipation des femmes.

Extrait :

All I'm askin'

Is for a little respect when you get home (just a little bit)

Hey baby (just a little bit) when you get home

(Just a little bit) mister (just a little bit)

Tout ce que je demande

C'est un peu de respect quand tu rentres à la maison (juste un peu)

Hey baby juste un peu (juste un peu) quand tu rentres à la maison

(juste un peu) monsieur (juste un peu)

Kid, Eddy de Pretto (2018)

En finir avec les injonctions à la virilité

Eddy de Pretto est un ovni. Parce qu'il mêle rap et chanson française, parce que ses chansons sont des poèmes aux mots puissants. Les messages qu'il porte détonnent aussi dans un paysage musical souvent marqué par le sexisme et où l'homosexualité est aux abonnés absents.

Dans sa chanson *Kid* et dans son clip, Eddy de Pretto démonte les injonctions à la virilité faites aux petits garçons, que lui-même a entendu de la bouche de son père : « ne pleure pas », « ne sois pas ami avec trop de filles », « va jouer au foot », « montre que tu es le plus fort ». Et montre l'archaïsme de ces schémas virilistes et machistes, qu'il souhaite voir disparaître.

Extrait :

Mais moi, mais moi, je joue avec les filles

Mais moi, mais moi, je ne prône pas mon chibre

Mais moi, mais moi, j'accélérerai tes rides

Pour que tes propos cessent et disparaissent

Antipatriarca, Ana Tijoux (2014)

Sororité internationale

Véritable icône en Amérique latine, Ana Tijoux ne connaît pas encore en France un succès à la hauteur de son talent. Pourtant, c'est à Lille qu'est née cette fille de parents chiliens exilés pendant la dictature d'Augusto Pinochet, avant qu'elle ne choisisse – à l'adolescence – de s'installer à Santiago du Chili. Pas étonnant donc que la rappeuse ait le militantisme et la lutte pour les droits des opprimé·e·s dans le sang : pour l'émancipation de tous les pays dits du Sud dans *Somos Sur*, titre interprété en duo avec la chanteuse palestinienne Shadia Mansour, dénonciation des héritages de la dictature au Chili dans *Doctrina del Shock*, qui devint un hymne des luttes étudiantes. Elle porte également des messages féministes puissants, appelant à une sororité internationale qui inclut les femmes des populations indigènes. *Antipatriarca* est sans conteste son tube féministe, fait de messages positifs et déterminés et dénonçant les violences contre les femmes. Là encore, le clip vaut le détour !

Extrait :

Yo puedo ser tu hermana tu hija, Tamara, Pamela o Valentina

Yo puedo ser tu gran amiga incluso tu compañera de vida

Yo puedo ser tu gran aliada la que aconseja y la que apaña

Yo puedo ser cualquiera de todas depende de como tú me apodas

Pero no voy a ser la que obedece porque mi cuerpo me pertenece

« Je peux être ta sœur, ta fille, Tamara, Pamela ou Valentina

Je peux être ta grande amie, même ta partenaire de vie

Je peux être ta grande alliée, celle qui te conseille et t'accompagne

Je peux être n'importe laquelle, tout dépend comment tu me surnommes

Mais je ne vais pas être celle qui obéit car mon corps m'appartient. »

#BalanceTonPorc, Chilla (2017)

#MeToo, version rap

Étoile montante du rap français dans un milieu qui compte 95 % d'hommes, Chilla – née Mareva Rana – fait la guerre au sexisme. Sexisme dans le rap (*Sale chienne*), au sein du couple (*Si j'étais un homme*), Chilla signe également, à 23 ans, une chanson post-MeToo avec *#BalanceTonPorc*. Cette dernière est mise en ligne le 25 novembre 2017, à l'occasion de la Journée internationale de lutte contre les violences faites aux femmes. Le clip est tourné dans les locaux de l'association Une femme, un toit qui héberge des femmes de 18 à 25 ans survivantes de violences, et s'ouvre par un florilège des tweets et commentaires sexistes que la chanteuse reçoit par dizaines sur les réseaux sociaux à chacune de ses publications. Elle en profite pour tacler quelques célébrités internationales accusées ou condamnées pour des violences.

Extrait :

J'ai parfois chanté du R. Kelly

J'ai vite déchanté d'un air débile

À treize ans, je jouais Le Pianiste

La pauvre Samantha, elle rencontrait Polanski

J'ai grandi avec du Noir Désir

Puis tout est parti à la dérive

You don't Own Me, Lesley Gore (1963)

Le féminisme en chanson qui traverse les époques

Lesley Gore a connu un succès fulgurant, à seulement 16 ans, avec une des chansons devenues cultes pour la jeunesse des années 1960 : *It's my Party*. Elle n'a que 17 ans quand elle interprète *You don't Own Me* (« Je ne t'appartiens pas ») en 1963, année de la publication du manifeste de la deuxième vague du féminisme états-unien : *La Femme mystifiée* de Betty Friedan. Ironiquement, les paroles sont écrites par un duo de compositeurs mais c'est bien le ton déterminé de la frêle Lesley Gore qui en fait un titre culte du féminisme. La chanson sera reprise dans de très nombreuses langues dans les années qui suivent, mais l'adaptation française

– *Je ne sais plus* – évacue toute la force féministe de la version originale. En 2017, *You don't Own Me* résonne dans le générique de fin du premier épisode de la série *The Handmaid's Tale* (*La Servante écarlate*). Lesbienne, Lesley Gore sera très investie dans les années 2000 pour le mariage pour les couples de même sexe et contre les discriminations subies par les homosexuels et les lesbiennes.

Extrait :

You don't own me

I'm not just one of your many toys

You don't own me

Don't say I can't go with other boys

« Je ne t'appartiens pas

Je ne suis pas qu'un de tes nombreux jouets.

Je ne t'appartiens pas

Ne dis pas que je ne peux pas aller avec d'autres garçons. »

Pretty Hurts, Beyoncé (2013)

Il faut souffrir pour être belle

Beyoncé est féministe, et le fait savoir. Depuis les Destiny's Child, groupe qui la fait accéder à une notoriété internationale dans les années 1990, elle distille des messages pour l'indépendance des femmes. Élue femme la plus puissante du monde par le magazine ***Forbes*** en 2016, elle est le symbole à elle seule d'une femme que rien n'arrête, comme dans son tube *Who Run the World? (Girls!)*. Dans sa chanson *Pretty Hurts*, écrite par la chanteuse Sia, elle dénonce les diktats de beauté qui pèsent sur les femmes et l'idéal de perfection inatteignable présenté à la télévision ou dans les magazines dits « féminins ». Le clip met en scène un concours de miss où, derrière les sourires figés, les brushings qui ne bougent pas et les trophées accumulés, se cachent vomissements, pesées traumatisantes, prises de médicaments, épilations douloureuses, chirurgie esthétique et… jalousie entre femmes.

Extrait :

Mama said, you're a pretty girl

What's in your head it doesn't matter

Brush your hair, fix your teeth

What you wear is all that matters

« Maman m'a dit, tu es une jolie fille

Ce qu'il y a dans ta tête ne compte pas

Coiffe tes cheveux, arrange tes dents

Ce que tu portes est tout ce qui compte »

Ta reine, Angèle (2018)

Une histoire d'amour lesbien

Pas de doute, la chanteuse belge Angèle est féministe, et ça s'entend dans ses paroles ! Très écoutée par les jeunes, elle transmet des messages positifs, souvent teintés d'humour. Vous avez peut-être déjà vu le clip *Balance ton quoi* (plus de cent millions de vues !) sur le sexisme et le consentement… Ne manquez pas sa chanson *Ta reine* sur une histoire d'amour à laquelle « les autres ne croient pas encore » : une femme en aime une autre, qui préfère les hommes.

Extrait :

Mais tu voudrais qu'elle soit ta reine ce soir

Même si deux reines c'est pas trop accepté

Mais tu voudrais qu'elle soit ta reine ce soir

Toi, les rois tu t'en fous c'est pas c'qui t'plaît

Leave me Alone, Calypso Rose (2016)

Lâche-moi la grappe

Calypso Rose, née Linda McArtha Monica Sandy-Lewis, est originaire de Trinité-et-Tobago. Surnommée « Queen Calypso », elle a dansé, chanté et fait la fête tout au long de sa carrière – commencée à 15 ans ! – au son de cette musique emblématique des Caraïbes. À 76 ans, elle sort en 2016 l'album *Far from Home,* produit par Manu Chao. Parmi les titres : « No Madame » est un plaidoyer pour les femmes employées de maison ou « Abatina » qui raconte l'histoire de Tina, victime de violence conjugale par son beau et riche mari… et que personne ne croit. La chanson *Leave me Alone* est l'appel d'une femme qui veut sortir, s'enivrer et souhaite que son compagnon la laisse enfin tranquille.

Pour aller plus loin

Voir le documentaire *Calypso Rose : The Lioness of the Jungle*, réalisé en 2011 par Pascale Obolo, qui dresse un portrait intimiste de la charismatique chanteuse, qui porte la voix des femmes les plus précaires.

Extrait :

So leave me alone

I aint goin home

So leave me alone

I aint goin home

Let me party

« Alors laisse-moi tranquille

Je ne rentre pas à la maison

Alors laisse-moi tranquille

Je ne rentre pas à la maison

Laisse-moi faire la fête »

L'hymne des femmes (1971)

L'incontournable

L'Hymne des femmes est évoqué à de nombreuses reprises dans cet ouvrage, vous devez certainement déjà le connaître par cœur ! Rédigé collectivement et de façon improvisée par quelques militantes en mars 1971, à l'époque où le Mouvement de libération des femmes est en pleine effusion, il est aujourd'hui désigné comme « l'hymne du MLF ». Régulièrement repris dans les manifestations féministes dans les pays francophones, il est mis en image dans une scène émouvante du film *La Belle Saison* de Catherine Corsini. À la veille de la grande marche contre les violences du 24 novembre 2018, l'hymne est repris sous le titre *Debout les femmes* par 39 personnalités, parmi lesquelles Agnès Jaoui, Inna Modja ou encore Olivia Ruiz, menées par le duo de chanteuses Brigitte.

À l'international, et dans la série des hymnes collectifs, ces deux chansons continueront de vous mettre la chair de poule : *Un violador en tu camino* (Chili, 2019) et *Canción Sin Miedo* (Mexique, 2020).

Extrait :

Reconnaissons-nous, les femmes,

Parlons-nous, regardons-nous,

Ensemble, on nous opprime, les femmes,

Ensemble, Révoltons-nous !

Petit bonhomme, Anne Sylvestre (1995)

Ballade féministe à la guitare

Nous pourrions citer tout le répertoire d'Anne Sylvestre tant les droits des femmes sont au cœur de ses paroles. Alors qu'elle devait repartir en tournée à 86 ans, Anne Sylvestre s'est brusquement éteinte en 2020. Son héritage, lui, est bien vivant : féministe, humaniste, écologiste, anti-raciste… le site « L'histoire par les femmes » dit joliment d'elle qu'elle « chante les grains de sable dans les rouages de la société ». *Non, tu n'as pas de nom*, sorti en 1974, un an avant le vote de la loi Veil, défend le choix des femmes de ne pas avoir d'enfant. *Douce maison* raconte les violences commises contre une femme jugée trop « coquette » quand *Frangines* souligne combien, à chaque étape de la vie, on apprend aux filles et aux femmes à se crêper le chignon plutôt qu'à rester frangines. Et *Gay marions-nous* raconte l'union de deux femmes qui « ne va pas plaire au pape ». Toujours drôle et fine, elle compose en 1995 *Petit bonhomme*, ballade dans laquelle une femme s'allie avec toutes les femmes maltraitées par le « petit bonhomme » qu'est son amant : avec l'ex-femme et la femme de celui-ci… et sa mère ! Elles partent en vacances toutes les quatre, loin du machiste « Petit bonhomme », qui a cherché en vain à les diviser.

Pour aller plus loin

L'émission *Les Grands Entretiens* (France Musique) tend le micro, durant 5 épisodes, à Anne Sylvestre. Un femmage nécessaire pour l'une des plus grandes voix de la chanson française qui connaît un regain de popularité : en 2023, les tubes d'Anne Sylvestre ont généré 18 millions d'écoutes sur les plateformes audio.

Extrait :

Le mari de Maryvonne n'est plus mon amant

Comme il n'a trouvé personne il est chez sa maman

Maryvonne et moi on pense qu'on pourra bientôt

Se prendre un peu de vacances, un peu de repos

Mais voilà que Maryvonne m'apprend ce midi

Sa belle-mère lui téléphone, elle vient aussi.

Chapitre 23

Dix conseils pour devenir un homme féministe

L'atteinte de l'égalité entre les femmes et les hommes ne pourra se faire sans les hommes. Les garçons et les hommes font en effet partie du problème… et de la solution. Cela tombe bien : il n'y a pas de gène machiste héréditaire ! On ne naît pas féministe, on le devient.

Le saviez-vous ?

Quarante-trois pour cent des hommes en France se définissent comme féministes, selon une étude de 2023 de l'IPSOS pour le King's College de Londres portant sur 32 pays. Or, selon cette même étude, on apprend que 10 % seulement de ces hommes en France ont dit qu'ils étaient féministes à quelqu'un dans l'année écoulée. Quelle explication donner à ce décalage ?

Un des facteurs tient à la peur des réactions que cela pourrait susciter. Ainsi, un quart des hommes en France a peur de se positionner publiquement en faveur des droits des femmes à cause de ce que cela pourrait déclencher. En Italie, c'est un tiers des hommes, et cette peur a doublé entre 2017 et 2023. Cet élément est à mettre en perspective avec l'observation d'une polarisation croissante de la société autour des enjeux féministes, notamment chez les plus jeunes. Une partie des jeunes affirme de manière vocale son engagement sur les questions féministes et de diversité sexuelle et de genre, quand une autre partie – essentiellement des jeunes hommes – se construit en opposition au féminisme.

Dans ce contexte, le choix fait ici est de s'adresser aux hommes, et en particulier aux jeunes, afin qu'ils agissent concrètement pour davantage d'égalité des femmes et des hommes, et qu'ils osent affirmer publiquement leur attachement au féminisme. Voici les 10 conseils que nous vous proposons.

Écouter, écouter, écouter

Les études le montrent, l'espace – que ce soit dans des conversations, sur le canapé, sur les plateaux TV, dans les cours d'école ou dans les manuels scolaires – est encore majoritairement occupé par les hommes. Pour y remédier, il suffit d'en prendre conscience et de faire un effort pour laisser plus de place aux femmes. Une des manières de le faire est de contrôler la place que vous prenez dans les échanges et d'adopter une écoute active.

Par exemple :

» **Pour prendre le pli, vous pouvez vous astreindre à ne pas prendre la parole pendant plusieurs minutes pour laisser la personne aller au bout de ce qu'elle a à nous dire, et pour prendre le temps de l'écouter plutôt que de jouer au ping-pong en réfléchissant, pendant qu'elle parle, à la réponse que l'on va lui opposer.**

» **Dans une réunion, au lieu de systématiquement parler – y compris parfois lorsqu'on n'a rien à dire – essayez de ne pas parler du tout pour une fois ou de parler peu pour vous concentrer plus que d'habitude sur l'écoute des autres.**

» **Si des témoignages de sexisme nous sont livrés, ne les minimisez pas, ne cherchez pas à les décrédibiliser ou à justifier le sexisme.**

Évidemment, l'écoute active proscrit d'interrompre l'autre à tout bout de champ, ou de regarder son portable ou ailleurs pendant que quelqu'un·e vous parle.

L'écoute active peut aussi vous conduire à être plus attentifs aux souhaits, remarques ou refus exprimés par les personnes qui vous entourent. C'est entendre une femme qui dit non. C'est entendre une femme qui ne dit rien et ne pas prendre son silence pour un oui, mais s'assurer au contraire que le désir est partagé.

Se (re)mettre en question et faire son auto-diagnostic

L'écoute active, c'est aussi une démarche d'humilité qui s'impose lorsqu'on souhaite s'interroger sur ses relations avec les autres. Quand on appartient à une catégorie dominante, on n'en est généralement pas conscients. Et donc encore moins conscients des privilèges que l'on peut en retirer, que l'on soit homme, blanc, né dans une famille aisée et très éduquée, etc.

La démarche d'écoute active implique également de ne pas avoir peur du changement.

Pour confronter ses privilèges, vous pouvez commencer par vous demander ce que les autres font pour vous et ce que vous faites pour les autres (avec votre conjoint·e, mère/père, sœur/frère, collègue…).

Un outil d'autoanalyse simple, ludique et efficace, le quiz « Êtes-vous un homme féministe ? », créé par le comité ONU Femmes France : **shorturl.at/T9Tcs**.

Ce questionnaire constitue un premier diagnostic de votre « niveau » de féminisme en pratique, en se basant sur des situations concrètes comme, par exemple : « Est-ce que cela vous gênerait que votre partenaire gagne plus que vous ? » ou bien : « Votre enfant est malade, qui reste à la maison ? »

À l'issue du quiz et en fonction des réponses, un programme d'action est proposé : « Devenez un homme féministe en 30 jours » !

Se muscler l'esprit pour éliminer les stéréotypes

Pour faire gagner la raison sur la peur, mieux vaut mettre à distance ses idées reçues. Pour sonner la fin des stéréotypes, vous pouvez perdre l'habitude de croire et de dire que les femmes sont comme ci et les hommes sont comme ça (voir « Stéréotypes et rôles de sexe » dans le chapitre 3). En chemin, vous vous rendrez compte que si les stéréotypes sexués sont un frein d'abord pour les femmes, ils le sont aussi pour les hommes.

Pour renforcer vos connaissances et votre réflexion, les ressources pour se documenter sont nombreuses : films et vidéos, livres, podcasts, réseaux sociaux... et même jeux vidéo féministes, il y en a pour tous les goûts !

À la maison et au sein du couple, ne pas « aider » mais prendre sa juste part

On vit à deux et on a éventuellement fait des enfants à deux : l'homme est donc supposé être un membre à part entière du foyer, et un parent à part entière. Cela implique donc de faire davantage que « d'aider » sa conjointe, mais bien de prendre sa part à 50/50 des tâches domestiques et parentales ainsi que de la charge mentale associée (voir « Charge mentale » dans le chapitre 3). Cette question est souvent considérée comme le cœur du réacteur des inégalités entre les femmes et les hommes. Et en effet, les marges de progrès sont encore immenses : environ 70 % des tâches domestiques et parentales sont en moyenne prises en charge par les femmes (voir question 7 du quiz dans le chapitre 2). Au-delà du quotidien, qui prend ses congés si l'enfant est malade ? Qui prend un congé parental ? Le congé paternité est-il utilisé ? Favorise-t-il l'implication à 100 % du parent auprès de son nouveau-né ?

Pour aller plus loin

L'ouvrage paru en 2024 chez Glénat, *L'Arnaque des nouveaux pères : Enquête sur une révolution manquée*, de Stéphane Jourdain et Guillaume Daudin, dévoile comment l'image médiatique des « nouveaux pères » impliqués masque la persistance des inégalités parentales et propose des pistes pour un réel changement.

Prendre sa part au sein du couple, ça peut aussi dire gérer les questions de contraception : il n'y a pas de fatalité à ce que cela pèse toujours et uniquement sur les femmes. Vous aussi Messieurs vous pouvez contrôler votre fécondité. Et, eurêka, il n'y a pas que le préservatif dans la vie ! Plusieurs autres méthodes contraceptives – même si elles sont encore peu connues – peuvent être prises par les hommes : contraception hormonale, contraception thermique, vasectomie... Si la fécondité est contrôlée, aucune crainte, l'érection et la libido sont sauvegardées !

Pour aller plus loin

Écoutez le truculent podcast *Les Bijoux de famille* de Benoît Bories sur Arte Radio (24 minutes, 2016) : « Un beau jour, Benoît réalise qu'il laisse à sa copine le soin de gérer la contraception. Du coup, il entreprend des démarches pour utiliser la contraception masculine. »

Enfin, en cas de séparation, le paiement complet de la pension alimentaire est crucial pour l'autre parent. En France, 30 % des pensions alimentaires seraient totalement ou partiellement impayées.

En finir avec les agressions sexistes

Ne vous laissez plus aller aux évaluations et autres remarques sexistes sur le physique d'une inconnue dans la rue ou d'une collègue de travail ; interdisez-vous l'usage des insultes ou des « blagues » sexistes, et, globalement, finissons-en avec les rapports violents.

Parole de féministe

« Si les hommes n'ont plus besoin d'être agressifs pour se faire accepter, les femmes ne se sentiront plus obligées d'être soumises » (Emma Watson, actrice et ambassadrice de bonne volonté d'ONU Femmes).

Évidemment… respectez le consentement dans toutes vos relations. Et interrogez votre consommation de pornographie ou de prostitution, qui vous expose à moult représentations stéréotypées et à la production et la banalisation des violences contre les filles et les femmes.

Se désolidariser des sexistes

Ne donnez plus le change aux « blagues » sexistes, par exemple en arrêtant d'en rire, voire en verbalisant que cela vous met mal à l'aise ou peut mettre mal à l'aise. Arrêtez de banaliser le fait que tel ou tel ami soit « lourd avec les filles » : il n'y a pas de « relous », il n'y a que des harceleurs.

Évitez les dynamiques des « boys' clubs » : entre hommes, restez vigilants aux stéréotypes sexistes et favorisez des échanges inclusifs.

Se tenir au côté des victimes

Soyez solidaires des personnes visées par le sexisme. Une collègue reçoit une remarque sexiste au travail, une femme dans la rue est harcelée, une voisine connaît des violences conjugales, un neveu est l'objet d'homophobie dans sa famille : exprimez votre soutien et votre disponibilité auprès des personnes concernées. C'est crucial.

Comment ? En tant que témoin, quelques pistes possibles et mises en situation, ici : **https://www.standup-international.com/fr/fr/**.

Penser au plaisir de l'autre/ des autres autant qu'au sien

Que l'on parle de sexualité ou des arbitrages sur les loisirs, soyez vigilants à ne pas faire passer le plus souvent votre plaisir avant celui des autres. Un plaisir partagé ne vaut-il pas souvent tellement mieux qu'un plaisir solitaire ?

Méditons sur cette citation d'Albert Schweitzer : « Le bonheur est la seule chose qui se double si on le partage. »

Être féministe : l'assumer, le partager et éduquer à l'égalité !

Si faire savoir sans faire est malhonnête, faire et faire savoir est souvent un alliage efficace. Déclarez votre flamme au féminisme et devenez un modèle positif pour les hommes autour de vous, en particulier les jeunes garçons ! Pourquoi ne pas offrir aux jeunes garçons de votre entourage le livre *Tu seras un homme féministe – mon fils !* d'Aurélia Blanc (2018) ? Ou découvrir la campagne et le clip *Tu seras un homme mon fils* de la Fondation des Femmes (**fondationdesfemmes.org/tu-seras-un-homme-mon-fils**). Vous aussi vous avez un rôle clé dans l'éducation à l'égalité entre les filles et les garçons, entre les femmes et les hommes.

S'engager dans le mouvement féministe

Pour passer du combat individuel au combat collectif : pétitionnez, manifestez, faites un don à une association, voire… militez : les possibilités d'action sont nombreuses.

Réservé aux femmes le militantisme féministe ? Que nenni ! Les femmes subissent en première ligne les inégalités entre les sexes et devraient ainsi être les seules à consacrer du temps et de l'énergie à se battre contre ces mêmes inégalités ? Ce serait une double injustice.

De Léon Richer à Zéro Macho, des hommes ont de tout temps participé aux mouvements féministes, comme le souligne Alban Jacquemart dans *Les Hommes dans les mouvements féministes français (1870-2010). Sociologie d'un engagement improbable* (EHESS, 2011).

Découvrez par exemple le site internet de l'association Zéro Macho et signez le manifeste contre la prostitution « Nous n'irons pas au bois », ou participez à l'une des actions « Repassons pour l'égalité » : **https://zeromacho.wordpress.com/**.

Devenir concrètement féministe est exigeant et également terriblement enthousiasmant : c'est ainsi que nous pourrons changer le monde !

Pour aller plus loin

Les ressources sont nombreuses ! Le livre *Les Hommes et le féminisme, faux amis, poseurs ou alliés ?*, de Francis Dupuis-Déri, paru en octobre 2023 aux Éditions Textuel, explore les différentes attitudes des hommes face au féminisme, en questionnant leur rôle, leurs contradictions et leur potentiel à devenir de véritables alliés dans la lutte pour l'égalité des genres. Dans les deux épisodes du podcast *Les Couilles sur la table* intitulés « Guide pratique pour devenir un vrai "mec bien" », Victoire Tuaillon échange avec Quentin Delval, auteur de *Comment devenir moins con en dix étapes*. Ensemble, elle et il explorent les comportements hérités de la socialisation masculine que les hommes doivent désapprendre pour devenir des alliés du féminisme, et proposent des pistes concrètes pour intégrer l'égalité des genres dans leur quotidien.

Chapitre 24

Dix actions concrètes pour l'égalité

Des paroles, des paroles, des paroles

À l'écran, lors d'une conférence, lors d'une réunion, vous avez eu le sentiment désagréable que les hommes tenaient beaucoup… beaucoup le crachoir ? Une application et une technique vieille comme le monde vous aident à mesurer et changer les pratiques :

- **Combien de temps ? « It Counts » compte le temps de parole des femmes et des hommes dans une conversation.**
- **Bâton de parole ? Et si on s'inspirait de cette technique venue de lointaines tribus du Pacifique pour garantir à la personne tenant un bout de bois de pouvoir terminer sa phrase ?**

Ménage et moi

Vous avez le sentiment de tout gérer à la maison ou de gérer plus que votre partenaire ? L'application « Maydée » vous aide à mesurer votre contribution aux tâches ménagères. Embarquement immédiat pour le monde de l'égalité !

Où sont les femmes ?

Plaques de rue, bâtiments, statues, expositions... mais où sont les femmes ? Pour le découvrir, participez à une journée du matrimoine près de chez vous, ou recherchez dans votre territoire ou en voyage des visites guidées autour de l'apport des femmes dans l'histoire. Votre regard sur la ville, et celui des proches que vous embarquerez dans cette aventure, ne sera plus le même !

Parler sexe sans complexe

Pour parler relations amoureuses, sexualité, plaisir, suivi gynécologique, contraception et avortement, plusieurs options s'ouvrent à vous :

Pour les plus jeunes :

» www.onsexprime.fr propose des informations très complètes et sans tabou !

» la plateforme Fil Santé Jeunes propose un tchat (www.filsantejeunes.com/tchat) et une ligne téléphonique : 0800 235 236 (service anonyme et gratuit, tous les jours de 9 heures à 23 heures).

Pour une information fiable :

» sur l'avortement en particulier, c'est ivg.gouv.fr et www.ivglesadresses.org, pour savoir où avorter ;

» sur la contraception, c'est www.choisirsacontraception.fr.

Pour trouver un·e gynécologue bienveillant·e, testé·e et approuvé·e par d'autres femmes, direction gynandco.wordpress.com/ !

Enfin, au 0 800 08 11 11 (appels anonymes et gratuits), les professionnel·le·s du Planning familial répondent à toutes vos questions. Vous pouvez aussi trouver une mine d'informations sur https://questionsexualite.fr/choisir-sa-contraception.

Publicité avariée, féministe contrariée

Une publicité pour des sous-vêtements ? Ah non, pour une boucherie ou du matériel informatique ! Ah, un « créatif » est encore passé par là ! Si vous en avez assez que sur les réseaux sociaux, sur les parois de l'arrêt du bus ou à la télé, on prenne les femmes pour de la viande fraîche ou pour des quiches, foncez sur le site de l'Arcom, le régulateur de la communication audiovisuelle et numérique, pour signaler le programme concerné : https://www.arcom.fr/alertez-nous.

Violences conjugales et/ou sexuelles, en parler, en sortir

Vous n'êtes pas à l'aise dans votre relation ? Le comportement de votre partenaire vous dérange ? Vous pensez être peut-être victime de violences ? Vous savez que vous l'êtes et avez besoin d'en parler ?

En cas d'urgence, le 17 Police Secours reste le numéro de référence.

Pour y voir plus clair, trouver une oreille attentive et des conseils :

» Pour toutes les violences, le 3919 est joignable de manière anonyme et gratuite 24 h/24 7j/7, par mobile ou téléphone fixe, en métropole et dans les départements d'outre-mer. Il est géré par la Fédération nationale solidarité femmes. Pour une écoute et une orientation en matière de violences sexuelles, la permanence du Collectif féministe contre le viol est joignable au 0800 05 95 95. En cas de handicap, la permanence téléphonique de l'association Femmes pour le dire, femmes pour agir est joignable au 01 40 47 06 06.

» Pour les plus jeunes, un tchat accessible sur le site https://enavanttoutes.fr/le-tchat vous permet d'échanger avec des personnes formées. Sur le site, vous pourrez retrouver le « violentomètre », un outil pour aider à reconnaître la violence dans un couple.

» Des applications existent également pour, si l'on se sent en insécurité dans la rue ou ailleurs, faciliter la prise en charge, alerter ses proches et récolter des preuves. Citons par exemple les applications « App-elles » et « The Sorority ».

Pour porter plainte :

» Vous pouvez vous rendre dans un commissariat de police ou une gendarmerie. Souvenez-vous que la police ou la gendarmerie a l'obligation de prendre les plaintes pour violences ! Avant de se déplacer, il est possible de signaler les faits en ligne sur www.service-public.fr/cmi : tchat anonyme, 24 h sur 24, 7 jours sur 7, où victimes, témoins ou professionel·le·s peuvent être informé·e·s par des policier·e·s ou gendarmes spécialement formé·e·s sur les violences sexuelles et sexistes.

» Vous pouvez écrire directement au procureur de la République du tribunal de votre territoire.

Le site arretonslesviolences.gouv.fr donne l'essentiel des informations utiles sur les violences : que dit la loi ? Qui contacter ? Quelles sont les associations près de chez vous ? Le site s'adresse aux victimes, aux témoins et aux professionnel·le·s.

Harcèlement sexuel, ça suffit !

Les violences ne s'arrêtent pas aux portes de la maison. Dans la rue, au travail, ou en ligne, la loi vous protège aussi ! Pour vous renseigner et en parler :

» Contre le harcèlement au travail, l'Association européenne contre les violences faites aux femmes au travail (AVFT) regroupe les meilleures expertes. Leur site http://www.avft.org/ est une mine d'information et elles sont joignables au 01 45 84 24 24.

» Contre le harcèlement dans les transports, sur les réseaux de la SNCF et de la RATP, deux numéros d'urgence : le 3117 par téléphone et 31 177 par SMS.

» Contre les insultes sexistes ou le harcèlement en ligne, signalez les faits sur la plateforme Pharos https://www.internet-signalement.gouv.fr/PharosS1/, qui décidera de la suite à donner. Pour tout comprendre, les militantes du collectif Féministes contre le cyberharcèlement sont d'une grande aide. Plus d'information sur le site : www.vscyberh.org.

Mariage forcé, excision, c'est non !

Vous êtes menacée d'un mariage forcé ou d'une excision, ou une jeune femme l'est dans votre entourage ? La loi est de votre côté, et des associations peuvent vous aider :

» La Fédération GAMS (Groupe pour l'abolition des mutilations sexuelles, des mariages forcés et autres pratiques traditionnelles néfastes à la santé des femmes et des enfants) est joignable au 01 43 48 10 87. Toutes les informations sur son site : https://federationgams.org.

» Pour les cas de mariage forcé, l'association Voix de femmes est joignable au 01 30 31 55 76 et via son site internet http://www.association-voixdefemmes.fr/.

Adressez-vous à qui de droit

Les siècles de conquêtes féministes ont notamment débouché sur... des droits ! Droits contre les violences sexistes et sexuelles, droits contre les LGBT+phobies, droits à l'autonomie sexuelle et reproductive, et tout un tas d'autres droits : dans le champ du travail, des familles, de la maternité, de la parentalité et de l'aidance, etc. Pas toujours évident de s'y retrouver !

» Pour répondre à toutes vos questions, des centres d'information sur les droits des femmes et des familles existent partout en France. Pour trouver la permanence la plus proche de chez vous, rendez-vous sur : https://fncidff.info/.

» Pour défendre les droits des femmes partout en France, le réseau Femmes solidaires anime également des permanences. Retrouvez-les sur : http://www.femmes-solidaires.org/?Femmes-solidaires-en-region.

» Femmes étrangères, vous avez des droits, aussi ! Situations de violences, papiers, la CIMADE peut vous accompagner près de chez vous. Rendez-vous sur le site : https://www.lacimade.org/en-region/.

» Personnes LGBTQI+ : comment se défendre face à une discrimination, à une agression, à un refus d'accès aux soins ? Puis-je donner mon sang ? Quels sont mes droits en matière de concubinage, de Pacs ou de mariage ? Ce *Guide pratique contre les LGBTIphobies*, co-élaboré par l'association SOS Homophobie et le Défenseur des Droits, est une mine d'informations : https://www.sos-homophobie.org/informer/ressources/guide-pratique-contre-les-lgbtphobies.

» Enfin, si vous estimez avoir été victime d'une discrimination, vous pouvez saisir le Défenseur des Droits qui vous accompagne dans vos démarches pour défendre vos droits. Par téléphone : 09 69 39 00 00 ou en ligne : defenseurdesdroits.fr.

L'égalité, ça s'apprend !

Après cette entrée en matière, vous avez envie d'en savoir plus ? Pas étonnant, le féminisme ouvre tant de portes qu'il est difficile d'y résister ! Tous les formats sont possibles :

» Si vous avez… une heure, apprenez les bons réflexes pour devenir un témoin solidaire face à des violences sexistes ou sexuelles : formez-vous grâce à la formation gratuite en ligne Stand Up sur https://fondationdesfemmes.org/sengager/se-former-contre-le-harcelement/.

» Si vous avez… quelques heures, assistez à une conférence en ligne ou près de chez vous !

» Si vous avez… quelques mois, passez en catégorie professionnel·le en vous formant dans un master genre. L'association EFiGiES les recense sur https://efigies-ateliers.hypotheses.org/files/2020/10/epreuve-octobre-2020_numerique.pdf.

Le saviez-vous ?

L'égalithèque du Centre Hubertine Auclert, centre francilien de ressources, vous propose des centaines d'outils pour penser et pratiquer l'égalité. Rendez-vous sur https://www.centre-hubertine-auclert.fr/egalitheque !

Partie 6

Annexes

Chronologie du féminisme

Date	Événement
1362	Début de la « Querelle des femmes » en Europe, avec la publication du recueil de biographies de femmes *Des dames de renom* de Boccace : un immense débat opposant les défenseur·e·s et détracteur·trice·s de l'accès des femmes au savoir et à l'éducation.
1404	Christine de Pizan publie *La Cité des dames*, et devient ainsi la première femme à entrer dans l'arène de la « Querelle des femmes » qui durera plusieurs siècles.
1500-1700	La chasse aux « sorcières » tue des milliers de femmes à travers l'Europe et menace leur autonomie à toutes.
1762	Rousseau publie *Du contrat social* : son œuvre inspirera la Révolution et une fondation sexiste de la République française.
1791-1792	La *Déclaration des droits de la femme et de la citoyenne* d'Olympe de Gouges et *De la défense des droits de la femme* de Mary Woolstonecraft marquent le départ de la conquête pour les droits des femmes.
1793	Les clubs de femmes sont interdits et Olympe de Gouges est guillotinée. Une période de reculs s'ouvre. Le divorce, tout récemment autorisé, sera aboli en 1816.
1848	Les « quarante-huitardes » s'organisent, notamment au travers de journaux, pour dénoncer l'exclusion des femmes du droit de vote dit « universel ». Elles revendiquent tout autant l'égalité politique que l'égalité au travail.
1849	1re convention sur les droits des femmes recensée dans le monde, à Seneca Falls aux États-Unis.
1850	La loi Falloux rend la construction d'écoles pour filles obligatoire dans les communes de plus de 800 habitant·e·s.
1851	Discours « Ain't a Woman ? » (Ne suis-je pas une femme ?) de Sojourner Truth, ancienne esclave, féministe et abolitionniste, défenseuse notamment d'une conquête concomitante du droit de vote pour les femmes et pour les Noir·e·s.
1871	10 000 femmes prennent part à la Commune de Paris, selon Louise Michel.
1878	1er congrès féministe français d'une longue série, avec le Congrès international du droit des femmes présidé par Maria Deraismes.
1880	La loi Camille Sée crée des collèges et des lycées ouverts aux filles.
1882	Première utilisation du terme « féministe » dans son sens actuel, par la militante Hubertine Auclert. Selon elle, une revendication doit être prioritaire : le droit de vote et d'éligibilité pour les femmes.
1884	Ré-autorisation du divorce, dans certains cas.

Date	Événement
1891	Création du quotidien *La Fronde*, par Marguerite Durand.
1893	Première mondiale, la Nouvelle-Zélande est le premier pays où les femmes conquièrent le droit de vote.
1907	Les femmes mariées peuvent enfin disposer librement de leur salaire.
1920	Alors que l'avortement est déjà interdit, adoption de ladite « loi scélérate de la Chambre bleu horizon » qui interdit également de vendre des moyens abortifs ou de contraception.
Entre-deux-guerres	Les femmes conquièrent le droit de vote dans 21 pays, dont le Canada ou l'Allemagne. En France, les débats se répètent à l'Assemblée et au Sénat pendant plus de 20 ans, sans succès…
1936	3 femmes entrent au Gouvernement Blum : Cécile Brunschvicg (Éducation nationale), Irène Joliot-Curie (Recherche scientifique) et Suzanne Lacore (Protection de l'enfance). C'est une première, mais de courte durée : à l'occasion d'un remaniement l'année suivante, Léon Blum ne nomme aucune femme.
1938	Fin de l'incapacité juridique des femmes, elles ne doivent plus obéissance à leurs maris.
1944	Victoire ! Les Françaises obtiennent le droit de vote et d'éligibilité par l'ordonnance du général de Gaulle portant organisation des pouvoirs publics en France après la Libération.
1946	La notion de « salaire féminin » est supprimée.
1949	Publication du *Deuxième Sexe* par Simone de Beauvoir.
1956	Marie-Andrée Lagroua Weill-Hallé crée l'association La Maternité heureuse, qui deviendra le Planning familial en 1960. Elle promeut la « maternité volontaire ». Le débat sur la contraception est lancé.
1960	Aux États-Unis, c'est le début du *Women's Lib*, diminutif de *Women's Liberation Movement*. Les initiatives et actions féministes se multiplient. Elles obtiennent le droit à la contraception en 1965.
1965	Les Françaises sont autorisées à travailler et à ouvrir un compte en banque sans l'autorisation de leur époux.
1967	La contraception devient légale, avec l'adoption de la loi portée par Lucien Neuwirth. Les décrets tardent à sortir et elle ne devient réellement effective qu'en 1972. Pour l'anthropologue Françoise Héritier, c'est là « la vraie révolution ».
1970	Quelques féministes déposent une gerbe de fleurs sous l'Arc de Triomphe, devant la tombe du soldat inconnu. Les militantes développent leur réflexion dans le numéro « Libération des femmes : année zéro », de la revue *Partisans*. Le Mouvement de libération des femmes est né !
	L'autorité parentale, partagée entre les deux parents, remplace l'autorité paternelle.
1971	Le *Nouvel Observateur* publie le « Manifeste des 343 femmes, qui ont le courage de dire : "je me suis fait avorter" ».
1972	Au procès de Bobigny, l'avocate Gisèle Halimi obtient la relaxe de Marie-Claire, 16 ans, et des peines légères pour sa mère, Michèle Chevalier, et trois autres femmes qui l'ont aidée à interrompre une grossesse issue du viol dont elle a été victime. C'est aussi le début du Mouvement pour la liberté de l'avortement et pour la contraception (MLAC), qui organise des avortements clandestins.

Date	Événement
	Le concept de genre fait son entrée dans les recherches féministes universitaires, grâce à la sociologue anglaise Ann Oakley.
1974	Les droits des femmes entrent au gouvernement : Françoise Giroud est nommée secrétaire d'État à la Condition féminine. Cette même année, pour la première fois, une femme avait été candidate aux élections présidentielles : c'est Arlette Laguiller, pour le parti Lutte ouvrière.
1975	Adoption de la loi Veil qui autorise l'avortement pour 5 ans. En 1979, l'avortement est définitivement légalisé après qu'une manifestation pour soutenir la pérennisation de la loi a réuni 50 000 femmes, à l'appel du MLF et du Planning familial.
1978	Lors du procès d'Aix, Gisèle Halimi obtient cette fois la condamnation des 3 violeurs d'Anne Tonglet et Araceli Castellano.
1980	Une nouvelle législation sur le viol entre en vigueur, intégrant notamment la notion de menace. Le viol est dorénavant un crime. Ce n'est qu'en 2006 que le viol entre époux est reconnu dans la loi et plus gravement condamné.
1981	Yvette Roudy est nommée ministre des Droits de la femme et le restera 6 ans : un record à ce jour !
1991	Édith Cresson est la première femme nommée Première ministre.
1985	La création d'associations qui accompagnent des femmes victimes de violences (écoute, hébergement, etc.) s'accélère.
1989	La juriste noire états-unienne Kimberlé Crenshaw forge le concept d'intersectionnalité.
	Le 6 décembre, 14 femmes de l'école Polytechnique de Montréal (Canada) sont assassinées par un masculiniste, après avoir crié : « Je hais les féministes. »
1995	Les nombreuses associations qui se sont créées pour défendre la parité en font un sujet central lors de l'élection présidentielle. Un Observatoire de la parité est créé. Les débats sont au plus fort. En 1999, la Constitution est révisée pour permettre des lois dites de parité.
	40 000 militantes défilent à Paris pour défendre le droit à l'avortement, et les droits des femmes.
	4e conférence mondiale des Nations Unies sur les femmes à Pékin. 189 gouvernements, plus de 5 000 représentant·e·s et 2 100 organisations non gouvernementales (ONG) venues du monde entier y assistent. Cela débouche sur un Programme d'action universel en faveur de l'autonomisation des femmes.
2001	Les résultats de l'Enquête nationale sur les violences envers les femmes en France (Enveff) choquent l'opinion publique : dans un couple sur 10, les femmes sont victimes de violences. Des progrès vont suivre, notamment dans la loi. En 2005, un premier plan d'action est lancé par le gouvernement.
2009	Le mouvement féministe prend un coup de jeune : après La Barbe créée l'année précédente, Osez le féminisme ! voit le jour, en réaction aux menaces sur les financements du Planning familial.

Date	Événement
2012	Retour d'un ministère dédié aux droits des femmes, avec la nomination de Najat Vallaud-Belkacem. Premier gouvernement paritaire. Plusieurs lois d'égalité sont votées dans les années qui suivent. Création en 2013 du Haut Conseil à l'égalité entre les femmes et les hommes (HCE), l'institution nationale consultative indépendante chargée de l'égalité femmes-hommes.
2017	#MeToo et #BalanceTonPorc en France sont utilisés plusieurs dizaines de milliers de fois sur les réseaux sociaux par des femmes qui partagent des témoignages de violences sexistes et sexuelles subies. Buenos Aires, Madrid, Pretoria, Paris, Washington, Delhi, Genève… : dans les rues aussi, les mobilisations sont plus fortes que jamais. Sexualité, maternité, travail, violences : c'est tous les pans de la vie des femmes qui sont passés au crible de l'analyse féministe.
2018	L'égalité femmes-hommes est déclarée Grande Cause du quinquennat. La première année est dédiée à la lutte contre les violences, comme cela avait été le cas en 2010. Une loi contre les violences sexistes et sexuelles est adoptée. Pour le 25 novembre, 50 000 personnes défilent en France.
2021	La prise de conscience de l'ampleur des violences sexuelles sur les enfants prend un tournant majeur cette année-là. La publication de *La Familia grande* par Camille Kouchner déclenche une vague de témoignages autour du hashtag #Metooinceste. La Commission indépendante sur l'inceste et les violences sexuelles faites aux enfants (CIIVISE) est installée. La loi prévoit qu'aucun adulte ne peut se prévaloir du consentement sexuel d'un enfant s'il a moins de 15 ans.
2024	L'article 34 de la Constitution prévoit désormais que « la loi détermine les conditions dans lesquelles s'exerce la liberté garantie à la femme d'avoir recours à une interruption volontaire de grossesse ». La reconnaissance de ce droit fondamental, défendue de longue date par les féministes, vise à le protéger d'éventuelles remises en cause futures, dans un contexte où les libertés reproductives sont régulièrement menacées.

Bibliographie

Première partie

Ouvrages généralistes accessibles notamment aux plus jeunes

BAGIEU Pénélope, *Culottées*, t. I, II et III : *Des femmes qui ne font que ce qu'elles veulent*, Gallimard Bd, 2016.

BLANC Aurélia, *Tu seras un homme féministe – mon fils !*, Marabout, 2018.

COLLET Margaux et RÉMY-LELEU Raphaëlle, *Beyoncé est-elle féministe ? et autres questions pour comprendre le féminisme*, Éditions First, 2018.

FAVILLI Elena et CAVALLO Francesca, *Histoires du soir pour filles rebelles*, Les Arènes, 2017.

GOURION Sophie et MAROGER Isabelle, *Les Filles et les Garçons peuvent le faire... aussi !*, Gründ, 2019.

HUSSON Charlotte et MATHIEU Thomas, *Le Féminisme*, Le Lombard, 2016.

NGOZI ADICHIE Chimamanda, *Nous sommes tous des féministes*, Gallimard, coll. « Folio », 2014.

Chapitre 1

Sur les premières féministes

CASSAGNE Sophie, *L'Histoire des femmes pour les nuls*, First, 2013.

CHOLLET Mona, *Sorcières : La puissance invaincue des femmes*, La Découverte, 2018.

VIENNOT Éliane, *Revisiter la « Querelle des femmes » : mais de quoi parle-t-on ?*, site www.elianeviennot.fr, 2012.

Chapitre 2

Sur les chiffres-clés

Vers l'égalité réelle entre les femmes et les hommes. Chiffres-clés édition 2017. Publication téléchargeable sur le site du secrétariat d'État à l'égalité entre les femmes et les hommes.

ONU, rapport « Les femmes dans le monde, 2015. Des chiffres et des idées », 2016.

Courrier international, Hors-série « Femmes, un combat mondial », février-mars 2018.

Site internet d'ONU Femmes (infographies, vidéos…) : **http://www.unwomen.org/fr.**

Site internet du HCE – Haut Conseil à l'égalité entre les femmes et les hommes : **http://www.haut-conseil-egalite.gouv.fr/.**

Chapitre 3

Sur les mots du féminisme

Collet Margaux, *L'Essentiel de l'égalité femmes-hommes*, Studyrama, 2024.

Conseil de l'Europe, *Glossaire sur l'égalité entre les femmes et les hommes*, 2015.

Delphy Christine, coffret DVD *Je ne suis pas féministe, mais... + L'Abécédaire de Christine Delphy*, deux films de Florence Tissot et Sophie Tissot présentés par Les mots sont importants, 2015.

Edgard-Rosa Clarence, *Les Gros Mots. Abécédaire joyeusement moderne du féminisme*, Hugo Doc., 2016.

Héritier Françoise, *Hommes, femmes : la construction de la différence*, Le Pommier, 2010.

Pavard Bibia, Rochefort Florence, Zancarini-Fournel Michelle, *Ne nous libérez pas, on s'en charge. Une histoire des féminismes de 1789 à nos jours*, La Découverte, 2020.

Taraud Christelle (dir.), *Féminicides. Une histoire mondiale*, La Découverte, 2022.

Chapitre 4

Sur les idées reçues autour du féminisme

Bard Christine, *Le Féminisme au-delà des idées reçues*, Le Cavalier Bleu, 2012.

Collectif Stop Masculinisme, *Contre le masculinisme, guide d'autodéfense intellectuelle*, à télécharger sur **www.stop-masculinisme.org**, 2013.

Gazale Olivia, *Le Mythe de la virilité : un piège pour les deux sexes*, Robert Laffont, 2017.

Vidal Catherine, *Le cerveau a-t-il un sexe ?*, vidéo TEDxParis (11 min 37), 2011.

Deuxième partie

Ouvrages généralistes sur l'histoire du féminisme

Bard Christine, « Faire des vagues », dans K. Bergès, F. Binard et A. Guyard-Nedelec (dir.), *Féministes au xxie siècle : une troisième vague ?*, Rennes, PUR, 2017.

Bard Christine et Chaperon Sylvie (dir.), *Dictionnaire des féministes*, PUF, 2017.

Perrot Michelle, *Histoire des femmes en Occident. De l'Antiquité à nos jours* (avec Georges Duby), 5 tomes, Plon, 1990-1991 ; rééd. Perrin, coll. « Tempus », 2002.

Riot-Sarcey Michèle, *Histoire du féminisme*, La Découverte, 2008.

Chapitre 5

De la Révolution à 1945

Albistur Maïté et Armogathe Daniel, *Histoire du féminisme français du Moyen Âge à nos jours*, Éditions des Femmes, 1977.

Bard Christine, *Les Filles de Marianne. Histoire des féminismes 1914-1940*, Fayard, 1995.

Fayolle Sandra. « Chapitre 7. L'Union des femmes françaises et les sentiments supposés féminins », Christophe Traïni (éd.), *Émotions... Mobilisation !*, Presses de Sciences Po, 2009.

Gouges Olympe de, *Écrits politiques (dont la déclaration des droits de la femme et de la citoyenne)*, préface d'Olivier Blanc, Côté-Femmes, 1993.

Thébaud Françoise, « Le féminisme à l'épreuve de la guerre », Rita Thalmann éd., *La Tentation nationaliste*, Deux Temps Tierce, 1990.

Chapitre 6

Les années 1960-1970

APP Corinne, FAURE-FRAISSE Anne-Marie, FRAENKEL Béatrice, RAUZIER Lydie, *40 ans de slogans féministes, 1970-2010*, Éditions iXe, 2011.

BARD Christine (dir.), *Les Féministes de la deuxième vague*, Rennes, PUR, 2012.

FELDMAN Jacqueline, « De FMA au MLF. Un témoignage sur les débuts du mouvement de libération des femmes » in *Clio, 68', Révolutions dans le genre ?*, 2009.

FOUQUE Antoinette, *Génération MLF, 1968-2008*, Éditions des Femmes, 2008.

PICQ Françoise, *Libération des femmes. Les années Mouvement*, Le Seuil, 1993.

ROCHEFORT Florence, en collaboration avec PAVARD Bibia et ZANCARINI-FOURNEL Michelle, *Les Lois Veil ; Contraception 1974, IVG 1975*, Armand Colin coll. « U », 2012.

STORTI Martine, *Je suis une femme, pourquoi pas vous ? 1974-1979 : Quand je racontais le mouvement des femmes dans Libération*, Éd. Michel de Maule, 2010.

Chapitre 7

Les années 1980-1990

BERENI Laure, *La Bataille de la parité. Mobilisations pour la féminisation du pouvoir*, Économica, 2015.

CHAPERON Sylvie, *Le Creux de la vague. Mouvements féminins et féministes 1945-1970*, thèse de l'institut universitaire européen, département d'histoire et civilisation, 1996.

FALUDI Susan, *Backlash. The Undeclared War against American Women*, New York, Crown, 1991.

LAMOUREUX Diane, « Y a-t-il une troisième vague féministe ? », *Cahiers du genre*, 2006.

Chapitre 8

Le mouvement féministe aujourd'hui

BLANDIN Claire, « Le web, de nouvelles pratiques militantes dans l'histoire du féminisme ? », *Réseaux*, vol. 35, 2017.

COFFIN Alice, *Le Génie lesbien*, Grasset, 2020.

DUSSUET Annie, FLAHAULT Érika et LOISEAU Dominique, « Associations féministes. Reproduction ou subversion du genre ? », *Cahiers du genre*, 2013.

FOUGEYROLLAS-SCHWEBEL Dominique et VARIKAS Eleni, « Féminisme(s). Recompositions et mutations », *Cahiers du genre*, 2006.

MUNRO Ealasaid, *Feminism : A Fourth Wave ? Political Insight*, 2013.

PRECIADO Paul B., *Dysphoria Mundi*, Grasset, 2022.

Troisième Partie

Chapitre 9

Sur *Le Deuxième Sexe*

BEAUVOIR Simone de, *Le Deuxième Sexe*, Gallimard, 1949.

CHAPERON Sylvie, *Les Années Beauvoir, 1945-1970*, Paris, Fayard, 2000.

FRIEDAN Betty, *La Femme mystifiée*, Belfond, 1964.

HÉRITIER Françoise, *Masculin, Féminin. La pensée de la différence*, Odile Jacob, 1996.

Chapitre 10

Sur le féminisme libéral

PELLETIER Madeleine, « La Tactique féministe », *La Revue socialiste*, 1908.

Sur le différentialisme

AGACINSKI Sylviane, *La Politique des sexes*, Le Seuil, 1998.

FOUQUE Antoinette, *Il y a deux sexes. Essai de féminologie*, Gallimard, 1995.

IRIGARAY Luce, *Ce sexe qui n'en est pas un*, Éditions de Minuit, 1977.

Sur le féminisme radical

DWORKIN Andrea (préface de Christine Delphy), *Souvenez-vous, résistez, ne cédez pas : anthologie*, Éditions Syllepse, 2018.

Firestone Shulamith, *La Dialectique du sexe*, Stock, 1972.

MacKinnon Catherine, *Le Féminisme irréductible : Discours sur la vie et la loi*, Éditions des Femmes, 2004.

Millett Kate, *La Politique du mâle*, Stock, 1971.

Sur le lesbianisme politique

Wittig Monique, *L'Oppoponax*, Éditions de Minuit, 1964.

Wittig Monique, *La Pensée straight*, Balland, 2001.

Sur le féminisme matérialiste

Delphy Christine, *L'Ennemi principal* (t. I : *Économie politique du patriarcat)*, Syllepse, 1998.

Kergoat Danièle, *Se battre, disent-elles…*, La Dispute, 2012.

Chapitre 11

Sur l'intersectionnalité

Arruza Cinzia, Bhattacharya Tithi, Fraser Nancy, *Féminisme pour les 99 %*, La Découverte, 2019.

Crenshaw Kimberlé Williams et Bonis Oristelle, « Cartographies des marges : intersectionnalité, politique de l'identité et violences contre les femmes de couleur », *Cahiers du genre*, 2005.

Dorlin Elsa, « De l'usage épistémologique et politique des catégories de "sexe" et de "race" dans les études sur le genre », *Cahiers du genre*, 2005.

Guillaumin Colette, *L'Idéologie raciste : genèse et langage actuel*, La Haye, Mouton, 1972.

Guillaumin Colette, *Sexe, race et pratique du pouvoir. L'idée de nature*, Côté-femmes, 1992.

Sur le *black feminism* et l'afro-féminisme

Combahee River Collective, *Déclaration du Combahee River Collective*, 1977, traduit en 2006 par Jules Falquet, Les Cahiers du CEDREF.

Davis Angela, *Femmes, race et classe*, Éditions des Femmes, 1983.

Diallo Rokhaya, *Afro !* (avec la photographe Brigitte Sombié), Les Arènes, 2015.

Dorlin Elsa, *Black feminism, anthologie du féminisme africain-américain (1975-2000)*, L'Harmattan, 2008.

Heuchan Claire, *Guide féministe noir de solidarité interraciale*, traduit en 2017 par Révolution sorore et publié sur https://sisteroutrider.wordpress.com.

Hooks bell, *Ne suis-je pas une femme ? : Femmes noires et féminisme*, Cambourakis, 2015.

Lorde Audre, *Sister outsider : essais et propos d'Audre Lorde : sur la poésie, l'érotisme, le racisme, le sexisme*, Mamamelis, 2003.

Mwasi (collectif), *Afrofem*, Syllepse, 2018.

Thiam Awa (préface de Benoîte Groult), *La Parole aux négresses*, Denoël, 1978.

Sur le féminisme décolonial

Beauvoir Simone de et Halimi Gisèle, *Djamila Boupacha*, Gallimard, 1962.

Galindo María, *No se puede descolonizar sin despatriarcalizar*, Lavaca Editora, 2013.

Storti Martine, *Le Tableau noir du « féminisme blanc »*, publié sur *Mediapart* le 12 avril 2019.

Vergès Françoise, *Le Ventre des femmes. Capitalisme, racialisation, féminisme*, Albin Michel, 2017.

Vergès Françoise, *Pour un féminisme décolonial*, La Fabrique Éditions, 2019.

Épisode n° 16 « Féminismes pour toutes » du podcast *Kiffe ta race*, animé par Rokhaya Diallo et Grace Ly.

Pour aller plus loin

Sur l'écoféminisme et les enjeux de développement

Bouazzouni Nora, *Faiminisme. Quand le sexisme passe à table*, Nouriturfu, 2017.

D'Eaubonne Françoise, *Le Féminisme ou la Mort*, Pierre Horay, 1974.

Hache Émilie (sous la dir.), *Reclaim. Recueil de textes écoféministes*, Cambourakis, 2016.

Shiva Vandana et Mies Maria, *Écoféminisme*, L'Harmattan, 1998 (version originale publiée en 1993).

Chapitre 12

Olivier Maud, au nom de la Délégation aux droits des femmes et à l'égalité des chances entre les hommes et les femmes de l'Assemblée nationale, Rapport *Études de genre : les sciences au service de l'égalité réelle*, 2013.

Picq Françoise, *Du mouvement des femmes aux études féministes,* Les Cahiers du CEDREF, 2001.

Pour aller plus loin

Les revues spécialisées sur la recherche sur le genre : *Les cahiers du genre*, *CLIO Femmes, Genre, Histoire*, *Travail, Genre et sociétés* ou encore *Nouvelles questions féministes*.

Quatrième partie

Chapitre 13

Sur les violences

Bodiou Lydie, Chauvaud Frédéric, Gaussot Ludovic, Grihom Marie-José, Laufer Laurie, Santos Beatriz, *On tue une femme. Le féminicide. Histoire et actualités*, Hermann, 2019.

Delphy Christine (coord), *Un troussage de domestique*, Syllepse, 2011.

Devinck Hélène, *Impunité*, Le Seuil, 2022.

Fraisse Geneviève, *Du consentement*, Le Seuil, 2007.

Jaspard Maryse, *Les Violences contre les femmes*, La Découverte, 2005.

Rey-Robert Valérie, *Une culture du viol à la française*, Éditions Libertalia, 2019.

Ronai Ernestine et Durand Édouard, *Violences conjugales : le droit d'être protégée*, Dunod, 2017.

Salmona Muriel, *Le Livre noir des violences sexuelles*, Dunod, 2018.

Springora Vanessa, *Le Consentement*, Grasset, 2020.

Sur la pédocriminalité

Bon Adélaïde, *La Petite Fille sur la banquise*, Grasset, 2018.

Kouchner Camille, *La Familia grande*, Le Seuil, 2021.

Chapitre 14

Sur la famille

Jourdain Stéphane, Daudin Guillaume, Grimée Antoine, *L'Arnaque des nouveaux pères*, Glénat BD, 2024.

Héritier Françoise, *Masculin/féminin*, I. *La pensée de la différence*/ II. *Dissoudre la hiérarchie*, Odile Jacob, 1996 et 2002.

Lecoq Titiou, *Libérées ! Le combat féministe se gagne devant le panier de linge sale*, Fayard, 2017.

Waki Laurence, *Madame ou mademoiselle*, Max Milo, 2006.

Chapitre 15

Sur l'éducation

Gaspard Françoise, *Le Foulard et la République*, La Découverte, 1995.

Gianini Belotti Elena, *Du côté des petites filles*, Éditions des Femmes, 1974.

Ngozi Adichie Chimamanda, *Chère Ijeawele, ou un manifeste pour une éducation féministe,* Gallimard, 2017.

Rogers Rebecca, *La Fabrique des filles. L'éducation des filles de Jules Ferry à la pilule*, Éditions Textuel, 2010.

Chapitre 16

Sur la politique

Bourdieu Pierre, *La Domination masculine*, Le Seuil, 1998.

Rousseau Sandrine, *Manuel de survie à destination des femmes en politique*, Éditions Les Petits Matins, 2015.

Sénac Réjane, *Les Non-Frères au pays de l'égalité*, Presses de Sciences Po, 2017.

Sénac Réjane, *La Parité*, PUF, 2008.

Chapitre 17

Sur l'orientation et l'emploi

MILEWSKI Françoise, *Égalité dans l'emploi : un demi-siècle de progrès et de reculs*, La Documentation française, 2012.

VOUILLOT Françoise, *Les métiers ont-ils un sexe ? Pour sortir des sentiers battus de l'orientation des filles et des garçons*, Belin, 2014.

Chapitre 18

Sur les corps et les sexualités

AGACINSKI Sylviane, *Corps en miettes*, Flammarion, 2009.

CARDI Coline et PRUVOST Geneviève, *Penser la violence des femmes*, La Découverte, 2012.

DESPENTES Virginie, *King Kong théorie*, Grasset, 2006.

DWORKIN Andrea, *Coïts*, Éditions Syllepse, 2019.

FEMEN (collectif), *Manifeste*, Éditions Utopia, 2015.

OSEZ LE FÉMINISME ! (collectif), *10 bonnes raisons d'être abolitionniste*, Éditions iXe, 2013.

Chapitre 19

Sur le harcèlement de rue

BOURDET Anaïs, *Paye ta shnek. Tentatives de séduction en milieu urbain*, Mazarine, 2014.

MATHIEU Thomas, *Les Crocodiles*, Le Lombard, 2014.

Sur le matrimoine

SOULARY Charlotte, *La Guide de voyage Paris*, La guide de voyage, 2018.

Sur le langage

HAUT CONSEIL À L'ÉGALITÉ, *Guide pratique pour une communication sans stéréotype de sexe*, La Documentation Française, rééd. 2022.

VIENNOT Éliane, *Non, le masculin ne l'emporte pas sur le féminin !*, Éditions iXe, 2017.

Index

I

K

L

M

N

O

P